现代市场营销学

MODERN MARKETING

（第二版）

徐磊　江林 ◎ 主编

首都经济贸易大学出版社

Capital University of Economics and Business Press

·北 京·

图书在版编目（CIP）数据

现代市场营销学／徐磊，江林主编. -- 2 版. -- 北京：首都经济贸易大学出版社，2024.11
ISBN 978-7-5638-3643-7

Ⅰ. ①现… Ⅱ. ①徐… ②江… Ⅲ. ①市场营销学-高等学校-教材 Ⅳ. ①F713.50

中国国家版本馆 CIP 数据核字（2024）第 022549 号

现代市场营销学（第二版）

XIANDAI SHICHANG YINGXIAOXUE

徐磊　江林　主编

责任编辑	薛晓红
封面设计	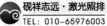
出版发行	首都经济贸易大学出版社
地　　址	北京市朝阳区红庙（邮编 100026）
电　　话	（010）65976483　65065761　65071505（传真）
网　　址	http://www.sjmcb.com
E - mail	publish@ cueb.edu.cn
经　　销	全国新华书店
照　　排	北京砚祥志远激光照排技术有限公司
印　　刷	唐山玺诚印务有限公司
成品尺寸	170 毫米×240 毫米　1/16
字　　数	555 千字
印　　张	26.75
版　　次	2017 年 1 月第 1 版　**2024 年 11 月第 2 版** 2024 年 11 月总第 2 次印刷
书　　号	ISBN 978-7-5638-3643-7
定　　价	59.00 元

前 言

改革开放和社会主义现代化建设深入推进，书写了经济快速发展、社会长期稳定两大奇迹新篇章，我国的发展具备了更为坚实的物质基础、更为完善的制度保证。近年来，随着经济全球化的推进、信息技术的普及和移动互联网的快速发展，市场营销的环境发生了巨大变化，品牌和商业模式创新不断，企业市场营销技术频繁升级。与此同时，消费者的环保意识日益增强，自我意识也趋于成熟。这些都对市场营销的理论研究、专业学习以及企业的营销实践提出了更多的要求。实践没有止境，理论创新也没有止境。为此，营销理论和教学工作者必须密切关注国内外市场营销理论与实践发展，注重二者的结合、创新，帮助营销专业学生和企业营销人员运用现代营销理论与方法，发现、分析和解决纷繁复杂的营销问题。本研究正是在这样的背景下应运而生的。

一、本书的意义及作用

市场营销学是一门实践性很强的课程。编写本书的目的，是在兼顾知识性和趣味性的基础上，向学生或营销人员介绍营销知识。万事万物是相互联系、相互依存的。只有用普遍联系的、全面系统的、发展变化的观点观察事物，才能把握事物发展规律。在此观念指导下，让学生理解中国营销管理者在信息时代和经济全球化背景下，如何以全新的视野和方法研究顾客的价值观念及其购买行为的变化，分析产业发展与竞争的演化规律，从而以科学与创新的营销战略和策略来满足目标顾客的需求，实现组织的营销目标。可见，营销不仅仅是一个孤立的商务技能，而且是一种指引组织行为的哲学，是一门执行的艺术。营销是公司范畴内的事务，涉及公司选择谁作为自己的顾客、需要满足什么样的需求、提供什么产品和服务、如何定价、如何推广、如何合作以及与谁合作等一系列广泛的决策。营销部门必须和其他部门紧密配合，坚持合作共赢，以创造最优的价值来赢得和取悦顾客。

本书将以一种创新却又务实和富于乐趣的方式，引导市场营销专业的学生融会贯通，踏入营销这个令人惊奇的世界。在准确阐明营销基本理论的基础上，本书力求理论和实践相结合，注重前沿性、针对性和可操作性。本书全面贯彻习近平新时代中国特色社会主义思想，以学生为中心，注重分析和解决问题能力的提升及实践能力的培养。在每章始末，我们分别设计了可以用作课堂讨论的公司案例，这些案例为学生将营销理论应用到企业提供了机会。根据以上特点，本书既可作为高等院校相关专业的教科书，也可作为营销相关领域在职人员的专业培训教材。

二、本书的组织结构及内容

本书在篇章结构上，既对市场营销的基本原理、理论和方法进行了深入全面的阐述，又反映了市场营销的最新发展动态，对学科前沿问题和新的营销实践展开全面的介绍。具体内容安排如下：

第一部分为绪论，包括第一、第二章。第一章，为读者提供市场营销的背景知识和工具，主要介绍市场及市场营销的内涵，市场营销学科的发展，市场营销观念的演进，以及市场营销的研究对象、研究内容和研究方法等基本理论。第二章，分析企业所处的市场营销环境，包括宏观环境（如政治、法律、经济、科技、人口、社会文化、自然环境等）、微观环境（如企业内部、供应商、营销中介、顾客和竞争者）及其给企业营销活动带来的机会和威胁。

第二部分为市场分析，包括第三、第四章。第三章，主要分析市场的构成和类型，详细阐述最终消费者的需要、购买心理与动机、购买行为，以及组织市场的购买行为等（第三章）；第四章，主要分析营销调研系统，以及营销调研和预测方法及内容。

第三部分为市场营销运作，共六章。本部分主要包括市场营销战略（第五章），市场细分与目标市场选择（第六章），市场营销组合策略，涉及产品和品牌、价格、渠道、促销与沟通策略（第七至十章）。

第四部分是市场营销的新发展和新课题，共五章。此部分主要介绍网络营销（第十一章），大数据营销（第十二章），内容营销（第十三章），跨界营销（第十四章），营销道德、伦理与社会责任营销（第十五章）等20世纪90年代以来营销研究的新课题。

三、本书的主要特色

本书的主要特色体现在以下几个方面：

第一，每章开篇的引导案例为本章的内容讨论安排了既定的"舞台"背景。引导案例所探讨的营销事件，是帮助学习本章内容的课堂讨论素材。

第二，在每章最后都编写了一个有关"营销实践"的卓越营销案例，突出市场领先企业在营销实践中所取得的富有见解和创新性的营销成就。此外，章末还列出一些可以引导课堂讨论和分析的思考题。

第三，本书新增了广泛的营销新议题。众所周知，当前的营销环境已发生重大变化，市场营销技术不断创新升级。本教材自始至终都充分体现这些变化，强调可持续发展、社会化媒体兴起和信息技术高速发展等背景下的营销新实践及其相关的营销管理问题。此外，本书在第四部分还专门介绍了网络营销，大数据营销、内容营销、跨界营销，以及社会责任、隐私保护与绿色营销等 20 世纪 90 年代以来营销研究的新课题。

第四，本书整合了来自不同学科领域，如经济学、行为科学、管理理论以及数学等的研究成果，其中的基本概念与工具可以直接应用到市场营销的实践当中。

四、本书的学习方法

为了帮助学生联系和应用主要的概念，在本书每一章设置了以下项目：

（1）学习目标。每章的开头部分都列举了本章要学习的内容，以及对其实现程度的要求，如了解、熟悉或掌握，并以此强调了通过学习本章将收获的知识。

（2）思政目标。每章的开头部分对本章涉及的思政内容点进行了提炼，企业营销活动不应只关注经济效应，更应做到社会效益和经济效益相统一，引导读者思考营销背后的社会主义核心价值观，并在未来应用于实践中。

（3）引导案例。每章开头都设有一个近两年发生的真实营销故事，以便引领学习者并导出随后的章节内容，激发读者的兴趣。

（4）本章案例。每章结束时提供一个可以用作课堂或作业讨论的公司案例，这些案例为学生将营销理论应用到企业实践提供了机会，也为课堂讨论和案例教学提供了必备的宝贵资料。

（5）最新的事件与文献。本书部分章节包括了许多简短的、最新的营销事件和前沿文献，它们可以激发读者就相关问题进行讨论和思考。

（6）本章小结、关键术语和复习思考题。各章末设置的本章小结、关键术语和复习思考题有助于读者复习主要的学习内容。

本书是多位营销专业师生共同努力的结果，其中，北京工业大学经济与管理学院徐磊（第 1、第 15 章以及第 5、第 12、第 13 章的部分内容）、段雅（第 11 章、第 13 章以及第 1、第 2 章的部分内容）、李记（第 12、第 14 章以及第 3、第 4、第 5、第 6 章的部分内容）、崔宇晴（第 15 章以及第 7、第 8、第 9、第 10 章的部分内容）直接参与了各章的撰写工作，最后由中国人民大学商学院江林教授和北京工业大学经济与管理学院徐磊老师共同完成全书的修改、统稿。

作者写作本书的初衷，是希求为推进我国市场营销学的教学和理论研究尽绵薄之力。由于时间和水平有限，不足之处在所难免，敬请国内同行不吝赐教，以便今后不断完善。同时，如对相关专业的教学和理论研究工作者、学生、企业管理和营销人员有所裨益，我们将不胜欣慰。

作者

于北京工业大学

Contents

目 录

第一章　市场营销概述

【学习目标】

市场营销是研究面向市场的一切个人和组织如何根据市场需求和竞争状况来构想和出售自己产出物和价值的学问。市场和营销的产生有其必然性和动态性，通过营销主体的变化、营销客体的变化、营销内容的变化及其核心概念的变化来体现。通过本章的学习，应该达到如下目标：

- 掌握市场与市场营销的概念；
- 了解市场营销学的产生和发展；
- 掌握市场营销学的知识体系。

【思政目标】

党的二十大报告提出，高质量发展是全面建设社会主义现代化国家的首要任务。必须完整、准确、全面贯彻新发展理念，坚持社会主义市场经济改革方向，坚持高水平对外开放，加快构建以国内大循环为主体、国内国际双循环相互促进的新发展格局。近年来，经济全球化遭遇逆流，国际经济循环格局发生了深度调整。全球产业链、供应链发生局部断裂，直接影响我国国内的经济循环。这就需要借助市场营销原理和方法，深入分析，全面权衡，准确识变，科学应变，主动求变，善于捕捉和创造市场机遇。应借助市场营销调研技术和预测模型，有序推动复工复产提速扩面，积极破解复工复产中的难点、堵点，推动全产业链联动复工。通过加强市场营销，充分挖掘内需潜力，使国内市场和国际市场更好地联通，利用国内国际两个市场、两种资源，实现更加强劲的可持续发展。

 引导案例

丝芙兰数智化创新　构筑美妆"全宇宙"

2022年10月19日，美妆零售商丝芙兰Sephora首度借力数智化手段与全渠道优势，创新构筑"美力万维"的美妆"全宇宙"，盛大发布五大全球秋冬美妆趋势。逾40个国际知名品牌及小众品牌携230余款当季产品精彩亮相，更有八大高端国潮品牌及三大新晋海外新锐品牌尽释潮流魅力。在现代数字技术与前沿美学的精彩碰撞下，丝芙兰在上海、北京、成都及深圳四城的限定门店内，以AR（增强现实）技术加持，玩趣诠释至美秋冬趋势，引领万千国内消费者近距

离接触"元"美力，尽享非同凡"想"的美妆盛宴。

丝芙兰以先锋之姿荟萃一众国潮精品，于"美力万维"全宇宙发布会耀现高端国潮品牌光芒，彰显东方美学。依托"就耀中国造"中国品牌发光计划，丝芙兰持续孵化支持高端国潮品牌：茶灵、蔚蓝之美、佰草集太极、相宜本草唐、分子乐园、毛戈平·光韵、瑜幂及玛丽黛佳色彩工作室。风靡全球的小众美妆尖货强势集结，塑造别具一格的"元"。

（资料来源：根据中国经营报《丝芙兰数智化创新 构筑美妆"全宇宙"》编写，2022 年 10 月 21 日，http：//www. cb. com. cn/index/show/gs9/cv/cv12537026216。）

第一节　市场与市场营销

"市场"是社会分工的产物，是产品经济的产物。随着社会分工越来越细化，产品交换日益复杂，形成了买方和卖方的集合，也就是经济学对市场的定义，即"市场是某一特定产品或一类产品进行交易的买方与卖方的集合"[1]。但在市场营销学领域市场的概念发生了很大的变化，根据菲利普·科特勒的观点，市场是指某种产品的所有实际的和潜在的购买者的集合。这些购买者共同拥有某一特定的、能通过交换得到满足的需要或欲望。"市场营销"是企业以顾客需要为出发点，有计划地组织各项经营活动，为顾客提供满意的商品和服务而实现企业目标的过程。由此可见，它既是企业的一种职能，又是企业面向社会取得效益的通道和窗口。

一、市场及其相关概念

什么是市场？从人类社会发展的历史来看，不是自从有了人类社会就有了市场的。市场是社会分工和商品交换的产物，属于商品经济的范畴。随着商品经济的发展，市场也在不断变化和发展，人们对市场的认识也在发展。

（一）市场的界定

对市场的定义，有各种不同的说法和解释，在理论上表述不一样。归纳起来，主要有以下三种。

1. 市场是商品交换的场所。

（1）从地理位置、形式而言，它是具体的，看得见、找得着的，是指商品买与卖的地方，例如某某市场、某某百货商场等。这是人们对市场的一般认识，也是市场最早出现的形态。

（2）从微观的角度来说，美国市场营销协会（AMA，1960）将市场定义为"一种产品和劳务的所有潜在购买者的需求综合"。菲利普·科特勒指出：市场

---

[1] 科特勒，凯勒. 营销管理［M］. 王永贵，于洪彦，等译. 13 版. 上海：格致出版社，上海人民出版社，2010：9.

是由一切具有特定需求或欲望，愿意并且可能从事交换来满足其需求和欲望的潜在顾客组成的，即：市场=人群+购买欲望+购买力。也就是说，市场是由有购买意向、具有支付能力的人群构成的，缺少任何一个条件都难以构成市场。

2. 市场是商品交换关系或供求关系的总和。这是从经济关系、内容上而言的，是对市场的进一步抽象概括。市场从表面上看，是商品交换的场所；实质上，它体现了人与人之间的经济关系，反映了人们对商品的供求关系，反映了人们维持再生产而互相交换劳动的关系。人们有各种各样的需求，同时由于社会分工的存在，生产资料归不同所有者所有。各个生产者都是相对独立的商品生产者，而生产者与消费者之间，生产者与生产者之间，部门与部门之间，企业与企业之间，不能无偿地占有对方的产品，即自己的东西不能白给别人，别人的东西也不能白拿。人们之间各种各样的需求与供给，必须通过交换的方式、买卖的方式去满足，这就形成了市场。这种买与卖，从本质上是交易双方为维持再生产而交换其劳动。生产者交换劳动，是为了取得生活所需的生活资料，以维持劳动力的再生产。劳动的交换，通过商品交换形式来进行。这种交换，成为整个经济社会各生产者之间以及生产者与消费者之间经常性的、内在的商品交换关系的总和，体现了社会再生产过程中各环节之间的内在因果关系。

3. 市场是现实和潜在的购买者。这是西方最常见的解释，它站在卖方的营销角度去分析，市场只是指需求的一方，不包括供给一方，是指某种商品的现实购买者和潜在购买者的需求量总和。对于一切既定的商品来说，市场包含三个要素，即有某种需要的人、满足这种需要的购买力和购买欲望。如果用公式来表示，就是：

$$市场=人口+购买力+购买欲望$$

从上面的公式看，市场首先是指人口，因为人是构成市场的主体，但仅有人口还不能形成市场，人们还必须有钱去买，同时还必须有购买的欲望，才能形成市场。就是说，市场的三个要素是相互影响和相互制约的统一体，缺少某一个要素，都不能形成一个现实的市场，只有三者结合起来才能构成现实的市场，才能决定市场的规模和容量。

以上三种对市场的表述，从市场学的角度来看，并不矛盾，只是各自强调的角度不同而已。全面地把握好这些表述，对于正确理解市场和市场营销系统（如图1-1所示），对于学好市场营销学、做好市场营销工作，都具有重要的意义和帮助。

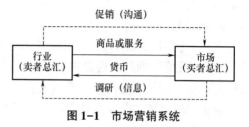

图1-1　市场营销系统

（二）市场营销的界定

1. 经典定义。市场营销是一门发展中的新兴学科，在学科发展的不同阶段，营销学家们从不同角度对"市场营销"进行了界定。例如："市场营销是一个过程，在这个过程中一个组织对市场进行生产性和营利性的活动"，"市场营销是创新和满足顾客的艺术"，"市场营销就是在适当的时间、适当的地点，以适当的价格、适当的信息沟通和促销手段，向适当的消费者提供适当的产品和服务"，等等。而最有代表性、最能说明学科发展进程的是美国市场营销协会（AMA）分别于 1960 年和 1985 年所下的两个经典定义。

定义 1（AMA，1960）："市场营销是引导货物和劳务从生产者流向消费者或用户所进行的一切企业活动。"这一定义将市场营销界定为商品流通过程中的企业活动。在此定义下，"营销"等同于"销售"，它只是企业在产品生产出来以后，为产品的销售而做出的各种努力。

定义 2（AMA，1985）："市场营销是计划和执行关于产品、服务和创意的观念、定价、促销和分销的过程，目的是完成交换并实现个人及组织的目标。"根据这一定义，市场营销活动已经超越了流通过程，是一个包含分析、计划、执行与控制等活动的管理过程。

2. 权威定义。除美国市场营销协会（AMA）的两个经典定义以外，营销管理学派的代表人物——美国西北大学教授菲利普·科特勒、欧洲关系营销学派的代表人物——格隆罗斯于 20 世纪 90 年代对市场营销所下的定义也被世界各国市场营销界广泛引用，成为两个学术流派的权威定义。

定义 3（格隆罗斯，1990）："市场营销是在一种利益之下，通过相互交换和承诺，建立、维持、巩固与消费者及其他参与者的关系，实现各方的目的。"这一定义强调营销的目的是在共同的利益下，建立、维持、巩固"关系"，实现双赢或多赢。

定义 4（科特勒，1994）："市场营销是个人和集体通过创造并同他人交换产品和价值以满足需求和欲望的一种社会和管理过程。"这个定义告诉人们，有效的市场营销包括三个方面的问题：第一，通过市场营销要达成满足个人和群体需求和欲望的目标；第二，交换是市场营销的核心；第三，交换是以产品和价值为基础的。

3. 最新定义。

定义 5（AMA，2004）："市场营销是一项有组织的活动，它包括创造'价值'，将'价值'通过沟通输送给顾客，以及维系管理公司与顾客间的关系，从而使公司及其相关者受益的一系列过程。"这一新定义肯定了近年来市场营销研究及企业市场营销实践越来越将顾客、顾客价值、顾客满意、顾客忠诚与客户关系管理视作营销的核心。新定义的表达完全是围绕顾客展开的，换句话说，顾客在今天的市场营销中占据着中心地位，是顾客价值在驱动着市场。

定义 6（AMA，2006）："营销是公司创造价值，建立牢固的客户关系来从客户身上获得价值的过程。"营销人员需要了解顾客需要，生产产品和服务以提供出众的顾客价值，定价、分销以及有效地促销。

定义 7（AMA，2008）："市场营销是一项有组织的活动，包括创造、传播和交付顾客价值和管理顾客关系的一系列过程，从而使利益相关者和企业都从中受益。"

定义 8（AMA，2013）："市场营销是为创造、沟通、传播和交换产品的一种行为、制度的集合和过程，这些产品能够为消费者、客户、合作伙伴和社会带来最大化的价值。"

4. 市场营销定义的诠释。什么是市场营销？它是一门发展中的新兴学科，在学科的不同发展阶段，营销学家们从不同角度对其进行界定和诠释。发展到今天，营销已经成为一种强调价值的营销，图 1-2 给出了市场营销是一种通过为客户创造价值，建立可获利的客户关系，同时获取价值作为回报的全过程。

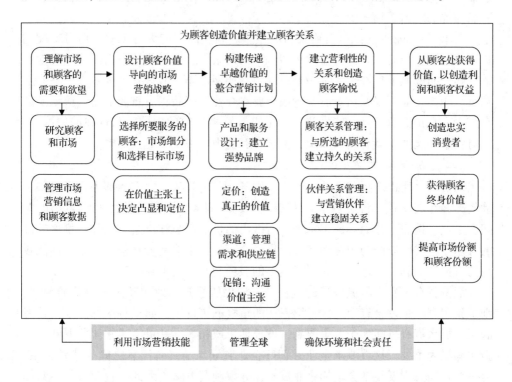

图 1-2 市场营销过程的扩展模型

资料来源：科特勒，阿姆斯特朗. 市场营销 原理与实践 ［M］. 楼尊，译. 17 版. 北京：中国人民大学出版社，2020：30.

二、市场营销及其相关概念

为进一步理解市场营销的深刻内涵，有必要讨论与之相关的三组概念。这三组概念相互关联，既揭示出市场营销的核心特征，又反映了市场营销达到目标的基本过程。它们分别是：需要、欲望与需求，价值与满意，交换、交易与关系。

（一）需要、欲望与需求

需要（needs）是人类与生俱来的本性。当人们有了某种需要后，内心会产生紧张感，并试图通过某种方式消除这种紧张感。比如，饥饿时会产生对食物的需要。营销者的任务并非创造人类的需要，而是发现需要，并通过提供产品或服务满足人们的需要。

欲望（wants）是指为满足基本需要而希望得到某种具体物品的愿望，它往往受到个人社会、文化背景的影响。比如，同样为了充饥，南方人可能会要一碗米饭，但北方人也许会要馒头或者面条。这说明欲望可以用满足需要的具体实物来描述。营销者的任务是开发并提供适当的产品，不但要能满足人们的需要，更要能与他们的欲望相一致。

需求（demands）则是有购买力的欲望。人类的欲望无穷无尽，但可支配的资源却有限。因此，人们会在购买力水平的约束下，选择能够最大限度满足他们欲望的产品或服务。许多人都想要一辆梅赛德斯汽车，但只有极少数人能够并愿意买一辆。企业不仅要估量有多少人想要本企业的产品，更重要的是，应该了解有多少人真正愿意并且有能力购买。比如，20多年前的中国人与现在的中国人，都对代步的交通工具有购买欲望，但现在有能力购买汽车的人更多。

（二）价值与满意

消费者之所以选择某企业的产品或服务，一定是认为它们能够为自己带来更大的顾客让渡价值，即在权衡所获得的产品、服务、形象价值以及所付出的时间、金钱、精力、体力等成本基础上所做出的价值判断和决策。例如，价格较高的海尔冰箱之所以能为中国消费者所喜爱，不仅在于消费者获得了质量、性能较高的直接产品利益，还在于获得了更多的服务利益、品牌利益等。

消费者在消费产品或服务的过程中，如果所感知的效用超过了事前的预期，则感到满意，也才会有第二次、第三次的重复购买发生，如果每次都能令消费者满意，那么就有可能为企业争取到一位长期忠诚顾客，其意义通常比争取到一位新顾客更为重要。这就要求企业处理好企业利润与消费者满意之间的微妙关系。提高顾客满意程度经常会增加企业成本，导致利润下降，因此，企业必须不断创新，创新服务流程、生产流程，通过降低其他成本来抵补因提高顾客满意程度所不得不增加的成本。比如，丰田汽车就是通过改革生产方式，创造了汽车制造业的JIT模式，极大地降低了生产成本，凭此为消费者提供了更多的产品款式与服务。

（三）交换、交易与关系

交换（exchange）是指通过提供某种东西作为回报，从交换对象处取得所需的行为。交换是市场营销的核心概念，营销者向消费者提供产品或服务，目的是从消费者处获取销售额、使消费者满意以及对品牌认可等。要达到此目的，产品或服务符合消费者需要显然是前提。

交易（transaction）是市场营销的度量单位，是指买卖双方价值的交换过程。比如，支付 2 000 元从经销商购买一台电视机，就是一次交易过程。

理解交换与交易能够帮助人们认识市场营销。另一更具营销价值的概念是关系，是指精明的市场营销者为促使企业交易的成功而与其顾客、分销商、经销商、供应商等建立起长期的互信互利关系。对于关系营销的研究主要是从 20 世纪 80 年代开始的。贝利（Berry）于 1983 年把关系营销的概念引入服务市场营销理论中，并给出了这样的界定："关系营销的基本目标是建立和维持对组织有益的、有一定承诺或投入的顾客基础。为了实现这一目标，企业把注意力集中在开发、维持和强化与顾客的关系上。"不过，对于关系营销理念的内涵，目前仍存在不同的见解。例如，贝利指出，关系营销的目的在于挽留顾客，因为挽留老顾客往往比获取新顾客的成本要低得多，而且对企业利润的正而影响也比较大，有时还易于从老顾客那里获得积极的口碑。由此我们不难发现关系营销的理论基础：维持一位老顾客的费用要远远低于获取一位新顾客的费用。对于企业来说，挽留老顾客更加有利可图。关系营销是识别、建立、维护和巩固企业与顾客及其他利益相关者之间关系的一系列活动。通过企业的努力，以诚实交换与履行承诺的方式，使双方的利益和目标在关系营销活动中得以实现。如果通过交换与交易过程，能够与顾客建立起以价值、情感和社会利益为纽带的长期关系，则利于达成企业长期发展的目标。例如，众多企业都希望构建强势品牌，目的就在于借助著名品牌增加与消费者之间的情感联系，提高顾客忠诚度，建立长期互利的关系。一般而言，企业的所有市场营销活动在市场中进行，通过市场来完成，对于市场的认识，必须把握其需求和竞争要素的特征。

三、市场营销管理

（一）市场营销管理的实质和任务

市场营销管理，又称营销管理，是企业管理的重要组成部分。市场营销管理通过对构想、商品和服务进行定义、定价、促销和流通等活动，实现个人和组织目标的交换。

市场营销管理的主要任务是刺激消费者对产品的需求，但不能局限于此。它还要帮助公司在实现其营销目标的过程中，影响需求水平、需求时间和需求构成。因此，市场营销管理的任务是刺激、创造、适应及影响消费者的需求。从此意义上说，市场营销管理的本质是需求管理。围绕这一本质，我们可以识别出一系列具体的任务，也是成功的营销管理和营销领导必须做的工作，具体包括：

1. 制订营销战略和营销计划。营销者必须根据其在市场上的经验和核心竞争力识别出自己的长期机会，无论选择哪一种发展方向，都必须制订出具体的营销计划，以详细阐明即将实施的营销战略和营销战术。

2. 获取营销洞察。企业需要建立一个可靠的营销信息系统，以便清晰地监视营销环境的变化。与此同时，还需建立一个可以依赖的营销调研系统。为了能够把营销战略转化成营销计划，营销者必须测量市场潜力、预测市场需求并就营销费用、营销活动和营销资源的分配做出基本决策。

3. 与顾客建立联系。企业必须考虑如何为自己所选择的目标市场创造价值，并与顾客建立起牢固的、有利可图的长期关系。要对市场进行细分，评估每个细分市场，并从中选择自己能够为其提供最好的产品与服务的目标市场。

4. 塑造强势品牌。企业营销者必须明白，本企业品牌的优劣势在哪里。此外，还需关注竞争对手的情况，了解竞争者的动向，并知道如何快速做出反应，以预测竞争对手很可能会做出怎样的反应。

5. 设计市场供应物。营销项目的核心就是产品。企业向市场提供的有形供应物中，包括产品质量、设计、特性和包装。为了获取竞争优势，企业还可以提供各种服务，如租赁、送货、修理和培训等，并将其看作整体产品的一部分。

6. 交付价值。企业必须决定如何向目标市场交付产品和服务的价值，这就涉及营销渠道。营销渠道活动主要包括企业旨在确保顾客能够获取它的产品（并提供便利）而采取的所有活动。此外，企业还必须与各类型的零售商、批发商和实体分销公司建立联系，了解它们是如何做出决策的。

7. 传播价值。企业必须面对顾客，充分传播体现其产品与服务的价值。此时，企业可能需要制定一套整合营销项目，以实现每种传播活动贡献的最大化和综合效果的最优化。

8. 实现长期成长。企业必须从长远的角度出发，积极进行新产品的开发、测试，并及时将其投放到市场上，还需充分考虑全球的机会和挑战，更要重新审视其与社会价值和责任以及维持我们生存的地球的关系，要对其行动对社会和环境造成的影响承担更大的责任，要将尽社会责任视为做善事来提升自己的机会，通过对客户和社会提供长期的利益获取利润。

（二）市场营销管理的阶段性进化

学者 Prahalad 和 Ramaswamy（2004）曾从演变的角度，将市场营销管理分为三个主要的进化阶段，即 20 世纪 50 年代的交易营销（transaction marketing）阶段、20 世纪 80 年代的关系营销（relationship marketing）阶段和 2000 年后的合作营销（collaborative marketing）阶段。其分野主要在于价值观点、市场观点、顾客角色、企业角色等方面的基本差异（表 1-1）。

市场营销管理逐步升级的主要标志在于市场驱动力的不同。范型对应营销哲学、主流的营销类别和获利的焦点，从而体现出市场营销管理的先进性和竞争力的不同。在本质上，企业的市场营销管理水准和效能决定其所处的不同范型及其演进。

表1-1 市场营销管理的演进

	交易营销 （20世纪50年代）	关系营销 （20世纪80年代）	合作营销 （2000年以后）
价值观点	交换中的供给	长期的顾客关系	共同创造体验
市场观点	交易价值的场所	各种供给汇集的地方	通过对话共同创造价值平台
顾客角色	购买者被动地接受供给	培养关系组合	消费前积极参与价值共创
企业角色	替消费者界定并创造价值	吸引、开发并留住有利可图的顾客	让顾客参与价值界定及共创过程
与顾客互动的性质	对顾客进行调查，以搜集需求和反馈信息	观察顾客并逐步学会适应	与顾客和社群积极对话

资料来源：卢泰宏. 营销管理演进综述［J］. 外国经济与管理，2008（1）：39-45.

在此，特别追溯正在成为21世纪新趋势的价值网范型的发展。1966年，艾德勒（Adler）在其发表在《哈佛商业评论》上的《共生营销》一文中提出了共生营销（symbiosis marketing）的概念。所谓共生营销，即由两个或两个以上的企业联合开发某个营销机会。这是合作营销理论的雏形。合作营销的进一步泛化构成了新的价值网营销（value network marketing），其中三个最活跃的分支是互联网营销、体验营销和移动营销。

（三）市场营销管理过程

所谓市场营销管理过程，也就是企业为实现企业任务和目标而发现、分析、选择和利用市场机会的管理过程。更具体地说，市场营销管理过程包括以下四个步骤：

一是发现和评价市场机会；

二是细分市场和选择目标市场；

三是发展市场营销组合和决定市场营销预算；

四是执行和控制市场营销计划。

第二节 市场营销学科的发展

市场营销学是在经济学、行为科学等学科的基础上发展起来的。正如营销大师菲利普·科特勒1987年在美国市场营销协会成立50周年纪念大会上所言：营销学之父是经济学，营销学之母是行为学，哲学和数学为其祖父、祖母。

一、市场营销学的产生与发展

市场营销理论在 20 世纪初诞生于美国。其产生的实践背景是：

第一，市场规模迅速扩大。扩大的市场给大规模生产带来了机会，同时也引进了新的竞争因素，信息、促销变得越来越重要。

第二，工业生产急剧发展。卖方市场开始向买方市场转化，大量新产品涌入市场，随着中间商、广告、促销活动的出现，消费者迫切希望能有一门新的学科或理论来对此做出解释，以更有效地指导其经济生活实践。

第三，分销系统发生变化。正规的专门化分销渠道买卖商品的趋势日益明显，并出现了同一流生产企业并驾齐驱的百货商店、邮购商店和连锁商店等。

第四，传统理论面临挑战。整个 19 世纪，企业经营的环境在很大程度上是由企业主决定的，强调经济自由。20 世纪初出现了一种论点，即完全的自由竞争并不能使社会总体利益达到最佳水平，自由竞争在市场上必然有效的论断已经过时，而这些新现象在当时的经济理论中无法找到现成的答案。

1902—1905 年，美国的爱德华·D. 琼斯（Edward D. Jones）、西蒙·李特曼（Simon Litman）、乔治·M. 费斯克（Geororge M. Fisk）、詹姆斯·E. 海杰蒂（James E. Hangerty）分别在密执安大学、加州大学、依里诺斯大学和俄亥俄大学率先开设了市场营销课程，出现了一批被视为当代市场营销研究先驱的人物，其中最著名的有阿切·肖（Arch Shaw）、拉尔夫·斯达·巴特勒（Ralph Starr Butler）、约翰·斯威尼（John Swinney）、威尔达（Weld）。

市场营销学大体经历了以下 4 个发展阶段。

（一）初创阶段（1900—1920 年）

19 世纪末至 20 世纪 20 年代，是市场营销学的初创时期。在这期间，经过工业革命的资本主义国家的劳动生产率提高，生产迅速发展，经济增长很快。原来以求大于供为特征的"卖方市场"发生了变化，敏感的、具有远见卓识的企业家开始进行市场分析、市场研究及采用经销方式为顾客服务等。美国哈佛大学赫杰特齐（Hegertg）教授编写的第一本市场营销学的教科书于 1912 年出版。它的问世成为市场营销学诞生的标志。早期市场营销理论的研究仅限于推销与广告的方法，这一阶段的研究仍然是以传统经济学理论为依据，以供给为中心，以生产观念为导向，主要在理论界进行研究。

（二）功能研究阶段（1921—1945 年）

第一次世界大战爆发以后，随着美国经济的发展和国际地位的提高，美国一跃成为全球消费水平最高的国家，消费结构发生变化，蕴藏大量未被满足的消费需求，这些引起了营销理论界和实业界的重视，开始关注对市场营销功能的探讨和研究。这一时期，市场营销的研究范围扩大，市场营销理论研究开始与企业的市场营销实践结合起来，迈入了应用研究阶段。1937 年美国市场营销协会

（AMA）成立，这一协会的成立是市场学发展史上一个重要的里程碑，标志着市场营销学已经跨出了大学讲坛，成为一门实用的经济科学。

（三）发展阶段（1946—1980年）

第二次世界大战后到20世纪70年代末期是市场营销学的发展阶段，在市场营销思想的发展史上标出了分水岭。第二次世界大战后，生产迅速发展，市场需求剧增，加之科技进步，市场呈现一派繁荣景象，企业间的市场竞争加剧。这种趋势必然地推进了市场营销学的研究进程。与此同时，市场营销学的研究，特别是美国对市场营销理论的研究进入了一个蓬勃发展的新阶段。市场营销学逐步从经济学中独立出来，吸收了行为科学、心理学、社会学、管理科学等学科的若干理论，形成了自身的理论体系，提出了以消费者为中心的新的市场营销观念，提出了"交换"这一营销的核心概念。在这一阶段，市场营销研究的一个突出特点是：人们将营销理论和企业管理的实践密切地结合起来，市场营销理论的发展被世界各国广泛引进和运用。

（四）扩展或重构阶段（1981年至今）

扩展或重构阶段又称"成熟阶段"。20世纪80年代至今，市场营销的研究进入一个新的发展阶段。随着现代科学的进步，不同的学科日益相互渗透，市场营销学已经与社会学、经济学、统计学、心理学等学科紧密结合，成为一门很接近实际的应用科学。同时，它的研究内容也更为广泛，并且向纵深发展，市场营销理论更加完善，提出了许多新观点和思想，如"战略营销"的思想，"全球营销"的概念，以及1986年以后提出和重点强调的"大市场营销""网络营销""关系营销""服务营销""全方位营销""整合营销""内部营销""绩效营销"等概念。总之，探索市场营销在新经济、新技术革命条件下的走向，成为这一时期市场营销教学与研究的热点。

二、主要的学术流派

米歇尔·艾伯特（1991）和克里斯蒂安·达萨特（1994）归纳出两个模型：盎格鲁撒克逊模型（英国、美国等），即以近期性和交易性为基础；阿尔卑斯/日耳曼模型（斯堪的纳维亚、日本等国），强调以长期合作关系作为买方满意和卖方利润的源泉。它在20世纪90年代以后打破了美国营销理论一统天下的局面，形成了营销学的两大流派。

（一）美国的营销管理学派

市场营销理论于20世纪初诞生在美国，至今已有近百年的发展历史。美国早期市场营销思想形成了四大主要学术流派。

1. 威斯康星学派。20世纪初，威斯康星大学成为激进的自由经济思想的论坛。它吸引了许多早期市场营销先驱，如琼斯（Jones）、希巴德（Hibbard）、麦克林（Machlin）、巴特勒（Butler）、康沃斯（Commons）、考米什（Comish）和瓦汉

（Vaughan）。在市场营销思想发展史上，威斯康星大学扮演着开路先锋的角色。1991年，拉尔夫·斯达·巴特勒首先使用"市场营销"（marketing）一词，并明确了市场营销概念的范畴；率先开设了有关农产品的市场营销问题课程。

2. 纽约学派。该学派主要由哥伦比亚大学和纽约大学的相关学者组成，主要代表人物有尼斯特罗姆（Nystrom）、阿格钮（Agnew）、亚历山大（Alexand）、温盖特（Wingate）等。其主要贡献是首创了市场营销机构研究法，并注重对广告和沟通方面实际问题的研究。

3. 哈佛学派。对早期市场营销思想发展起到了重要影响的是哈佛大学商学院和经济系。早期在哈佛大学对市场营销思想做出贡献的先驱有：切林顿（Cherington）、肖（Shaw）、科普兰（Copeland）、托斯德（Todal）、威德勒（Weidler）、梅纳德（Maynard）、麦克纳尔（McNair）、博顿（Borden）和韦尔（Vaile）。他们的主要贡献是对市场营销问题的编辑整理，出版了有关广告、推销管理、零售、市场营销等方面的专著。

4. 中西部学派。中西部学派对美国早期市场营销思想的发展贡献巨大。代表人物主要有韦尔德（Weidler）、克拉克（Clark）、康沃斯（Converse）及贝克曼（Beckman）。其主要贡献在于，于1920年左右掀起了市场营销理论研究的第二次浪潮，并开展了市场营销职能和原理的研究。他们将这门学科加以定型，并不断丰富了市场营销理论体系。

（二）欧洲斯堪的纳维亚学派

斯堪的纳维亚学派以瑞典斯德哥尔摩大学埃佛特·古麦逊（Everest Gumson）和克里斯琴·格隆罗斯（Christian Grönroos）为首，他们抨击美国营销学派对结构的偏好远胜于对过程的关注。该学派提出新的营销理论与模型，如网络营销、关系营销等，明确将营销视为社会环境中建立在人际关系这块基石上的相互作用的过程。

三、市场营销观念的演变

市场营销管理可描述为与目标顾客建立盈利关系的规划工作。那么，什么理念在引领这些营销活动呢？伴随着营销实践的发展，市场营销观念经历了以产品生产或销售为中心的产品导向营销观向满足市场需求为中心的顾客导向营销观演变的漫长过程，营销学中将它归纳为生产观念、产品观念和推销观念。此后，也经历了一个由单纯的满足需求到创导需求，再到顾客满意的过程。新时期市场营销观念的变革和发展，出现了市场导向营销观、社会导向营销观等新的营销观念。

（一）以企业为中心的经营观念

在早期的企业经营活动中，企业经营观念的基本特征是以企业为中心，以资源和利润为导向的。以企业为中心的经营观念按其发展顺序来看主要有以下三种：

1. 生产观念。生产观念（production concept）是商业领域最古老的观念之一。生产观念认为消费者更偏爱易购、价格低廉的产品，企业的主要任务就是扩大生产、提高效率、降低成本，生产出尽可能多的产品获取利润。以这种经营观念为指导的企业认为，获得产品的基本效用是消费者的主要目的，企业的任务就是生产并向市场提供顾客买得起的产品；提高生产的效率和降低生产的成本是经营者所关心的全部问题，企业很少关注除此之外的其他市场因素，甚至不注意对产品的更新和改良。因此说，生产观念是一种"以产定销"的观念，表现为重生产轻营销、重数量轻特色。采取这种观念的企业面临的一个最主要的隐患是：企业只是狭隘地聚焦于生产运作上，而忽视了其真正的目标——满足客户需要并建立客户关系。

2. 产品观念。产品观念（product concept）是在生产观念的基础上发展而来的。产品观念认为消费者喜欢那些高质量、性能好、有特色的产品，只要提高产品质量，就会开拓新的市场并占领市场，设计和开发优良产品是企业市场竞争的主要手段。此时企业的口号常常是"皇帝的女儿不愁嫁""酒香不怕巷子深"。能注意以产品质量的改变和提高去赢得企业的市场地位比只重视产量和成本的"生产观念"有所进步，但它仍是一种"以产定销"的观念，会导致所谓的"市场营销近视症"（Marketing Myopia）。

正如西奥多·莱维特（Theodore Levitt）指出的，"市场营销近视症"是指企业管理者在市场营销中缺乏远见，只重视其产品，认为只要生产出优质产品，顾客自然会找上门，而不注重市场需求的变化趋势。其主要表现为两大方面：一是企业经营目标的"狭隘性"。这些企业将自己所经营的任务人为地限制在一个特定的狭隘目标上，以致限制了自身的发展。二是企业经营观念上的目光短浅。仅将注意力集中在现有产品上，常常看不到市场需求的新特点，看不到新产品取代旧产品的趋势，看不到市场经营策略的新变化。故步自封，必将失败。

相应地，西奥多·莱维特（Theodore Levitt）也给出了预防和治疗"市场营销近视症"的"处方"，即"企业逆向经营过程"，将传统的经营过程倒转过来。第一，了解消费者市场需求；第二，分析消费者需求，找出企业能够满足的部分；第三，确定满足需求的具体产品形式；第四，购进必需的原材料；第五，确定生产工艺；第六，生产产品；第七，将产品推向市场，满足消费者需求。

3. 推销观念。推销观念（selling concept）认为，消费者不会足量购买商品，除非企业进行大规模推销和促销。推销观念将顾客看成是被动的、迟钝的，认为只有强化刺激才能吸引顾客。它假设："被诱惑的消费者会喜欢所购买的产品，如果不喜欢，他们也不会退货，也不会进行负面的口碑传播，更不会向消费者组织抱怨，而且他们还会再次购买。"这种假设是站不住脚的。

推销观念仍是一种"以产定销"的营销观念，其主要特点有：

(1) 产品不变。企业仍根据自己的条件决定生产方向及生产数量。

(2) 加强了推销。注重产品的销售，研究和运用推销和促销方法及技巧。

(3) 开始关注顾客。主要是寻找潜在顾客，并研究吸引顾客的方法与手段。

(4) 开始设立销售部门，但销售部门仍属于从属地位。

相比生产观念和产品观念，推销观念有明显的进步，当市场刚刚进入供过于求阶段时，推销观念确实能产生很强的实际效应。然而，再好的推销手段也不能使消费者真正接受他所不需要或不喜欢的产品，尤其是当市场竞争变得日益激烈时，推销的效应会逐渐递减。实际上，推销工作只是市场营销中的一部分，而且不是最重要的部分。正如菲利普·科特勒所言："推销只不过是营销冰山上的顶峰。推销要变得有效，必须以其他营销功能为前提。"

当大量的推销活动仍不能使企业摆脱产品滞销积压、经营每况愈下的局面时，一些企业就会从市场上去寻找原因，就会考虑根据顾客的需要和市场的变化来调整自己的经营，从而新的企业经营观念应运而生。

（二）以顾客需求为中心的营销观念

市场营销观念形成于20世纪50年代，是在市场激烈竞争的条件下产生的，是一种"以消费者需求为中心，以市场为出发点"的指导思想。当然，随着营销理论与实践的发展，以消费者需求为中心的营销观的内涵也在不断发生变化，即从以适应需求为目标的市场营销观念，到以创导需求为目标的大市场营销观念，再到以顾客满意为目标的顾客满意营销观念，企业的营销活动越来越贴近顾客。本质上说，市场营销观念是一种以顾客需要和欲望为导向的哲学，是消费者主权论在企业市场营销管理中的体现[①]。

1. 适应需求/顾客驱动——传统市场营销观念。这种营销观念认为，组织目标的实现在于理解目标市场的需求和欲望，并且比竞争者更好地向顾客提供其渴望的产品。20世纪60年代美国西奥多·莱维特（Theodore Levitt）提出"顾客导向"概念，开启了营销观念的新局面。他曾经形象地对推销观念和营销观念进行了比较："推销观念注重卖方的需要，而营销观念注重买方的需要。推销观念以卖方的需要为出发点，考虑的是如何将产品变成现金；而营销观念考虑的则是如何通过产品以及与创造、交付产品和消费最终产品有关的所有环节来满足顾客的需要。"市场营销观念是在根本上区别于前两个阶段的"以产定销"观念的现代企业经营思想，实行"以销定产"。图1-3比较了推销观念与营销观念在出发点、中心、手段和目的等方面的差异。

总的来讲，这种营销观念的基本特征可表现在以下四个方面。

第一，营销观念把企业经营的重点放在消费者身上，一切营销努力都在于使消费者（顾客）满意。而以前的推销观念则是把经营的重点放在产品上。

---

① LOVELOCK C, WIRTZ J. Sevice Marketing [M]. 5th. New Jersey: Pearson Education, 2004: 20~23.

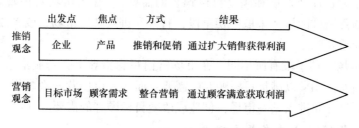

图1-3　推销观念和营销观念比较

第二，营销观念要求从市场的整体出发，运用各种市场营销方法，不断对市场动态进行预测和研究，以满足消费者需要为前提来组织全部营销活动。而推销观念只是把销售作为一般手段和经营的一个环节，将其放在次要的位置上。

第三，营销观念对利润的取得不拘泥于每一次交易，而是从市场全局考虑，着眼于长期的、综合的、最后的利益。而推销观念对利润的取得则着眼于每一次的交易活动上，有利则干，无利则休。

第四，营销观念要求企业的管理体制和组织结构服从于满足消费者需要的共同目标，合理分工，协调行动，以经营部门或销售部门为核心部门，不允许各部门只根据本位利益各行其是。而推销观念则要求企业管理体制和组织结构以生产部门、采购部门和财务部门为主，销售部门和经营部门在企业经营管理中处于次要地位。

当清晰的需求存在且顾客知道自己想要什么时，这种顾客驱动的营销观念通常效果显著。但是，在许多案例中，消费者并不知道自己需要什么，甚至不知道自己想要什么。这种情况就需要顾客导向的营销——比顾客自己还要理解他们的需求，并且创造产品和服务来满足已存在和潜在的需求。

2. 创导需求/顾客导向——大市场营销观念。20世纪80年代，贸易保护主义抬头，菲利普·科特勒提出了大市场营销观念。大市场营销观念，是指企业为了成功进入特定市场并在那里从事业务经营，在策略上协调地使用经济的、心理的、政治的和公共关系等手段，以博取各有关方面的支持和合作的活动过程。简言之，在实行贸易保护的市场条件下，企业的市场营销战略除了4Ps（产品、价格、渠道、促销）之外还必须加上2Ps，即"政治力量"和"公共关系"。

大市场营销观念和传统市场营销观念的区别主要表现在以下三个方面：

（1）企业市场营销管理与企业外部经营环境的关系有所不同。市场营销观念认为外部环境是不可控制的，企业要善于安排市场营销组合，使企业的市场营销管理决策与不可控的外部环境相适应，这是企业能否成功、能否生存和发展的关键；而大市场营销观念则认为，企业可以影响其周围的经营环境，而不仅仅是顺从和适应它。

（2）企业的营销目标有所不同。在市场营销观念指导下，企业的市场营销目标是"千方百计地发展和满足目标顾客的需要";在大市场营销观念指导下,企业的市场营销目标是"采取一切手段,打开和进入某一市场,或者改造、改变目标顾客的需要"。

(3)市场营销手段有所不同。在市场营销观念指导下,企业集中一切资源、力量,适当安排 4Ps 以满足目标顾客的需要;而在大市场营销观念指导下,企业要用 6Ps 来打开和进入某一市场,创造或改变目标顾客的需要。

(三) 营销观念的发展和完善

营销观念的形成是企业经营哲学的重大变化,它科学地阐明了企业经营成功的要旨。随着企业经营实践的发展和市场环境的变化,企业的营销观念也不断地发展和变化,进而不断充实和完善。其中有几个重要的观念值得注意。

1. 关系营销观念。"关系营销"(relationship marketing)观念起源于 20 世纪70 年代欧洲的服务营销学派和产业营销学派(industrial marketing & purchasing,IMP),致力于实行顾客关系管理,通过发展长期稳定的顾客关系来建立顾客忠诚,提高企业的市场竞争力。之后,美国等一些国家和地区的学者对关系营销的思想进行了发展,开始对关系的营利性、关系价值(顾客终身价值)、关系生命周期甚至关系资产等问题展开研究,形成了比较完整的顾客关系管理理论(本书第 13 章将对此详细讨论)。关系营销观念的提出和发展使市场营销学有了很大的发展,突破了交易营销的思想局限,进而把企业在市场上竞争制胜的焦点着眼于忠诚顾客的培养和关系资产的积累。

关系营销观念强调企业的营销活动不仅仅是为了实现与顾客之间的某种交易,而且是为了建立起对双方都有利的长期稳定的关系。关系营销中,主要包括四个关键的利益相关者,分别是顾客、员工、营销合作伙伴(渠道、供应商、分销商、经销商和代理商)、财务团体(股东、投资者和分析者)。营销者应该尊重利益相关者的需求,使各个利益相关者可以各取所需,并制定出可以平衡利益相关者收益的政策和战略。因此说,关系营销的最终结果是建立其独特的公司资产——营销网络(marketing network)。

2. 整合营销观念。20 世纪 90 年代后半期,"整合营销"(integrated marketing)开始成为企业的一种新的营销观念。整合营销是指企业必须调动其所有的资源,并有效地协调各部门的努力,来提高对顾客的服务水平和满足程度。当满足顾客的需要成为企业全部经营活动的中心之后,企业内部资源的协调配置就成为提高企业经营效益的重要问题。在这种理念的指导下,营销者的任务就是设计营销活动和全面整合营销计划,以便为消费者创造、传播和交付价值,就像整体总是大于部分之和。通常,整合营销包括两大主题:①许多不同的营销活动都能够传播和交付价值;②在有效协调的情况下,实现各项营销活动的综合效果的最大化,也即营销者在设计和执行任何一项营销活动时都必须全盘考虑。整合营销观念的形成反映了系统哲学理论在企业经营观念发展方面的深化。

3. 生态营销观念。以消费者需求为中心的营销观念，使企业建立了以市场为导向的经营指导思想，确实使很多企业的经营活动取得了很大的成功。然而，若只片面考虑市场需求，而忽略了企业对市场需求满足的资源和能力，不量力而行，去做自己做不到或不占优势的事情，结果必然失败，于是就产生了"生态营销观念"（ecological marketing concept）。

生态营销观念是强调市场需求与满足需求的资源相一致的经营指导思想。其借鉴了生态学中"适者生存"的原理。根据这一原理，无论是大企业还是小企业，只要能根据自己的资源和能力去寻找适合自己进入的目标市场，就有可能获得成功。生态营销观念可以有效地提高企业的营销效益和竞争能力，因此备受企业重视。

此外，生态营销观念认为，企业经营者的任务是要合理地组织自身的资源去满足相适应的市场需求。这里的"相适应"包含两方面的意思：一是企业有能力去满足相应的市场需求；二是企业在这一市场中占有竞争优势或具有相应的抗衡能力。

4. 体验营销观念。1998 年，约瑟夫·派恩（Joseph Pine II）和詹姆士·吉尔摩（James Gilmore）在《哈佛商业评论》上发表了题为《欢迎体验经济到来》（"Welcome to the Experience Economy"）的文章，提出了体验经济的概念，指出体验经济是继农业经济、工业经济和服务经济后的一种新的经济形态；经济形态的变迁、生产和消费行为的变化，要求企业的营销观念和营销模式必须与之相适应，由原来的重视产品和服务、为消费者提供更多功效向给消费者提供更多的体验转换。于是体验营销应运而生。

体验营销（experimental marketing）是指企业通过采用一定方式，使目标顾客的感官（sense）、情感（feel）、思考（think）、行动（act）、关联（relate）五个方面因素得到调动，亲身体验企业提供的产品或服务，切身体会产品或服务的品质或性能，从而促使顾客认知、喜好并购买的一种营销方式。体验营销主要具备以下三大特征：①体验营销不仅注重顾客对产品或服务本身的消费，更重要的是注重顾客在这一过程中的体验；②体验营销认为顾客是有理智的感性动物；③体验营销是真正以顾客为中心的营销。许多企业为了在竞争中立于不败之地，广泛关注并实施体验营销，取得了令人瞩目的业绩，如星巴克咖啡店、迪斯尼、微软和惠普公司等。

5. 社会营销观念。社会营销观念形成于20 世纪70 年代，这一时期，全球经济在快速发展中出现了诸多问题，如生态失衡、环境恶化、资源短缺、人口爆炸等。此时，若企业仅奉行市场营销观念，以满足个体消费者的需要为宗旨，或许会引发资源浪费、环境污染、损害广大消费者利益等问题。为了解决市场营销与社会利益之间可能发生的矛盾，西方学者提出社会营销观念，以修正市场营销观念。因此，社会营销观念是对市场营销观念的扩充和修改，是市场营销观念的新发展。所谓社会营销观念（societal marketing concept），即企业在其经营活动中必须承担起相应的社会责任，保持企业利益、消费者利益同社会利益的一致性。企业是一种营利性的组织，处于经济循环系统之中。然而企业又不可避免地属于社会生活的一员，处于整个社会系统之中。因此，企业的经营活动不仅要受到经济规律的制约，而且也会受到社会规律的制约。社会营销观念认为企业的生产经营活动不仅要满足消费者的需求和欲望，而且要符合消费者和社会的长远利益，以达到企业利益的获取、消费者需求的满足、社会利益的实现这三个方面的统一与平衡，如图1-4所示。其核心理念是企业通过使消费者满意及增进社会公众长期福利而获利。

图1-4　社会营销观念下的三种考虑因素

6. 全方位营销观念。当世界进入21世纪之际，一个以数字化经济为代表的新经济时代开始形成，数字、网络、信息经济开始深入社会生产和生活的各个方面，从而也对市场营销的理论和实践提出了挑战。以菲利普·科特勒为代表的一些营销学者开始对新经济条件下的市场营销哲学进行新的探索，他们提出了新经济条件下的"全方位营销"（holistic marketing）的观念。

全方位营销观念是以开发、设计和实施营销计划、过程及活动为基础的，但同时也深刻认识到上述营销计划、营销过程和营销活动的广度和彼此之间的相互依赖性。全方位营销者认为，在营销实践中每个细节都非常重要，广泛的、整合的视角不可或缺。

全方位市场营销试图认识和协调市场营销活动的范围和复杂度。图1-5给出了该理论的简图和它的四个主题：关系营销、整合营销、内部营销和绩效营销。

四、市场营销学在中国

市场营销学是一门以市场经济为前提的应用学科。1949年以前，我国曾一度引进市场营销学，早在20世纪30年代复旦大学丁馨伯先生就编著出版了有关著作。1949年以后，我国（除香港特别行政区、澳门特别行政区和台湾地区以外）市场营销学的引进和研究工作整整中断了30年。1978年，北京、上海、广州的部分学者和专家开始着手市场营销学的引进研究工作，虽然在名称上还称为外国商业概论或销售学原理，却是在市场营销学的引进上迈出的第一步。自此，

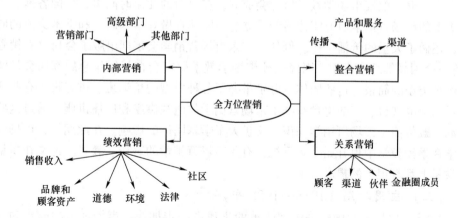

图1-5 全方位营销的维度

资料来源：科特勒，凯勒，洪瑞云. 营销管理：亚洲版［M］. 王永贵，金夏芳，王帅，等译. 6版. 北京：中国人民大学出版社，2020：17.

市场营销学在中国的发展可大致划分以下几个阶段：

（一）引进时期（1978—1982年）

1978年市场营销学被正式引入。当时该学科的研究主要局限于部分大专院校和研究机构。最早开设市场营销学课程的是暨南大学，随后，北京和上海的一些大学也开设了类似的课程，着手对市场营销学进行较为系统的研究。可以说，在学科引进之初，对于学科的命名、性质及一些基本概念等方面的认识存在一定的分歧。

在学科命名方面，对于学科的英文名"Marketing"，在国内曾一度被译为"市场学""销售学""市场经营学""市场营销学"等不同的学科名（见早期市场营销学各个版本的教材）。

在对学科性质的认识方面，主要分歧在于对市场营销学和商业经济学的关系的认识。一部分学者认为，市场营销学主要研究商品的销售问题，与商业经济学同属于商品流通领域的学科。另一部分学者则认为，市场营销学是一门不同于商业经济学的新兴学科，市场营销学以企业的经营活动为研究对象，其研究领域不限于流通领域，而是从生产前的市场需求研究开始，从确定企业"生产经营什么"开始；其研究主体也不限于商业企业，而是包括工业企业及一切面向市场进行经营的各类企业。

（二）传播时期（1983—1985年）

经过前一时期的努力，全国各地从事市场营销学研究、教学的专家和学者开始意识到，要使市场营销学在我国得到进一步的应用和发展，必须在各地成立市场营销学的研究团体，以便相互交流和切磋研究成果，并利用团体的力量扩大市场营销学的影响，推进市场营销学研究的进一步发展。1984年1月，全国高等综合大学、财经院校市场学教学研究会成立，在以后的几年时间里，全国各地、各种类型的市场营销学研究团体纷纷成立。各团体在做好学术研究和学术交流的同时，还做了大量的传播工作。例如，广东市场营销学会定期出版了会刊《营销管理》，全国高等综合大学、财经院校市场学教学研究会在每届年会后都向会员印发各种类型的简报。这些团体也分别举办了各种类型的培训班、讲习班，有些还通过当地电视台、广播电台举办了市场营销学的电视讲座和广播讲座。通过这些活动，既传播了市场营销学知识，又扩大了学术团体的影响。在此期间，市场营销学在学校教学中也开始受到重视，有关市场营销学的著作、教材、论文在质量和数量上都有很大的提高。

（三）应用时期（1986—1988 年）

1986 年以后，我国经济体制改革的步伐进一步加快，市场环境的改善为企业应用现代市场营销原理指导经营管理实践提供了有利条件，但各地区、各行业的应用情况又不尽相同，具体表现为：

1. 以生产经营指令性计划产品为主的企业应用得较少，以生产经营指导性计划产品或以市场调节产品为主的企业应用得较多、较成功。

2. 重工业、交通业、原材料工业等和以经营生产资料为主的行业所属的企业应用得较少，而轻工业、食品工业、纺织业、服装业等以生产经营消费品为主的行业所属的企业应用得较多、较成功。

3. 经营自主权小、经营机制僵化的企业应用得较少，而经营自主权较大、经营机制灵活的企业应用得较多、较成功。

4. 商品经济发展较快的地区（尤其是深圳、珠海等经济特区）的企业应用市场营销原理的自觉性较高，应用得也比较好。在此期间，多数企业应用市场营销原理时，偏重于分销渠道、促销、市场细分和市场营销调研部分。

（四）扩展时期（1989—1994 年）

在此期间，无论是市场营销教学研究队伍，还是市场营销教学、研究和应用的内容，都有了极大的扩展。全国各地的市场营销学学术团体，改变了过去只有学术界、教育界人士参加的状况，开始吸收企业界人士参加，其研究重点也由过去的单纯教学研究改为结合企业的市场营销实践进行研究。全国高等综合大学、财经院校市场学教学研究会也于 1987 年 8 月更名为"中国高等院校市场学研究会"。学者们已不满足于仅仅对市场营销一般原理的教学研究，而对其各分支学科的研究日益深入，并取得了一定的研究成果。在此期间，市场营销理论的国际研讨活动进一步发展，极大地开阔了学者们的眼界。1991 年 3 月，在全国各地纷纷成立市场营销学会（协会）的基础上，中国市场学会在北京正式成立。中国市场学会的成立，标志着中国市场营销学的发展已开始走理论与实践相结合的道路，并逐渐为各阶层和各方面所接受。1992 年春，邓小平南方谈话以后，学者们还对市场经济体制的市场营销管理，中国市场营销的现状与未来，跨世纪中国市场营销面临的挑战、机遇与对策等重大理论课题展开了研究，这也有力地扩展了市场营销学的研究领域。

（五）国际化时期（1995 年至今）

1995 年 6 月，由中国人民大学、加拿大麦吉尔大学和康克迪亚大学联合举办的第五届市场营销与社会发展国际会议在北京召开。中国市场营销学者开始全方位、大团队地登上国际舞台，与国际学术界、企业界的合作进一步加强。2022年 7 月，由华中科技大学、华人学者营销协会、加州大学河滨分校和洛约拉马利蒙特大学联合主办的第十届中国市场营销国际学术年会在武汉召开。会议主题为"元宇宙时代的营销创新与突破"，来自国内外的数百名营销学者和业界精英参会，搭建了一个学界和业界多组织全方位互动的高水准国际交流平台。此次大会结合了国内外经济形势、国际市场的变化以及中国市场的发展现状，推动企业科技创新，助力打造世界品牌。中国市场营销国际学术年会迄今已成功举办九届。

通过与世界各国营销学界的广泛交流，我国也已拥有一大批高水平的市场营销专家和学者。一方面，关注和研究市场营销学发展的国际动向，与世界同步研究营销发展中的前沿问题。另一方面，进入 21 世纪，进入营销理论的本土化及创新阶段，应着手研究中国国情下的营销问题，把重点放在联系我国实际、结合社会主义市场经济的特点开展市场营销学的研究，逐步建立和发展中国特色社会主义市场营销学上。

第三节　市场营销学的研究对象、内容及方法

一、市场营销学的研究对象

市场营销学的研究对象，是以社会市场为导向的企业市场营销活动及其规律性。市场营销学强调企业的市场营销活动必须树立以"市场价值需求"和"社会关系"两者为焦点的"社会市场导向"，研究如何树立这一新的导向以及在这一新导向指导下的企业的市场营销活动及其规律性。

二、市场营销学的研究内容

任何学科研究的主要内容，都是由其研究的对象所决定的。市场营销学研究的范围非常广泛，内容也极其丰富。市场营销活动的内在联系可以概括为三方面：一是关于市场营销外部竞争诸因素之间的关系及其发展变化的规律性，以及掌握这种关系规律性的基本原理；二是企业内部营销环境诸因素之间的关系及其组合，以及建立和调整这种组合的策略；三是企业内外环境诸因素之间的关系及其协调发展的规律，以及建立和保持这种协调和平衡的具体方法。

市场营销学主要对下列三个问题展开研究：消费者的需求和欲望及其形成、影响因素、满足方式等（即消费者行为）；供应商如何满足并影响消费者的欲望和购买行为（即供应商行为）；辅助完成交易行为，从而满足消费者欲望的机构及其活动（即市场营销机构行为）。

市场营销学既是一种哲学，又可被看作一种职能。其中心是以市场价值需求与社会关系管理两者为焦点的"社会市场导向"，自始至终贯穿市场导向这一新形势下的新兴导向。总体而言，本书共分为四个部分。

第一，绪论。首先提供一些市场营销的背景知识和工具，主要介绍市场及市场营销的内涵，市场营销学科的发展，市场营销观念的演进，以及市场营销的研究对象、研究内容和研究方法等基本理论。随后，分析企业所处的市场营销环境，包括宏观环境（如政治、法律、经济、科技、人口、社会文化、自然）和微观环境（如企业内部、供应商、营销中介、顾客和竞争者），及其给企业营销活动带来的机会和威胁。

第二，市场分析。这一部分主要分析市场的构成和类型，详细阐述最终消费者的需要、购买心理与动机、购买行为，组织市场的购买行为，营销调研系统，以及营销调研和预测的方法与内容等。

第三，市场营销运作。这一部分主要包括市场营销战略，市场细分和目标市场选择，市场营销组织与绩效管理，市场营销组合策略（涉及产品和品牌、价格、渠道与促销和沟通策略），以及市场营销组织与绩效管理的内容。

第四，市场营销的新发展和新课题。这一部分主要介绍网络营销（尤其是大数据下的网络营销）、关系营销和顾客关系管理、体验营销和社会责任营销等20世纪90年代以来营销研究的新课题。

三、市场营销学的研究方法

研究市场营销学的方法是随着市场营销学的发展而变化的。20世纪50年代以后，市场营销学从传统市场营销学演变为现代市场营销学，研究方法逐步发展为产品研究方法、职能研究方法、机构研究方法、管理研究方法、系统研究方法和社会研究方法六种。

第一，产品研究方法。这种研究方法以产品为主体，根据不同类型产品的特征，对诸如农产品、工业品、矿产品、消费品及劳务等分别进行研究，主要研究这些产品的设计、包装、厂牌、商标、定价、分销、广告及各类产品的市场开拓。该研究方法可详细地分析研究各类产品市场营销中遇到的具体问题，针对性强，但需耗费大量人力、物力和财力，而且重复性很大。

第二，职能研究方法。这种方法通过具体分析研究各种营销职能（如市场调研、开发、购买、销售、仓储、促销等）和执行各种营销职能中所碰到的问题，来研究和熟悉市场营销。

第三，机构研究方法。机构研究方法主要研究市场营销渠道系统中的各个层次和各种类型的营销机构的市场营销问题。这种方法以研究市场营销制度为出发点，即研究渠道制度中各个环节及各种类型的市场营销机构，诸如代理商、批发商、零售商等市场营销问题。

第四，管理研究方法。管理研究方法从管理决策的角度研究市场营销管理。与传统营销学的研究方法相比，它脱离了具体的产品和业务，把市场营销管理的概念和规律（如营销管理的两个"4Ps"）抽象出来，将这些具有规律性的营销理论与企业的市场营销管理实践相结合，研究企业如何最有效地为目标市场服务，实现既定的战略目标。这种方法非常重视和强调营销战略、营销策略的制定，以及营销计划的执行、控制和调整等。

第五，系统研究方法。系统研究方法主要应用系统工程的原理和方法，从市场营销管理系统的角度出发，分析各系统之间相互影响、相互制约和相互作用的关系，认为系统各层次只有保持相互适应、协调和平衡的状态，才能使整个系统达到有序和平衡运转。具体来说，系统研究法认为企业、行业、社会环境等都是不同层次的系统，并且有相互制约、相互影响的作用，进而强调不同层次之间的变化会影响到企业市场营销。

第六，社会研究方法。这种方法主要研究企业的市场营销管理活动和各种市场营销机构为社会做出的贡献及付出的成本。

 关键术语

市场（Market）；市场营销（Marketing）；需要（Want）；欲望（Desire）；需求（Demand）；市场营销管理（Marketing Management）

 复习思考题

1. 从企业营销的角度如何对市场进行界定？
2. 如何界定市场营销？
3. 说明营销观念与推销观念的主要区别？营销观念有哪些主要特征？
4. 试说明市场营销概念的演进过程。
5. 试分析全方位营销的内涵。
6. 试说明市场营销学的发展过程，并预测营销学的发展趋势。

本章案例

墨迹天气"35度计划"完美收官！气象公益IP引爆夏日营销

2022年9月6日，2022年墨迹天气"35度计划"活动完美收官。这是"35度计划"的第八年，也是墨迹天气这一夏日IP刷新玩法和引爆夏日营销的一年。活动覆盖了全国4 500多家麦当劳门店，全国累计参与人次高达2 000万人，核销雪碧超千万杯。线上传播打造多个爆款话题，覆盖2亿多人。回顾近3年，2022年的"35度计划"交出了一份优异的成绩单。

为了不断提升"35度计划"的影响力，2022年除了继续横向拓展夏日营销平台能力外，纵向更深层次挖掘、绑定品牌矩阵联动合力，以福利为抓手扩大活动影响力，实现气象公益活动玩法的全新突破。

第一招：解锁新活动机制，福利领取更便捷

有别于往年用户仅能凭二维码到门店核销的传统兑换方式，2022年"35度计划"首次接入麦当劳线上点餐、外卖系统，更加方便大众核销雪碧，吸引更多人参与。

据墨迹天气市场副总裁晋取介绍，"35度计划"的初心是在炎炎夏日，给用户提供免费的降温降暑福利。为此，包括墨迹天气在内的雪碧、麦当劳合作方均致力于打破公益合作壁垒，为用户提供更大福利和更便捷体验。2022年数据显示，将麦当劳线上点餐、外卖系统接入"35度计划"后，线上兑换占到整体的近30%。

第二招：加强品牌矩阵合力，打造平台影响力

京东、蒙牛随变、咪咕视频、闪送、比亚迪等50余家品牌加入2022年墨迹天气"35度计划"品牌矩阵中，共同为夏日福利加码，夯实"35度计划"平台影响力。以"全网寻找温度计"为话题，通过线上线下趣味互动及多个品牌的助力互动，让更多人知道墨迹天气"35度计划"并参与其中。仅2周该活动话题超1.4亿次阅读。除此之外，还有京东家电、随变冰激凌加码福利，免费派发空调、雪糕、代金券。秉承"35度计划"夏日福利理念，加深夏日平台影响力。

第三招：打造气候公益热点，持续壮大活动声量

在项目营销方面，"35度计划"通过一套组合拳长线叙事，不断制造热点话题，持续为品牌传播制造声量。

热点1："巨型冰块给城市降温"，看得见的降温行动。墨迹天气意在用巨型冰块为炎热的城市降温，引起大众对环境问题的高度重视。高达1米的冰块在一男子的拉动下走过国贸、三里屯、鼓楼、白塔寺、奥森等多个北京地标，引得众人围观互动。

热点2：为世界降温线下快闪，引爆阿那亚黄金海岸。在2021年"酷爽派对"的基础上，2022 年 8 月 6 日，墨迹天气"35 度计划"在阿那亚举办了主题为"为世界降温"的快闪活动。通过"巨型热开花的温度计""35 度计划酷爽露营"等线下活动，配合抖音、小红书、微博等线上渠道传播，实现"线下+线上"全面引爆，推动大众关注气候变化的浪潮。

第四招：积极践行公益责任，提升大众环保意识

纵览"35 度计划"，既有引导大众关注高温天气的免费饮料，也有众多品牌联动扩大公益理念，还有于无形中传播环保的拖冰和露营活动。墨迹天气将公益元素嵌入日常生活，贴上"好玩""有料""时髦"等标签，覆盖公众对公益的认知。作为国内气象领域领先的气象服务平台，墨迹天气致力于探索人与环境之间的关系，近年来启动了众多公益活动，呼吁大众关注气候变化。相信在像墨迹天气"35 度计划"这样的气候公益活动的不断呼吁下，环境保护终将成为人们口口相传的日常。

（资料来源：根据《墨迹天气"35 度计划"完美收官！气象公益 IP 引爆夏日营销》，2022 年 9 月 29 日，https：//www. kejixun. com/article/220929/561812. shtml 资料编写。有改动。）

案例思考题

1. "墨迹天气"的营销有哪些创新？
2. "墨迹天气"的市场有什么特征？

第二章 市场营销环境

【学习目标】

市场营销环境是企业以消费者为核心的一切营销活动生存的环境。市场营销环境对顾客需求与行为、企业与顾客之间关系的影响有其特有的动态性和多变性，并通过市场机会的变化、威胁的产生及其自身多维度的内容来表现。通过本章学习，应该达到如下目标：

- 掌握市场营销环境的概念；
- 了解市场营销环境所包含的宏观和微观内容；
- 掌握面对环境变化时一系列的决策管理的基本路径。

【思政目标】

随着国际分工演进和全球产业链重构，中国对外开放的环境和参与国际分工的比较优势均发生了根本性变化。面对经济高质量发展的内在诉求和经济全球化螺旋式发展带来的外在压力，党的二十大报告着重强调了"坚持社会主义市场经济改革方向，坚持高水平对外开放"的战略地位。从本质上看，建设全国统一大市场是中国为释放国内巨大市场和内需优势、推动中国市场由大到强的转变所实施的深层次改革举措；高水平对外开放是经济全球化时代现代化经济体系建设的必然要求，也是中国式现代化经济体系建设必然具有的时代特征。中国实施更大范围、更宽领域、更深层次的高水平对外开放，要以统一、开放、竞争、有序的内部市场环境为前提和基础，只有国内经济基本盘稳固，才有条件培育创新能力和赶超能力，实现经济高质量发展。通过本章内容，可以学习从不同视角和维度理解和分析市场营销环境。

 引导案例

"银发经济"崛起，如何读懂适者需求？

中国养老行业具有较为辽阔的发展前景。《2022"银发族"消费趋势报告》显示，"银发族"多年来成交单量及用户数均实现稳步提升，2022年前8个月"银发族"的成交单量、购物用户数、人均单量分别达2018年的3倍、1.8倍、1.7倍，越来越多"银发族"实现了从0到1再到10的转变，逐渐习惯线上购

物，且购物种类也更加多元化；而在"适老产品"方面，"80后""90后"的回报型消费突出，年轻人买走了一半的老年适用品。"适老产品"覆盖范围广阔，京东"孝老爱老"购物节期间，围绕老年群体衣、食、住、用等方方面面的生活需求，推出覆盖滋补保健品、食品、服饰、鞋品、家用医疗器械、3C家电、通信手机以及家具建材等丰富品类的适老商品。

建银国际证券研报认为，中国的老年人往往有稳定的收入，对产品和服务的需求日益增长。他们的需求也变得越来越复杂和多样化，重点是健康、生活方式和休闲领域。老年人的子女为父母做出购买决定方面也扮演了积极的角色。电子商务的爆炸式增长也起到了一定的作用，为针对利润丰厚的银发细分市场的创新商业模式铺平了道路。随着适老化产业的悄然兴起，开发和推广适老产品，拓展可持续增长的"银发经济"市场发展空间已成国家政策导向。但适老产品的供给方如何真正地读懂适老需求，仍是关键痛点。

（资料来源：根据中国经营网《"银发经济"崛起各方如何读懂适老需求?》，2022年10月10日，http://www.cb.com.cn/index/show/gs9/cv/cv12536955215资料编写。）

第一节　市场营销环境概述

"环境"是影响和制约某一事物生存和发展的外部因素的总和。作为卖方与买方交易集合的市场，其单位个体是不断为其提供商品和劳务的企业。企业具有独立性，要求其内部各要素必须协调一致；也具有开放性，必须与外界不断发生物质、能量以及信息的交换，继而受到外界因素的影响和制约。由此可见，要规划企业的市场活动，就必须以其所处的市场营销环境为基础。

一、市场营销环境的概念

营销环境是影响企业市场和营销活动的不可控制的参与者与影响力，即影响企业的市场营销管理能力，判断其是否拥有利用外在参与者和影响力来发展和维持目标顾客交易与关系的能力的标准之一。

（一）企业与营销环境的关系

企业的营销活动脱离不了一定的社会环境，任何活动的计划和执行都需要受到社会环境的检验。企业与市场之间的关系决定了企业必须时刻做出适应性的反应，调整自身组织、战略和策略，以达到与市场、环境的协调。具体来说，企业营销活动与营销环境的关系可以从两方面体现。

1. 营销环境的客观改变性与企业的主观适应性。环境客观存在，而企业可以主观变化，企业唯有适应环境，无法要求其反行之。这是由环境的客观性决定的。企业在环境中的发展其实是努力维持一种与环境相适应的平衡关系。一旦环境发生改变，企业必须主观做出改变，寻求新的平衡点。

2. 企业对环境的能动性与反作用。强调企业对环境的不可控制，并不意味着企业对待变化的环境只能消极、被动接受从而改变自身以适应环境。在现代市场营销中，更加强调对环境的反作用，即运用自己可以控制的手段和方式方法，对环境进行改造。

以上两种对企业与营销环境关系的表达并不矛盾，其核心在于企业是否能对环境变化的趋势做出正确判断和适时把握企业机会。对两者的关系进行灵活地处理要求企业重视和加强对营销环境变化的监测，以及重视和增强自身战略的可调整性。

（二）市场营销环境的构成要素

市场营销环境的构成因其与企业关系的紧密程度和影响企业的方式效果不同，分为宏观市场营销环境与微观市场营销环境两部分。

1. 宏观市场营销环境。宏观市场营销环境又称间接市场营销环境，主要包括间接影响企业的因素，如社会文化、法律法规、经济发展，涉及人口、经济、政治、法律、科学技术、社会文化及自然生态等因素。其影响效果通常需要媒介，但在特定场合也可以直接参与影响。因素之间派生出若干层级，互相制约和影响，形成极其复杂的因果关系。

2. 微观市场营销环境。微观市场营销环境又称直接市场营销环境，主要包括直接影响企业的因素，如供应商、营销中介、竞争者，涉及企业内部的环境或与企业活动直接利益相关者。其影响效果可以直接作用于企业营销活动，体现了宏观市场营销环境因素在某一领域里的综合作用。

3. 宏观市场营销环境与微观市场营销环境的关系。两者之间并不是并列关系，而是主从关系，如图 2-1 所示。微观市场营销环境受制于宏观市场营销环境，宏观市场营销环境一般以微观市场营销环境为媒介去影响与制约企业的营销活动。两者共同构成了多因素、多层次、多变的企业市场营销环境综合体。

图 2-1 宏观环境、微观环境及企业营销的关系

二、市场营销环境的特点

市场营销环境是一个与企业生存有关，必须考虑各种因素的复杂结合体，而这些因素本身之间的关联性质也决定了市场营销环境的特征。

（一）客观性

环境作为企业外在的不以营销者的意志为转移的因素，对企业营销活动的影响具有强制性和不可控制性的特点。通常而言，企业无法摆脱和控制客观存在的市场营销环境及其变化，尤其是宏观市场营销环境，其变化和发展企业通常难以撼动半分，故而难以要求其根据自身的要求和意愿改变。如企业无法改变人口因素，对政治、法律和社会文化因素的影响力也比较小。环境的客观性存在，提醒企业必须以适应的、积极的态度，制定并不断调整企业的市场营销策略。只有适应市场营销环境或与市场营销环境不相违背，才是企业生存和不断发展的真理。

（二）差异性

市场营销环境的差异性不仅表现在企业在不同地域或国家之间受到的不同影响，还表现在同一环境因素对不同企业的影响。例如，阿里巴巴推出了某"宝"系列，不仅对网络贸易产生影响，同时也影响了消费者的储存习惯。所以，企业应根据环境变化的趋势和自身行业的特点，采取相应的营销策略。

（三）多变性

构成市场营销环境的因素是多方面的，而每个因素随着经济、社会发展，其自身的变化程度是不同的，也就是说市场营销环境是一个动态的、时刻变化的环境。环境变化的速度可快可慢，可以是根据已有趋势预期到的，也可能是突然的、跨时代的。应对这种多变性的环境，更要求企业随时做好环境分析，调整自身战略。

（四）相关性

市场营销环境的多因素构成特征，决定了其对结果的影响也并非由单一因素决定，而是受到一系列相关因素的影响。例如，企业的商品定价，不仅需要考虑其市场供求状态，还应考虑科技及财政等多因素的影响。而相关因素之间的作用程度也是不同的，这种相关作用力有时候可以根据已有经验或者数据进行评估，有时候则难以预测和估计。而这种相关因素之间复杂的、不易预测的作用力，也增加了企业根据环境变化调整策略时需要承担的风险。

市场营销环境的多层次性，涵盖宏观和微观环境，以及在环境中相关因素之间复杂的、不可见的影响力，使得对市场营销环境的认知与推断变得比较困难。因此，企业应该投入更多的力量，加强对市场营销环境变化的监测和准备。

第二节　宏观市场营销环境

宏观市场营销环境是指由一系列巨大的社会力量和因素构成的环境，包括人口（people）、经济（economic）、自然环境（environment）、科学技术（technology）、社会文化（culture）和政治法律（political）六大主要因素，如

表 2-1 所示，又称为 PEETCP 宏观环境。企业的微观市场营销环境，无时无刻不受到宏观市场营销环境的影响。分析宏观市场营销环境，不仅有助于实现认识环境的基本目的，更有利于制定有力的营销战略和策略，适应环境变化，努力实现企业目标。

表 2-1　宏观市场营销环境各部分特征概述

宏观环境	特　征
人口	人口统计特征、结构特点，旨在描述消费者特征和挖掘潜在群体
经济	经济发展、收入、支出、储蓄消费习惯，旨在验证消费者购买力
自然	资源使用情况，旨在加深消费者环保消费概念
科技	科技发展水平、创新能力，旨在说明技术的使用能力和创新性
文化	人文特征、风俗习惯，旨在告知企业在营销活动中文化的重要性
政法	政治制度、法律保障，旨在明确企业应遵循的法规和所受到的法律保护

一、人口环境

构成市场的最基本单元就是具有购买欲望且有购买能力的消费者，因此对消费者人口的研究是环境研究的基础。人口的性别、年龄、民族、婚姻状况、职业、居住分布、流动性与文化教育等都对整个市场的格局有着深远的影响。

（一）人口数量

一个国家或者地区的人口总量的多少，是确定该市场潜在容量的重要因素之一。发展中国家，尤其是中国和印度，作为人口大国，随着其人民收入水平不断提高，已然成为世界最大的潜在市场。目前，全球人口的总量及分布状态具有两个明显特征。

1. 全球人口持续增长。据联合国人口统计数据显示，2014 年全球人口已达71.57 亿人，估计 2050 年将超过 80 亿人，在 2080 年达到巅峰，而后降至 21 世纪末的约 103.5 亿人。第七次全国人口普查结果显示，2021 年中国人口（包括香港特别行政区、澳门特别行政区和台湾地区）人口总数为 14.117 8 亿人。截至 2020 年底，人口过亿的国家除美国和日本外都为发展中国家（印度、印度尼西亚、巴西、尼日利亚等）。

2. 全球人口增长速度不平衡。联合国人口基金发布的《2021 世界人口状况》全球报告显示，现阶段世界人口总数为 78.75 亿人，与 2019 年发布的世界人口总数 77 亿人相比虽仍保持正增长的趋势，但增速在放缓，更多国家开始出现人口萎缩的现象。世界人口增长的分布出现极不平衡的现象，最不发达的地区将成为人口增长最快的地区，撒哈拉以南的非洲地区将成为截至 21 世纪末人口增长的主要动力；而世界其他地区的人口将在 21 世纪结束之前达到峰值并出现下降，进入负增长时期。未来的人口排名会出现很大的变化，许多传统的人口大国（俄罗斯、日本、墨西哥）将从前列消失，取而代之的是新兴人口大国，如坦桑尼亚、刚果（金）、埃及等。作为人口最年轻的大陆，非洲未来在世界上的位置会愈发举足轻重。①

（二）人口年龄结构

对人口年龄结构的了解程度决定了企业营销者是否能寻找到适合企业进入和发展的目标市场。年龄结构通常分为六个阶段：学龄前儿童（0～7岁）、学龄儿童（8～14岁）、青少年（15～24岁）、成年（25～39岁）、中年人（40～59岁）和60岁以上的老年人。随着经济的发展、科学技术的进步、生活条件的提高和医疗条件的改善，人口的平均寿命被延长。目前的人口年龄结构呈现以下变化趋势。

1. 人口老龄化加速。21世纪是人口老龄化时代。根据穆迪的报告，到2020年，13个国家将成为"超高龄国"，即20%以上的人口超过65岁。史无前例的人口老龄化将对全球未来经济产生重大影响。人口老龄化问题从发达国家蔓延至发展中国家。中国自20世纪末进入老龄化社会以来，老年人口数量以及占总人口比重持续增长。根据《2021年度国家老龄事业发展公报》，截至2021年末，全国60周岁及以上老年人有26 736万人，占总人口的18.9%。近10年来，60周岁及以上人口占全国总人口的比重一直在增长，从2012年的14.3%增至2021年的18.9%。65周岁及以上人口占全国总人口的比重也一直在增长，从2012年的9.4%增至2021年的14.2%。当前和今后一个时期，我国将进入一个快速老龄化阶段，表现为以下特征：老年人口增长快，规模大；高龄、失能老人增长快，社会负担重；农村老龄问题突出；老年人家庭空巢化、独居化加速；未富先老矛盾凸显；老人"年轻化"趋势明显；"高知老人"比例逐步提升；老年人养老呈现多层次差异需求；养老投资主体多元化；等等②。

2. 新生比率下降。随着全球生育率下降使年轻人口萎缩，"人口金字塔"开始变型，向圆拱形发展，到2060年甚至会变成圆柱状。预计到21世纪末，全球平均年龄将超过40岁，而且在许多西方国家，尤其是日本和欧洲，这一数字将更高。③ 第七次全国人口普查显示，2020年我国总和生育率为1.3，低于1.5这一低生育率陷阱警戒线，达到超低生育率。低生育率是当前我国人口发展呈现出的新情况新变化之一，我国人口主要矛盾正由总量压力转变为结构性挑战。未来人口占比中儿童和青少年的数量占比会下降明显。相比人口总量，更严重的是人

① 联合国报告：全球人口今年底达到80亿印度明年成为世界人口第一 ［EB/OL］.（2022-07-12）［2023-08-10］. http：//news. hexun. com/2022-07-12/206339835. html.

② 中国人口老龄问题已成重大战略性问题 ［EB/OL］.（2015-04-24）［2023-08-10］. http：//world. people. com. cn/n/2015/0424/c190970-26900906. html.

③ The global population pyramid：How global demography has changed and what we can expect for the 21st century ［EB/OL］.（2019-05-18）［2023-08-10］. https：//ourworldindata. org/global-population-pyramid.

口结构问题。在创造端,劳动力减少降低了社会经济活力;在消费端,人口老龄化导致赡养负担的上升,社会消费力也降低了[①]。

(三) 人口地理分布

企业以人口密度和地理分布为标准寻找其目标市场和渠道分布。主要考虑人口密度和人口流动性两个指标。

1. 人口密度。人口密度是指一定时间内一定地区的居住人数与该地区的土地面积之比,即单位面积上的人口数,通常以每平方千米的居民人数表示。这一因素会影响单一市场规模大小和企业的销售成本。人口密度高使得市场相对集中,加快产品的周转速度。受世界各国自然地理条件以及经济发展程度不同等多方面因素的影响,人口分布不均,即相同土地面积上的人口数不等,人口密度也不相同。

人口密度不均不仅表现为各国之间的差异,也表现为一国各地区之间的差异。就中国而言,东南沿海一带集中了超过90%的全国人口,而西北地区仅占6%。人口密度从东南沿海向内陆西北地区递减。同一地区城市与农村之间也差异显著,少数大城市(如上海、北京)则人口密度过高。

2. 人口流动性。各个国家、地区的经济发展水平不同,经济增速不同,加之科技发展使交通更为便利,使得人口的区域流动性增加。除了常见的国家之间、地区之间、城市之间的人口流动外,人口由农村流向城市是另一突出现象。人口的流动不仅使某地区的消费者需求在数量上发生变化,而且会引起消费者结构的变化,给企业带来较多的市场份额并产生营销机会。

(四) 人口家庭结构

构成市场需求,即对商品和服务进行购买、消费的基本单位是家庭,且很多商品的购买均是以家庭而非个人为单位购买的。不同的家庭结构类型,即家庭的生命周期、家庭构成、家庭平均人数,均会对市场需求总量和需求结构产生重要影响,继而影响企业的营销行为。家庭生命周期指一个以家长为代表的家庭生活的全过程,通常按年龄、婚姻以及子女等情况进行分类。目前世界的家庭规模呈现出由扩大型向核心型转化的趋势,家庭规模趋于小型化,引起家庭数量增加,对相关商品的需求也出现新的变化,如适合较少人居住的住房等。

二、经济环境

经济环境是指企业营销活动所面临的外部经济因素,其运行状况及发展趋势主要作用于消费者购买力,而消费者购买力又会影响市场容量大小,因而是市场主要的因素之一。在进行营销活动之前必须进行经济环境分析,从而知晓市场的

---

① 增强生育政策包容性 尊重个体生育意愿 [EB/OL]. (2021-02-03) [2023-08-15]. http: //yn. people. com. cn/n2/2021/0203/c372441-34561918. html.

购买力，因为购买力的大小取决于一个国家或者地区的经济发展水平和人均收入水平。构成经济环境的因素主要有以下方面。

（一）经济发展水平

经济发展水平是指一个国家或者地区的总的经济发展的状况。企业的营销活动受其制约，故企业应重点分析其两方面的内容：经济发展阶段和经济发展趋势。处于不同经济发展阶段和拥有不同经济发展趋势的国家或者地区，消费者需求总量和结构是不同的。

1. 经济发展阶段。因为经济发展阶段的不同，区分为发展中国家和发达国家。发展中国家已经基本完成了从传统经济社会到经济起飞的过程。在这一过程中，经济发展的迅速扩张使得收入大幅增加，从而增加了对消费品的需求。而发达国家处于从经济成熟到追求生活质量阶段。这一阶段除了对耐用品的需求急剧上升外，对服务消费的占比也有所增加，主导部门发展为公共服务业和私人服务业。

2. 经济发展形势。全球化使得各国之间的联系日益紧密，相互依存度增加，使得在面对机遇或者威胁时，全球经济的发展呈现相类似的趋势。然而经济全球化也加剧了发展的不平衡，国家内部贫富差距增大，各国民生问题凸显。同时国际贸易争端增加，保护主义抬头。就我国而言，当下正面临经济转型期，经济结构的不合理得到了进一步调整，贫富差距的扩大受到了抑制，通过完成收入再分配和倡导"全面创业"，就业压力得以减轻。企业的生存和发展离不开国内国际的经济背景，只有对经济形势的复杂性和多变性做出准确的认识与判断，才能把握其中机遇，规避风险。

（二）消费者收入

购买力是构成市场的基本因素，也是影响企业一切营销活动和决策的直接因素。市场需求就是指具有支付能力并愿意支付的消费者的总需求，而消费者的总需求与购买力和收入呈正向影响关系，即收入水平越高，市场的总需求越大。收入指标又受到国家经济发展水平和分配制度的影响，它不是一个单一的指标，而是由一系列指标构成的。

1. 人均国内生产总值。人均国内生产总值一般指价值形态的人均 GDP。它表示一个国家或地区的所有常住单位，在一定时期内，按人口平均所生产的全部货物和服务的价值超过同期投入的全部非固定资产货物和服务价值的差额。一个国家或地区的 GDP 总量是衡量一个国家经济实力与购买力的重要指标，其增长幅度说明了一个国家经济发展的状况和速度。GDP 越大，增长速度越快，说明商品的需求量、购买力总量和增长速度都较为乐观。人均 GDP 从总体上影响和决定了消费结构与消费水平，因其是反映一个国家人民生活水平高低的重要指标，所以影响了消费者的选择。例如，在一个人均 GDP 较低的国家，其居民是不太可能将收入花费在高档商品上面的。

2. 个人收入。消费者的购买力取决于个人收入的高低，个人收入即从各种来源获得的收入。各地区居民的总收入可以用来衡量该地区的消费市场容量，预测消费者的消费能力。但消费者不可能将全部的收入用来购买商品或者服务，这也就决定了购买力往往受一部分收入的影响。

3. 个人可支配收入。个人可支配收入是指在个人收入中扣除税款和交给政府的非商业性开支后的余额，它是个人收入中可以用来消费或者储蓄的部分，构成了消费者的实际购买力。

4. 个人可任意支配收入。个人可任意支配收入是指在个人收入中减去用于维持个人与家庭基本生活所不可缺少的费用（如房租、水电费）后剩余的部分。这部分才是实际中最能够说明消费者购买力的因素，也是企业开展营销活动时主要考虑的对象，因为消费者的基本需求得到满足后，会将其他产品，如高档消费品、服务消费品作为目标。它是影响非生活必需品和服务销售的主要因素。

（三）消费者支出

消费者收入的变化，也会影响消费者支出模式，继而影响消费结构。从理论上说，随着家庭收入的增加，用于生活必需品的开支占总收入的比重会下降，用于家庭经营支出的占比基本不变，而用于其他服务和非生活必需品的支出占比应上升。这也是恩格尔系数所揭示的消费者的支出模式。

恩格尔系数＝生活必需品支出额/家庭总收入额

恩格尔系数是衡量一个国家、地区、城市家庭生活水平高低的重要参数。该系数说明，食物支出占总支出的比重越大，系数越大，说明生活水平越低；反之，食物支出占比越小，系数越小，说明生活水平越高。消费者支出除了用恩格尔系数进行衡量外，还可通过消费结构加以理解。消费结构指人们所消耗的各种消费品及服务的构成，即各种消费支出占总支出的比例关系。消费结构是产业和产品结构优化的客观依据，也是企业展开营销活动的根本立足点。而消费结构的变化是一个长期的过程，如同恩格尔系数一样，对于经济发展水平不高的国家和地区，两者均显示出变化的缓慢性，与国家或者地区的经济增长不成比例。其发生变化受到诸多因素复杂的相互作用，如家庭生命周期、商品化水平以及国家政策（房改、医改等）。

（四）消费者储蓄和信贷

消费者的购买能力还与消费者的储蓄和信贷行为有关。消费者的个人收入不可能全部用来消费，一部分将以储蓄的形式保留起来，这是一种推迟的、潜在的购买力，反映了未来消费的潜力。较高的储蓄率会推迟消费的出现，加大潜在购买力，削弱当下购买力。正常情况下，储蓄和国民收入成正比，即收入越高，储蓄能力越强。但在通货膨胀时期，消费者会将储蓄变成现金，购买保值商品，显示出消费者对经济前景的不信任或是悲观态度。消费者信贷对购买力的影响也很大，即消费者凭信用先取得商品使用权，然后按期归还贷款。信贷消费允许消费者超过自己现实的购买力进行消费，产生了更多的需求。

不同国家消费者的储蓄行为差异明显。在经济发达的西方国家，贷款消费是一种普遍的现象。就美国而言，欠债越多的人表示其越有财力、有信用。而在我国，传统的消费观念更看重无债，认为无债说明经济情况良好。但随着改革开放和经济全球化的共同作用，这种传统的储蓄观念已经发生明显的变化，但仍处于信贷消费的初级阶段。无论是哪种储蓄行为，过犹不及，都会对经济环境造成不利影响，从而影响企业开展正常的营销活动。

三、自然环境

自然环境是企业营销的空间，是指营销活动所需要或受到影响的自然资源和生态。营销活动受到自然环境和生态环境的影响和限定，这种影响对企业的生存和发展起决定性作用。自然环境包括物质资源环境、绿色保护环境以及地理环境三方面。

（一）物质资源环境

自然物质资源是自然界提供给人类的物质财富，根据其数量和再生周期的不同可以分为三类：一是"无限"资源，如太阳能、空气、水等；二是有限但可再生的资源，如森林、粮食；三是有限但很难再生的资源，如石油、煤等。无限资源虽总体上数量无须过分担心，但与其相关的污染问题却亟待解决。有限但可再生资源短期内不会有太大问题，但要防止过度使用，应当有计划地利用。为此，企业在考虑选择原材料时需考虑其再生体系是否完备，对有限但不可再生资源的利用则要十分小心，要努力寻求新的替代资源。

自然资源是进行产品生产和实现经济繁荣的基础，其与人类社会经济活动息息相关。但资源的过度开采、污染和替代资源寻求的困难都要求企业必须在开展营销活动时将资源作为一个重要因素深入思考。

（二）绿色保护环境

工业化、城镇化的进程，不可避免地加重了各国的环境污染程度。从长远考虑，自然生态的平衡对国家和人民的生活有至关重要的影响作用。这使得国家开始通过立法解决环境污染和治理问题。同时，环境保护组织的活跃也使得消费者和企业开始注意到资源保护的重要性，促使企业倾向于销售对环境影响最小的产品，减少对环境污染和破坏的程度。消费者对此表示认同并积极加入企业有益于环境的活动中。这种绿色营销的观念强调区别于传统营销的社会环境利益与商业道德，要求企业在追求自身利益最大化的同时，兼顾人类的长期发展利益。

工业化导致的资源短缺、能源成本的上升以及政府干预的加强，都使得企业在开展营销活动时面对的压力增加，但同时也蕴含着若干有利于新产品开发的机会。除此以外，政府对环境问题的控制也带来新的市场机会：为治理污染的技术和设备提供一个大市场，为不破坏生态环境的新生产技术和包装方法等提供营销机会。所以，只要企业明确了政府对资源使用的限制和污染治理的措施，就能发现保证企业发展、提高经济效益的机会。

配合绿色营销的概念，要执行绿色产品策略。这种信息的传达可以通过产品自身，也可以通过分销渠道等其他方面进行说明，还要围绕绿色产品开展促销活动，树立企业的绿色形象。例如，麦当劳就要求其使用的餐具和文具用品均为纸制品，减少污染物，同时还要求利用可回收材料进行餐厅建设。

（三）地理环境

地理环境主要包括地理位置、地形地貌、气候等因素。这也是企业在开展营销活动时必须考虑的，因为这些因素不仅影响一个地区的经济、人口分布，还会影响企业的生产成本、运输、分销等多方面的活动。

地理位置对企业活动的影响首先反映在其选址上，选址优化的企业在原料开发、运输等多项环节上的成本相对较小，且对环境的污染也会较小。地形地貌会使相同产品在不同地势状态（平原、丘陵）、海拔高度等产生不同效果，从而有利于企业发现目标市场或针对不同情况合理开发、改良产品。气候条件，如温度、湿度等气候特征会影响企业的营销成本，要求在产品的保存、运输上相应改进，同时也会因为可能造成的自然灾害而对企业造成威胁或者创造商机。

四、科学技术环境

科学技术是生产力最活跃的因素，是社会向前发展的根本推动力，它不仅使社会的经济发展程度和社会发展深刻变化，还影响到企业生产和营销等行为，营销人员要善于运用职业的敏感性来预测科技的发展趋势，密切注意科技环境变化对营销的影响。而技术作为知识的应用，对现实的生产力产生有至关重要的作用。技术环境是目前影响营销的最引人注目的因素之一。

（一）科学技术环境及其作用

科学技术环境是指企业营销活动中所涉及的与技术、科学知识和机能等息息相关的环境。其作为营销总体环境的一部分，不仅影响企业的内部环境，也与其他环境因素一起作用于企业活动。

1. 科学技术发展的水平直接影响企业的营销活动。科学技术发展使得生产力水平有了显著提高，其主要依靠生产设备的改造、工艺流程的不断创新。同时，技术开发扩大和提高了劳动对象利用的广度和深度，使得原料的创造和使用更加具有创新性。这些融合在企业各项活动中的创新，无不影响着企业的营销计划。所以，科学技术发展为企业营销提供了创新的依据，使得企业的营销活动更具有科学性。

2. 科学技术发展影响人们的生活方式、消费模式。新技术是一种创造性的力量，新科技的兴起成就了许多新的行业，也对一些已有的行业造成威胁。IT技术使得营销方式发生了重大变革。网络营销使得消费者的购买途径更加多元化、选择更加多样化、购买方式更加复杂化。以网络为平台展开的营销活动对传统方式下的营销造成了巨大的冲击。可见，科学技术不仅对企业产生了影响，甚至还可以直接作用于消费者，继而间接使得企业必须改变以适应。

3. 科学技术发展有利于帮助企业明确消费者群体。新技术增强了企业获取、存储以及分析信息的能力。企业通过科学技术的运用能够建立涵盖消费者各方面信息的数据库。比起传统的消费者定位方法，以数据为依托的新型方式更加有效且更能以较低成本达到企业的目的。

4. 科学技术发展的水平影响了决策风险。企业自身和其利益相关者（消费者、竞争者）等都受到了科技进步带来的冲击，这也意味着科学技术进步在带来机会的同时，可能也隐藏着风险。消费者的购买决策行为可能受到科学技术发展的影响，尤其需要面对不断推出的新产品。科学技术发展的复杂性和不确定性增加了企业在做出决策时所承担的风险，使得决策变得更加困难。

（二）科学技术发展趋势

科学技术环境的作用还表现在科学技术迅猛的发展趋势上。企业在开展营销活动时必须时刻了解科学技术的发展情况才能保持其优势，建立核心竞争力。其特点主要表现在以下三个方面：

1. 技术的高速发展。技术进步的速度很多时候是超过企业和消费者想象的，且其带来的效果也很难以简单地预测和判断。所以，当今社会，跟不上技术发展的企业就会发现，自己的产品很难在市场中找到立足之地。最经典的例子就是柯达的胶卷，因为消费者不再需要这类产品，从而使其快速失去了市场。高速发展的技术使得产品更新换代的速度加快，稍有不慎，企业就有可能失去市场份额。比如，摩托罗拉手机就失去了进入智能手机市场的先机。

2. 研究与开发的高投入。研究与开发（R&D）的投入在不同国家之间有显著差异，其衡量标准主要是 R&D 经费以及其与国内生产总值的比值。美国是全世界研究与开发支出最高的国家。从 2002 年开始，中国的研究与开发支出连续六年在世界排名第六，2007 年开始成为发展中国家首位，但仍远低于排名前三的美国、日本以及欧盟。进入 2010 年后，中国逐渐加大投入，2021 年 R&D 经费投入总量为 2.8 万亿元，比上年增长 14.6%，增速比上年加快 4.4 个百分点，已连续 6 年保持两位数增长。R&D 经费投入强度（与 GDP 之比）达到 2.44%，比上年提高 0.03 个百分点，呈现稳步提升态势。从国际比较看，我国 R&D 投入继续呈现大体量、高增长特点。从投入规模看，我国 R&D 经费总量稳居世界第二。从增长速度看，2016—2021 年，我国 R&D 经费年均增长 12.3%，明显高于美国（7.8%）、日本（1.0%）、德国（3.5%）和韩国（7.6%）等发达国家在 2016—2020 年的增速。从投入强度看，我国 2021 年 2.44% 的投入强度水平在世界主要国家中排名第 13 位，超过法国（2.35%）、荷兰（2.29%）等创新型国家[①]。具

---

① 国家统计局：R&D 经费投入较快增长 基础研究占比明显提升［EB/OL］.（2022-08-31）［2023-08-10］. https：//baijiahao. baidu. com/s？id=1742660227178301154&wfr=spider&for=pc.

体如表 2-2 所示，该表反映了 2011—2021 年我国 R&D 经费投入以及投入强度的变化情况。

表 2-2　2011—2021 年我国 R&D 经费投入以及投入强度

年份	2012	2013	2014	2015	2016	2017	2018	2019	2020	2021
R&D 经费投入（单位：亿元）	10 298.4	11 846.6	13 015.6	14 169.9	15 676.7	17 606.1	19 677.9	22 143.6	24 393.1	27 956.3
R&D 经费投入强度（%）	1.98	2.08	2.05	2.07	2.11	2.13	2.19	2.23	2.40	2.44

资料来源：《2021 年全国科技经费投入统计公报》，国家统计局，2022 年 9 月。

随着信息革命和知识经济的发展，有实力的企业也开始将研究与开发放在最重要的位置上。企业侧重点的转移说明在全球化趋势下，放眼国内外市场，扩大市场影响力是关系企业生死存亡的大事。而其又与研究与开发存在紧密关系，即高投入意味着更多的产品创新、渠道优化等，可以更好地服务于多元化、多样化的消费者需求。科技研究与开发的高投入水平对于规模相对小的企业而言还是很难达到的。所以，规模小的企业更需要关注所在行业和相关领域的科学技术变化，分析其影响，优化资源配置，适时地进行研究与开发。

3. 注重小微技术改进。由于完全意义上的创新性研究与开发的高投入具有高风险，大多数企业对此都显得十分谨慎和保守。其采用的主要方式是对已有的产品进行技术升级，或者对竞争对手进行一定的模仿，做细微的改进或简单的延伸。

五、社会文化环境

社会文化主要是指一个国家、地区的民族特征、价值观念、生活方式、风俗习惯、宗教信仰、伦理道德、教育水平、语言文字等的总和。社会文化又可以分为主体文化和次级文化。主体文化占支配地位，起到凝聚整个国家和民族的作用。它是在悠久历史中形成的，包括价值观、人生观等。次级文化是在主体文化下所形成的文化分支，包括种族、地域、宗教等。社会文化对营销的直接、间接影响都是多层次、多方位、渗透性的。简单来说，它不仅直接影响了企业的营销活动组合，也影响了消费者的购买习惯、消费心理等。社会文化要素具体体现在语言、教育、宗教信仰、风俗习惯、态度与价值观等方面。

（一）语言

语言是人类表达思想的工具，也是企业营销活动必须使用的工具之一，因为语言是营销信息传播的工具。企业在进入某个市场时，必须研究目标市场所在国家或者地区的语言特点，制定符合目标市场语言习惯的营销沟通策略。如果企业直接参与沟通耗时较长且存在困难，则企业需要利用当地经销商进行间接沟通。这也是为了向顾客介绍自己的产品和服务，了解顾客需求的重要前提。错误的沟通会影响整个营销活动的策划和执行，错误地开展营销活动不仅可能危害产品进入市场，还会有损企业的形象。语言的多样性不仅产生于不同国界，即便在同一国家，不同地区之间语言的巨大差异也不容忽视。如在中国不同地区皆有不同的方言，只有了解了各类语言的特点，才能够规避风险。

（二）教育

教育水平决定了受教育者的受教育程度，也说明了整个社会的文化程度。教育水平的不同不单单影响受教育者的收入水平，更多时候也作用于其精神层次的需求。教育会影响消费者对商品的鉴赏能力，表现为对产品名称的理解，对包装、广告的审美，同时也影响消费者的理解程度。消费者理解程度的高低直接决定了信息能否正确传递以及是否对信息错误解读等。

（三）宗教信仰

具有不同宗教信仰的群体有着不同的文化倾向和戒律，也就影响了人们认知事物的方式、价值观念和行为准则，继而影响了消费者的行为，也带来了一些特殊的市场需求。信仰者对于相关戒律的遵循是企业在进行营销活动时必须考虑的。需要传递的产品及其相关信息必须与信仰者的宗教信息相一致，而不能发生冲突。很多时候也需要了解不同地区、民族以及消费者的宗教信仰，因为拥有同样信仰的消费者的购买行为有很强的相似性。抓住影响其购买行为的核心因素，即可抓住这类消费者。

（四）风俗习惯

风俗习惯是人们的生活内容、生活方式，是在一定的社会物质生产条件下长期形成的，由于重复而巩固下来，世代相袭的一种风尚需要和行动的总和。而消费习俗是其中的一项重要内容，在饮食、服饰、居住、婚丧、节日、人情往来等方面都有所表现。不同的国家，对于数字、图案、颜色、动物等方面都具有不同的习惯和爱好。而同一个国家的不同地区之间也有着自己的风俗习惯。风俗习惯的多样化使得企业营销者必须注意不同国家、民族的消费和爱好，迎合其偏好，规避其厌恶，做到入乡随俗。

（五）态度与价值观

态度是人们思想意识以及心理活动的倾向，这种倾向会影响消费者的购买偏好，且这种态度因人、因事、因情况不同而不同。这种对时间的不同态度因为人们所面对的状况不同而有所差异。又如，就对新潮和传统的态度而言，有时候人们更愿意尝试新潮的东西，因其代表了一种新的方式；但对传统的认可使得这两种看似矛盾的态度经常共存。所以，态度不是一个既定的内容，它会依据多种因素而发生改变。

价值观是人们对社会生活中各事物的态度和看法，是人们对事物的判别，其主要依据是自己的信念和行为准则。价值观强调对事物的评价并依此采取某种行为的态度或者倾向，所以其也是与消费者行为直接相关的因素之一。价值观受到传统文化的影响，不过在全球化趋势下，单一的文化影响正在被几种文化的共同影响所取代，如国人对提前消费的接受和认可。

六、政治法律环境

政治法律环境是影响企业营销活动的主要因素之一，企业的任何活动都会受到政治情况和法律法规的制约。构成政治法律环境的因素是政治环境和法律环境。政治环境引导企业的营销活动方向，法律环境为企业营销活动提供准则，两者相互联系，共同对营销活动产生作用。

（一）政治环境

政治环境是指企业营销活动的外部政治形势和状况。政治稳定与否，会给企业的营销活动带来重大影响。良好的政治环境是指国家经济发展，社会稳定，民族和谐。政局的稳定使得市场保持稳定，能给企业营造良好的营销环境；相反，政局不稳，社会矛盾凸显，秩序混乱，会影响消费者的正常消费能力。所以，企业在开拓对外市场时，一定要考虑东道国的政治环境和社会稳定性。

政治环境通常可以通过国家政府制定的政策体现出来，如人口政策、能源政策、物价政策、财政政策、金融与货币政策等。这些对企业的营销活动均构成影响，如降低税率鼓励消费者消费，征收个人所得税调节个人收入等。另外，一些国家也会制定一些政策来干预外来企业在本国的营销活动，这就造成外拓市场时企业将面对营销风险。这种干预通常被称为"政治权利"，而造成的风险包括外企强硬国有化、政策干预企业行为、进口限制、税收调整政策、价格管制和外汇管制等。

（二）法律环境

法律环境是指国家或者地方制定或者认可的，由国家强制实施的行为规范。其主要表现形式为国家或者地方颁布的各项法规、法令和条例等。法律环境是开展一切营销活动所必须遵守的前提。只有依法开展营销活动，才能受到法律的保护。所以，企业要了解法律法规中对自己有益的部分，合理规避对自己不利的，在法律允许范围内发挥自身的管理能力，利用法律手段保护自身权益。而对从事国际营销活动的企业来说，除了要遵守本国的法律制度外，还必须十分熟悉和遵守东道国的法律制度和相关的国际惯例和准则。

第三节 微观市场营销环境

微观市场营销环境是指与企业的营销活动直接发生关系的组织与行为者的力量和因素，对企业营销活动的影响主要体现于企业的具体业务中。与宏观市场营销环境相类似，微观市场营销环境也具有一定的不可控性。不同的是，其对企业营销活动的影响更加直接，且微观市场营销环境中的某些因素，通过企业主观努力可进行一定程度的控制。因此，对微观市场营销环境监测的重要性对企业管理者而言可与目标市场同日而语。

构成微观市场营销环境的因素可以通过企业的价值链系统显示出来。企业以满足顾客需要为目的，将自己与供应者和营销中介联系起来，形成了供应者—企业—营销中介—顾客的系统，还要受到竞争者和公众的影响。简单来说，构成微观市场营销环境的因素包含企业内部环境、供应商、营销中介、顾客、竞争者和公众，如图 2-2 所示。

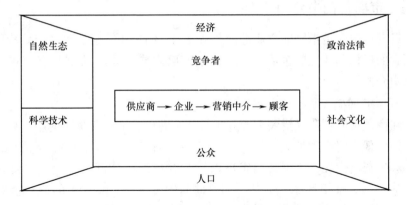

图 2-2　营销环境的沟通及相互关系

一、企业内部环境

企业是由各职能机构，如计划、财会、技术、供销、后勤等多部门组成的，以营利为目的的经济单位。企业要开展营销活动，必须设立营销部门。企业内各部门之间不是孤立存在的，而是要科学地分工合作。营销部门在制订计划时需要统筹规划，兼顾企业各相关部门的要求或业务的开展；财务部门负责决定营销活动的资金来源；研究和开发部门负责产品的开发和更新；采购部门负责产品的原料等。只有各部门之间保持良好的合作关系，才能有利于营销活动开展。此外，企业内高层管理部门负责制定公司的目标、战略和营销策略。营销部门的规划要依据高层的管理决策，而营销部门规划的实施又需要得到管理部门的首肯。

二、供应商及其意义

企业的产品生产，首先需要各种原料、燃料和辅助材料作为基础保障。供应商就是向企业提供生产经营所需要资源（如机器设备、原料、零部件、能源物资）的企业或个人。供应商是公司整个价值链系统中的一个重要环节，对企业的营销业务有实质性的影响。供应商提供的相关原料的数量和质量直接影响企业生产活动的结果，如供应短缺会造成产品无法生产。供应商在短期内会影响产品的销售，长期则会影响消费者满意度和企业信誉。所以，供应商对企业供货的稳定性和及时性是企业开展生产活动的重要基础。企业要与供应商保持良好关系，了解供货的变化和动态，使其在时间上和连续性上得到保证。另外，还要对原材料的市场信息了如指掌，寻找综合评价高、信誉好、价格低的供应商，或根据不同供应商在营销活动中的重要性，按照一定标准将其分类。为了少受供应商的约束，应开拓多个渠道，拥有多个供应商，必要的时候可以考虑采取一体化战略，收购或者兼并供应商。

三、市场营销中介与分类

市场营销中介是指协助企业进行产品促销、销售和经销从而将产品转移给最终购买者的机构。其主要包括中间商、物流实体分配公司、营销服务机构以及财务金融中介机构。

（一）中间商

中间商是帮助企业寻找顾客或直接与顾客进行交易的商业性企业。其主要有两类，即代理中间商和商人中间商。代理中间商又称"经纪商"，包括代理商、经纪人和生产商代表，负责介绍客户以及与客户洽商签订合同。其主要职能是协助达成交易、推销产品，但其不拥有商品的所有权。商人中间商从事商品购销活动，对其经营的商品有所有权，又称"经销中间商"或"经销商"，在市场中的主要类型是批发商和零售商。无论是哪种类型的中间商，其对企业而言有共同的角色，即企业拓展市场的合作者，是生产者与消费者之间的桥梁，协调两者的矛盾。企业必须清楚知晓中间商的基本情况与营销行为，防止产生误会，减少因供应商的工作效率和服务质量对企业产品的销售、售后满意度造成影响。

（二）物流实体分配公司

物流实体分配公司是指协助厂商储存并将货物运送至目的地的专业组织。其基本功能是解决产销时空背离的矛盾，提供商品时间和空间效用，适时、适地、适量地帮助完成商品从厂商到最终顾客的传递过程。其工作职能包括包装、运输、仓储、装卸、搬运、库存控制和订单处理等。其运输的商品可能是供应商向生产企业提供的原材料物资，或者是生产企业最终的产成品，以及中间商的货物，涵盖的运输内容具有多样性。物流公司的效率、速度、安全性和方便性都会影响企业的生产活动以及最终顾客对企业、产品的评价。例如，网络购物后的物流配送，已成为影响消费者满意程度的一个重要衡量指标。

（三）营销服务机构

营销服务机构是指为企业生产提供营销服务，协助企业开拓产品市场及销售渠道推广、宣传的各种机构。常见的营销服务机构有营销调研机构、广告公司、营销咨询公司等。企业可以自设营销服务机构，也可以委托外部营销服务机构代理与自身营销活动有关的业务。这些服务机构提供的信息和服务能够帮助企业更加清晰地了解目标市场、目标人群的需求，帮助产品定位、传递产品信息、宣传企业形象等，定期评估营销绩效，使得企业的营销活动更加有效率地开展，促使其提高创造力、质量和服务水平，从而实现利润最大化的目标。

（四）财务金融中介机构

财务金融中介机构是指协助生产企业融资和降低货物赊销储运风险的各种机构，常见的有银行、保险公司等。财务金融中介机构不直接从事与企业生产活动、产品流转直接相关的谈判、信息传递等商业活动，但对工商企业的经营发展至关重要。这是因为企业与这类机构的关系密切，如企业财务往来需要通过银行结算，企业的财务和货物需要通过保险取得保障，贷款利率的变动会影响企业的成本支出。财务金融中介会直接或者间接影响企业的生产活动。

四、顾客

顾客即产品的最终购买者，是指向企业购买产品、服务的组织和个人，包括个人购买者和组织购买者。顾客是企业的目标市场的基本单位，是影响营销决策最直接、最重要的因素。顾客不断变化的需求，要求企业适时地提供不同的产品和服务，这也验证了一个企业营销决策的制定和服务能力。

对顾客信息的了解和认知程度决定了企业在多大程度上能够吸引目标顾客。而在整个购买决策中，顾客所扮演的角色可能是单一的，也可能是多元的。这就决定了企业必须清楚地了解消费者的角色扮演（如发起者、影响者、购买者等）以及对不同角色信息的要求和处理的不同。另外，还需要了解未来顾客的信息，即已有顾客信息的变化和潜在顾客信息的收集。

顾客的多样性导致其角色扮演和信息需求有所不同。据此可将消费市场分为消费者市场、生产市场、中间商市场等。消费者市场的目标顾客为消费者自身或家庭，信息与消费者自身直接相关；生产市场的购买对象为产品和服务的进一步加工；中间商市场的目标是再次销售或者租赁；而以政府部门为主的购买产品和服务公众的机构，则侧重于转移支付。对不同类型顾客及其信息的了解决定了企业是否能够准确知晓顾客的需求。

五、竞争者

在市场经济条件下，企业不可避免地会遇到已有或者潜在竞争对手的挑战。简单来说，企业的竞争者是指与企业争夺市场的其他企业。从行业、产业的角度来看，竞争者是指提供相似、相近或可以互相替代的产品或者服务的企业；从市场、顾客角度看，竞争者是指为相同或者相似顾客提供产品、服务的企业。从消费者角度看，竞争者可以分为四类：提供不同品牌的相同规格、型号的同种产品的品牌竞争者（如相同容量的不同品牌洗衣机生产商）；提供不同形式的形似、同类产品的形式竞争者（如不同排气量、型号的轿车生产商）；提供不同品种的相近产品，通过不同方式满足顾客同种愿望、需要的一般竞争者（如作为交通工具的自行车和汽车生产商）；提供不同类产品、满足不同顾客需求、争夺同一顾客群的愿望竞争者（如对电视制造商产生竞争的洗衣机制造商）。

形式竞争者和品牌竞争者是同行业的竞争者，是企业需要重点研究的。企业必须清楚地了解自己在目标市场的竞争者是谁，竞争者的战略、策略是什么；自己同竞争者相比优势在哪儿、劣势在哪儿，如何扬长避短；自身和竞争者在目标市场的地位和反应类型等。企业必须了解竞争者当前和未来的目标，评估其当前的战略和活动，对其拥有的资源也要有所了解，进而预测和判定其未来的战略方向，为企业自身规划提供帮助。

六、公众

广义的公众是指面临共同问题，因共有的目的、利益、兴趣、意识等联系起来的社会群体。狭义的公众，即在营销观念中涉及的公众，是指对企业完成营销目的的能力具有实际或者潜在的利益关系和影响力的一切团体和个人。公众对企业的影响主要通过其对企业的态度显示出来，这种作用可以是积极的，即帮助企业实现自身的盈利目标，也可能是消极的。企业与公众的关系决定了这种效果的性质。所以，企业要适当处理与公众的关系，获得公众的支持，从而为自身营销活动赢得一个相对宽松的环境。企业面对的社会公众可以分为金融公众、媒介公众、政府公众、社团公众、社区公众、一般公众、内部公众几个类别。

(一) 金融公众

金融公众是指对企业获得资金的能力以及企业市值评估产生影响的团体，主要是指银行、投资公司、证券公司、股东等。其主要对企业的融资能力有所影响。金融公众与企业的关系决定了其是否能长久地成为企业的强大后盾。企业必须正确地处理其与金融公众的关系，而并非只想着获得资金、逃避债务和应承担的风险与义务。金融公众想谋利也需要提供企业需要的服务，只有提高服务质量，才能获得企业认可，从而建立长期合作关系。两者良性合作才能够双赢。

（二）媒介公众

媒介公众是指对企业的信誉、声誉、社会形象等公共关系方面产生影响的团体，主要指大众传媒，包括报纸、杂志、广播以及电视四大传统大众传媒机构。同时，互联网的普及使得公共信息服务网站、网络平台也担当了传媒公众的角色。这类团体掌握传媒工具，有广泛的社会联系，通过社会舆论对企业进行认知和评价。

（三）政府公众

政府公众是指与企业营销活动相关的各级政府机构和部门。其制定的方针、政策，对企业的活动有重大意义。有些公众还负责对企业实行监管。企业获得这类公众的帮助和认可，其营销活动的开展会更加顺利和高效。

（四）社团公众

社团公众是指具有某种共同利益的人或者机构组成的社会团体，主要包括三类，即政治利益团体（工会）、公共利益团体（消费者组织）和经济利益团体（行业协会）。前两类社会团体会保障团体利益和公共利益，对企业的活动进行监管，对企业的产品发表看法和评价。其给出的评价和反馈会直接影响企业在消费者中的形象和消费者对其形成的态度。例如，消费者组织公布的产品质量和投诉数据，会使得消费者对通报企业产生负面的评价，从而减少对其产品的购买。而经济利益团体则侧重于在企业和政府之间形成纽带，并在行业内进行自查。

（五）社区公众

社区公众是指在企业附近的居民、单位和社区组织。社区是企业的邻里。企业与社区保持良好关系，为社区的发展做出贡献，可以帮助企业赢得公众的认同。在顾客接触点丰富多变的互联网及移动互联网时代，顾客群体拥有驱动言论方向、打造口碑和颠覆企业品牌的巨大主动权和影响力，顾客的角色已从价值的被动接受者向价值共创者转变，顾客的这种力量及角色的转变在品牌社区环境下表现得尤为突出。品牌社区是基于互联网的以品牌认同聚集起来的用户群体，品牌社区的建立为企业维持顾客关系、管理顾客知识提供了有效途径。目前，很多企业已经建立了自己的品牌社区，通过社区来管理自己的顾客，增强顾客认同，以实现企业的竞争优势。

（六）一般公众

一般公众是指社会的一般个体公众，是消费者在进行产品选择时作为参照的人群。还可以将其细分为现实公众和潜在公众，顺意公众和逆意公众，独立公众、稳定性公众等。其中，具有较强影响力的人员、网络传媒、团体称为意见领袖，其余的为意见追随者。

（七）内部公众

内部公众是指企业内部管理人员和员工。企业应该处理好员工的关系，争取他们对营销计划的理解和支持，激发员工的责任感和主人翁意识，发挥其聪明才智，增强他们的福利，增强内部凝聚力，提高员工满意度和忠诚度。有学者（Gronroos，1981）把公司员工看成是内部消费者，员工的满意程度越高，越有可能建成一个以顾客和市场为导向的公司。实施内部营销，即以一种积极的、互相协调的方法，通过合适的营销方式，来推动公司内部职员为顾客更好地服务。实施内部营销既有利于确保员工受到激励，追求顾客导向和强化服务意识，也有利于吸引和留住高素质的员工。这样，员工就更有意识和能力去关心顾客，在与顾客接触中更好地把握顾客服务需求的差异性和特殊性。

例如，小米用做前端产品的思路，来做员工使用的内部后台系统。虽然该系统是一个只有几千人用户的内部系统，但后台开发团队每周都会听取用户对系统的反馈建议，以对系统进行持续不断的升级和改进。到今天，这个系统已经能分发各种内部产品券、码等企业内部员工福利，能够通过登录网页、手机端 App，让员工随时随地查询、申请、使用各项券码。而这个系统仅仅是后台系统团队所研发的数十个内部系统产品中的一个。之所以这样做，一是为了提高工作效率；二是因为"人是环境的孩子"，企业给员工提供怎样的环境，员工就会回报怎样的工作或成果。员工从公司对自己的服务中体会到的感受，将直接反馈到员工对用户的服务态度中。

关键术语

市场营销环境（Market Environment）；宏观营销分析（PEETCP Analysis）；顾客（Customer）；竞争者（Competitor）；公众（Public）

复习思考题

1. 简述市场营销环境对企业整个营销活动的重要性体现在哪些方面。
2. 宏观、微观市场营销环境分别包含哪些内容？
3. 试述企业应该以何种态度面对市场营销环境的变化。
4. 宏观市场营销环境和微观市场营销环境是怎样相互影响的？请举例说明。

本章案例

小家电市场持续降温，小熊电器如何逆增长？

近年来，受新冠疫情反复、原材料价格走高、芯片日益紧缺、"宅经济"红利消退等因素的影响，小家电市场持续降温。而创意小家电第一股小熊电器（002959.SZ）在上半年却逆市增长，交出了一份令人满意的答卷。小熊电器

2022 年半年度报告显示，小熊电器上半年营业收入为 18.48 亿元，同比增长 13.15%；归属于上市公司股东的净利润为 1.48 亿元，同比增长 6.65%。

小熊电器能获得亮眼的业绩表现，是因为其开创并领跑中国创意小家电市场，通过加强自身研发创新实力，不断开发新兴品类，布局精品战略，大力开展智能制造、数字化建设而实现。

开创"创意小家电"，填补小家电市场空白，实现"弯道超车"

在最初的小家电市场上，矗立着苏泊尔、美的、九阳股份三大巨头，在他们的带领下，市场上的主流产品是微波炉、蒸箱、烤箱、豆浆机等刚需型产品，服务对象都以"家庭"为单位。几乎所有小家电品牌都没有留意到非刚需小家电这片空白市场，更没有品牌将年轻消费者定位为主力人群。

2006 年，小熊电器紧扣年轻人定位，顺应消费者消费升级的细分需求，从非刚需产品切入，推出首款产品酸奶机，还有煮蛋器、豆芽机，新奇、有趣的产品概念立刻抓住了不少年轻用户的眼球，开创了"创意小家电"的先河，填补了市场空白，为消费者带来新的消费体验甚至是新的生活方式。自此，小熊电器成为中国创意小家电市场的开山鼻祖，在发展相对成熟的小家电市场中开辟了一方新天地。

增加创新研发投入，实施精品战略

在竞争极其激烈的小家电市场，"机海战术"效率低下，并不可取，只有聚焦于产品创新、技术研发、品质把控、智能制造、数字化建设的"精品战略"才是小家电市场转型升级的方向。在产品精品化战略下，小熊电器对于产品创新度和市场竞争力的要求会更严格。小熊电器不会集中在一个产品品类里打造一款大爆品，更多地会在同一个品类里投放多个小爆品来竞争。

产品创新、技术研发能够让企业在市场竞争中保持差异化优势。但小家电是一个准入门槛较低的行业，随着竞争者不断入局，产品同质化现象愈发严重。企业想要在日趋同质化的竞争中脱颖而出，保持稳步增长，领跑市场，需要更强的技术研发能力做后盾。因此，小熊电器将自己的发展路线更加明确地定位为以技术为驱动，实施精品战略，构筑企业长期稳定发展的护城河。小熊电器在几年前已经构建属于自己的三级研发体系，近年来持续加大研发投入，以保证公司技术创新能力的持续提高，保持"用户中心"驱动创新优势。在产品创新设计模块，小熊电器通过融合工业设计、用户体验和未来产品设计趋势的研究，把研究的结果属性转化为设计元素附加在产品创新当中，通过产品的视觉化美感、形式感、体验感的设计，解决用户的痛点问题，满足用户的需求，带给用户更好的消费体验。

小熊电器推进智能制造，加快数字化转型步伐，以支撑精品战略加快落地

小熊电器在小家电行业率先通过智能制造、精益制造、数字化转型推进质量变革、效率变革、动力变革，以打造消费者青睐的精品、新品，来支撑精品战略

加快落地。推进智能制造是家电行业高质量发展的方向。目前,小熊电器已建立五大智能生产基地,服务于产品技术的专业性、产品品质的稳定性、供应链的快速反应能力,包括成本的管控能力。小熊电器正在不断提高精益制造的能力,在生产端以自主生产为主,目前自主生产占比达 70% 以上。2022 年小熊电器进一步构建自主生产能力,通过更精细化的管理,推动制造往深加工方向走。小熊电器的核心零部件自主生产在逐步推进,比如电控、注塑件、五金等。自主生产是战略性方向,小熊电器会继续强化,在管理上也会更加精细化,努力提高效率、品质,降低产品的制造成本。未来三年,小熊电器计划投入超 1 亿元用于数字化建设,进一步夯实企业整体业务链全数字化能力,拓展数字平台边界,为公司供应链合作伙伴赋能,高效协同,真正降本增效、提质提产。

(资料来源:根据《小家电市场持续降温,小熊电器如何逆增长》编写,千龙网,2022 年 9 月 11 日资料。)

案例思考题

1. 分析影响小家电市场变动趋势的宏观、微观营销环境。
2. 面对这样的营销环境,小家电企业应该做出什么改变?

第三章　购买者的行为研究

【学习目标】

在市场上，购买者不仅包括普通的消费者，还包括企业、政府、机构等组织，其购买行为往往呈现出不同的特点和规律。因此，研究影响市场购买主体的因素及其决策过程，对企业有效开展市场营销活动至关重要。通过本章学习，应努力达到以下目标：

- 掌握市场分类和需求类型；
- 了解消费者市场的特点；
- 掌握消费者的购买决策过程和影响因素；
- 了解组织市场的特点；
- 掌握组织市场的顾客及其购买行为。

【思政目标】

党的二十大报告指出，要着力扩大内需，增强消费对经济发展的基础性作用和投资对优化供给结构的关键性作用。购买者在市场经济中扮演着重要角色，对购买者的深入了解与分析可以更好地扩大内需。本章介绍消费市场和组织市场中不同购买者的购买行为特点，旨在帮助学生更好地了解需求主体，从而创新扩大内需的行动路径。

 引导案例

年轻人的消费行为发生了什么变化？——基于观念上的转变

时代进步，消费迭代，新一代年轻人日渐成为消费主力。我国从储蓄率世界最高到有下降趋势，年轻人的消费观念正在发生转变。百度发布的 2020 年年轻人消费搜索大数据显示，2020 年年轻人消费的相关趋势已经发生了明显变化，直播购物和储蓄理财的搜索数据分别上涨了 167%、46%，而逛街购物则下降了33%。从整体来看，促使年轻消费者消费变化的一个重要原因是新冠疫情的影响，疫情使得年轻消费者的认知和观念也同样发生了变化。

与老一代人相比，年轻人更喜欢享受生活和注重生活品质的提高，其消费观念和消费习惯均发生了变化。一方面，随着经济发展和人民收入水平逐渐提高，家庭更关注子女生活质量，力求为其提供丰厚的物质生活保障。这使得部分年轻

人缺乏勤俭节约意识，面对喜欢的东西往往会缺少考虑而冲动消费。另一方面，年轻人更加果断，预防不确定性进行储蓄的动力减小。随着国家社会保障水平的提高，义务教育不断普及，医保制度不断完善，未来教育、医疗的不确定性逐渐降低。此外，一些城市房价上涨的幅度远高于居民可支配收入的上涨幅度，年轻人的刚性支出增加。目前很多年轻人每月都要偿还数额不低的房贷、车贷，挤压了其他当期消费，并且车贷、房贷支出占据收入的相当比例。

（资料来源：根据光明网《年轻人消费观念转变的原因及其影响》，2021年2月8日。https：//m. gmw. cn/baijia/2021-02/08/34607144. html 资料编写。）

第一节　市场分类

在经济活动中，市场并非一个抽象的概念，而是分类为多种不同的市场。市场最基本的分类及其相互关系，如图3-1所示。制造商从资源市场购得各种要素资源，包括原材料、劳动力、资金、能源等，通过生产过程产出产品或服务出售给中间商以获利。中间商向消费者转售产品或服务。消费者则通过出售劳动力、生产技能、智力等劳动要素获取收入以购买产品或服务。作为特殊的市场主体，政府通过向各经营性市场主体征税来支撑其职能活动，向各类市场提供公共服务，同时，政府也需要采购其开展职能活动所需的各类产品。正是这些市场主体的活动及相互关系构成了复杂的市场体系。

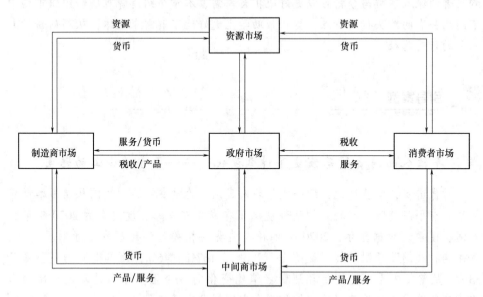

图3-1　现实经济中的基本市场关系

图3-1仅仅描述了经济活动中最基本的市场类型和交换关系。在现实生活中，市场的类型更多样，关系更复杂。常见的市场类型有以下几种：

（1）按照购买者主体划分，市场可以分为消费者市场、生产者市场、中间商市场、政府市场等。消费者市场是为生活消费而购买产品和服务的个人和家庭的组合。生产者市场是为生产某种产品并通过出售以获利而购买生产要素的企业和个人的集合。中间商市场是购买产品直接用于转售以获利的企业和个人的集合。政府市场是指政府为行使政府职能而购买产品的集合。

（2）按照市场交易对象划分，市场可细分为产品市场、服务市场、技术市场、金融市场、劳动力市场、房地产市场、旅游市场、文化市场等。按照国民经济的产业分类，每一个产业都是一个独立的市场。

（3）按市场的竞争状况划分，市场可以划分为完全垄断市场、寡头垄断市场、垄断竞争市场和完全竞争市场。完全垄断市场是指一定地理区域内某一行业只有一家企业供应某产品和服务，或者说一种产品只有一个生产者或经营者而没有替代供应商的市场。寡头垄断市场是指由少数几家大企业控制了某一产品绝大部分产量和销量的市场。垄断竞争市场是指一个行业内有很多企业生产销售同一产品，且每一个企业的产量或销量只是需求总量的一小部分，不同企业的产品间存在质量、性能、服务等差异的市场。完全竞争市场是指某一行业中有很多企业以相同方式向市场提供相同产品的市场。

（4）按照交换双方力量对比划分，市场可以划分为卖方市场和买方市场。卖方市场是指商品供给量小于需求量、商品价格趋于上涨、由卖方支配交易关系的市场类型。与之相反，买方市场是指商品供给量大于需求量、商品价格趋于下跌、由买方支配交易关系的市场类型。处于不同供求关系中的企业，其营销任务不同，营销战略与策略也存在较大差异。

第二节　消费者市场购买行为

消费者行为研究在市场营销理论体系中占有重要的基础性地位，以消费者为导向也逐渐成为企业营销最基本的理念。了解消费者行为的相关内容是进行市场细分、目标市场选择、市场定位、制定营销战略与策略组合的基本出发点。对人类消费活动中的心理规律和行为表现的研究，是消费者行为研究的基本内容。

一、消费者市场概述

消费者市场是指所有为了满足个人消费而购买产品和服务的个人和家庭所构成的市场。生活消费是产品和服务流通的终点，故消费者市场也称最终产品市场。消费者市场是市场体系的基础，是起决定作用的市场，是现代市场营销理论研究的主要对象。

消费者市场有着分散性、多样性和替代性等特点，具体如下：

（1）分散性。从交易的规模和方式看，消费者市场购买者众多，市场分散。

虽然消费者市场的成交次数频繁，但总体的交易数量却远小于组织市场。从空间上来看，消费行为发生在人类生活的每一个角落，从城市到乡村，从国外到国内，消费者市场无处不在。从时间上来看，人类的消费一刻都不能停止。消费者市场的分散性要求企业采用多样化的分销渠道来进行产品的销售。

（2）多样性。消费者市场的产品是生活消费用品，其购买者是受不同因素影响的个人或家庭，因而该市场需求呈现出较大的差异性、多样性。这些因素主要有消费者的年龄、性别、身体状况、生活经历、习惯偏好、教育程度、社会地位、收入水平、家庭环境等。随着消费者购买力的不断提高，人们更加注重个性选择、个性消费，消费需求更加多样化。

（3）替代性。消费者市场产品种类繁多，不同产品之间往往可以相互替代，这与组织市场情况差异较大。一方面，不同种类的商品（如液态奶与奶粉），因其使用价值相近，很容易相互替代；另一方面，同一种类的商品（如各个品牌的牙膏），虽然规格、价格、质量或品牌可能存在差异，但其功能大致相同，因而也容易相互替代。消费品中的大多数商品都可以找到替代品，可以说消费者市场中的商品具有较强的替代性。

二、消费者的购买决策过程

（一）消费者行为模式

1. 消费者。消费者是与消费紧密联系的概念。消费是指人们消耗物质生活资料和精神产品的行为活动。消费者则是从事消费行为活动的主体——人。根据研究角度的不同，对消费者概念的界定也有广义和狭义之分。

广义的消费者是指所有从事物质产品和精神产品消费活动的人。在一定意义上，社会上的每一个人，无论其身份、地位、职业、年龄、性别如何，都是消费者。因此，消费者是等同于总人口的最大社会群体。

狭义的消费者是从市场需求的角度界定的。将消费者放到市场需求的框架中加以考察，可以认为消费者是指那些对某种产品或服务有现实或潜在需求的人。由于对商品的需求表现不同，狭义的消费者又可以分为现实消费者和潜在消费者。现实消费者是指对某种商品或服务有现实需求，并实际购买商品或使用商品的消费者。潜在消费者是指当前尚未购买、使用或尚不需要某种商品，但在未来可能对其产生需求并付诸购买及使用的消费者。

2. 消费者行为。根据美国市场营销协会（AMA）的定义，消费者行为是"感知、认知、行为以及环境因素的动态互动过程，是人类履行生活中交易职能的行为基础"。该定义较为全面地体现了消费者行为概念的丰富内涵。

按此定义，消费者几乎时时刻刻都在受到周围环境的刺激，不仅包括政治、文化、经济和科技等社会因素的刺激，还有商家提供的产品、广告和促销等营销刺激。这些刺激使得消费者内心发生一系列的心理活动，进而做出相应的购买决策，包括产品选择、品牌选择、经销商选择和购买数量选择等。这一过程被称为消费者行为的刺激–反应模型（stimulus-organism-response，SOR），是指外在环境会影响个体的感知评估和情绪状态，从而影响其心理反应，并通过心理反应间接影响个体表现的行为，如图3-2所示。

图3-2　消费者行为的刺激–反应模型

资料来源：江林.消费者行为学［M］.2版.上海：上海交通大学出版社，2022：105.

（二）消费者购买决策过程

消费者购买行为是消费者行为研究的核心。消费者行为研究主要研究消费者为什么做出购买决策以及具体的决策过程。消费者购买行为是指与购买商品和服务有关的各种活动的集合。

1. 消费者购买决策的含义。对于消费者而言，购买决策是指消费者作为决策主体，为了实现满足需求这一特定目标，在购买过程中进行的评价、选择、判断、决定等一系列活动。

购买决策在消费者购买行为活动中处于关键性地位。首先，消费者决策决定了购买行为发生或不发生；其次，决策的内容确定了购买行为的方式、时间及地点；最后，决策的质量决定了购买行为的效用大小。因此，正确的决策会促使消费者花费较少的费用、时间和精力，买到质价相符、称心如意的商品，最大限度地满足自身的消费需要。

2. 消费者购买决策的内容。消费者购买决策的内容因人而异，但所有购买决策都离不开5个W和2个H，如图3-3所示。

（1）由谁购买（who）？即确定购买主体。在购买过程中，消费者扮演的角色有所不同，有人充当决策者，有人具体实施购买，有人则是商品的使用者。

（2）为什么购买（why）？即权衡购买动机。消费者的购买动机多种多样。同样购买一台洗衣机，有人是为了减轻家务劳动，有人则是为了炫耀攀比。

（3）购买什么商品（what）？即明确购买对象。这是决策的核心。购买目标不只是停留在一般类别上，而是要确定具体的对象及内容，包括商品的品牌、性能、质量、款式、规格及价格等。

（4）购买多少（how much）？即确定购买总额。购买总额一般取决于实际需要、支付能力及市场供求情况。如果市场供应充裕，消费者便不急于买，买的数量也不会太多；如果市场供应紧张，即使目前不是急需或支付能力不足，消费者也会负债购买。

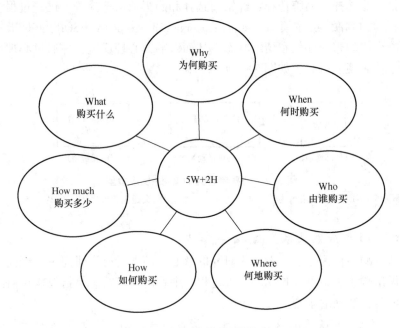

图 3-3　消费者购买决策的内容

资料来源：江林．消费者行为学［M］．2 版．上海：上海交通大学出版社，2022：108．

（5）什么时间购买（when）？即确定购买时间。它与主导购买动机的迫切性有关。在消费者的多种动机中，往往由需求强度高的主导性动机来决定购买的先后缓急；同时，购买时间也与市场供应状况、购买场所营业时间、节假日及消费习俗等有直接关系。

（6）什么地方购买（where）？即确定购买地点。购买地点是由多种因素决定的，如购物场所的环境品位、商家信誉、交通便利程度、可挑选的品种数量、价格水平以及服务态度等。这项决策既与消费者的惠顾动机有关，也与求名、求速、求廉等动机有关。

（7）如何购买（how）？即确定购买方式是函购、邮购、预购还是代购，是付现金、刷信用卡还是分期付款等。随着电视购物、直销、网络购物等新型销售方式不断涌现，现代消费者的购买方式也趋于多样化。

3. 消费者购买决策过程。消费者的购买决策过程由引起需要、收集信息、评价方案、决定购买和购后评价五个阶段构成，如图 3-4 所示。

（1）引起需要。消费者对某类商品的购买需求源于其自身的生理或心理需要。当某种需要未得到满足时，满意状态与实际缺乏状态之间的差异会构成一种刺激，促使消费者发现需求所在，进而产生寻求满足需求的方法、途径的动机。引起消费者需要的刺激可以来自个体内部的未满足需要，如饥饿、寒冷，也可以来自外部环境，如流行时尚、他人购买等。经内外刺激引起的消费者对自身需求

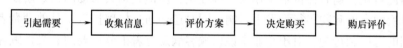

图3-4 消费者的购买决策程序

资料来源：江林．消费者心理与行为［M］．6版．北京：中国人民大学出版社，2018：188.

的认知，起着为决策限定范围、明确指向的作用，因此是有效决策的前提。

（2）收集信息。在认知需求的基础上，消费者受满足需要的动机驱使，开始寻找各种解决问题的方案。为使解决方案具有充分性和可靠性，消费者必须广泛收集有关信息，包括能够满足需要的商品种类、规格、型号、价格、质量、维修服务、有无替代品、何处何时购买等。上述信息可以通过各种渠道获得，如报纸、广播、电视、杂志等传统媒体和网络等新型媒体刊载的商业信息，亲友、熟人等口碑传播提供的信息，来自个人经验或记忆中存储的信息，从他人或群体行为方式中获得的启示等。消费者收集信息的快慢取决于对所需商品的迫切程度、对该商品的了解程度、信息获取的难易程度等。

（3）评价方案。在广泛搜寻的基础上对所获信息进行适当筛选、整理加工，即可建立解决问题的多种方案，但各种方案的利弊不一，需要加以比较选择。选择的标准因消费观念的不同而异。例如：有人以价格低廉作为基本需求，有人以符合时尚作为选择标准；有人要求外观新颖，有人则希望结实耐用；有的人追求个性化，求新求异，有的人则宁可从众，与群体保持一致。面对各种备选方案，消费者可能做出完全不同的选择。比较选择是择优决定方案的基础。

（4）决定购买。在对各种方案进行充分比较后，便可从中选择最优决策方案。所谓最优方案，是指能够最大限度地满足消费者需要的方案。确立最优方案是消费者购买决策中的关键环节，直接决定决策正确与否、质量高低。为保证决策科学有效，需要消费者具备较强的分析判断能力和较高的决策水平。

（5）购后评价。在购后评价中，消费者通过比较商品效用与预先期望的差距，得出自己的满意程度。当产品的可感知效果与欲望相符或者大于期望，消费者会感到满意，这种情况被称为"购后协调"。在购后协调的情况下，消费者不仅会发生重复性购买行为，还会积极地宣传推广该产品，促进他人购买。当产品的可感知效果未达到期望的水平，消费者会对自己的购买决策产生不满意，这种情形被称为"购后不协调"，此时消费者会产生认知失调。认知失调是指个体的态度与行为发生不一致进而引发的不舒服的感觉。认知失调常常会引发心理的紧张，为了缓解这种紧张心理，个体会选择改变态度或改变行为等方式来减少认知不一致。在购后不协调的情况下，消费者主要有两种选择：一是选择沉默，包括改变对产品的评价、寻找新的支持信息、提高心理效用水平和降低决策的重要性；二是选择发泄，包括抱怨、消极宣传、向厂家提出退换货和向有关部门投诉等情况。

由此可见，购后评价常常作为一种经验，反馈到购买活动的初始阶段，对消费者以后的态度和购买行为发生影响，同时还会通过口碑扩散至其他消费者，影响他们的态度和行为。对于企业来说，顾客满意有着十分重要的意义。顾客满意不仅可以使企业拥有一大批忠诚的顾客源，形成稳定的收入来源，还可以帮助企业在市场上建立良好的企业形象，形成良好的口碑，与顾客、供应商和经销商等利益相关者建立良好的关系，促进企业健康发展。

4. 消费者购买决策类型。购买决策方式受到购买涉入度的影响，因涉入程度不同，消费者的购买决策呈现不同的类型。所谓购买涉入度，是指消费者由需要或价值观而产生的对购买决策过程关心或感兴趣的程度。当消费者的购买涉入度由低到高变化时，决策过程也随之复杂化，由此呈现不同的类型。具体从两个层面表现购买决策类型的差异：决策的复杂程度、涉入购买程度。第一个层面表示从决策到习惯的一个连续集合，消费者将其决策构建在搜寻信息和评价品牌的认识过程基础上，当消费者满意并且一直购买某一品牌的产品时，就几乎不用进行决策了。第二个层面描述了从高度涉入到低度涉入的集合。高度涉入购买是指那些对消费者而言非常重要的购买活动，它与消费者的自我意识及自我形象紧密联系，消费者会花费时间和精力仔细考察可供选择的产品；低度涉入购买对消费者并不很重要，其财务、社会和心理的风险也不大，消费者不会花大量时间和精力去考察可选产品。

决策与习惯、低度与高度这两个层面的交叉可以产生四种类型的购买决策行为，如表 3-1 所示。

表 3-1 消费者购买决策类型

	高度涉入的购买决策	低度涉入的购买决策
决策 （信息搜寻，考虑对品牌的选择）	复杂决策 （汽车、电器等）	有限决策 （麦片、快餐食品等）
习惯 （很少或没有信息搜索）	品牌忠诚决策 （运动鞋、化妆品等）	惯性决策 （纸巾、饮用水等）

资料来源：江林. 消费者心理与行为 [M]. 6 版. 北京：中国人民大学出版社，2018：191.

（1）复杂决策。复杂决策即消费者详细和全面地对不同品牌进行评估。与其他类型的决策相比，这种决策需要搜寻更多的信息，评估更多的品牌。由于产品品牌差异大，购买风险大，消费者需要有一个学习过程，要广泛地收集产品的性能、特点、价格等信息，对产品进行全面的评估，进而做出购买决策。复杂决策在面对下列产品时更有可能发生：

- 高价位产品；
- 与操作风险相关的产品（医药、汽车）；
- 复杂产品（音响、电脑）；

● 与自尊、形象密切相关的产品（服装、化妆品）。

（2）有限购买决策。有限购买决策也称寻求多样化的购买行为，是消费者在低涉入度购买的情况下进行的决策。消费者在这类购买决策中具有很大的随意性，不全面收集信息和与其他品牌进行比较就决定购买某一品牌，而在下次购买时又有可能会转换其他的品牌。

例如，当消费者去超市购买麦片、饼干等食品时，这次购买一种品牌，下次可能会购买别的品牌，当超市有新食品做促销时，消费者还有可能出于尝试心理而选择购买促销品，在这种情况下，消费者对信息的搜寻是有限的。现存品牌的改变和对多样性的渴求都会使消费者发生寻求多样化的购买行为。

（3）品牌忠诚决策。过去购买的满意评价和对某品牌的强烈认同，使消费者几乎不进行任何比较选择就决定购买。品牌忠诚决策也称为"减少失调的购买行为（dissonance-reducing buying behavior）"，是指消费者并不广泛收集产品信息，并不精心挑选品牌的购买决策。该购买决策过程简单而迅速，购买之后，消费者也许会感到某些不协调或不够满意，在使用过程中，会了解更多产品的情况，并寻求种种理由来减轻、化解这种不协调，来证明自己的购买决定是正确的。

（4）惯性决策。这是指消费者倾向于做出始终购买同一品牌商品的决策。然而，重复购买并非由于消费者对该品牌忠诚，而是由于他们认为不值得花费时间和精力去寻找替代品。消费者只是被动地接受信息，出于熟悉而购买，也不一定进行购后评价。例如，消费者始终购买超能牌的洗衣皂、农夫山泉牌的矿泉水、清风牌的纸巾等，并不是出于对这些品牌的忠诚，而只是习惯于购买自己熟悉的品牌，以节约搜寻产品的时间和精力。

三、消费者购买行为的影响因素

人们的购买行为在很大程度上受到文化、社会、个人和心理等因素的影响，如图3-5所示。

（一）文化因素

1. 文化。文化是区分一个社会群体与另一个社会群体的主要因素，是人们通过学习获得的区别于其他群体行为的集合。文化所包含的潜在元素有：价值观、文字、语言、伦理道德、风俗习惯、宗教仪式、法律及产品和服务等。每一个个体都在特定文化环境中成长，文化是人类欲望和行为最基本的决定因素，对消费者行为具有最广泛和最深远的影响。文化的差异会引起消费行为的差异。大量事实表明，不同国家、民族、地区的消费者，由于文化背景、宗教信仰、道德观念、风俗习惯以及社会价值标准不同，在消费观念及消费行为方式上会表现出明显差异。例如，受东方传统文化影响，中国人历来以勤俭持家、精打细算、未雨绸缪、量入为出为美德，而将超过自身支付能力的消费视为奢侈浪费，借债消

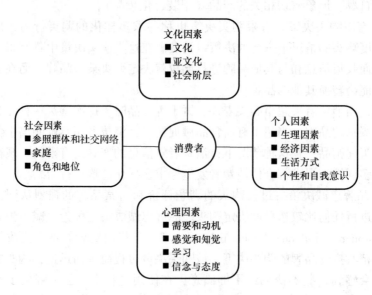

图 3-5　消费者行为影响因素

费更是为人所不齿的行为。体现在消费观念上，就是人们崇尚勤俭节约，因此注重储蓄，居民储蓄率居高不下。而以西方文化为主导的消费者则恰恰相反，他们更重视个人价值的实现和当前需要的满足，视负债消费为天经地义，因此，其居民储蓄率不断下降，家庭负债率持续上升。由此可见，文化对消费观念、态度以及行为方式具有深刻影响。

2. 亚文化。亚文化是指某一文化群体中的次级群体所拥有的文化。亚文化以特定的认同感和社会影响力将群体成员联系在一起，如民族亚文化、宗教亚文化、地理亚文化、种族亚文化等。

（1）民族亚文化。世界上许多国家都存在不同的民族，民族文化在预测消费者购买习惯、消费偏好时是非常重要的参考依据，它就像一个标签，标识出自己和其他人。同一个民族的人拥有相似的思想、认知和相似的消费行为，不同的民族则会有较大差异。有的民族将某些动物、花鸟、图案敬若神明，视为高贵，而有的民族则可能恰恰相反，视其为丧气或禁忌。这种差异对于市场分析、市场细分等企业营销活动都很有帮助。

（2）宗教亚文化。世界上存在许许多多不同的宗教，不同的宗教有不同的文化倾向和戒律，从而形成对商品不同的偏好和禁忌，使分属不同宗教群体的消费者在购买行为和消费习惯上表现出各自的特征。从企业角度来看，宗教不仅仅是一种信仰，更重要的是，它反映了消费者的理想、愿望和追求。因此，市场营销人员在制定营销策略时，应该考虑到各民族的特点，制定相应的市场营销策略，回避宗教禁忌。

（3）地理亚文化。由于自然条件与地理上的差异，不同的地区往往具有不同的文化特色，使人们的消费习惯和消费特点体现出差异。例如，在我国，饮食口味的特点是南甜北咸，东酸西辣，菜系也是按地域分的，食品生产商就应充分考虑不同地区的饮食习惯。气候特征也是影响消费行为的重要因素。适合温带地区的产品未必适合热带和寒带地区，适合高湿度地区的产品可能就不适合气候干燥的地区。对于跨地区销售的产品，设计人员与营销人员应注重地理亚文化的差异。

（4）种族亚文化。一个国家可能有不同的种族，不同的种族有不同的文化传统与生活习惯。例如，白种人、黑种人、黄种人的文化差异较大，其购买行为也差异较大。

3. 社会阶层。社会阶层是指一个社会中具有相对同质性和持久性的群体，它们是按等级排列的，每一阶层成员具有类似的价值观、兴趣爱好和行为规范。社会阶层不是由一个变量决定的。要全面把握社会阶层的状况，通常使用综合的标准来进行划分。我国划分社会阶层的标准包括：①收入，收入的多少会影响人们的社会表现和消费方式；②职业，这是现代社会反映人们社会地位的一个主要标志，不仅影响人们的经济收入、社会声望，而且影响人们的消费方式和消费水平；③受教育程度，它直接影响人们的知识、能力、兴趣、价值观、审美观和消费观；④权力，它反映出人们的政治地位。

社会阶层对消费行为有着重要的影响。不同阶层的人有不同的生活方式和消费习惯。例如，面对促销，中等层次的消费者注重商品的外观，低层次的消费者则存在立刻获得和立刻满足的消费倾向。研究社会阶层对于深入了解消费者行为具有特别重要的意义，一方面可以研究不同阶层的消费者在信息收集、品牌偏好和购买动机等方面具有哪些独特性，另一方面有助于了解哪些消费行为被限定在某一特定阶层之内，哪些消费行为是各阶层消费者所共同具有的。事实上，对于许多不同类型和档次的产品与品牌，消费者会自觉或不自觉地按其社会阶层加以区分和选择。

（二）社会因素

消费者的购买行为也是一种社会行为，受到相关群体、角色、家庭等一系列社会因素的影响。

1. 参照群体和社交网络。一个人的行为受到许多小的群体的影响。群体是指通过一定的社会关系结合起来进行共同活动而产生相互作用的集体。属于同一群体的成员彼此依附，彼此意识到对方的存在，并进行相对频繁的沟通和交往，大家具有相似的价值观、基本一致的行为方式，以及同属于一个群体的体验。一个人的兴趣、爱好以及思想和行为准则都不是天生的，而要受到后天环境的影响。在各种因素中，群体的影响不可忽视，它会潜移默化地影响人的心理与行为。

（1）参照群体。参照群体（reference group）是指与个体看法、愿望和行为有着重要关联的真实或想象的他人或群体。参照群体在消费决策领域有着重要影响，主要表现在信息、功能和价值表达三个方面，表3-2描述了这三个方面的影响。

表3-2　参照群体的影响动机、表现和作用结果

	动机	表现	作用结果
信息影响	规避风险	从他人/群体收集信息；观察他人的消费。例如，个人向可靠的朋友寻求信息，个人对专家行为的观察	获取消费知识和提高决策效用
功能影响	顺从	通过消费选择迎合群体的偏好和规范。例如，为迎合同事/朋友的期望，购买特定品牌	赢得参照群体的赞扬，避免来自群体的惩罚
价值表达影响	心理满足	通过消费选择体现自己向往的社会群体身份。例如，购买某一品牌有助于向别人展示其期望的社会身份	强化自我身份、展现对参照群体的喜爱

资料来源：周欣悦. 消费者行为学［M］. 北京：机械工业出版社，2019：166.

参照群体的信息影响主要发生在消费者购物决策不确定的情况下，消费者会主动寻求参照群体的建议或者观察参照群体的消费决策。例如，你不确定去哪家餐厅吃饭，那么你可以询问周围的朋友。

参照群体的功能影响指的是消费者利用消费来获得群体的接纳和认可。消费者迎合参照群体的期望、偏好、标准或规范。当消费者预期到购买某个品牌或者某种消费行为可以得到群体的接纳和认可时，就会进行相应产品的消费。

参照群体的价值表达影响体现在两个方面。一方面，消费者个体期望通过模仿该参照群体，让个体的自我概念更接近参照群体的形象和价值观。例如，某个同学加入了"社会心理研究兴趣小组"，为了使自我形象与"社会心理研究者"的形象一致，会主动关注一些社会心理学的期刊、微信公众号等。另一方面，满足个体属于某个群体的需求，表达对群体的喜爱。例如，该同学在提起自己所在的"社会心理研究兴趣小组"时会感到自豪，会在自己的社交媒体中转发、赞扬兴趣小组的活动。

（2）社交网络。社交网络即社交网络服务，源自英文SNS（social network service），即社交网络服务。社交网络是让人们在线进行社会互动，交流信息和观点的地方，包括博客、微博、微信等社交网站和工具，以及整个网络世界。随着互联网的发展，社交网络在人们的生活中扮演着越来越重要的角色，它已成为人们生活的一部分，并对人们的信息获得、思考和生活产生不可低估的影响。我们在社交网络上的好友或粉丝成为我们在虚拟世界中的参照群体，他们的言论和

行为会潜移默化地影响我们的态度和行为。社交网络的崛起不仅改变了消费者的生活方式，也改变了企业的营销策略。随着 facebook、twitter、微博和微信等国内外社交媒体的兴起，社交网络营销的优势日益体现，越来越多的企业开始在社交网络上进行营销并获得了非常好的营销效果。

社交网络营销具有传统营销无法比拟的优势：首先，社交网络营销可以满足企业多元化的营销策略，无论是促销活动、产品植入，还是市场调研，抑或是病毒营销，都可以在社交网络上实现。其次，社交网络可以有效地降低企业的营销成本，社交网络营销"多对多"的信息传递模式具有更强的互动性，受到更多人的关注。社交网络用户高度的参与性、分享性和互动性可以加强人们对于品牌的认知，更容易形成深刻的印象，进而产生较好的传播效果。最后，社交网络是真正符合用户需求的营销方式。社交网络营销符合网络用户参与、分享和互动的社交需求，可以通过营销方式拉近人与人之间的距离，而不会引起用户较大的反感。在互联网时代，如何使社交网络营销成为企业有效的宣传及管理工具，从而最终实现利益的最大化，越来越成为企业营销活动中非常关键的一项内容。

2. 家庭。家庭是以婚姻或血缘为纽带，成员间存在持久性情感关联的群体。家庭是社会的基本单位，也是社会中最重要的消费者购买组织，它深刻地影响着人们的价值观、人生态度和购买行为。

家庭对于个体消费者的消费活动的影响体现在三个方面：

（1）家庭是大部分商品和商品类型的主要销售对象。与个体消费不同，无论是在消费数量还是在消费种类上，家庭消费都要远远超过个体消费。从日常消费的各种普通商品到满足各种特殊用途的专用商品，大多是以家庭为单位进行购买和消费的。因此，家庭是消费活动的主力军，是最基本的销售对象。

（2）家庭决定其成员的消费方式。组建家庭之后，夫妻双方都要协调和改变自己的消费行为，建立适合双方的消费方式。家庭对子女的消费方式也有着重要影响，子女消费行为的习得最初是从家庭开始的，子女往往是通过观察、模仿父母或年长成员的消费行为而懂得如何消费的。

（3）家庭影响其成员的消费观念。这主要表现在对消费行为的价值和意义的认识上。家庭主要成员的消费观念会通过购买行为表现出来，子女会通过观察和学习逐渐接受这种消费价值观。例如：父母热衷于名牌商品，子女往往也容易形成追求名牌、讲排场的消费心理；父母勤俭持家，子女往往也不乱花钱。当然，这种影响不是绝对的，随着社会的发展，时代的变化，上一代与下一代在认识与观念上的差异逐步加大，家庭对年轻人的影响有所减小。

家庭成员的消费以家庭为核心，但在实际的购买活动中，并不是每个家庭成员都可做出决定，决定消费的往往是一两个成员。在家庭消费决策中，不同的家庭有不同的特点，家庭消费决策主要有三种类型：一人独自做主；全家参与意见，一人做主；全家共同决定。这里的"全家"虽然包括子女，但主要还是指夫妻二人。夫妻二人购买决策权的大小取决于多种因素,如各地的生活习惯、妇女就业状况、双方工资及教育水平、家庭内部的劳动分工以及产品种类等。孩子在家庭购买决策中的影响力也不容忽视,随着孩子的成长和经济上的独立,他们在家庭购买决策中的影响力逐渐加大。

3. 社会角色和地位。社会角色是指与人们的社会地位、身份相一致的一整套权利、义务的规范与行为模式,它是人们对具有特定身份的人的行为期望,也是构成社会群体或组织的基础。按照拉尔夫·林顿(Ralph Linton,1936)的说法,一个人占有的是地位,而扮演的是角色。在每一次高度结构化的社会互动中,社会都为其提供了一个"剧本",用于指导和分配给不同社会成员扮演不同的角色。角色的学习就是要领会某一特定身份被期待的或者规定的行为。每个人在社会和所属群体中的位置可以用角色来确定,其角色随着社会阶层和地位的变化而变化。

在现实生活中每个人会同时担当多种角色。一个人每担当一种角色,实际上都是增加了一种责任,而且角色也是可以变换的。随着社会的发展,个人从事的事业和所处的地位都可能发生变更和迁移,由此扮演的角色也随之变换。另外,个人因自己更适于充当某种角色而重新进行社会选择,也会造成角色的变换。如同扮演戏中的新角色,一开始总是生疏甚至忘词,无法立即演得出神入化,人们在社会生活中充当新的角色时,也有一个从生疏到熟悉的过程。

社会角色的多样化使得消费者的购买行为出现差异。我们每个人往往同时属于几个不同的群体,在其中担任不同的角色,每一角色都会不同程度地影响其消费行为。例如,一位职业女性在为约会而选择衣服时,会选择时尚性感、款式新潮的裙子;在为参加面试而选购衣服时,则会购买职业、干练的职业套装;在为参加周末外出郊游而选购衣服时,宽松、舒适的休闲服则是最佳选择。

(三)个人因素

消费者购买决策也受其个人特性的影响,特别是受生理因素、经济因素、生活方式、个性和自我概念等因素的影响。

1. 生理因素。生理因素具体包括人体身高、体型、相貌、年龄和性别等方面的外在特性,以及耐久力、爆发力、抵抗力、灵敏性、适应性等方面的内在特性。这些生理特性是先天遗传的,同时也受到后天环境的影响。生理特性的差异可以引起不同的消费需求,从而会导致不同的消费行为活动。有关生理学与解剖学的研究表明,人的生理构造与机能是行为产生的物质基础,任何行为活动都是以生理器官为载体,在一定的生理机制的作用下形成的,消费行为亦如此。以人的身高和体型为例,人的身高、体型等身体特点的差异对消费者的影响是显而易见的。有的人身材魁梧、体型肥胖,有的人身材矮小、体型瘦弱,他们所表现出来的购买倾向就有很大差别。首先,在服装尺寸的选择上,毫无疑问,前一类人选择的服装尺寸较大，后一类人选择的服装尺寸相对较小。其次，在颜色的选择上，前者多会选择深色服装，如黑、蓝、绿、灰等冷色调，这样会使自己显得瘦一些，而后者多会选择浅色或色彩强烈的服装，如白、淡黄、橙、红等暖色调，以显得高大强壮一些。

2. 经济因素。经济因素是指个人可支配的收入、储蓄、资产以及借贷的能力，是决定消费者购买行为的首要因素。个人经济状况的好坏、收入水平的高低，对消费者的消费需求、生活方式、消费结构甚至消费态度都有直接的影响。随着个人收入、储蓄、资产的增减，以及信贷能力的变化，其消费行为必然会发生重大变化。可以说，经济因素是影响消费者行为的最重要因素。

3. 生活方式。生活方式是指一个人在生活中表现出来的活动、兴趣和看法的模式。生活方式能够反映出一个人所作所为的倾向。不同生活方式的人对产品和服务的见解及对营销策略的反应有很多差异，直接影响其购买行为。

不同的生活方式有着不同的消费需求。生活方式对消费者行为的影响日益受到重视，研究者开发了多种生活方式的细分方法。其中，较为完善的细分生活方式的方法有两种：AIO（activity，interest，opinion）模式和 VALS（values and lifestyles）方法。AIO 模式通过描述消费者的活动、兴趣和态度来度量生活方式的实际形式。而 VALS 方法按照自我导向和资源丰缺两个标准，定义了八个类别的生活方式，将消费者细分为思考者（thinkers）、信奉者（believers）、创新者（innovators）、成就者（achievers）、奋斗者（strivers）、求存者（survivors）、体验者（experiencers）、制造者（makers）。这种细分有助于企业选择目标顾客、进行营销沟通、明确产品定位策略等，如图 3-6 所示。

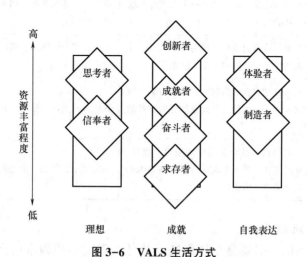

图 3-6　VALS 生活方式

资料来源：江林．消费者行为学［M］．2 版．上海：上海交通大学出版社，2022：56．

4. 个性和自我概念。个性是指决定个人如何适应环境的内在心理特征，包括使某一个体与其他个体相区别的具体特质、属性、特征、因素和态度等多个方面。个性作为个体带有倾向性的、比较稳定的、本质的心理特征的总和，是个体独有的并与其他个体区别开来的整体特性。正如自然界没有两片完全相同的树叶，人类没有两张完全相同的面孔一样，世界上也没有两个人具有完全相同的个性。在消费实践中，正是个性的绝对差异性，决定了消费者心理特征和行为方式的千差万别，同时显示出每个消费者独有的个人风格和特点。例如，面对新的消费时尚，有的消费者追随潮流，从众趋同；有的则固守己见，不为潮流所动。选购商品时，有的消费者审慎思考，独立决策；有的则盲目冲动，缺乏主见。这些纷繁复杂、各个相异的行为表现，正是消费者个性作用的结果。

自我概念一般是指人们关于自己的想法和情感的总和，即自己如何看待自己。自我概念不是天生的，是在综合自己、他人和社会评价的基础上形成和发展起来的。研究发现，消费者不是只有一个自我概念，而是在不同的场合、环境下拥有实际的、理想的、期待的、社会的多重自我。实际的自我概念指个人对自己主观的认知，也就是我觉得自己是怎样一个人。理想的自我概念是指个人所希望达成的圆满形象，也就是我希望自己成为怎样一个人。期待的自我是指个人期望在将来某一特定时间如何看待自己，它介于实际的自我与理想的自我之间。社会的自我指个体如何看待自己在社会中的角色、地位以及与他人之间的关系，也就是个人对自己在他人心目中的形象及地位的评价和认知。具体如表 3-3 所示。

表 3-3　自我概念的类型

自我概念	定　义	例　子
实际的自我	个人对自己的表征：关于一个人实际具有的特性的信念	我是一个体贴和热心的人，身体健康，并且有吸引力
理想的自我	个人对自己希望或喜欢成为的表征：关于个人理想中希望有的特性的信念	我愿意成为慷慨的、成功的、受欢迎的和被人爱的人
期待的自我	个人对自己应该成为的或者感觉有义务成为的表征：关于个人有义务拥有的特性的信念	我应该有抱负、坚定、勤奋和有纪律
社会的自我	个人对自己在社交关系中的角色、地位、义务的表征：关于个人认为自己在别人心中拥有的特性的信念	在家庭中，我是一个关爱家人的成员

（四）心理因素

1. 需要和动机。需要是个体因缺乏某种生理或心理因素而产生内心紧张，从而形成的与周围环境之间的某种不平衡状态。消费者需要包含在人类一般需要之中，它反映了消费者某种心理或心理体验的缺乏状态，并直接表现为消费者对获取以商品或服务形式存在的消费对象的要求和欲望。需要的形成有两个前提条件：一是缺少某种对象物的匮乏感，如饥饿时需要食物；二是期望得到某种对象物来获得满足感，如获得友爱的需要。需要是人类行为的原动力，但是消费者不会随时都能感知到自己的需要，只有当需要被激发和唤醒时，才会促使消费者采取行动。有时消费者并未感到心理或生理的匮乏，而是因外部刺激或消费诱因而产生对某种商品的需要。

心理学将动机定义为引发和维持个体行动并导向一定目标的心理动力。动机是一种内在的驱动力量。当个体采取某种行动时，总是受到某些迫切需要实现的意愿、希望、要求的驱使，而这些内在的意愿、要求具有能动、积极的性质，能够激发和驱动特定行为的发生，由此就构成该行为的动机。通常，人们在清醒状态下采取的任何行动都是由动机引起和支配的，并通过动机导向预定的目标。因此，人类行为实质上是一种动机性行为。动机是行为发生的直接原因和驱动力。同样，消费者的消费行为也是一种动机性行为，他们所从事的购买行为直接源于各种各样的购买动机。

2. 感觉和知觉。消费者对商品的认识过程是从感觉开始的。感觉是人脑对直接作用于感觉器官的客观事物个别属性的反映，是客观事物在人脑中的主观映像。在消费活动中，当消费者与商品等消费对象发生接触时，会借助眼、耳、鼻、舌、皮肤等感觉器官感受商品的物理属性（如颜色、形状、大小、软硬、光滑或粗糙等）和化学属性（如气味、味道等），并通过神经系统传递至大脑，从而引起对商品的各种感觉，包括视觉、听觉、嗅觉、味觉、触觉等。例如，一种新型护肤品，消费者用眼睛看到奶白色膏体，用鼻子嗅到清纯馥郁的香气，用手触摸到膏体细腻柔滑，搽在皮肤上有滋润感，由此产生对该护肤品颜色、状态、香型、质地等方面的感觉。

在认识过程中，消费者不仅借助感觉器官对商品的个别属性进行感受，而且能够将若干个别属性联系、综合起来，进行整体反映。这种人脑对直接作用于感觉器官的客观事物个别属性的整体反映，就是知觉。知觉与感觉既紧密联系又相互区别。知觉必须以感觉为基础。消费者只有感觉到商品的颜色、形状、气味、重量等各方面属性，才有可能形成对该商品的整体知觉。感觉到的个别属性越充分、越丰富，对商品的知觉就越完整、越正确。但是，知觉不是感觉数量上的简单相加，它所反映的是事物个别属性之间的相互联系，是建立在若干个别属性内在联系基础上的事物的完整映像。此外，知觉是在知识经验的参与下对感觉到的信息加以加工解释的过程。没有必要的知识经验，就不可能对客观事物的整体形象形成知觉。因此，知觉是比感觉更为复杂深入的心理活动，是心理活动的较高阶段。

3. 学习。学习是某种体验（直接经验、间接经验）所产生的一种相对持久的行为变化，是通过神经系统不断接受外部信息、获得新的行为模式的过程。在外部条件基本不变的情况下，这种行为模式被固定下来，就成为记忆。记忆是通过学习反复体验或训练，将引起的行为变化保留下来的结果。我们可以简单地把学习理解为经验的习得，记忆是经验的保持。只有通过学习和记忆，人们才能在与环境相互作用的过程中习得新的经验，并不断地积累和扩大经验，使自己的行为与外界多变的环境相适应。学习和记忆是人及高等动物对外界环境最主要的一种适应方式。学习引起的行为变化包括：习得经验、知识，形成某种态度，产生某种兴趣，等等。

4. 信念和态度。人们通过购买行动、后天学习及经验积累，树立起自己的信念和态度，而信念和态度又会反过来影响人们的购买行为。信念是指一个人对某种事物所持的看法。企业应关注人们头脑中对其产品或服务所持有的信念，即企业产品和品牌的形象，因为这会影响到消费者的购买行为。因此，当人们的某一信念是不利的，影响了产品的销售时，制造商就应进行宣传与沟通，有效开展促销活动，以改变人们的信念。

态度是指一个人对某些事物或观念长期持有的评价、感受与行动倾向。态度使人置身于对某一事物产生好感或厌恶、亲近或疏远的情境之中。消费态度是消费者在购买和使用商品的过程中对商品、服务及有关对象持有的评价和行为倾向。消费者一旦形成了对某种产品或品牌良好的态度，以后就很有可能做出重复购买的决策了；反之，就不会购买。态度往往具有稳定性，一旦形成就很难改变。因此，企业应不断进行营销策划，使消费者形成对产品的良好态度。

经典与前沿研究3-1

电商直播对消费者行为和购买意愿的影响

第45次《中国互联网发展状况统计报告》中明确记录，2020年3月前，中国在线购物用户在线电子商务注册比例高达37.2%，使用量达到2.65亿人。在新冠疫情广泛传播的背景下，电商直播迎来了新的发展契机。直播销售的异常增长促进了数字经济的转型，直播带货已成为常态。

该研究基于SOR模型，也称刺激-机体-反应模型。SOR模型被用来解释环境对人类行为的影响。SOR模型由前因变量S（刺激）、中介变量O（机体）和结果变量R（反应）构成。针对电商直播对消费者行为和购买意愿的影响展开实证研究，得出如下结论：产品质量、产品促销和吸引力正向影响感知价值，感知价值中介作用成立。基于分析结果，提出建议：电商平台应细化主播分类，维持平台流量；主播及其团队提高专业水平和选品质量，维持自身魅力。

资料来源：荆诗雨. 电商直播对消费者行为和购买意愿的影响分析［J］. 商场现代化，2022（15）：15-17.

第三节 组织市场购买行为

一、组织市场概述

企业的市场营销对象不仅包括广大消费者，也包括生产企业、商业企业、政府机构等各类组织，这些组织构成了原材料、零部件、机器设备、供给品和企业服务的庞大市场。为了提高企业产品的市场占有率，扩大产品销售，满足组织市场的需要，企业必须了解组织市场的购买行为特征及其购买决策过程。

组织市场是一个相对于消费品市场的概念。总的来说，组织市场包括为生产、消费和加工而购买产品和服务的所有机构，具体可包括商业企业、政府部门或者事业机构（如医院）和以营利为目的而购买产品和服务并供再出售的企业。组织市场可以分为以下三种类型：

（1）生产者市场。生产者市场又称"产业市场"，由一切购买产品和服务并用于产出商品或服务以供销售、出租的组织所构成。产业市场存在于众多行业中，如制造业、农产品加工业、餐饮业、酒店业、旅游业、采矿业、建筑业、金融业、通信业等。

（2）中间商市场。中间商市场是由购买商品和服务并将之转售或出租给他人以获取利润为目的的个人和组织组成的市场。市场主体是批发商和零售商。批发商从生产制造企业大批量购进产品或服务，并把商品转售给零售商；零售商则从批发商或厂家购进产品或服务，直接销售给最终消费者并获取利润。

（3）政府市场。政府市场是由那些为执行政府的主要职能而采购或租用商品的各级政府单位组成的市场。政府市场的主体主要包括各级政府的职能部门、军事组织等。无论是在国内还是国外，各级政府需要经常采购物资和服务，因而形成一个巨大的政府采购市场。

二、组织购买行为

组织市场同消费者市场在构成主体方面有根本区别，相应地，二者的购买行为也不尽相同。组织市场购买行为（以下简称"组织购买行为"）是指各类正规组织机构确定其对产品和服务的需要，并在可供选择的品牌与供应商之间进行识别、评价和挑选的决策过程。组织购买行为有着不同于消费者购买行为的特征，如表3-4所示。

表 3-4　组织购买行为的特征

组织市场的结构和需求：
组织市场的购买者数量更少、规模更大；
组织购买者的需求由终端消费者的需求衍生出来；
很多组织市场的需求缺乏弹性——短期内受价格变化的影响不大；
组织市场的需求更频繁地出现波动且波动更快
组织市场购买者的性质：
购买涉及更多的购买者；
组织购买需要更专业的采购
决策类型和决策过程：
组织购买者往往面临更复杂的购买决策；
组织购买者行为更加模式化；
供需双方密切合作且建立长久的关系

资料来源：科特勒，阿姆斯特朗，洪瑞云．市场营销原理：亚洲版［M］．李季，赵占波，译．4 版．北京：机械工业出版社，2020：117.

三、组织市场的顾客及其购买行为

一个成功的组织营销战略的首要条件是：能够有效地区分出购买者的不同组织类型。不同类型的组织市场购买者对于所购买商品的要求往往是不同的。根据市场类型的不同，组织市场购买者有生产者、中间商和政府。

（一）生产者市场与购买行为分析

1. 生产者购买行为的主要类型。生产者市场的购买类型主要有三种：

（1）直接重购。企业的采购部门或采购中心根据过去和许多供应商打交道的经验，从供应商名单中选择供货企业，并直接重新订购过去采购过的同类产业用品。此时，组织购买者的购买行为是惯例化的。在这种情况下，列入供应商名单的供应商应尽力保持产品质量和服务质量，并采取其他有效措施来提高采购者的满意度。

（2）修正重购。企业的采购部门为了更好地完成采购工作任务，适当改变要采购的某些产业用品的规格、价格等条件或供应商。这种购买行为类型较为复杂，因而参与购买决策过程的人数较多。这种情况给其他供应商提供了市场机会，并给当前的供应商造成了威胁。前者应加大沟通和促销力度，开拓新顾客；后者则要设法巩固其现有顾客，保护其既得市场。

（3）全新采购。全新采购是指企业第一次采购某种产业用品。新购的成本费用越高、风险越大，需要参与购买决策过程的人数就越多，需要掌握的市场信息也越多。这种行为类型最为复杂。相比直接重购，在全新采购情况下，生产者要做出的购买决策较多，通常要做出以下具体决策，即决定产品规格、价格幅度、交货条件和时间、服务条件、支付条件、订购数量、可接受的供应商和选定的供应商等。

2. 生产者购买决策的参与者。不同的企业有不同的采购组织。小企业往往由企业总经理负责，大中型企业设有规模较大的采购部门，一般由一名副总经理主管。由于购买类型与规模不同，购买的复杂程度与参与购买的决策人数也不相同，影响力最大的是处于采购中心的人员。而所有参与购买决策过程的人员构成采购组织的决策单位，即采购中心。

企业采购中心通常包括五种成员：

（1）使用者（users），即具体使用产业用品的人员。例如，实验室用的电脑，其使用者是实验室的技术人员；复印机，其使用者是办公室的秘书。使用者往往是最初提出购买某种产业用品的人，他们在计划购买产品的品种、规格决策中起着重要作用。

（2）影响者（influencers），即在企业外部和内部直接或间接影响购买决策的人员。他们通常协助企业的决策者决定购买产品的品种、规格等。企业的科研人员或技术顾问是最主要的影响者。

（3）采购者（buyers），即具体执行采购计划的企业人员，在企业中拥有组织采购工作（如选择供应商、与供应商谈判）的正式职权。

（4）决定者（deciders），即在企业中有批准购买产品权力的人。在标准品的例行采购中，采购者常常是决定者；而在较复杂的采购中，公司领导人常常是决定者。

（5）信息控制者（gatekeepers），即在企业外部和内部能控制市场信息流使其流向决定者、使用者的人员，如企业的购买代理商、技术人员等。

并不是任何企业采购任何产品都必须有上述五种人员参与购买决策过程。企业采购中心的大小和成员的多少会随着欲采购产品的不同而有所不同。一个企业如果要采购办公用的文具，可能只有采购者和使用者参与购买决策过程，而且采购者往往就是决策者；而如果要采购多媒体网络设备，其技术性较强，单价高，行为类型复杂，参与购买决策过程的人员较多，采购中心成员也就较多，规模较大。

3. 影响生产者购买决策的主要因素。影响生产者购买决策的主要因素可分为四大类：环境因素、组织因素、人际因素和个人因素，如图 3-7 所示。供应商应了解和运用这些因素，引导买方的购买行为，促进交易。

（1）环境因素。环境因素是影响生产者购买决策的宏观环境因素，主要包括经济环境、政治法律环境、技术环境、文化环境、物质条件等因素，其中最受关注的因素和指标有经济景气状况、市场需求状况、技术变革状况、产业发展前景、政府政策变化等。这些因素影响着生产者市场的整体发展和组织购买行为。

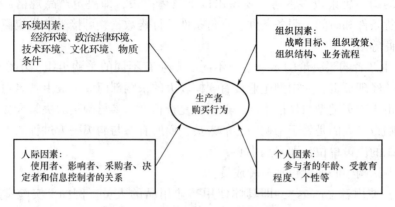

图 3-7　生产者购买行为的影响因素

例如，从经济因素看，如果宏观经济前景看好或国家扶持某一产业的发展，相关企业就会增加投资，增加原材料采购和库存，而在经济衰退时期，企业则会减少采购。

（2）组织因素。组织因素是指生产企业内部的各种因素，主要包括生产企业的战略目标、组织政策、组织结构、业务流程等。这些因素都会影响生产者的购买决策和行为。

（3）人际因素。如前所述，企业的采购中心通常包括使用者、影响者、采购者、决定者和信息控制者，这五种成员都参与购买决策过程。这些参与者在企业中的地位、职权、说服力以及他们之间的相互关系有所不同，因而也会影响产业购买者的购买决策和购买行为。

（4）个人因素。个人因素即各个参与者的年龄、受教育程度、个性等。这些个人的因素会影响各个参与者对要采购的产业用品和供应商的感觉、看法，从而影响购买决策和购买行动。

4. 生产者购买决策过程。生产企业完整的购买过程可分为 8 个阶段，如图 3-8所示，但是具体过程依不同的购买类型而定。

（1）认识需要。认识需要是生产企业购买决策的起点，当生产企业中的不同部门认识到当前某个问题或某种需要可以通过获得某一产品或服务来解决时，采购过程就开始了。认识需要可以由内在需要或外在刺激引起。产生内在需要的原因很多，例如：企业决定推出某种新产品，因而需要采购生产这种新产品的新设备和原料；有些机器发生故障或损坏，需要购置零部件或新机器；等等。外在刺激是指采购人员通过广告、商品展销会或卖方推销人员介绍等途径了解到有更理想的产品，从而产生需要。

（2）确定需要。当认识到某种采购需求后，企业采购者就要确定拟采购项目的总体特征和数量。这一步骤对标准化的产品不难操作，但对于非标准化的产

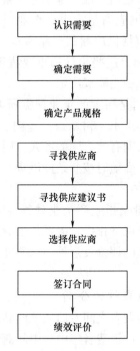

图3-8　生产者购买决策过程

品，采购人员就需要同工程技术人员、使用者和其他有关人员共同确定拟购项目的总体特征，如可靠性、耐用性、价格和其他一些必要的属性，并按其重要性排序，这可以帮助确定总体需求。

（3）确定产品规格。明确产品规格是指确定所购产品的品种、性能、特征、数量和服务，写出详细的技术说明书，作为采购人员的采购依据。供应商应通过价值分析向潜在顾客说明自己的产品比其他品牌更理想。未列入买方选择范围的供应商可通过展示新工艺、新产品，争取打入市场的机会。

（4）寻找供应商。寻找供应商是指生产企业的采购人员根据产品技术说明书的要求寻找最佳供应商。如果新购产品或所需品种复杂，生产企业为此花费的时间会较长。企业采购部门一般通过以下渠道获取信息：一是内部信息，如以往的采购档案、其他部门信息、推销人员的访问信息；二是外部信息，如供应商的产品质量调查，其他公司的采购信息、广告、产品目录、电话簿、商品展览等。供应商应努力进入"工商企业名录"或行业协会的推荐名录，并制订有吸引力的广告宣传计划和促销策略，积极与采购企业的需求相对接。

（5）寻找供应建议书。寻找供应建议书是指邀请合格的供应商提交供应建议书。对于复杂和交易量大的项目，买方一般会要求供应商提出详细的书面建议，经选择后，请入围的供应商出具正式的供应建议书。卖方的营销人员应该具备开展市场调查、撰写报告和提出建议等基本专业素养。

（6）选择供应商。选择供应商是指生产企业对供应建议书加以分析评价，最终确定供应商。评价内容包括供应商的产品质量、性能、产量、技术、价格、信誉、服务、交货能力等指标，这些指标的重要程度因购买类型不同而有所差别，企业应认真参考这些指标做出购买决定。

（7）签订合同。签订合同是指生产企业根据所购产品的技术说明书、需求量、交易时间、退货条件、担保书、付款条件等内容与供应商签订最后的订单。许多生产企业愿意采取签订长期有效合同的形式，而不是定期签订采购订单。买方若能在需要产品时通知供应商随时按照条件供货，就可实现无库存采购，从而达到节约成本的目的。

（8）绩效评价。绩效评价是指生产企业对各供应商的供货情况与合作关系进行评价，以决定维持、修正或终止供货关系。供应商应关注该采购企业对供应商的绩效评价，了解它对自己的评价及意见，以便完善供应活动，保持长期业务关系。

（二）中间商市场与购买行为分析

中间商是处于生产者和消费者之间专门从事商品流通的组织。中间商在地理分布上比产业购买者分散，但比消费者集中。中间商的购买行为与购买决策，同样受到环境因素、组织因素、人际因素和个人因素的影响。

1. 中间商进行新产品采购和最佳供应商选择。

（1）新产品采购。新产品采购是指中间商第一次购买某种从未采购过的新品种。在这类购买中，可根据市场前景的好坏、市场的需求强度、产品获利的可能性，考虑"买"与"不买"，然后考虑"向谁购买"。中间商会对该产品的进价、售价、市场需求和市场风险等因素进行分析，然后做出决定。

（2）选择最佳供应商。中间商在确定需要购进的产品后，需要寻找最合适的供应商。选择供应商时一般要考虑以下因素：价格水平、供货及时性、付款条件、质量保证、品牌影响力等。中间商并不想更换供应商，但试图从原有供应商那里获得更为有利的供货条件，如更加及时的供货、更合适的价格、更积极的广告支持和促销合作等。

2. 中间商的主要购买决策。中间商的主要购买决策包括配货决策、供应商组合决策和供货条件决策。配货决策是指决定拟经营的品种结构，即中间商的产品组合。供应商组合决策是指决定拟与之从事交换活动的各有关供应商。供货条件决策是指决定具体采购时所要求的价格、交货期、相关服务及其他交易条件。

在以上所有的决策中，最基本、最重要的购买决策是配货决策，因为中间商经营的产品组合会影响从哪家供应商进货。

一般中间商的配货战略主要有四种：

（1）独家配货，即中间商决定只经营某一家制造商的产品。

（2）专深配货，即中间商决定经营许多家制造商生产的同类各种型号规格的产品。

（3）广泛配货，即中间商决定经营种类繁多、范围广泛但尚未超出行业界限的产品。

（4）杂乱配货，即中间商决定经营范围广泛且没有关联的多种产品。

（三）政府市场与政府购买行为分析

1. 政府采购。政府采购是指各级政府为了开展日常政务活动或为公众提供公共服务，在财政的监督下，以法定的方式、方法和程序，从市场上为政府部门或所属公共部门购买商品和服务的行为。

政府采购不是为了谋取商业利润，而是为了实现政府职能和公共利益。政府采购的具体目的有：加强国防和军事力量，维持政府的正常运转；履行政府调控经济、调节供需、稳定市场、稳定物价的职能，通过财政补贴的方式以合理价格购买和储存商品，向国外提供商业性、政治性或人道主义的援助。

2. 政府采购方式。政府采购可以采用公开招标、邀请招标、竞争性谈判、单一来源采购、询价和国务院政府采购监督管理部门认定的其他采购方式。其中，公开招标应作为政府采购的主要采购方式。

（1）公开招标。公开招标应当按照采购主管部门规定的方式向社会发布招标公告，并有至少三家符合投标资格的供应商参加投标。采购主管部门应当就集中采购的项目编制采购目录，并根据实际需要逐步扩大集中采购的范围。采购方不得将应当以公开招标方式采购的货物或者服务化整为零或者以其他任何方式规避公开招标采购。

（2）邀请招标。采购项目具有特殊性，只能从有限范围的供应商处采购的，或者采用公开招标方式的费用占政府采购项目总价值的比例过大的，可采取邀请招标的方式。邀请招标应当从符合相应资格条件的供应商中，通过随机方式选择三家以上的供应商，并向其发出投标邀请书。

（3）竞争性谈判。出现以下情况之一的货物和服务，可以采用竞争性谈判方式采购：招标后没有供应商投标，没有合格标的或者重新招标没有成立的；技术复杂或者性质特殊，不能确定详细规格或者具体要求的；采用招标所需时间不能满足用户紧急需要的；不能事先计算出价格总额的。竞争性谈判方式采购的程序是：成立谈判小组，制定谈判文件，确定邀请参加谈判的供应商名单，谈判，确定成交供应商。

（4）单一来源采购。出现以下情况之一的货物或服务，可以采用单一来源方式采购：只能从唯一供应商处采购的；发生了不可预见的紧急情况，不能从其他供应商处采购的；必须保证原有采购项目一致性或者服务配套的要求，需要继续从原供应商处添购，且添购资金总额不超过原合同采购金额10%的。采取单一来源方式采购的，采购方与供应商应当遵循法律规定的原则，在保证采购项目质量和双方商定合理价格的基础上进行采购。

（5）询价。采购的货物规格、标准统一，现货充足且价格变化幅度小的政府采购项目，可以采用询价方式采购。采用询价方式采购的程序是：成立询价小组，确定被询价的供应商名单，询价，确定成交供应商。

 关键术语

消费者市场（Consumer Market）；消费者行为（Consumer Behavior）；社会阶层（Social Class）；参照群体（Reference Group）；社会角色（Social Role）；个性（Personality）；态度（Attitude）；组织市场（Organizational Market）；生产者市场（Producer Market）；中间商市场（Reseller Markets）；政府市场（Government Market）

 复习思考题

1. 消费者市场有哪些特点？
2. 消费者购买决策过程有哪些阶段？
3. 消费者购买决策包括哪些类型？
4. 影响消费者购买行为的因素有哪些？它们对消费者购买行为决策有何影响？
5. 组织市场有哪些特点？
6. 生产者购买一般有哪几种形式？其购买决策过程是怎样的？

 本章案例

网红经济下的大学生消费行为

近几年，伴随数字化、智能化以及互联网的快速发展，人们在网络上投入的时间和精力越来越多，尤其自 2020 年新冠疫情暴发以来，人们逐渐适应把工作、学习、娱乐的场所放在网络空间。各种自媒体平台快速发展，抖音、快手等短视频平台，以及微博、微信等社交软件，在人们的生活中尤其在大学生中应用越来越普遍。

大学生作为一个特殊的群体，他们追求时尚潮流，对新鲜事物十分感兴趣，同时他们正处于思想发展阶段，易受攀比、跟风等多种因素的影响，这种全新的经济现象对大学生传统的消费行为与购物方式会造成极大的冲击。大学生的发展是全社会关注的焦点，培养新时代的有为青年是国家教育的重点。网红经济可能会对大学生毕业后的人生规划和长远发展产生多方面的影响，或许会带来许多就业机遇，或许会改变他们的消费观念。

网红经济，是在网络红人的基础上，由网红群体传播链中各环节的参与者进行选款和视觉推广，在各种社交平台上快速发展并集聚很多粉丝人气，依托强大的粉丝群体进行定向营销，从而将粉丝转化为购买力的一种新型营销模式。其主要包括以下几种运营模式：

第一，网红电商。网红电商是指在网络电商平台上，拥有大量粉丝的店家、品牌或个人，通过直播推广并销售众多产品。目前，抖音、快手、淘宝、京东等多家平台均已引入直播模式，我国的网红电商已经形成完整的产业链，包括网红、MCN 机构、内容电商整合营销机构、平台渠道、供应链企业和品牌方等。

第二，广告植入。广告植入是指在网红具有一定的粉丝基础和带货能力的前提下，品牌方与其合作，而网红则将广告放在自己的账号上进行推广，将目标直接锁定在该品牌客户群上，对消费者产生直接购买影响，以达到营销的目的，使网红、商家、平台实现共赢。

第三，网络直播。网络直播是指网红在各大直播平台上开展一系列活动，如唱歌直播、游戏直播、日常生活直播等，逐渐获得粉丝的关注，并将粉丝在观看直播过程中所打赏的礼物转换成直接的收益。网络直播的形式和内容多样，具有诱导性和隐蔽性，粉丝在观看的同时，心情轻松愉悦，并没有意识到自己在消费，粉丝的主动打赏已经成为网红增加收入的重要动力来源。

在这之中体现了网红经济的三个特点：

一是网红经济成本低廉。网红经济之所以发展得如此迅速，其中一个主要原因就是投资成本低。大多数自媒体平台或直播平台是免费的，仅仅需要几台设备甚至只需一部手机，主播便可以进行直播带货。网红经济有别于实体经济，它不需要有实体门店，不需承担租用费用，成本大大降低，网红可以根据自身情况自行选取场地开展直播。除此以外，网红不需要囤积产品，不必承担储存产品的风险与成本，他们可以直接为厂家带货或者进行预售，根据预售的结果，再进行产品的生产，不会造成材料浪费及产品滞销等一系列问题。

二是网红经济消费群体多样化。网红经济的消费群体涵盖人群众多，包括学生群体、中年群体和老年群体。其中，学生群体中高校学生占主要部分。他们空闲时间较多，熟悉各大平台并且多数有自己关注、喜欢的网红博主，且相较于中小学生，他们拥有一定的经济实力，有一定的能力满足自己的购买需求。对于中年群体，他们工作忙碌，很难抽出时间到线下实体门店，网购更加适合。而老年群体空闲时间多，随着网络的不断普及以及子女的耐心教学，老年人逐渐熟悉了看直播，并作为日常消遣。除此之外，多数老年人更容易相信网红主播所推荐的好物，如生活用品、保健品等，盲目消费的现象容易在老年人群体中产生。

三是网红经济的主播群体差异大。网红经济具有易加入性，很多人觉得有利可图，纷纷加入网红主播这一行列。然而，由于网红经济门槛不高，各大主播的素质与能力相差较大。有些值得信赖的网红主播，对产品性能、质量亲自试用，了解和熟悉之后才会推荐给粉丝，并为粉丝争取一些优惠。相反，有些主播对产品的情况毫不了解，凭着粉丝对自己的信任，进行一些不符合实际情况的描述，用低价诱导消费者购买劣质产品。

（资料来源：孙瑞萌．网红经济对大学生消费行为的影响研究［J］．老字号品牌营销，2022（19）：64-66.）

？² 案例思考题

1. 结合本章所学内容，分析网红经济对大学生消费行为产生了怎样的影响？
2. 试分析网红经济对大学生消费行为影响背后的原因。

第四章　营销调研与预测

【学习目标】

市场营销活动的主要任务是了解并满足消费者的需求。在市场营销活动中，营销信息系统可以使企业及时获取市场需求信息，并采取措施满足消费者的需求，是企业联结市场的重要桥梁。通过本章的学习，应努力达到以下目标：

- 掌握营销信息系统的内涵及构成；
- 了解市场营销调研的过程和方法；
- 了解市场营销调研的实质；
- 了解营销预测的含义和方法。

【思政目标】

实事求是，是对辩证唯物主义和历史唯物主义的高度概括，贯穿于唯物辩证法、实践认识论、价值论和唯物史观之中。坚持实事求是，要求我们在实际工作中对实际情况进行深入系统的调查研究，掌握全面、真实、丰富、生动的第一手材料，然后据以实施统计分析，指导管理决策。本章对营销调研与预测的过程与方法进行梳理，并对其未来的发展趋势进行预测，旨在引导学生了解何谓规范的调研与预测，在思想上不断深化对实事求是的理解并积极实践。

 引导案例

PICO 如何撼动 META？

随着 PC、智能手机销售低迷，全球消费电子产业链的运转陷入低潮。

虽然智能手机厂商纷纷喊出"高端化"的新目标，但毕竟杯水车薪，在过度同质化和消费者换机需求持续下降的当下，依旧难以提振市场和行业的信心。不过，以 VR 头显为代表的可穿戴设备似乎是个例外。IDC 数据显示，2021 年全球 VR 头显出货量达 1 100 万台；2021 年中国 VR 市场出货量为 138 万台，5 年复合年增长率（CAGR）达到 43.8%，高于全球市场 38.5% 的增长率；而 2022 年第一季度中国 VR 头显出货量为 25.7 万台。

所以，VR 头显除了被称为元宇宙入口外，还被冠以消费电子下一个确定的赛道。因此，除了 Meta 和 PICO 外，索尼、HTC、创维、爱奇艺等全球各领域的厂商纷纷入局，以求在这一新兴市场中抢先分得一杯羹。

同时，整个 VR 头显产业链也浮出水面。除了组装代工外，VR 头显产业链还包括芯片、光学、显示、摄像头、声学等各类零部件，同时由于对小巧、轻便的要求，对零部件都有较高的要求。

2021 年，字节跳动以 90 亿元将 PICO "揽入怀中"，目的就是抢占这一元宇宙的入口。PICO 脱胎于歌尔股份，后者为消费电子龙头，也是 Meta、PICO 等 VR 设备背后的代工厂商，深谙 VR 头显的技术要领且经验丰富。

为了推动 PICO 快速发展，字节跳动不惜血本调兵遣将，不断将原先其他岗位的精兵强将调往 PICO 部门，并且补足影片、游戏、社交等 VR 内容方面的短板，试图建立完整的生态。同时，在营销造势和流量扶持方面，字节跳动也是不遗余力，尽全力推广 PICO 的 VR 头显。此次 PICO 4 一体机的高调上市，既是字节跳动收购一周年后首次推出新品，也是其全面发力的标志。

然而，PICO 要面对的是早已转向元宇宙的 Meta。据悉，截至 2022 年 6 月，Meta 旗下 Oculus Quest 2 VR 销量已超过 1 480 万台。而中信证券预计，到 2023 年，PICO 4 的销量有望超过 300 万台，仍有较大差距。

（资料来源：根据福布斯中文网《PICO 豪言 "VR 大众化" 的背后，字节跳动如何撼动 Meta?》，2022 年 9 月 28 日，https：//www. forbeschina. com/innovation/61922 资料编写。）

第一节　营销信息系统

信息技术和大数据时代的到来使得数据呈爆炸性增长，不仅企业内部可以生成大量的信息，顾客本身也会产生数量庞大的反馈信息，这对企业处理数据的能力提出了巨大的挑战，同时也为人们更深刻、更全面地洞察数据背后隐藏的规律提供了可能。因此，企业必须设计出一个有效的市场信息体系，在正确的时间以正确的形式为经理人提供合适的信息，以帮助他们及时把握市场动向，利用这些信息创造顾客价值及建立牢固的客户关系。

一、营销信息系统的概念

营销信息系统（marketing information system，MIS）是指有计划、有规则地收集、分类、分析、评价与处理信息的程序和方法，是可以有效地提供有用信息，供企业营销决策者制定规划和策略的，由人员、机器和计算机程序所构成的一种相互作用的有组织的系统。营销信息系统可以帮助决策制定者确定信息需求，获得所需信息，并在决策制定者们需要时将信息分发给他们。面对越来越多的信息资源和越来越复杂的企业内部环境，企业有必要建立高效、实用的管理信息系统，为企业管理决策和控制提供保障，这是适应时代发展的必然趋势。

图 4-1 展现了营销信息系统的整体过程，其中营销信息的使用者包括市场营销经理、内部的和外部的合作者及其他需要市场信息的人，在营销信息系统的开

始和结束部分，都伴随着与营销信息使用者的互动。首先，营销信息系统帮助信息的使用者评估信息需求，明确其需要的信息。其次，营销信息系统通过企业内部的数据库、营销情报活动和营销调研得到需要的信息，进而帮助使用者分析信息并形成正确的形式，以供其制定营销决策和管理客户关系时参考。最后，营销信息系统将传播和使用信息，帮助管理者做出决策。

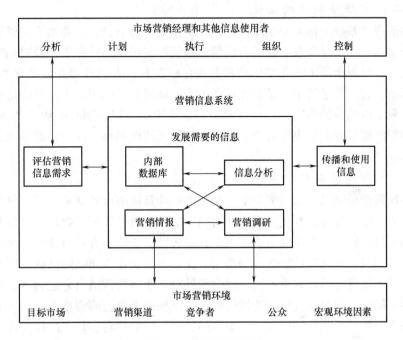

图 4-1 营销信息系统

资料来源：科特勒，阿姆斯特朗，洪瑞云. 市场营销原理：亚洲版 [M]. 李季，赵占波，译. 4 版. 北京：机械工业出版社，2020：91.

营销信息系统主要服务于企业的营销部门和其他管理者，同时也给外部的合作伙伴，比如供应商或者营销服务机构提供信息。一些企业已经建立了营销信息系统，从而给管理者提供有关消费者需求、偏好、行为习惯等快速可信的详细信息。一个好的营销信息系统能够在使用者本想要的和他们实际需要的或企业有能力提供的信息之间找到一种平衡。

二、营销信息系统的构成

营销信息系统被用来评价管理者的信息需求，收集这些营销信息，并向那些需要做出决策的人员分发信息。营销管理信息系统通过四个子系统来收集和分析信息，包括内部报告系统、市场营销情报系统、市场营销研究系统和市场营销分析系统。

（一）内部报告系统

内部报告系统（internal reports system）收集一些由内部报告产生的信息，这些内部报告包括订单、发票，以及有关应收账款、存货量、出货量等的报告。在许多情况下，人们将内部报告系统称为"核算信息系统"。尽管这个系统会生成财务报表（资产负债表）。

（二）市场营销情报系统

内部报告系统的信息是企业内部已经发生的交易信息，主要用于向管理人员提供企业运营的结果资料，市场营销情报系统所要承担的任务则是及时捕捉、反馈、加工、分析市场上正在发生和将要发生的信息，提供外部环境变化的资料，帮助营销主管人员了解市场动态并指明未来的新机会及问题。市场营销情报信息不仅来源于市场与销售人员，也可能来自企业中所有与外部有接触的其他员工。营销情报的质量和数量决定着企业营销决策的灵活性和科学性，进而影响企业的竞争力。

（三）市场营销研究系统

市场营销研究系统是完成企业所面临的明确具体的市场营销情况的研究工作的程序或方法的总体。其任务是：针对确定的市场营销问题，收集、分析和评价有关的信息资料，并对研究结果提出正式报告，供决策者有针对性地解决特定问题，以减少因主观判断可能造成的决策失误。因各企业所面临的问题不同，所以需要进行市场研究的内容也不同。根据国外对企业市场营销研究的调查，发现企业主要的研究范围包括对市场特性的确定、市场需求潜量的测量、市场占有率分析、销售分析、企业趋势研究、竞争产品研究、短期预测、新产品接受性和潜力研究、长期预测、定价研究等。

（四）市场营销分析系统

市场营销分析系统是指一组用来分析市场资料和解决复杂市场问题的技术和技巧。这个系统由统计分析模型和市场营销模型两个部分组成：第一部分是借助各种统计方法对所输入的市场信息进行分析的统计库；第二部分是专门协助企业决策者选择最佳市场营销策略的模型库。

通过以上市场营销信息系统的四个子系统所研究的内容及这些子系统之间的关系的分析，可以看出企业的市场营销信息系统具有以下重要职能：

- 集中——搜寻与汇集各种市场信息资料；
- 处理——对所汇集的资料进行整理、分类、编辑与总结；
- 分析——进行各种指标的计算、比较、综合；
- 储存与检索——编制资料索引并加以储存，以便需要时查找；
- 评价——鉴别输入的各种信息的准确性；
- 传递——将各种经过处理的信息迅速准确地传递给有关人员，以便及时调整企业的经营决策。

经典与前沿研究4-1

新能源企业电力市场营销管理信息系统

持续推进的电力体制改革不断改变着我国能源格局，"3060"双碳目标驱动形成高比例可再生能源电力市场。在产业数字化转型环境下，通过管理创新融合技术创新，用信息化武器支撑营销管理变革和业务开拓，打造新型营销管理信息系统是不可或缺的手段。

借鉴国外电力市场开展经验，国内电力体制改革会经历长期持续深化的推进过程。我国电力市场当前还处于起步阶段，面向电力市场的营销信息化的经验还比较少，面向大型发电集团的市场化营销信息化经验更加不足。国外虽然已有电力市场的运作经验，但无法直接"拿来"适应国内电力市场的复杂性。大型新能源发电集团营销信息化建设面临更大的困难和挑战：①各地区的电力市场规则普遍存在差异化。各地区电力供需、装机类型和装机比例、网架结构和自然条件均不同，电力市场规则包含的交易品种、交易模式、市场主体数量、市场电量比例及管理模式均存在很大差异。营销信息化必须适应所有地区的电力市场规则，其复杂程度比较高。②电力市场规则迭代更新快。由于国家电改节奏比较快，各省、自治区、直辖市也在不断地探索、更新更适宜的市场机制，营销信息化需要快速跟上电力市场规则变化的步伐。③随着企业规模的不断壮大，发电资产分布越来越广，组织管理模式不断调整，业务规范不断优化。营销信息化必须能及时适应内部管理上的变革。

研究面向大型、集团化新能源企业，依据电力市场的基本规律，结合企业实际营销管理制度，运用当前信息化技术，探索并构建新能源企业电力市场营销管理信息系统。营销管理信息系统技术架构示意图如图4-2所示。

第二节　营销调研

一、营销调研的定义、作用与过程

（一）营销调研的定义与作用

1. 营销调研的定义。营销调研（marketing research）是设计、收集、分析和报告信息，从而解决某一具体的营销问题的过程。这个定义告诉我们，营销调研是一个提供信息，用以解决营销问题（如确定价格、设计广告等）的过程。美国市场营销协会（AMA）认为，营销调研是通过信息使消费者、顾客、公众和营销人员之间进行沟通的桥梁。营销调研在本质上是通过营销决策的信息将消费者与营销人员联系起来的过程。

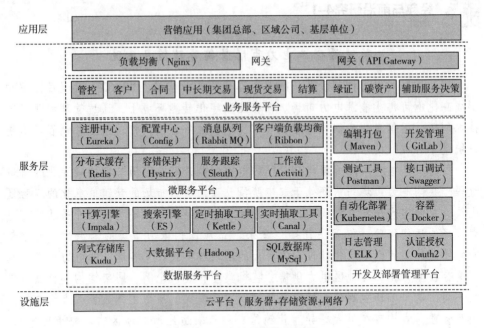

图4-2　系统技术架构示意图

资料来源：王红野，何俐，林雪龙，等. 新能源企业电力市场营销管理信息系统探索与实践
[J]. 自动化应用，2021（8）：73-76.

在当前这个时代，消费者与营销调研之间的联系比以往任何时候都重要。竞争加剧，洞察消费者的需求比任何时候都显得更加重要。营销调研应与营销理念相一致，营销调研只有真正地以消费者为导向，才能在设计、收集、分析和报告信息的过程中把握消费者的需求，进而才能为企业制订合理的解决方案。

2. 营销调研的作用。营销调研实际上是"倾听消费者的心声"的过程，只有倾听消费者的心声，企业才能更加有效地满足市场中消费者的需要和欲望。营销调研是企业营销活动中的一个重要部分，对企业的市场活动有着重要的意义。

首先，营销调研可以帮助企业识别市场机会。今天的许多管理者会问："市场中有什么样的机会？"当唱片销售额由于歌曲在互联网上被剽窃而下滑时，苹果公司看到了 iTunes 的机会，结果 iTunes 获得了极大的成功。

其次，营销调研可以帮助企业产生、完善和评估潜在的营销活动。例如，如果在评估和选择广告方案时出现分歧，就要开展调研来确定广告方案投放在哪里效果最好。在当前竞争激烈的市场环境中，企业需要不断地改进和完善营销组合，调整营销活动。营销调研可以帮助企业对营销活动进行完善和评估。

最后，营销调研还可以帮助企业监控营销绩效。许多企业开展营销调研是为了了解企业在市场中所处的地位，它们不仅想知道自己做得怎么样，而且想知道竞争对手做得如何，营销调研可以用于监控营销绩效。

（二）营销调研的过程

理解营销调研的步骤对于具体执行营销调研是很重要的。营销调研的步骤分为五步，即确定调研需求、界定问题和调研目标、发展调研计划、实施调研计划、解释和报告结果，如图4-3所示。

图 4-3　市场营销调研过程

资料来源：科特勒，阿姆斯特朗，洪瑞云. 市场营销原理：亚洲版［M］. 4 版. 李季，赵占波，译. 北京：机械工业出版社，2020：93.

1. 确定调研需求。营销调研需求的目的是帮助企业制定营销决策，但不是所有的营销决策都需要开展调研。在很多情况下，企业不需要营销调研。例如，当所需的信息已经存在，没有充足的时间实施营销调研，或者企业缺乏足够的调研资金，调研成本大于调研所得价值时，企业往往会选择不进行营销调研。

2. 界定问题和调研目标。界定问题和调研目标是营销调研中最重要的一步，因为如果不能清楚地知道企业所面临的营销问题，后续的所有工作都毫无意义。因此，市场部经理和调研人员需要密切配合，共同发现问题并在调研目标上达成一致。在企业界定营销问题时，通常需要考虑一些问题，比如："3 个电视商业广告备选方案中哪一个方案能够获得最大销售额？""选择哪个媒体或哪些媒体组合能够促进公司的产品销售？""公司产品的销售应当采取的整体营销战略是什么？""公司是否应当涉足某项业务？"等等。正如你所看到的，这些营销问题中既有具体而集中的营销问题（如 3 个电视广告方案中使用哪一个），也有非常一般和泛泛的营销问题（如公司是否从事某项业务）。

在问题被仔细界定之后，经理和调研人员必须制定调研目标。依据营销调研的目标，可将营销调研分为以下三类：

（1）探索性调研（exploratory research）。这是采用非结构式和非正式的方法来收集信息的一种方式，这种方式通常用于我们对所要研究的问题知之甚少的情况。其目标是搜集原始数据，这些数据有利于定义问题和提出假设。

（2）描述性调研（description research）。该调研设计中包括用来描述营销变量的一系列方法和过程。描述性调研通过回答谁、什么、何地、何时和如何等问题来完成调查，其目标是为了更好地描述市场营销问题、形势或市场的营销研究，如一个产品的市场潜力或者消费者的人口统计学特征和态度。

（3）因果性调研（causal research）。其主要回答"为什么"的问题，目标是检验因果关系假定。市场调研经常从探索性调研开始，到了后期就转变成描述性调研或因果调研。

问题和调研目标引导着整个调研过程。管理者和调研人员应将它们以书面形式记录下来，以确保它们在调研目的和期望的结果方面达成一致。

3. 拟订调研计划。一旦调研的问题和目标界定，调研人员就必须决定他们需要的确切信息，提出营销调研计划以便有效地搜集信息，并把计划陈述给管理者。调研计划需要概述现有的数据资源，详述具体的研究方法、沟通方法、抽样计划，以及调研者搜集新数据的手段。调研目标必须被解释成具体的信息需求。

拟订调研计划包括概述资料来源、调研方法和调研工具等，如图4-4所示。

拟订调研计划
● 资料来源：二手资料、原始资料
● 调研方法：观察法、调查法、实验法
● 调研工具：调查问卷、机械仪表
● 抽样计划：抽样单位、抽样范围、抽样程序
● 联系方法：电话、邮件、人员、网络在线

图 4-4　调研计划

资料来源：科特勒，阿姆斯特朗，洪瑞云. 市场营销原理：亚洲版［M］. 李季，赵占波，译. 4版. 北京：机械工业出版社，2020：97页.

在拟订调研计划时，营销人员首先需要识别信息类型和来源。营销调研中有两种信息，即一手资料（primary data）和二手资料（secondary data）。一手资料是指出于当前的特定目的而收集的第一手资料，二手资料是指出于其他目的收集的、已经存在的资料。相对于一手资料的采集，二手资料收集的成本低，获得速度快，因此在营销调研中总是先考虑是否有二手资料可以利用。调研人员可以通过很多渠道搜寻二手资料，图4-5描述了二手资料的来源。

二手资料调研的起始点是将二手资料分为内部来源的资料和外部来源的资料。内部的二手资料来自企业的日常运作。销售数据、广告支出、存货记录、销售人员的报告、分销成本和价格等都属于内部资料。在很多情况下，内部资料是在相对无组织的情况下收集到的，组织中的人并不知道能够获得哪些数据，基于企业的营销信息系统，已经并且将更加简化内部数据的组织和获得。外部资料是指来自组织外部的各种资料。外部资料具有多种不同的形式，如来自行业、政府、调研机构和学术界的报告等。为了能有效地利用外部资料，调研人员需要熟练地使用索引、摘要和目录，以便查找出相关资料。没有这些辅助技术的应用就会浪费很多时间和精力，而且可能会忽略很多相关信息。

二手资料为研究提供了一个较好的起点，有助于界定问题和调研目标。在很多情况下，只有二手资料是不够的，企业必须搜集原始资料。调查问卷和机械仪表是收集一手数据的主要工具。在确定抽样计划时，需要决定三方面的问

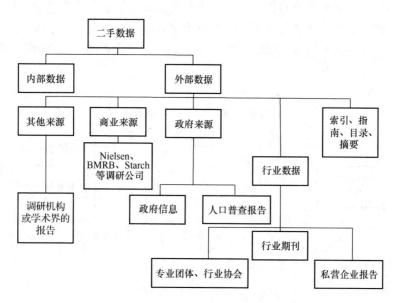

图 4-5 二手资料的来源

资料来源：托尼·普罗克特. 营销调研精要［M］. 吴冠之，译. 北京：机械工业出版社，2004：
57 页.

题，一是抽样单位，确定调查的对象；二是抽样范围，确定样本的多少；三是
抽样程序，即如何确定受访者。

4. 实施调研计划。在制订好营销调研计划之后，调研人员需要把营销调研
计划转变为行动。这包括搜集、处理和分析信息等。信息收集工作可由本企业调
研人员承担，也可委托调研公司收集。在营销调研过程中，数据搜集这个阶段一
般都是花费最多的，也是最容易出差错的阶段。由抽样以外的原因导致的误差称
为非抽样误差（nonsampling errors）。误差的产生可能是访问前选错了样本单位，
访问时所选的被调查者拒绝访问或者不在家，受访者故意给出错误的信息等。调
研人员应密切关注数据收集过程，最大限度地减少非抽样误差，确保调研计划能
被正确实施。在数据收集工作结束后，调研人员就要处理并分析搜集到的数据，
从而找出重要的信息和发现。数据分析（data analysis）包括将数据转换成计算
机文件，进行各种统计检验等分析。在数据分析时，调研人员首先要进行数据审
核（data cleaning），对数据的准确性、完整性进行核对，在保证数据准确、完整
之后，再进行下一步的分析。EXCEL、SPSS 和 R 等软件都是进行数据分析的
软件。

5. 解释和报告调研结果。营销调研的最后一步是解释和报告调研结果，目
的是与客户沟通调研的结果。营销调研人员需要解释结果，得出结论，并把它们
呈现给管理者。调研人员不应提交给管理者大量的数字和花哨的统计方法。相

反，他们应该提交那些能对管理者制定决策提供帮助的重要的结论性信息。为了全面展示调研结果，调研人员需要向客户提交书面报告，在书面报告中应阐明调研问题、研究方法和调研主要结论等。图4-6展示了优秀的营销调研报告所具备的特征。

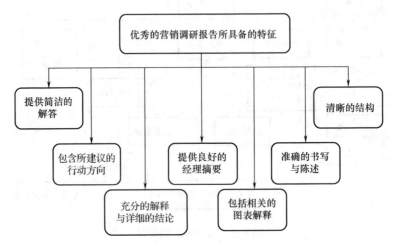

图4-6 优秀的营销调研报告所具备的特征

资料来源：普罗克特. 营销调研精要［M］. 吴冠之，等译. 北京：机械工业出版社，2004：57.

二、营销调研方法

（一）研究方法

调查收集一手资料的方法主要有以下几种：

1. 调查法。调查法（survey research），是搜集原始资料的最普遍方法，也是搜集描述性信息最合适的方法。企业若想知道消费者或客户的态度、偏好或者购买习惯，经常可以通过直接询问来实现。调查法的主要优点在于灵活性，能被用在不同的场合获取各种各样的信息。调查方法主要是抽样法，从总体中抽出若干样本对其进行调查以取得资料。

2. 观察法。观察法（observational research），是通过观察相关人员、行为、状况来搜集原始资料。比如，一个消费者（同时也可能是经过很好伪装的市场营销人员）可能在逛商店、挑选商品、检查包装、做出实际购买决策的过程中访问超市和观察消费者。这种调查多是在被调查者不知不觉中进行的。除了人员观察，也可采取机械记录的方式。如广告效果数据，国外多利用机械记录器来收集。直接观察所得资料具有较强的客观性和实用性，其局限性在于只能看到事情的表象，往往不能说明真实原因，更不能说明购买动机和意向。

3. 实验法。实验法（experimental research）是指在给定的条件下，通过实验对比，对营销环境与营销活动过程中某些变量的因果关系及其发展变化进行观察分析。实验法包括选择与主题匹配的小组，给他们不同的对待，控制不相关的因素，核对小组反应的不同，以努力去证实因果关系。如运用某种推销方法，在特定地区及特定时间进行小规模实验以收集资料，并用市场营销原理分析其是否值得大规模推行。

（二）**联系方法**

可以通过邮件调查、电话调查、人员访谈、在线营销调研进行信息搜集。

1. 邮件调查。邮件调查是适合花费在每个回访者身上的，成本低但信息量大的信息搜集方法。在涉及调查比较私人的问题时，邮件调查相比面对面采访或者电话访问，可能会得到更诚实的回答。由于在邮件调查中没有访问人员，因此在答复中就不存在访问人员偏差的问题，而且，没有访问人员会节约很大一部分成本。然而，邮件调查也存在较大的局限性，如缺乏对调查对象的控制，问卷反馈率较低等。

2. 电话调查。电话调查是快速搜集信息的最好方式，比邮件调查灵活性更大。针对问题的回答情况，调查人员可以对较难的问题进行解释，也可以忽略一些次要问题，深究一些重要的问题，且反馈率比邮件调查高。

3. 人员访谈。人员访谈有单独访谈和焦点小组访谈两种形式。个人访谈包括和别人在家里、办公室、街道上或者商场里交谈。这种采访的形式比较灵活，受过训练的采访者能够引导被采访者，给他们解释困难的问题，挖掘特定情况下可能产生的问题。焦点小组访谈（focus group interview）是指邀请 6~10 人组成一个小组，在训练有素的主持人的主持下，对一个产品、服务或者组织进行交流。参与者通常都会有小额的参与费。主持人会鼓励自由、轻松的讨论，小组的互动可以产生真实的想法和感觉，同时主持人负责关注讨论主题，评论被以书面或者录像形式记录下来以备日后学习。

4. 在线营销调研。在线营销调研包括网络调查、在线专家小组、实验、在线焦点小组访谈等形式。在线营销调研可以通过多种形式得以实现，企业可以将调查问卷放在其网站上，并且通过某种奖励措施鼓励人们完成问卷，或者企业通过电子邮件、网页链接或网页弹出窗口来邀请人们回答问题并提供奖品或奖励。企业同样可以发起一个聊天室并时不时提出问题，或者进行实时讨论，或者组建在线焦点小组。企业还可以通过试验性的行为来快速测试新产品的概念。可以说，在线营销调研省去了大部分其他方法所需要的邮寄、电话、人工和印刷成本。在线营销调研的成本比邮件调查低 15%~20%，比电话访问低 30%。此外，样本量的选择不会对成本产生太大的影响。一旦调查问卷被设计好，无论是对 10 个还是对 1 000 个受访者进行在线调查，在成本方面并没有明显的差异。

（三）抽样计划

当调查对象多、区域广而人力、财力、时间又不允许进行普查时，可依照同等可能性原则，在所调研对象的全部单位中抽取一部分作为样本，然后根据调查分析结果来推论全体。样本是指在营销调研中，从抽样整体中选择用于代表整体的部分对象。在理想状态下，样本应具有代表性，从而调研人员能够通过它得出关于总体样本行为的准确推断。

在对抽样进行设计时，需要考虑三方面的决策。首先是抽样单位，即采访对象是谁。调研人员需要决定哪些信息是需要的，谁最可能拥有这些信息。其次是抽样规模，大样本比小样本有更高的可信度。按经验来看，抽取总体的1%作为样本就可以得到比较好的可信度。最后是抽样程序，即样本中的人员怎样被选择。常用的抽样方法有简单随机抽样、类别抽样、判断抽样等。表4-1详细描述了抽样的类型。

表4-1　抽样的类型及其描述

抽样类型		描　述
概率抽样	简单随机抽样	总体中的每个成员都有一个一致、均等的被选中的机会
	分层随机抽样	把总体分成彼此独立的层级（比如按年龄分层），从每个层级中随机抽样
	聚类抽样	把总体分成彼此独立的小组（比如按街区），调研人员选取一个小组整体进行访问
非概率抽样	方便抽样	调研人员从最容易获取信息的成员那里进行抽样
	判断抽样	调研人员根据自己的判断来选取那些最容易提供准确信息的成员作为样本；在某几个类别中，调研人员找到并采访特定数量的成员作为样本

资料来源：科特勒，阿姆斯特朗，洪瑞云.市场营销原理：亚洲版［M］.李季，赵占波，译.4版.北京：机械工业出版社，2020：90.

（四）研究工具

在搜集原始数据时，主要有两种调研方法供调研人员选择，即调查问卷和机械仪器方法。调查问卷是迄今为止最普遍的调查工具。封闭性问卷包括了所有可能的答案，被访者只需从中选择即可，其中包括多选问题和尺度问题。开放性问题允许被访问者用自己的语言回答。

调查问卷是最普遍使用的调研工具，除此之外，调研人员还使用机械的仪器设备来检测消费者的行为。还有一些研究人员使用测量大脑活动的"神经营销学"来了解消费者的情绪和反应，运用核磁共振成像和脑电图对受访者进行扫描。从百事、迪斯尼到谷歌和微软等企业，都在雇用 NeuroFocus 和 EmSense 等神经营销学调研公司来帮助它们了解人们究竟在想什么①。

三、营销调研的应用

营销调研在企业营销工作中有着非常广泛的应用，应用领域包括产品调研、市场细分调研、竞争调研、促销调研等。

（一）产品调研

大多数新产品在推向市场时都容易遭遇失败，而进行产品开发和评估的研究可以降低产品推向市场遭遇失败的风险，因此进行必要的研究就显得尤为重要。产品调研包含几个不同的方面，进行产品调研的目的是为公司管理层提供关于新产品、改进新产品或现有产品可能被市场接受的重要信息。在营销方面，产品调研主要有获取新产品创意、产品概念测试和消费品测试三方面的作用。

1. 获取新产品创意测试。在获取新产品创意方面，焦点小组调研是一种用于发掘产品创意的非常好用的方法。消费者可以为企业的产品改进提供一些良好的创意，甚至可以帮助企业识别新产品的市场机会。通过焦点小组调研，企业可以发现消费者对产品的不满意情况，还可以发掘现有产品的缺陷和不足，从而改进新产品的特性。

2. 产品概念测试。产品概念测试是指获得有关新产品创意或概念的反应，并尽量剔除那些不良的创意。产品概念测试有三种方式：第一种产品概念测试完全通过文字对产品进行描述，这是一种关于该产品是什么以及该产品有何作用的描述，它可以通过列举产品的主要性能特征来表达。第二种产品概念测试强调视觉和感受的生动描述，它通常在对产品进行描述后进行，附有图片或照片，有时还会采用广告创意的形式，包括对产品的描述和插图，并应用广告宣传的印刷版式。第三种产品概念测试的形式是采用产品模型来进行的，这种方法通过利用产品模型来展现产品的某些属性，使人们获得产品的某些信息和感受。在产品概念测试阶段，产品的概念和创意是要表述或展现给购买者的。可以从潜在消费者群中随机地选取样本进行概念测试，初始样本的测试数量通常需要达到600人。

3. 消费品测试。消费品测试是指在对开发出来的产品进行实验后，测试人们对新产品或现有产品的评价。不同的产品需选择不同的测试方法，对于某种食品或者饮料而言，也许采用的是在销售区请顾客对样品进行一次性品尝的测试方法。对于某种清洁剂而言，则需要更长时间的家庭使用，商家可能会在销售中心向客户派发样品，同时要求拿到样品者在家对该产品进行试用。在这种情况下，就需要通过电话与参与测试的消费者保持接触，请他们回答有关产品测试方面的问题。

---

① BURKITT L. Neromarketing examples are adapted neuroscience for consumer insights ［EB/OL］. （2009-11-16）［2023-09-09］. http：//www. forbes. com/forbes/2009/1116/marketing - hyundai - neurofocus - brainwaves-battle-for-the-brain. html.

（二）市场细分调研

市场细分涉及一组特殊的顾客群（或潜在顾客），他们有着某些共同的特征，这些特征使得他们与其他顾客分开来。不同的细分可能有着不同的需求，他们或者需要同种产品的不同型号，或者支付不同的价格，或者在不同地点购买，或者通过不同的媒体方式获得产品信息。在消费品市场上，我们可以通过生活态度和生活方式、年龄、性别或家庭生命周期的不同阶段等来进行市场细分，还可以通过不同的工作类型、收入水平和其他一些相关因素来进行市场细分。在产业细分上，主要是运用产业的性质或规模来对不同的市场领域和顾客进行描述。细分并不仅仅限于对顾客的细分，还可以区分、选择业务顾客和潜在的顾客，然后直接针对他们进行营销活动。

在消费品市场细分和产业细分之外，还存在一种地理细分的形式。许多人在参看了大型数据或图表之后，很难得出具体的结论。然而，通过看一个注明了代码和标志的地图，就很容易快速地得出一个持久的印象。在有图表显示的地方，可以很容易地运用绘图技术获取数据信息，而且，计算机技术的快速发展大大便利了我们利用绘图技术。对于这些数据资源，地图可以用不同的颜色显示，并且可以通过简便性的图案、颜色来表示，通过诸如潜在或现实顾客的比例，花费在每一特定产品和服务上的单位资本，或者销售收入等指标来对数据进行分类。大多数绘图资源可以生成图纸上的地图、幻灯片、录像或者投影图片。

（三）竞争调研

对竞争的理解是制定营销战略和计划的中心环节，每个企业都必须不断地将产品、价格、销售渠道以及促销方法与其竞争对手进行比较，以确保自己处于有利的竞争地位。为了在市场上建立起一种持续的竞争优势，企业必须知道和了解竞争对手正在实施的战略。同时，预测研究未来市场上的竞争发展态势也非常重要，这样，才能确认竞争对手正在实施战略的关键部分。所有的企业都需要对竞争对手进行不断监测，其中需要的主要信息包括销售、市场份额、边际利润、投资回报、现金流、新投资等。通过获取这些信息，企业可以获得有关竞争对手的比较全面的印象，有助于企业预测竞争对手将会采取的战略。

（四）促销调研

很多促销调研是为了开发广告诉求。这类研究可以分为心理（或动机）、焦点小组和人类学（观察层面的）三种类型。

对于动机的研究通常是在个人访谈中采用心理分析的方法来进行的，包括与顾客深入讨论某一产品对他们的效用。通过采取这种方法，我们经常能找到某一产品对他们的效用，进而发现某一产品的心理象征意义。

焦点小组可以帮助市场研究人员找到一些新颖的创意，小组成员可以在不断的互动中产生个人不可能产生的一些创意。

人类学的研究方法可以用来观察数目不太大的人群，了解某一产品如何满足他们的生活需要，以及什么因素使他们对某一特定品牌保持着特殊的兴趣。这一方法也可以用来对顾客进行深入了解，让我们通过观察人们的实际行动，而不是仅仅听他们所说的来理解、分析人们对问卷的回答程度。

四、营销调研新趋势

（一）传统营销调研的局限性

真实世界里的营销问题往往是复杂的，不会为了任何一个人而量身定制。我们所面临的市场调研问题不会像在学校里的考试题目一样，有对应的知识点和确定的解题思路。真实世界里的问题都是综合性的问题，如果不能从许多不同专业里寻求各种适用的知识和工具，结合起来面对我们每天生活着的世界，那么就不可能找到解决现实问题的真正方法。在真实世界中，消费者个体之间存在较大差异，而每一个消费者自身的想法和需求也在不断变化中，因此，个体行动的数据形态才是真实世界的数据形态。

传统的市场调研方法，如问卷法，所获得的数据形态是一种事后的"自我陈述"，也就是我们在自己的头脑中经过抽样、统计、计算均值之后得到我们最终回答的问卷，具有一定的滞后性，这种数据被称为聚合型数据，与事实相去甚远。

根据《2013 年 Honomichl 全球市场研究公司 25 强报告》，市场调查行业正处在弱化和下滑的趋势中。目前，仅凭客户忠诚和客户在线注册、线下调研等方式无法洞察消费者真正的偏好，所以企业越来越多地倾向于使用社交媒体网站的数据挖掘功能，来洞察广大消费者的消费习性和潮流，取代那些成本较高的目标客户调查。市场调研本质上是为了调查了解客户在想什么，并且在此基础上做出决定。因此，既然市场调研的本质是评估消费者的喜好和态度，那么一切可以用来探究消费者喜好和态度的方式都应当被采用。在大数据时代，数据可以检测到人们在真实世界里是如何做的，而传统的市场调研只能了解人们是怎么说的，把人们所说的和所做的结合起来，可以更好地探究消费者真正的偏好。

（二）互联网时代的营销调研

互联网行业以前所未有的惊人速度发展，微博、微信、微店以及智能手机快速普及。根据中国互联网发展中心的统计，截至 2022 年 6 月，我国网民规模持续稳定增长，较 2021 年 12 月新增网民 1 919 万人，互联网普及率较 2021 年 12 月提升 1.4 个百分点。在网络接入环境方面，网民人均每周上网时长为 29.5 个小时，较 2021 年 12 月提升 1 个小时。网民使用手机上网的比例达 99.6%，使用台式电脑、笔记本电脑、电视和平板电脑上网的比例分别为 33.3%、32.6%、26.7% 和 27.6%。截至 2022 年 6 月，我国短视频的用户规模增长最为明显，达 9.62 亿人，较 2021 年 12 月增长 2 805 万人，占网民整体的 91.5%。

互联网时代，我们越来越依赖通过网络技术实现营销调研。网络调研是指以互联网为介质，针对特定问题进行调查设计、资料收集和数据分析等活动的调查方法，与传统市场调研相比，网络调研有着无法比拟的优势。网络调研与传统调研的比较如表4-2所示。

表4-2　网络调研与传统调研的比较

比较项目	网络调研	传统调研
时空限制	无	有
调研费用	较低	昂贵
运作速度	快，可以即时看到统计结果	慢，2~6个月才可能得到结论
统计准确性	准确	不太准确（容易出现误差）
及时性	及时	不及时
互动性	强	弱
结果可信性	相对可靠、客观	容易受人为因素干扰
调研范围	样本数量庞大（全国甚至全世界）	受成本限制，调查地区和样本数量均有限

资料来源：王旭，吴建安. 市场调研［M］. 北京：高等教育出版社，2021：77.

（1）互动性。这种互动不仅表现在消费者对现有产品发表意见和建议，更表现在消费者对尚处于概念阶段的产品的参与，这种参与有助于企业更好地了解市场，洞察市场的潜在需求。

（2）及时性。一方面，调研信息传递到用户的速度加快；另一方面，用户向调研者信息传递的速度也加快了。

（3）便捷性和经济性。在整个调查过程中，调研者还可以对问卷进行及时修改和补充，而被调查者只需要具备电脑和上网条件就可以快速方便地反馈其意见。同时，对于反馈的数据，调查者也可以快速便捷地进行整理和分析，因为反馈的数据可以直接形成数据库。

（4）可靠性和客观性。一方面，企业站点的访问者一般都对企业产品有一定的兴趣；另一方面，网络调研问卷的填写是自愿的，不同于传统调研的"强迫式"，所以填写者一般回答问题相对认真，调研结果可靠性高。同时，被访问者是在完全独立思考的环境中接受调研的，不受传统调研中人为因素的干扰，能最大限度地保证调查结果的客观性，所以这种基于现有客户和潜在客户的调研结果可以在很大程度上反映消费者的消费心态和市场的发展趋势，调研的结果比较客观，具有很高的可靠性。

（5）跨时空性。通过互联网进行的网络调研可以24小时全天候进行，并且其调研对象可以是来自世界各地的。

（6）成本低廉。网络调研比传统的调研速度快、成本低、效率高，方便数据挖掘。

（三）大数据时代的营销调研

互联网的快速发展催生了大数据时代的到来，大数据指的是需要新处理模式才能具有更强的决策力、洞察力和流程优化能力的海量、高增长率和多样化的信息资产。大数据在今天已经与我们的生活息息相关，涵盖了我们生活中的天气、购物、健康、交通、娱乐等各方面的信息，并且随着移动互联技术和廉价智能终端的普及，这些数据正在成几何倍数增长，每个人通过手机进行的每一次操作，都有可能被完整地记录下来，进而通过分析，被提炼成各种具有商业价值的信息。

1. 大数据与营销调研。目前，人们通常用 4 个 "V" （volume，variety，value，velocity）来概括大数据的特征，这将在本书第十二章中进行详细介绍。在大数据的影响下，传统的营销调研也面临着机遇和挑战。

一方面，大数据给营销调研带来了新的机遇。首先，大数据有利于提高调研结果的质量。大数据不仅有利于增强调研的时效性，可以缩短调查周期，减少调查时滞，实现数据的实时发布，还有利于提高调研的客观性，降低调查人员和受访者主观因素的干扰。其次，大数据有利于降低营销调研的成本，许多数据可以通过网络、移动通信等渠道获得，同时可以在企业内部多个领域重复利用，从而大大降低了调研成本。最后，大数据可以使营销调研的领域加以拓展，大量数据可以从一些传统意义上不可数据化的领域提取出来。例如，从网络搜索记录中提取用户的健康状况和商品偏好，从社交网络中提取用户的信用和财产状况等。数据类型越来越多样化，可以被研究的领域也越来越广阔，给商家了解市场的真实情况带来绝佳的机会。

另一方面，大数据给传统的营销调研带来了挑战。首先，对数据的定义不再单一，数字化的行政商业记录、网络在线文本、媒体音像资料都成为数据的可靠来源，这些新数据时刻影响着营销调研部门收集数据信息的广度和处理数据信息的深度。其次，营销调研的工作方式急需转变，在大数据时代，现场实地调研的工作会逐渐减少，取而代之的是从超市和商场收银系统、ETC 电子收费系统、GPS 定位测量、银行转账、微信和支付宝账户中，挖掘收集所需的原始数据资料。最后，传统的数据分析方法已不再实用，传统的对结构化数据的汇总、推算和评估分析方法，会逐步让位于非结构化的数据挖掘分析方法。

2. 大数据对于营销调研的影响。大数据时代的到来给市场经济和社会带来了广泛的影响，企业的经营决策面临巨大的挑战，传统的商业模式和营销方式也都随之改变。例如，亚马逊官方宣布其正在测试和研究"未下单，先发货"功能，即根据购物者的购物数据预测你将要购买的物品，实现未下单提前发货的功能。一些网上票务销售公司同样也在利用大数据针对潜在客户进行定向营销。在特定的消费者群体中，这种策略尤为奏效，如球迷，他们对于某支球队的热爱甚至会延续终身，这也使得他们成了营销机构的猎物。在线下，一些超市正在试验

NFC（近场通信技术），当消费者从附近走过时可以根据其以往的购物行为有针对性地推荐商品。

具体来讲，大数据对于营销调研的影响体现在数据处理和分析的方法上，其基本过程与传统的数据分析过程差别不大，主要是在定义商业问题之后，采集和处理数据、建模分析数据、解读数据这三大层面上的具体做法不一样。

（1）数据采集方面。传统采集数据的过程一般是有限的、有意识的、结构化的，如问卷调研采集到的数据总是与预期相符，数据结构化较好；而在大数据时代，大数据的采集过程基本是无限的、无意识的、非结构化的数据采集，出现了各种各样纷繁复杂的行为数据。

（2）数据处理方面。在数据处理方面，传统数据和大数据的做法差别不大。例如，银行、通信运营商、零售商早已成熟运用消费者的属性和行为数据来识别风险和付费可能性。但是，由于数据量爆炸式增长，算法也获得极大的优化提升空间。

（3）数据分析和解读方面。传统做法一般是定义营销问题之后，采集对应的数据，然后根据确定的建模或分析框架，进行数据分析，验证假设，进行解读，解读的空间十分有效。而大数据提供了一种可能性，既可以根据营销问题，封闭性地去挖掘对应数据进行验证，也可以开放性地探索，得出一些可能与常识或经验判断完全相异的结论，可解读的内容变得非常丰富，可以更加全面地解读消费者的习惯和喜好。

当前，人们越来越多地依赖科技、机器、电脑等电子设备，网购的迅速发展和社交媒体的广泛应用使得消费者在网络上留下各种各样的痕迹，产生了多种多样、数量庞大的数据，这给企业带来一个绝好的机会，可以帮助企业及时观察消费者的消费行为以及厂商之间的竞争行为，提高营销效率和营销效果。而处理这些行为数据的技术也就获得了快速成长的机会。这些行为数据因为随时储存在手机中，所以数量必然巨大，处理这些数据的技术门槛也就相对不断提高。

在大数据时代，企业之间的竞争越来越依赖获取数据和运用数据的能力，因此，企业应该建立优质的营销信息系统，提高处理数据的技术和能力，争取在大数据时代获得一席之地。

第三节 营销预测

一、营销预测的含义及作用

营销预测是指通过对市场营销信息的分析和研究，寻找市场营销的变化规律，并依此规律去推断未来的过程。营销预测的作用主要表现在以下三个方面。

第一，营销预测为企业战略性决策提供依据。企业通过预测可以对消费者需求和消费者行为等变化趋势做出正确的分析和判断，确定企业的目标市场。通过预测能够把握市场的总体动态和各种营销环境因素的变化趋势，从而为企业确定资金投向、经营方针、发展规模等战略性决策提供可靠依据。

第二，营销预测是企业制定营销策略的前提条件。企业营销的最终目的在于获取利润。企业要实现自己的利润目标，就需要在产品、定价、分销、促销、原料采购、库存运输、销售服务等方面制定正确的营销策略。然而，正确营销策略的制定取决于对相关市场情况的准确预测。

第三，营销预测有利于提高企业的竞争能力。在当前激烈的竞争市场中，企业与竞争对手的优劣势是在不断变化的。通过及时、准确的预测，企业就能掌握市场发展和转化的规律，扬长避短，挖掘潜力，适应市场变化，提高自身的应变能力，增强竞争能力。企业不仅应预测自己产品的市场份额，还应预测市场同类产品、替代产品等的未来发展趋势，同时，还必须预测竞争对手的产品、市场发展趋势，以便采用相应的竞争策略。

二、营销预测的类型和内容

（一）营销预测的类型

营销预测的类型有：

1. 总体预测和具体预测。总体预测涉及面广，它是粗线条、综合性地对总体或总量的预测，如企业对国内某一地区总体市场状况的预测等，其目的是了解该市场的总体供求情况，为企业确定经营方向、制定营销战略规划提供依据。具体预测涉及面窄，是较细致的、专业性的对个体或分项的预测，如企业对自己商品销售量的预测，或对自己产品市场生命周期的预测等，其目的是为企业制定相应的营销策略提供依据。

2. 长期预测、中期预测、短期预测和近期预测。长期预测一般是指5年以上的预测，中期预测一般是指1~5年的预测，短期预测指1季度至1年的预测，近期预测指1周至1季度的预测。实际上，期限并无统一的标准，不同的企业对时间界限的划分是不尽一致的。

3. 定性预测和定量预测。定性预测，又称"质的分析"，是依人们的直觉或经验做出主观判断，粗略地预见事物的发展趋势，或估计出一个概数。而定量预测是根据调查得到的数据资料，运用数学方法对未来市场营销变化做出量的估计。在营销预测实际工作中，往往要求将两类方法结合运用，才能得到科学、准确的预测数据。

（二）营销预测的内容

营销预测的内容有：

1. 市场需求潜量的预测。市场需求潜量是指在一定时期和特定区域内，全体买方对某项商品的最大可能购买量。通过对市场需求潜量的预测，企业就有可能掌握市场的发展动态，以便合理地组织自己的经营活动，如确定目标市场、筹措资金、订购原料、规划生产等。

2. 企业销售的预测。企业销售预测是企业对生产的各种产品的销售前景的判定，包括对销售的品种、规格、价格、销售量、销售额、销售利润及其变化的预测。通过销售预测，了解消费者需求的新动向，研究开拓市场。它是企业制定和实施价格策略，选择分销渠道和销售促进策略的重要依据。

3. 市场占有率的预测。预测本企业所经营的商品销售量在整个市场商品销售总量中所占的比例，就是通常所说的市场占有率的预测。从市场占有率增加或减少的预测中，可以判断市场需求、市场竞争和企业经营发展状况，采用相应的市场竞争策略，保证企业经营的方向。

4. 企业所需资源的预测。企业经营需要的资料主要是物质资源。通过对所需资源的预测，可以对资源的市场供应状况及其变化趋势、降低资源消耗的可能性、资源的价格变化、代用材料发展状况等进行准确判断，以便企业根据自身能力，合理地进行生产布局，搞好新产品开发或老产品改造。

三、营销预测方法的选择

营销预测的方法主要有定量和定性两种，以下分别详细阐述这两种方法的相关内容。

（一）定性预测方法

定性预测方法一般适用于资料缺乏的情况，如新产品市场销售趋势预测等。具体方法有以下几种：

1. 厂长（经理）评判预测法。由企业的厂长（经理）把与营销有关或熟悉市场情况的各部门主管人员（包括市场营销、生产、产品开发与研究、财务等副厂长或副总经理）和一些专家、中层领导等召集起来，让他们对未来的市场发展趋势或某一重大营销问题提供情况、发表意见、做出判断。然后厂长（总经理）将各种意见汇总，进行分析研究、综合处理，最后得出预测结果。

其优点是简单、迅速、及时、经济；缺点是预测极易受主观因素影响，尤其易受权威人士的影响，若使用不当，往往会造成重大决策失误。

2. 营销人员意见预测法。营销人员包括购销、促销、市场调研人员等。由于他们直接参与市场上各种营销活动，对顾客、协作者和竞争厂家等的情况及变化动向比较了解，特别是对自己负责的营销范围内的情况更为熟悉，因此，综合他们的意见所做的预测有一定的价值。

其优点是在市场因素剧烈变动时，企业能较快地做出反应，并可综合参考其他营销因素，做出近似实情的预测。

3. 专家意见预测法。专家意见预测法又可具体分为三种：

（1）小组讨论法：召开专家会议集体讨论，做出预测。这种方法可以发挥集体智慧，在讨论中互相交换意见，取长补短。

（2）单独预测集中法：由每位专家单独提出预测值，然后由专项负责人将各专家意见综合起来得出结论。这种方法可以充分发挥个人的智慧和经验。

（3）德尔菲法：通过邮寄问卷的方式，征询专家的匿名预测意见，将意见的初步结果综合整理，当专家预测意见趋于一致时，对最后一轮征询预测问卷进行统计整理，得出预测结果。

（二）定量预测方法

定量预测方法是依据市场调研所得出的比较充足的历史统计资料，运用数学特别是数理统计方法，建立预测模型，对市场未来发展做出定量预测的一种方法。运用定量预测方法，一般需具有大量的统计资料和先进的计算手段。预测方法大致可分为以下两种：

1. 时间序列预测法。时间序列预测法，就是通过编制和分析时间序列，根据时间序列所反映的发展过程、方向和趋势，加以外推或延伸，来预测下一时间周期所能达到的水平。对于不同的预测对象或预测对象的不同发展趋势，应采用不同的方法，配合不同的曲线，主要有水平型发展趋势、线性变化趋势和二次曲线趋势等。

2. 因果分析预测法。因果分析预测法是以事物之间的相互联系、相互依存关系为根据的预测方法。该方法在定性研究的基础上，确定出影响预测对象（因变量）的主要因素（自变量），从而根据这些变量的观测值建立回归方程，并由自变量的变化来推测因变量的变化。因果分析方法的主要工具是回归分析技术，因此又被称为"回归分析预测方法"。利用这种方法进行预测时，首先要确定事物之间相关性的强弱，还需研究事物之间的相互依存关系是否稳定。运用回归方程进行分析预测的方法主要有一元回归预测、多元回归预测和自回归预测等。

经典与前沿研究4-2

市场营销风险的成因分析

市场营销风险预测是企业提升实际营销能力的一项基本要求，而企业在发展期间是否了解市场营销风险是其中的一项关键点。企业市场营销风险存在两面性，可能是金钱上的损失，也可能是商机。市场营销风险中，参与者和竞争者是市场主体。企业在运营过程中如果出现损失，核心原因就是企业运营过程中违背了市场在具体运行期间的规律，或者在营销期间做出了某些错误决定，从而导致企业面对风险。可见，企业在具体运行期间，要想减少损失，必须对市场中存在的各项风险进行分析，做好相应的预防工作，实现市场中各项风险的合理控制，达到营销的最终目的。

开展合理的市场营销预测需要注意以下三点。首先，更新市场营销理念。企业在运营与发展期间，要加强对企业的市场营销风险预测内容的重视，并在做好市场营销风险预测的基础上，提高企业的市场营销竞争、服务、创新等意识，从而实现对市场需求的合理预测、引导、开发，保证企业的营销目标得以实现。其次，做好市场营销环境调查工作，对调查获取到的数据和资料进行详细分析，同时结合市场的变化情况，制订有利于企业的生产和营销计划，从而降低企业在市场竞争中面临的风险，使企业能够在激烈的市场竞争中脱颖而出。最后，从源头入手避免用户风险。在大数据时代下，企业要想获取成功，取得更好的发展，应当加强对信息技术的应用，构建一个良好的信息平台，通过该平台的应用，准确掌握用户的各项信息资料。在该基础上，完成对产品情况的准确设计，在具体营销过程中，从定位、分析、促销等多个方面入手，进行精准定位，从源头入手，避免用户风险。

资料来源：蒋翔．关于市场营销风险的成因分析及其预测探讨［J］．中国市场，2019（32）：133-134.

第四节　营销调研中的道德问题

市场营销调研是企业营销活动的出发点，也是企业制订和调整营销计划、开拓市场的基础。越来越多的企业开始注重营销管理人员对调研方法、调研工具和抽样分析计划等技术类指标的应用。个人决策的非理性因素往往会致使企业错在源头处，并将企业的发展战略决策引入歧途，因此加强市场预测已经是刻不容缓的大事。然而，很多决策者和调研人员只重视调研过程和调研结果，却忽视了会对调研结果产生巨大影响的调研过程中的道德风险问题。

道德是支撑整个社会的精神准绳，经济社会的发展和进步同样需要考量道德的标准。市场营销调研的出发点往往是美好的，却极有可能由于触犯或忽视了被调研对象的道德禁忌或采用了不道德的调研方法和手段而导致调研结果的真实性下降。市场营销调研的目的是要最大限度地惠及它的支持企业和消费者。企业可以通过市场营销调研了解消费者的意见与购买行为，可以根据消费者对现有新产品的接受程度，改进现有产品，开发新用途，研究新的产品创意，以期更好地满足消费者的需要，增进产品知名度和顾客满意度。尽管市场营销的目标以及出发点是美好的，但往往会出现一些道德问题，因此在调研过程中，调研机构和调研委托者都应承担相应的道德责任。

调研机构和人员对调研委托者有保密、质量保证和充分披露等道德责任。有的调研机构为了在争取新客户时表现其经验和能力，往往会泄露以前委托者的一些机密以及过去调研中的重要发现，甚至会搬出全套调研报告供人翻阅；有的调研机构对调研质量重视程度不够，访问人员训练不足，导致调研过程不规范，调研报告质量缺乏保证，使得委托者不仅白白支付了费用，还可能因为调研结果的误导而做出错误的决定；有的调研机构在调查报告中对调研方法和调研过程语焉不详，避实就虚，使得报告的可信度大大下降。

调研机构和人员对受测者的道德责任涉及范围广，其中最重要的是尊重受测者的权利和对受测者的身份加以保密两部分。调研机构和人员必须牢记受测者有绝对的权利拒绝接受访问或参加实验，他们有权利不受到干扰，调研人员不应强迫受测者做其不想做的事，应以感谢的心情去对待受测者，设身处地为受测者着想，尽量减少对受测者的干扰；调研机构和人员应对受测者的身份予以保密，非经同意不得泄露，以免其受到干扰和损害。对于调研委托者而言，其道德责任主要体现在依法付款、研究构想和研究报告的发表方面。和其他交易行为一样，调研委托者有依约付款的义务，如果研究的发现完全符合委托者的要求，委托者自然应该依法付款。有的委托者要求调研机构或人员提出一套研究计划及预算，然后将这套研究计划据为己有，进而与其他调研机构进行杀价；有委托者委托调研机构做一项研究，然后对此项研究的结果断章取义，导致人们获得不正确的印象，这样不仅危害到社会大众，还可能破坏调研机构的声誉。这些都是不道德的行为。

总之，市场调研的道德问题在很大程度上是诚信问题。诚信是人们自古推崇的一种美德，每个行业都应该遵守。市场调研过程涉及很多关于个人隐私、机构机密的信息，更应该诚信。在所有的市场营销调研活动中，无论如何避免，道德风险问题永远都会存在，因此，调研人员应该努力使潜在的道德风险最小化，时刻用道德的准绳来规范调研活动。

 关键术语

营销信息系统（Marketing Information System）；营销调研（Marketing Research）；探索性调研（Exploratory Research）；描述性调研（Description Research）；因果性调研（Causal Research）；营销预测（Marketing Forecasting）；抽样（Sampling）

 复习思考题

1. 什么是营销信息系统？
2. 营销信息系统由哪些部分构成？
3. 市场营销调研一般需要经历哪些阶段？
4. 市场营销调研的实质是什么？
5. 市场营销调研的基本方法有哪些？

6. 常见的抽样方法有哪些？

7. 近年来营销调研有哪些新的趋势？网络调研相比传统调研有哪些优势？

8. 什么是营销预测？营销预测有哪些方法？

 **本章案例**

儿童平衡车的市场调研

国内外研究表明，在骑行运动中，下肢周期性和节律性的运动可以重组和恢复大脑神经系统的功能，调节下肢张力，恢复机体感觉的刺激，改善下肢协调稳定性，增强机体控制能力和平衡能力。站在长远角度看，适当的骑行运动不仅能使孩子亲近自然，而且能够增进亲子关系，增强孩子的社交能力、成就感、独立性和自信心。近年来，国内外儿童的平衡车市场发展迅猛，国内外儿童平衡车发展几乎同步。

随着经济可持续增长，整体社会家庭结构逐渐年轻化，家庭对儿童教育的需求和投入也在逐步升级和增加。因此，学龄前儿童素质教育成为大势所趋。国家二孩政策的全面开放、科技的飞速发展、电子产品的过度使用导致孩子视力和身体素质下降。儿童户外运动发展潜力巨大，而童车作为儿童户外运动和娱乐的主要工具，在儿童成长过程中有着不可替代的作用。

儿童车品类主要有儿童推车（婴儿车）、儿童平衡车、儿童三轮车、滑板车、儿童自行车五大类，其中：儿童推车（婴儿车）适用年龄为0~2岁，通常由成年人带婴儿散步时使用，使用者主要是家长；儿童平衡车适用年龄在2~6岁，是儿童在学习走路时，进行锻炼的代步工具，市面上针对2~5岁儿童的儿童平衡车已经普及，使儿童享受乐趣同时亦能锻炼四肢协调能力和平衡力；儿童三轮车和滑板车是学前儿童的玩具，它适用年龄在3~6岁，但是专家经过研究发现8岁以下并不宜使用滑板车，易伤害膝盖，造成错误肌肉使用；儿童自行车是6~8岁儿童的代步工具，不适合6岁以下儿童使用，会影响宝宝的骨骼发育，也会造成错误肌肉的使用。由此可见，儿童车品类中儿童平衡车在幼儿期中使用比重最大，三轮车与自行车其次。而且儿童车品类中儿童平衡车相比其他运动来说，花式动作多，趣味强，适应的场地更多，更能锻炼儿童灵活性及对肌肉的控制力，而且儿童平衡车有大型的正规赛事，给儿童带来冒险挑战，进而培养儿童的耐挫力、互助精神以及目标感，竞争优势明显。因此，儿童平衡车在幼儿时期是非常重要的户外骑行工具。

（资料来源：张超，姜勇，刘帼君. 基于市场调研的儿童平衡车设计研究［J］. 设计，2022，35（13）：139-141.）

案例思考题

1. 请对各大品牌在市面上热销的儿童平衡车的造型、功能、零配件进行调研方案设计。

2. 针对"80后""90后"家长的年龄、收入和孩子喜好，对产品的购买因素等进行调研。

第五章　市场营销战略

【学习目标】

市场营销战略是企业管理和运营过程中必不可少的一部分，企业应运用市场营销战略，充分利用现有资源，识别环境的发展趋势，明确企业的发展方向并制定规划和计划，树立企业品牌的同时运用品牌战略提升企业核心竞争力，分析企业处于市场中的竞争地位，以明确企业所采用的战略部署。通过本章的学习，应达到如下目标：

- 了解市场导向的企业战略的特点，掌握市场营销战略的制定；
- 掌握企业发展战略及波士顿矩阵法；
- 了解品牌的建立，掌握品牌战略的运用；
- 了解波特的五种力量模型，掌握市场竞争战略的类型；
- 了解4Ps的内容，掌握4Ps的运用。

【思政目标】

党的二十大报告指出，完善产权保护、市场准入、公平竞争、社会信用等市场经济基础制度，优化营商环境。为企业提供良好的营商环境的同时也要求企业在开展市场营销活动的时候公平竞争、依法依规经营。本章介绍企业营销战略，旨在引导学生了解营销战略的方法论，并强调公平竞争的理念，优化市场环境。

 引导案例

Tims 中国的发展之路

Tims 中国是由 Tim Hortons 母公司 RBI（Restaurant Brands International）和笛卡尔资本集团（Cartesian Capital Group）于 2018 年合资成立的，于 2019 年 2 月在中国开设了第一家咖啡店，精准定位每杯售价 15~30 元人民币价格带的咖啡市场，通过承接 Tim Hortons 品牌的专业度而迅速立足，以高质量的产品和物有所值的定价获得消费者青睐，并发展迅速。

根据招股书显示，Tims 中国 2019—2021 年分别实现营收 5 725.7 万元、2.12 亿元、6.43 亿元。店铺数量增长迅速，截至 2021 年 12 月 31 日，Tims 在中国的 21 个城市拥有 390 家门店。其中自营店数量从 2019 年 12 月 31 日的 31 家增加至

2021 年 12 月 31 日的 373 家。三年间店铺数量增长超 10 倍；自营店同店销售增长率从 2020 年 7.4%上升至 2021 年 15.7%。

作为一家全球化的咖啡品牌，进入中国市场仅 3 年时间，Tims 在中国的发展路径已获得市场的关注和认可。"咖啡+暖食"的特色组合，积极有效的本地化策略以及创新的社区化经营，为 Tims 迅速发展奠定了坚实的基础。

目前 Tims 中国的咖啡+早餐组合深得用户喜爱，公司方面表示，未来能推出更多暖食品类，覆盖一天中的各个时段。据悉，目前 Tims 食物的 SKU 有 40 多个，在咖啡品牌中数量居前。未来 Tims 中国将持续提升暖食占比，最大程度地利用现有设备及空间。可以说，Tims 中国将本地化经营策略渗透到经营的各个层面。在产品设计、店铺设计及运营管理方面，充分融合本地客户喜好与需求，真正做到本地化。值得一提的是，Tims 中国的社区运营是其精细化运营的核心体现之一。这极大提升了品牌知名度和用户黏性。为迎合当下咖啡消费群体爱好的多元化，Tims 通过与不同品牌联合，精准定位并吸引有特殊爱好的用户群体，提升会员黏性，解锁用户增长的密码。例如，Tims 中国与腾讯电竞合作，在上海、深圳开出三家电竞主题店，为 Z 世代人群提供更好的"咖啡+电竞"沉浸式体验。其招股书显示，截至 2021 年 12 月 31 日，Tims 中国注册会员约为 600 万人，比 2020 年 12 月 31 日的 230 万人增加了 154.7%，客户忠诚度和品牌黏性稳步提升。

根据《2022 中国咖啡产业发展报告》提供的数据，中国是全球增长最快的咖啡市场，预计 2025 年中国咖啡行业市场规模将超过 1 万亿元。同时，中国咖啡消费人群逐年扩大，根据天猫和饿了么提供的数据，2021 年中国线上咖啡消费群体是 2019 年的 1.5 倍。对此，Tims 中国 CEO 卢永臣表示，尽管市场增长迅速，但距离市场成熟期还有很长的路要走，目前是很难看到"天花板"的，市场增量发展估计未来几十年都没问题。

数字化运营是助力 Tims 中国提升效率的关键，作为公司核心战略，Tims 中国在前、中、后端等各个环节全面拥抱数字化。在前端沉淀消费数据，以帮助其产品创新及精准营销。在后端运用数字化智能管理，提升运营效率。

（案例来源：根据福布斯中国网《Tims 中国今日登陆纳斯达克，将持续深耕国内咖啡市场》，2022 年 9 月 29 日，https://www.forbeschina.com/business/%E5%95%86%E4%B8%9A/61925 资料编写。）

第一节 市场营销战略与计划

市场营销活动在企业经营运作中占据着重要地位，企业战略的制定与实施必然把市场营销战略作为主要内容来设计，优秀的市场营销战略不仅可以促进企业战略的实现，也是企业开展市场营销活动的关键。

一、市场导向的企业战略

在市场经济动荡的环境里，市场导向的企业战略，是企业生存和发展的根本保证，不仅有助于提高企业资源的有效利用，而且进一步增强了企业营销活动及其他经营活动的科学性和稳定性。

（一）企业战略

20世纪60年代中期至70年代初，企业战略的概念出现并逐步发展，随后逐渐在企业的经营发展中占据中心位置。企业战略这一概念出现初期，企业所处环境动荡，竞争日趋激烈，整个经济环境也不容乐观，仍使用原有的管理方式已经不能满足企业的发展。为避免企业遭受竞争者攻击，在动荡的环境中生存并进一步发展，必须通过对环境的变化趋势分析，结合企业自身的生产经营特点，以及可能给企业带来的影响，有针对性地进行长期、全面的战略谋划。简而言之，企业战略是指企业在经营过程中为了在同对手的竞争中立于不败之地而制定的事关全局的重要谋略。

一般来说，企业战略大体可以分为3个层次：企业总体战略、企业经营战略和企业职能战略。在市场导向下，企业要以顾客现实或潜在的需求为中心，综合竞争对手战略目标，协调各部门活动，把企业资源整合起来，形成对顾客需求、竞争对手行为等变化因素的长期管理手段。

（二）企业战略的特点

随着市场经济的快速发展，市场对于企业的影响成为最关键的因素，同时也是最本质的内容。在市场经济条件下，所有企业的发展都必须以市场经济发展为基础，与此同时，还要体现出企业自身所在市场的发展要求，使企业的经营管理与市场发展紧密联系起来，顺应经济市场的发展需要，不断提高企业自身的管理水平，提高企业的市场竞争力。企业战略管理的影响已经扩大到对市场营销的要求，市场营销理论中提出了企业战略性营销概念，企业战略成为决定企业竞争成败的关键与核心。企业战略具有以下特征：

1. 全局性。在市场营销领域中，若企业为了某一品牌的成功而危及全系列品牌的地位，或者为了某一专区的销售量增加而影响了企业整个产品的销售，对企业的整体发展都是不利的，因此，只有从全局出发，才能在更深远的范围内选择最优策略从而促进企业的进一步发展。

2. 纲领性。企业战略不仅要制定企业目标，还要确定企业发展的方向，以及发展的重点等，属于方向性、原则性、指导性的内容，这都是企业发展的纲领。企业战略对企业发展等重大问题的决策、基本方针和路线的制定进行指导，在具体经营活动中需要分解、展开，成为具体可操作的行动方案。

3. 长期性。企业战略描绘的是企业发展的远景，它是对企业未来较长一个时期的全面考虑。企业战略目标需要企业根据环境以及自身的情况，持之以恒地去实现。

4. 稳定性。企业战略需要稳定，只有稳定的战略才能在实践活动中具有指导意义，使企业各部门能够采取相应的措施去实践战略内容。但由于环境在不断变动，企业行为处在一个动态过程中，故这种稳定是相对的，这就要求企业战略具有一定的弹性，以适应外部环境的变化。

5. 竞争性。企业战略是置身于激烈的市场竞争中的企业行为计划，是为了在竞争中立于不败之地而设计制定的，如果单一地、片面地、理想化地把企业的经营活动独立起来，使企业发展独立于市场竞争之外，则无法构成有力的、充实的企业战略的内容，因此，企业需要制定具有竞争优势特征的发展战略。

二、市场营销战略管理的步骤

依据企业战略的特点，市场营销战略管理一般包括以下六个步骤：分析机会，确定目标市场，制订营销战略计划，制定市场营销组合，执行营销策略，实施与控制营销活动。具体如图 5-1 所示。

图 5-1 市场营销战略管理的步骤

（一）分析机会

这里所说的机会是指市场机会，即顾客现实的和潜在的需求。大部分管理者把"顾客没有被满足的需求"或是"消费者在满足需求的过程中尚存的遗憾"视为企业的市场机会。当我们的企业具备了某种或多种特殊条件或专长，并且能够利用某个"市场机会"从事某方面的生产经营活动，而且比其他竞争者更具优势时，这个企业便能获得更多的"差别利益"。

可见，为了获得更多的"差别利益"，管理者们使用多种方法寻找并发现市场机会，一般来说，可以通过市场调研，了解消费者的需求及购买行为，收集信息，掌握国内外技术、产品、竞争者等方面的情报，分析环境，提早获悉营销环境改变给企业带来的机会。

（二）确定目标市场

分析评估市场机会之后，经营企业要做进入市场的准备。在市场细分的基础上，企业根据自身的资源情况和经营能力，选择一个或多个子市场作为目标市场。我们把这个过程称为 STP 过程：①市场细分（segmentation）；②目标市场选择（targeting）；③市场定位（positioning）。

例如，一家经营办公设备的企业，一直以经营公司办公设备和办公用品为主，但已走到发展的瓶颈。企业管理人员经过对市场的重新研究，细分出小型流动性企业和家庭办公用品的新市场，经过细致分析，确定开发家庭办公用品的细分市场，战略定位于重点开发小型产品、组合可分解型产品，以较低的价格和一流的服务吸引家庭办公顾客。

（三）制订营销战略计划

市场营销战略是指企业在分析内外环境的基础上，确定企业营销发展的目标，做出营销总体上的长远谋划并制定实施的措施。营销战略有多种形式，包括"差异化战略""定位战略""新产品-新市场战略""竞争战略""全球营销战略"等。

1. 差异化战略。企业采取差异化战略往往意味着企业所提供的产品和服务实现了差异化，使企业在市场中具备了独特性。差异化战略在制定过程中，一般包含产品差异化、服务差异化、人事差异化和形象差异化。

2. 定位战略。采取定位战略的企业结合消费者对企业产品的认知程度，根据其重要性，塑造该产品，使该产品在消费者心中具有鲜明的形象并极具个性，消费者在购买时能够立刻联想到该产品或相关产品。

3. 新产品-新市场战略。新产品-新市场战略是企业经营战略的重要基础，采取该战略的企业通常开发适销对路、具有竞争力的新产品，吸引消费者，开拓并占领市场，为企业发展获取经济效益。

4. 竞争战略。采取竞争战略的企业通常会确定目标市场，分析目标顾客的实际需求，掌握竞争对手的产品在市场中所处地位，分析企业自身产品的特点，并明确这三者的关系，以便奠定企业在市场中的地位且保持这一地位。

（四）制定市场营销组合

企业为了占领目标市场、满足顾客需求，对营销活动进行整合、协调使用，这就是营销组合。市场营销组合（marketing mix）是现代营销理论的重要概念之一。

大约在1950年，美国的尼尔·鲍敦提出市场营销组合概念，把需要整合的因素确定为12个。后来理查德·克莱维特进一步把各种因素归纳为产品、价格、促销和渠道4个变量。1960年，杰罗姆·麦卡锡更为清楚地用文字将这4个变量表述为产品、价格、地点（即渠道）和促销，形成著名的"4Ps"理论。虽然后来营销界不断有专家、学者提出其他的"P"，但至今仍以"4Ps"应用最为广泛，被视作经典。

1. 产品。产品（product）是营销组合中最基本的工具，是企业提供给市场货物和服务的集合，包括产品质量、效用、性能、品牌、外观和包装，还包括服务和保证等因素。

2. 价格。价格（price）是指企业出售产品所获得的经济回报，即顾客得到某种产品所必须付出的货币金额，包括价目、价格、折扣、折让、补贴、支付方式和信用条件。

3. 渠道。渠道（place，distribution channel）是指企业产品进入和到达目标市场过程中的各种场所或方式（包括企业和个人），包括途径、中间环节（如经销商、零售企业等）、场所、仓储和运输等。

4. 促销。促销（promotion）就是促进销售，是指企业通过人员或非人员方式，向顾客传递、沟通企业和企业产品信息，吸引顾客的兴趣，使之产生购买行为。正确制定和实施促销策略，能够保证企业处于更有利的产销状况，获得更大的经济效益。

以上 4Ps 营销组合战略将在本章第五节详细讲解。

（五）执行营销策略

在完成以上各个步骤之后，接下来要做的就是按照计划执行和实施，执行营销策略是我们营销战略计划里落到实处的一项环节，在执行过程中，根据已经制定的营销策略部署工作，使营销工作向既定目标前进。

（六）实施与控制营销活动

严格的控制行为不可或缺，没有直接有效的控制，就不能及时掌握营销计划的进度，不能对执行过程中各种可能发生的问题做出及时的响应，也不能对最终的营销目标做出合理科学的评价，所以，在营销战略规划里，要做好控制工作。

第二节　企业发展战略

企业战略一般包括企业发展战略和现有业务调整战略。

一、企业发展战略

企业发展战略是企业整体战略，是企业最高层次的战略。企业发展战略的任务，主要是决定企业应在哪些业务领域进行生产经营活动。经营范围和资源配置是企业发展战略中主要的构成要素。一般而言，企业发展战略是企业高层负责制定、落实的战略，包括发展型战略、维持型战略和收缩型战略。这些战略既可以单独使用，也可以组合使用。大多数企业一般都拥有多个业务单元，这些业务单元面临的外部环境和所需的内部条件都不尽相同，完全可能因地制宜、因时制宜地采用不同的发展战略。

（一）发展型战略

发展型战略是以发展壮大企业为方向，目的是使企业在产销规模、资产、利润或新产品开发等方面获得扩展的战略。发展型战略是普遍采用的企业战略，主要包括三种基本类型：密集型发展战略、一体化发展战略和多样化发展战略。

1. 密集型发展战略。密集型发展战略是指企业利用现有业务内的市场机会发展的一种战略。密集型发展战略可以进一步划分为市场渗透战略、市场开发战略和产品开发战略。其中，市场渗透战略所需的资源投入最少，然后是市场开发战略、产品开发战略。因此，企业在选择密集型发展战略时，一般按照市场渗透战略—市场开发战略—产品开发战略这一顺序。

2. 一体化发展战略。一体化发展战略是指企业利用与现有业务有直接联系的市场机会以求发展的一种战略。与企业现有业务有直接联系的有三方，即上游供应商、中间商以及竞争者。因此，一体化发展战略也可以是后向一体化、前向一体化、水平一体化。

3. 多样化发展战略。多样化发展战略是指企业利用与现有业务无关的方面出现的市场机会发展的一种战略。多样化发展战略根据企业现有资源的利用情况，可以分为同心多样化、水平多样化、集团多样化三种。

（二）维持型战略

维持型战略又称稳定型战略，是企业在战略方向上没有重大改变，在业务领域、市场地位和产销规模等方面基本保持现状，以安全经营为战略选择的战略。维持型战略有利于降低企业实施新战略的经营风险，减少资源重新配置的成本，从而为企业创造一个加强内部管理和调整生产经营秩序的修整期，并有助于防止企业发展过快。应用较为广泛的维持型战略主要有三种，即暂停战略、无变战略和维持利润战略。

（三）收缩型战略

收缩型战略也称为"撤退型战略"，是指企业因经营状况不佳甚至恶化而采取的缩小生产规模或取消某些业务的战略。当企业的部分产品或所有产品处于竞争劣势，以致销量减少、销售额下降、出现亏损等时，通常采取收缩措施以抵御外部环境的压力，保存企业实力，等待有利时机再发展。收缩型战略一般分为三种类型：扭转战略、剥离战略和清算战略。

二、现有业务调整战略

外部环境和内部条件无时无刻不对企业的经营运作产生影响，面对不断变化的环境，调整现有业务是企业必须思考的一项内容。企业业务调整战略就是解决这一问题的办法之一。对现有业务进行调整，首先就要对现有业务进行有效评估。

（一）波士顿矩阵法

企业可以运用波士顿矩阵法对现有业务进行评估，以此作为现有业务调整战略的分析依据。波士顿矩阵法又称 BCG 矩阵法。使用这种方法分析企业的业务时，要建立"市场增长率-相对市场占有率"矩阵。在矩阵中，纵轴表示年市场增长率，横轴表示相对市场占有率。相对市场占有率是企业的市场占有率与同行业中最大竞争者的市场占有率之比，相对市场占有率越大，说明企业在有关市场上的地位越高。

BCG 矩阵可分为四个不同的区域，将企业每项业务的年市场增长率和相对市场占有率指标计算出来，标在图中，就可以看出企业经营的不同业务在市场中的地位。现以图5-2来说明波士顿矩阵法。该图的四个不同区域分别代表不同类型的业务。

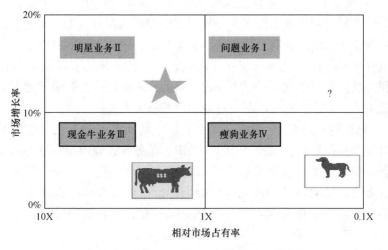

图5-2　波士顿矩阵法

1. 问题业务。问题业务是指高市场增长率、低市场占有率的业务。大部分企业都有问题业务。这一类业务需要投入各种资源，以适应迅速增长的市场和赶上市场领先者，但是未来前景如何，又很难准确预料，难以确定远景，因而称其为"问题业务"。对于这类业务，企业必须认真考虑是否继续向它们投资。

2. 明星业务。如果问题业务获得成功，它们便成了明星业务。明星业务是高速增长市场中的领导者。它需要大量投入以跟上市场的高速增长，并击退竞争者，因此短时期内未必能给企业带来大量利润。但明星业务是企业未来的现金牛业务，是企业未来的盈利源头。如果企业没有一个明星业务，那将是非常危险的。

3. 现金牛业务。明星业务的市场增长率降到10%以下，而又继续保持较高的市场占有率，便成为现金牛业务。现金牛业务给企业带来了大量利润。由于市场增长率下降，不再需要大量资源投入去扩展规模，又因为该业务还享有规模经济和高边际利润的优势，因此这些业务可以产生较高的收益。

4. 瘦狗业务。瘦狗业务是指市场增长率和相对市场占有率都较低的业务。一般来说，它们的利润很低或有亏损。企业必须考虑是否留存这些瘦狗业务，若市场增长率有所回升，或者有新的机会成为市场的领先者，则可将瘦狗业务发展为问题业务。瘦狗业务通常占用管理人员较多时间，因而可考虑收缩或淘汰。

当把企业的各项业务在波士顿矩阵中定位后，接着就要确定其业务组合是否恰当。正常的业务组合应该是各类业务都有。但是如果瘦狗业务和问题业务过多，或者明星业务和现金牛业务过少，则说明业务组合是不平衡的。

（二）业务战略制定

一般可采用以下几种战略：

1. 成本领先战略。成本领先战略是企业从成本与费用角度出发，使其生产成本与分销费用达到行业最低水平，从而能以较低的售价赢得竞争优势，达到拥有更大市场份额目的的战略。采用成本领先战略，企业必须拥有以下几项中的任意一项或几项：①形成进入障碍；②增强讨价还价的能力；③缓解替代品的威胁；④保持领先的竞争优势。成本领先战略的问题有：一是竞争者通常会开发出成本更低的生产方法；二是不利于适应顾客需求的改变。

2. 差异化战略。差异化战略是指企业向市场提供不同于其他企业的产品和服务，这些产品在质量、款式、技术、品牌、服务等方面出类拔萃，与竞争者相比有显著的独到之处，能满足顾客特殊的需求，形成竞争优势。实施差异化战略，通常需要较强的营销和研究开发能力，也需要特殊型的管理技能和独特结构。但是，形成差异化的成本较高，企业应具有一定的资源优势，才能适应此战略。

3. 集中化战略。使用集中化战略的企业往往在市场细分后，选定一个或几个相对较小的细分市场，争取成本领先或者差异化，谋求相对的竞争优势。一般来说，中小企业多采用此战略。

第三节　品牌战略管理

实施品牌战略管理，即企业以品牌作为核心竞争力，使消费者对企业品牌产生认知、认同、接受并且信赖，进而使企业获得更多利润与价值。品牌不同于产品或技术，难于模仿，所以，近年来品牌战略越来越被企业所采用。关于品牌的基本内容，我们将在本书第七章中进行详细介绍，本节内容将着重从品牌战略角度来加以阐述。

一、品牌及其特性

（一）品牌

品牌是用以识别某个或某群销售者的产品或服务，并使之与竞争者的产品或服务相区别的商业名称及其标志，通常由文字、标记、符号、图案和颜色等要素或是它们的组合所构成。

一般来说，品牌包含品牌名称（brand name）和品牌标志（brand mark）两部分。品牌名称是品牌中可以用来称呼的部分，如蒙牛、海尔等；品牌标志是品牌中用于识别与记忆但不能用于称呼的部分，通常由图案、符号或特殊颜色等构成。

（二）品牌特性

品牌的设计、定位与推广，无疑都是企业为了在消费者中树立形象，区别于其他竞争者，进而提高企业在市场中的地位，获取更多的利润以及更高的价值。品牌何以实现这样的品牌效应？品牌具备的特性体现在以下几点：

1. 可识别性。可识别性主要是指消费者可以通过不同方法，简单地将此类商品与其他类似的商品区别开来。例如，可以通过颜色、包装或标示体现出来。

2. 实体性。实体性是指品牌可以区别于其他商品而独立存在的物理特性。

3. 品牌承诺。一个品牌应当是一件商品或服务的具体承诺，企业通常希望借由宣传或服务，使品牌理念深入人心。例如，口味清新的口香糖、口感香醇的巧克力、使命必达的快递或是智能的操作系统，都是品牌的具体承诺。

4. 价值。在一定程度上，价值取决于自己的实际需求。例如，经常熬夜的上班族，可能会对咖啡、功能性饮料或者 24 小时营业的餐饮店十分关注。

二、品牌的建立

品牌的建立是一个系统性、关联性很强的活动，不仅要通过塑造品牌来树立企业在消费者心目中的形象，同时要求通过品牌管理使整个企业经营理念与市场战略紧密配合起来。

（一）品牌定位

品牌定位是企业在市场定位和产品定位的基础上，对特定的品牌在文化取向及个性差异上的商业性决策，它是建立一个与目标市场有关的品牌形象的过程和结果。也就是说，为某个特定品牌确定一个适当的市场位置，使商品在消费者的心中占领一个特殊的位置，当某种需要突然产生时，市场消费者会立刻想到企业所推出的该品牌产品。

营销人员欲将品牌定位深入人心，可以将品牌定位在下面三个层次中的任何一个。其一，最低层次，可以根据产品属性定位品牌。例如，美体小铺的营销人员可以强调其产品具有天然、环保的成分，以及独特的香味和质地。属性是品牌定位的最低层次，竞争者很容易就能复制属性。更重要的是，顾客对这样的属性不感兴趣，他们感兴趣的是属性能为他们带来什么。其二，品牌可以将其名称与期望的利益相连而更好地定位。一些定位于利益的品牌有：沃尔沃（安全）、联邦快递（准时送达保证）、耐克（性能）、雷克萨斯（质量）。其三，最强大的品牌超出属性或利益定位，它们定位在强烈的信念和价值上，这些品牌通常给人带来很强烈的情感冲击。例如，任天堂的 Wii 拥有情绪识别能力，它提供更多的家庭参与性，能为初学者提供"随玩随学"的导航式学习系统。又如，君悦酒店提供豪华的客房和难忘的回忆，但它绝不承诺低价。

（二）品牌名称和个性化设计

一个好名称能大大提高产品成功的概率，然而，找到最优的品牌名称是一项艰巨的任务，需要仔细审视产品及其利益、目标市场和拟实施的营销战略。可以说，品牌命名是一门科学、一门艺术，也是一种直觉创造。一经选定，品牌名称就必须得到严格保护。如果一个品牌名称对现有品牌名构成侵权就不能够注册。许多公司竭力树立自己的品牌，希望它能够最终代表整个产品类别，如舒洁面巾纸（Kleenex）、李维斯牛仔裤（Levis）和密保诺保鲜袋（Ziploc）就成功做到了这一点。

确定了品牌名称以后，便可进行品牌形象设计。品牌形象设计包括设计名称以及图形，除了需要艺术的创新以外，更需要关注品牌的内涵。品牌的个性化设计过程被赋予了企业文化特色和企业宗旨。品牌形象设计要有一个系统的整体观念，从产品功能、产品包装、产品广告宣传等表达出来的个性要一致。

（三）品牌经营

企业要与消费者建立良好的关系，就要做好品牌的经营。企业通过其围绕品牌而进行的市场开发、销售渠道、产品开发、生产技术管理、品质控制、人力资源、信息控制活动等形成强大的附着力，将供应、生产、销售等环节的外部资源纳入本企业资源的运作范围，从而使企业的市场扩张能力及竞争实力迅速提高。一旦某种名牌在顾客的心目中得以确立，那么就能保持其相对的稳定性，而不会因为企业经营的一时好坏而变节。

与此同时，公司需要定期审查其品牌的优势和劣势。应该问问自己：我们的品牌是否擅长传递顾客真正重视的利益？品牌定位恰当吗？我们所有的消费者接触点都能支持品牌定位吗？品牌经理理解品牌对消费者意味着什么吗？品牌是否得到了恰当、持续的支持？品牌审查也许显示品牌需要更多的支持、被舍弃或被重新定位，原因可能是顾客偏好发生了变化或出现了新的竞争者。

三、品牌战略的运用

企业建立品牌战略体系，是要实现以品牌为核心竞争力的战略手段。按照不同的划分标准，品牌总体战略可以从以下五个方面进行划分。

（一）根据对象选择战略

生产实体产品的企业，以创造著名商标作为长远规划，其采取的是产品品牌战略。提供服务或者中间产品的企业，以创造名牌企业作为长远规划，其采取的是企业品牌战略。

（二）根据品牌数量选择战略

企业把经营目标锁定在一个品牌之上，同时把所有资源集中在该品牌上，称作"单一品牌战略"；而把目标分别承载于多项品牌，并把资源分别配置在各品牌之上，称作"多元化品牌战略"；企业把品牌的产业链的某一个环节渗透到其他环节甚至全部产业链的战略类型，称作"一体化品牌战略"。

（三）根据品牌等级选择战略

根据企业或企业经营的产品所选择区域的范围，分为地方级品牌战略、地区级品牌战略、国际级品牌战略和国家级品牌战略。

（四）根据品牌档次选择战略

根据消费群体收入水平以及品牌档次不同又分为高价位品牌战略、中价位品牌战略和低价位品牌战略。

（五）根据品牌组合选择战略

戴维·艾克（Aaker，2005）指出，品牌组合包括一个组织所管理的所有品牌，包括主品牌、担保品牌、品牌化的差异点、联合品牌、品牌化的火力点、公司品牌。它们有些是隐匿的。品牌组合的基本问题是其构成，即是否应该增加一个或多个品牌，当然在某些情况下增加一些品牌可以强化组合，但是，在增加品牌之前，一定要明确新增品牌的角色。品牌组合的目标应当是以最少的相关品牌实现企业目标。

品牌组合战略详细说明了品牌组合的结构，以及各品牌的范围、职能和相互关系。其目标是在组合内部实现协同效应、杠杆作用和清晰化，创造出相关的、差别化的和充满活力的品牌。根据不同品牌的组合，分为多品牌集合战略、子品牌组合战略。

第四节　市场竞争战略

竞争是企业持续发展的动力之一。企业在经营运作过程中，不可避免地要与竞争者相遇，与竞争对手抗衡。如何在竞争中获胜，实现企业的经营目标，实施行之有效的市场竞争战略，是经营管理的一项重要内容。

一、市场竞争战略影响因素

20世纪80年代初，迈克尔·波特提出五种力量模型，用来分析本行业的企业竞争格局以及本行业与其他行业之间的关系。波特认为，一个行业中的竞争，不只是在原有竞争对手中进行，而是存在着五种基本的竞争力量，这五种力量综合起来影响着产业的吸引力。这五种力量分别是：潜在的行业新进入者、替代品的威胁、买方讨价还价的能力、供应商讨价还价的能力以及现有竞争者之间的竞争。

在波特的五种力量模型中，五种基本竞争力量的状况及综合强度决定着行业的竞争激烈程度，从而决定着行业最终的获利潜力以及资本向本行业的流动程度，最终决定了企业盈利目标是否能实现。

（一）潜在的行业新进入者

潜在的行业新进入者可以为行业带来新的生产能力与资源，是行业竞争的一种重要力量，伴随新的生产能力和资源，新进入者们努力获取有利的市场地位。新进入者加入该行业，会带来生产能力的扩大，与现有企业争夺市场占有率，这必然引发与现有企业的激烈竞争，使产品价格下跌；同时，新加入者要获得资源进行生产，从而可能使行业生产成本升高。这两方面都会导致行业的获利能力下降。

（二）替代品的威胁

某一行业的产品时常会与同一行业或另一行业的企业所生产的产品产生竞争，其原因是这些企业的产品具有相互替代的性质。替代品的价格如果比较低，那么它投入市场就会使本行业产品价格上限只能处在较低的水平，这就限制了本行业的收益。

（三）买方讨价还价的能力

买方即顾客，买方讨价还价的能力根据具体情况不同而不同。买方所需产品的数量大，买方转而购买其他替代产品所需的成本低，以及买方追求的目标（如要求高质量的产品和更多的优质服务），均可能增加买方讨价还价的能力。

（四）供应商讨价还价的能力

对某一行业来说，供应商讨价还价的能力的强弱，主要取决于所在行业的市场状况以及他们所提供物品的重要性。当供应商提供的是企业产品成本中比例较大的，且投入要素对企业影响大时，供应商讨价还价的能力就会较大。

（五）现有竞争者之间的竞争

这种竞争力量是企业所面对的最强大的一种力量。这些竞争者根据自己的一整套规划，运用各种手段在市场上占据有利地位和争夺更多的消费者，对行业造成了极大的威胁。

二、市场竞争战略路径选择

企业的竞争战略应随着内部条件和外部环境的变化而变化，但是，企业在竞争战略路径的选择中有一定的方向性，所以，在不同的环境中，企业可以根据实际情况合理分析，进行以下几种战略路径选择：

第一，突出产品创新。在买方市场中，满足消费者的需求是营销的重要内容，企业可以根据市场的实际情况，结合自身的特点，不断开发新产品，以迎合消费者越来越多样化的需求。同时，创新也是企业发展的原动力，只有不断创新，才能使企业在竞争中保持领先，与竞争对手抗衡。

第二，突出产品质量。质量是企业安身立命的根本，能赢得消费者的信赖，同时，高质量也反映了企业的形象与地位。

第三，突出价格。企业与竞争者的价格差异，也代表了不同的含义。同等质量的产品，价格较低者可以吸引更多的消费者购买产品；而对于某些产品，高价格是企业形象的体现，消费者购买这类产品更能凸显自身品位，进而可以吸引不同的消费群体。

第四，突出技术。领先的技术一直是吸引消费者的利器。科技作为第一生产力，决定着企业的生产效率、产品成本、管理水平、经济效益和顾客需求被满足的程度。

第五，突出服务。优质的服务为企业在竞争中占据了优势，在企业经营的产品差异不大的情况下，突出企业的服务水平，是与竞争者抗衡的重要手段。

第六，突出快速响应。在竞争中，不论是新产品的投放，新技术的使用，还是消费者的反馈等，企业均可通过快速响应，领先竞争者一步，先占据市场，从而在消费者心中抢先树立良好的形象。

第七，突出促销。企业灵活运用广告、公共关系、人员推销和营业推广等手段，大力宣传企业及产品形象，提高产品和企业的知名度，使消费者认识、了解自己，直至购买产品，产生信任与依赖，进而赢得市场竞争的胜利。

三、市场竞争战略类型选择

（一）市场领导者战略

作为市场领导者的企业，一般都是消费者比较熟悉的企业，拥有消费者熟悉的产品，这样的企业在新产品入市价格的制定、市场占有率等方面都是行业的领导者，也往往是竞争者们学习、模仿、挑战或者回避的对象。竞争者往往通过加快产品或技术的更新速度、提供更加优越的服务或者找出市场领导企业的弱点等，使市场领导企业的领导地位迅速丧失。此外，市场领导企业经营管理不善，不能控制好成本，技术、产品、服务落后，也会逐步丧失领导地位。那么，实施市场领导战略，就是要使企业保持领导地位，使竞争者难以望其项背。一般来说，市场领导战略采用的方法包括扩大整个市场规模、保护现有市场份额、扩大市场份额。

（二）市场挑战者战略

在市场中，排名紧跟市场领导者的企业往往被称为"市场挑战者"。市场挑战者有能力向领导者发起挑战，夺取市场领导者的地位，也可以向其他竞争者发起攻击。市场挑战者战略一般以不断增加市场份额为重点。

市场挑战者会把市场领导者、同为市场挑战者但弱于自己的企业作为挑战和攻击的对象，因所选目标对象不同，所采用的战略也不同，总体上可分为正面进攻、侧翼进攻、包围进攻、迂回进攻和游击进攻。

（三）市场追随者战略

避免与市场领导者发生正面冲突，而是通过模仿领导企业实现销售的企业，被称为"市场追随者"。通过模仿，追随者们避免了企业市场开发过程中的前期花费，并能够避免新市场开拓失败的巨大风险，这对于企业来说是很有利的。市场追随者仍需了解市场情况，把握消费者进而争取更多的消费者。市场追随者往往采用紧密追随、距离性追随、选择性追随等策略。

（四）市场补缺者战略

市场中还有一部分小企业，他们不会把整个市场或是较大市场作为目标市场，而是选择有针对性的小区域市场作为目标市场，并为其提供深入的服务以满足市场需求，这类企业被称为"市场补缺者"。

第五节　营销组合战略

营销组合战略是市场营销战略中一个重要的组成部分，由于企业所处环境以及自身条件都在变化，而市场营销的目的在于满足消费者需求并实现盈利，同时消费者的需求也是多样的，所以，综合外部环境以及内部条件，以最优营销组合实现企业目标，是营销组合战略的主要任务。

一、4Ps 营销组合

（一）4Ps 营销组合的内容

4Ps 营销组合是由麦卡锡在 1960 年提出的，4Ps 营销组合实际上是管理者用来在决策中分析与研究市场营销问题的。管理者在做决策时，会考虑各种可能影响企业市场营销活动的因素，并把这些因素进行归类。其大体上分为两大类：可控因素和不可控因素。可控因素是指管理者可以自行控制的因素，如产品、商标、促销、价格、广告、渠道等；不可控因素是指管理者不能自行控制的因素，如市场环境、营销环境、社会环境等。而 4Ps 就是对各种可控因素的总结。

1. 产品策略（product strategy），是指企业向所选的目标市场提供各种产品和服务的策略，且所提供的是满足消费者需求的产品和服务。产品策略注重开发的功能，要求产品有独特性，把产品的功能诉求放在首位，以此来实现其营销目标，包括对与产品有关的品种、规格、式样、质量、包装、特色、商标、品牌以及各种服务措施等可控因素的组合和运用。

2. 定价策略（pricing strategy），是指企业根据不同的市场定位，制定不同的价格策略，通过按照市场规律制定价格以及变动价格等方式来实现企业的营销目标，包括对与定价有关的基本价格、折扣价格、付款期限、商业信用以及各种定价方法和定价技巧等可控因素的组合和运用。

3. 分销策略（placing strategy），是指企业不会直接面对消费者，而是以合理地选择分销渠道和组织商品实体流通，通过建立网络的方式来实现其营销目标，包括对与分销有关的渠道覆盖面、商品流转环节、中间商、网点设置以及储存运输等可控因素的组合和运用。

4. 促销策略（prompting strategy），是指企业改变销售行为，并利用各种信息传播手段刺激消费者的购买欲望，以此促进产品的销售，从而实现其营销目标。

其主要以短期行为促成消费的增长，包括对与促销有关的广告、人员推销、营业推广、公共关系等可控因素的组合和运用。

（二）营销组合的意义

1. 市场营销战略的基础。企业通过制定市场营销战略协调各种营销因素，来实现既定的营销目标。在完成企业任务时，企业要以市场占有率、销售额、投资收益率等指标为考核依据，此时，营销组合能够恰当地实现这一目标，使营销组合成为企业营销的战略基础。营销组合不仅可以将四个因素综合运用，也可以根据产品与市场的特性，分别重点使用其中某一个或某几个因素，制定相应的销售策略。总之，在一定条件下，营销组合战略可以满足企业在不同环境下的营销目标。

2. 有效抗衡市场竞争者。知己知彼，百战不殆，企业在运用营销组合时，必须先分析自己的优势和劣势以及竞争对手的情况，以扬长避短。在使用营销组合作为竞争手段时，还需注意在不同行业或不同产品里，应有针对性地使用营销组合，同时，企业在重点使用某一营销因素时，其他因素的配合也应该重视，才能取得理想的效果。

3. 为企业提供系统管理思路。营销组合的使用，是对资源的有效利用，不仅可以在营销中实现既定目标，同时使企业管理者在资源的配置、组织结构的设计、各职能的分工、各项目的资金预算等方面形成一种系统的管理思路，使企业能够更好地协调各部门工作，实现企业目标。

二、市场营销组合战略的发展

（一）市场营销组合战略的扩充

市场营销组合是由麦卡锡最先提出的，他认为企业从事市场营销活动，一方面要考虑企业的各种外部环境，另一方面要制定市场营销组合策略，通过策略的实施，适应环境，满足目标市场的需要，实现企业的目标。麦卡锡绘制了一幅市场营销组合模式图，如图5-3所示。图的中心是某个消费群，即目标市场，中间一圈是四个可控要素，即产品（product）、地点（place）、价格（price）、促销（promotion），这就是所谓的4Ps组合。

"产品"就是要生产出满足消费者需求的产品，企业要选择产品线、品牌和包装等；"价格"就是根据市场的变化规律制定市场价格；"地点"就是要建立适当的网络，通过适当的渠道安排运输产品，把产品送到目标市场；"促销"就是考虑如何将适当

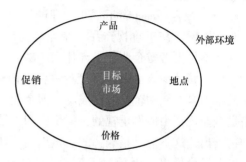

图5-3　市场营销组合

的产品，按适当的价格，在适当的地点通知目标市场，包括销售推广、广告、培养推销员等。图中外圈表示企业外部环境，它包括各种不可控因素，包括经济环境、社会文化环境、政治法律环境等。麦卡锡指出，4Ps 组合的各要素要受到企业不可控因素的影响和制约。

1986 年，菲利普·科特勒在《哈佛商业评论》（3~4 月号）发表了《论大市场营销》一文，文中提出了"大市场营销"的概念，在原来的 4Ps 组合的基础上，增加两个 P，即"政治力量"（political power）和"公共关系"（public relations），市场营销组合由 4Ps 发展为 6Ps。他把已有的 6Ps 称为战术性营销组合，并进而提出了新 4Ps 理论：研究（probing）；划分（partitioning），即细分（segmentation）；优先（prioritizing），即目标选定（targeting）；定位（positioning）。此即称为战略营销。他认为，战略营销计划必须先于战术性营销组合的制定，只有在搞好战略营销计划的基础上，战术性营销组合的制定才能顺利进行。企业要有效地开展营销活动，既要有为人们服务的正确观念，又要制定正确战略性营销组合策略。这种战略的 4Ps 营销组合和战术性的 6Ps 组合就形成了市场营销 10Ps 组合。菲利浦·科特勒在讲到战略营销与战术营销的区别时指出："从市场营销角度看，战略的定义是企业为实现某一产品市场上特定目标所采用的竞争方法，而战术则是实施战略所必须研究的课题和采取的行动。"现在，战略营销与战术营销的界限已日趋明朗化，通用汽车公司等已按这两个概念分设了不同的营销部门。

（二）市场营销组合战略的演变：4Cs 和 4Rs

伴随着 4Ps 营销组合战略的不断扩充和完善，一些学者也意识到，市场营销环境发生了变化，消费个性化、人文化、多样化特征日益突出，传统的 4Ps 营销组合战略已经越来越不能适应新的情况。为此，他们分别提出新的市场营销组合来变革 4Ps 组合。

1. 4Cs 组合。20 世纪 90 年代，美国市场学家罗伯特·劳特伯恩提出了 4Cs 理论，弥补传统 4Ps 理论只是从企业角度来制定营销决策，忽略顾客真正的价值需求这一缺陷。其主要内容包括：

（1）顾客（customer）。4Cs 理论认为，消费者是企业一切经营活动的核心，企业重视顾客甚于重视产品。企业首先应该了解、研究、分析顾客的需求与欲望，而不是先考虑企业能生产什么产品。

（2）成本（cost）。4Cs 理论将营销价格因素扩展为企业生产经营全过程，包括两个因素：一是企业生产成本，即企业生产适合消费者需要的产品的成本，价格是企业营销中值得重视的，但价格归根结底是由生产成本决定的；二是顾客的购物支出，这不但是指购物的货币支出，还包括购买的时间耗费、精力和体力耗费以及风险承担（因信息不对称导致的顾客所购与所需产生差异而带来的损失）。可见，消费者可接受的价格是企业制定生产成本的决定因素，因此企业想要不断追求更高利润，就不得不想方设法降低成本，从而推动生产技术、营销手段升入一个新的水平。

（3）便利（convenience）。4Cs 理论强调企业提供给消费者的便利比营销渠道更重要。便利，就是方便顾客，维护顾客利益，为顾客提供全方位的服务。便利原则应贯彻于营销全过程。与此同时，4Cs 理论更注重服务环节，强调企业既出售产品，也出售服务；消费者既购买到产品，也购买到便利。

（4）沟通（communication）。4Cs 理论用沟通取代促销，强调企业应重视与顾客的双向沟通，以积极的方式适应顾客的情感，建立基于共同利益之上的新型企业–顾客关系。

作为企业营销策略的 4Cs 理论，是站在消费者立场上反思营销活动诸要素的，有助于营销者更主动积极地适应市场变化，有助于营销者与顾客达成更有效的沟通。

2.4Rs 组合。美国学者舒尔茨将关系营销思想总结为 4Rs 理论，阐述了一个全新的市场营销四要素，即关联（relevance）、反应（response）、关系（relationship）和回报（return）。该理论以竞争为导向，着眼于企业与顾客互动与双赢，在新的层次上概括了营销的新框架，体现并落实了关系营销的思想，即通过关联、反应、关系和回报，提出如何建立关系、长期拥有客户、保证长期利益的具体操作方式，是一个具有里程碑意义的进步。可以说，市场营销组合理论的每一次发展都是建立在对实践总结和提炼的基础之上的。

 关键术语

战略（Strategy）；市场营销战略（Marketing Strategy）；品牌战略（Brand Strategy）；竞争战略（Competitive Strategy）；波士顿矩阵（Matrix：Boston Consulting Group）；市场营销组合（Marketing Mix）

 复习思考题

1. 市场营销战略管理的意义是什么？
2. 什么是市场营销组合？
3. 市场竞争战略的类型选择是什么？
4. 品牌战略的运用有哪些？
5. 运用波士顿矩阵，分析各类业务应该如何开展？
6. 如何制定市场营销战略？

本章案例

农夫山泉的战略规划

近几年，农夫山泉创始人钟睒睒一直保持着中国首富的地位，而他带领的农夫山泉 2023 年的业绩报告显示，公司总收入人民币 426.67 亿元，同比增加 28.4%，2023 年归母净利润人民币 120.79 亿元，同比增加 42.2%。从业绩报告的数据中看出，农夫山泉的成功得益于在战略规划方面卓越的前瞻性和执行力，其策略覆盖了市场定位、产品创新、品牌营销、渠道拓展、供应链管理以及可持续发展等多个核心领域，形成了一套全面且深入的战略体系。

就其市场定位而言，农夫山泉通过深入研究消费者行为和市场趋势，明确自身的市场定位，即专注于提供高品质、健康的饮用水和饮料产品。公司针对消费者对健康生活方式的日益关注，突出产品的天然、纯净特性，成功塑造了"健康饮用水"的品牌形象。

就其产品创新而言，农夫山泉注重产品研发和创新，不断推陈出新，以满足消费者的多样化需求。公司不仅在传统瓶装水领域保持领先地位，还积极拓展茶饮料、功能性饮料等新兴市场，通过技术创新和市场调研，不断优化产品配方和口感，提升产品竞争力。

就其品牌营销而言，农夫山泉采取多元化的品牌营销策略，结合传统媒体和新媒体的优势，进行全方位的品牌推广。公司通过与热门综艺节目、体育赛事的合作，以及明星代言等方式，提高品牌知名度和影响力。同时，农夫山泉还注重线上营销，利用社交媒体平台与消费者互动，增强品牌忠诚度。

就其渠道拓展而言，农夫山泉构建了覆盖广泛的销售网络，包括线下的大型超市、便利店以及线上的电商平台，确保产品能够迅速到达消费者手中。公司不断优化渠道结构，提高渠道效率，同时积极探索新的销售模式，如社区团购、无人售货等，以适应市场变化。

就其供应链管理而言，农夫山泉注重供应链的稳定性和效率，通过与供应商建立长期合作关系，确保原材料的稳定供应。公司采用先进的供应链管理技术，如物联网（IoT）和大数据分析，实现对整个供应链的实时监控和优化，以降低成本并提高响应速度。

综上所述，农夫山泉的战略规划体现了其在各个关键领域的全面布局和深入执行。通过不断的市场洞察和技术创新，农夫山泉成功地在竞争激烈的市场中占据了有利地位，为公司的长期发展奠定了坚实基础。

案例来源：根据新浪财经《生意不好做，学学农夫山泉的战略规划》，2024 年 6 月 8 日，https：//baijiahao. baidu. com/s？ id＝1801256610053555215&wfr＝spider&for＝pc 资料编写。

案例思考题

1. 请结合案例分析农夫山泉的业务发展现状。

2. 试分析农夫山泉旗下茶饮料品牌"东方树叶"的营销组合战略,阐述其是如何打入当代年轻消费者市场的?

第六章 市场细分与目标市场选择

【学习目标】

在营销理论中，市场细分（segmenting）、目标市场选择（targeting）和市场定位（positioning）是组成公司营销战略的要素，简称"STP 战略"。STP 战略是现代营销观念的产物和市场营销组合策略运用的前提，也是现代市场营销学中最重要的内容之一。通过本章的学习，应该达到如下目标：

- 掌握市场细分的基本方法；
- 描述有效市场细分的基本标准；
- 了解企业进入目标市场的基本策略及其特点；
- 掌握市场定位的基本方法。

【思政目标】

矛盾的普遍性是矛盾的共性，矛盾存在于一切事物的发展过程中。对于市场的细分及选择也是如此。矛盾的普遍性原理指出要具体地分析矛盾的特殊性，承认差别的存在，具体问题具体分析。市场细分是对立统一的结果，通过本章的学习，学生应加深对矛盾的理解，并学会以辩证思维看待事物的发展。党的二十大报告提出，中国共产党人深刻认识到，只有把马克思主义基本原理同中国具体实际相结合、同中华优秀传统文化相结合，坚持运用辩证唯物主义和历史唯物义，才能正确回答时代和实践提出的重大问题。

 引导案例

保险行业的客户市场细分

保险主要是由寿险、财产险、健康险、意外险组成，截至 2019 年底，寿险占全行业的 53%，起主导作用，财产险占全行业的 28%。随着居民收入逐年增加，人们对于财产安全意识也在逐步提升，保险市场格局也在悄然变化着。为此，开展人身保险客户市场细分与营销对策研究具有非常重要的现实意义。在人身保险市场营销策略当中，重点从产品、价格、渠道、促销、服务等角度出发，了解不同细分客户市场的匹配情况。

下面以学历、收入、家庭全寿命周期为指标进行分析，其中学历分为 4 个档次，即高收入高学历群体、高收入一般收入群体、一般收入高学历群体、一般收

入一般学历群体；收入分为 5 个层级，包括单身阶段（0~25 岁）、结婚初期阶段（25~35 岁）、家有儿女阶段（35~40 岁）、小有成就阶段（40~55 岁）、夕阳红老年阶段（55 岁之后）。在细分客户市场当中，根据不同指标可分为三个层次：

一是重要客户层面，包括：高收入高学历家庭的 2 个阶段，即家有儿女阶段、小有成就阶段；高收入一般学历家庭的 2 个阶段，即家有儿女阶段、小有成就阶段；一般收入高学历家庭的 1 个阶段，即家有儿女阶段；一般收入一般学历家庭的 1 个阶段，即家有儿女阶段。

二是次重要客户层面，包括：高收入高学历家庭的两个阶段，即单身阶段、夕阳红老年阶段；高收入一般学历家庭的两个阶段，即单身阶段、夕阳红老年阶段；一般收入高学历家庭的两个阶段，即小有成就阶段、夕阳红老年阶段；一般收入一般学历家庭的两个阶段，即小有成就阶段、夕阳红老年阶段。

三是一般客户层面，包括：高收入高学历家庭的一个阶段，即结婚初期阶段；高收入一般学历家庭的一个阶段，即结婚初期阶段；一般收入高学历家庭的两个阶段，即单身阶段、结婚初期阶段；一般收入一般学历家庭的两个阶段，即单身阶段、结婚初期阶段。

由此可见，在保险客户当中，应把开发重点放在家庭形成期、成长期和成熟期阶段。

（资料来源：刘晨. 人身保险客户市场细分与营销对策［J］. 经济师，2022（7）：105-106.）

今天，很多企业都已经意识到，任何行业的任何一家企业都不可能吸引其所在市场的全部消费者，至少不能使用同一种方法来吸引全部消费者。大多数企业会对市场进行细分并确定目标市场。通过市场细分，选择其中一个或多个作为目标市场，开发相应的产品，展开相应的营销计划。它们的营销力量不再像霰弹枪那样分散，而是像步枪那样对准最具价值的目标。图 6-1 展示了顾客驱动的营销策略的主要步骤。

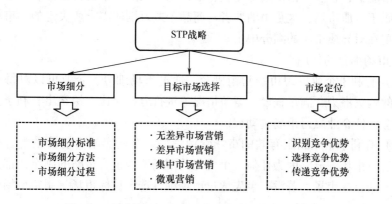

图 6-1　细分市场、目标市场选择和市场定位的步骤

第一节 市场细分

在市场上，消费者数量众多，不同的消费者通常有不同的需求和购买习惯。顾客需求的差异性使得任何企业都不可能同时为市场中的所有消费者服务。企业必须确定最有吸引力的、能够为其提供最有效的产品或服务并获取最大利润的目标市场，而首要任务就是进行市场细分。

一、市场细分的作用和标准

市场细分思想的历史可以追溯到 20 世纪 50 年代中期的温德尔·史密斯（Wendell Smith），他明确区分了产品差异化战略（采取促销技术影响消费者对某种产品或服务的需求）和市场细分战略（用各种方式来调整市场供应品，尽可能更好地满足不同消费者的需求)①。

（一）市场细分的概念及作用

1. 市场细分的概念。所谓市场细分，是指企业按照消费者的一定特性把原有市场分割为两个或两个以上的子市场，以确定目标市场的过程。进行市场细分，需要调查分析不同的消费者在需求、资源、地理位置、购买习惯和行为等方面的差别，然后将有着相同特点的消费者群分别归为一类，形成整个市场中的若干"子市场"或"分市场"。不同的细分市场之间，需求差别比较明显；而在每个细分市场内部，需求差别则比较细微。

市场细分的理论基础是市场"多元异质论"。这一理论认为，消费者对大部分产品的需求是多元化的，有着不同质的要求。需求本身的"异质性"是市场可能细分的客观基础。实践证明，只有在少数商品领域中，消费者对产品的需求大致相同，如消费者对食盐、大米等的需求差异极小，这类市场称为同质市场。在同质市场上，企业的营销策略比较相似，竞争焦点集中在价格上。大多数商品的市场属于异质市场，这是由消费者对商品千差万别的需求所决定的。市场细分主要体现在对异质市场的细分中。

2. 市场细分的作用。

（1）有利于企业发现市场营销机会。通过市场细分，企业可以对每一个细分市场的购买潜力、满足程度、竞争情况等进行分析对比，探索出有利于企业的市场机会，使企业赢得市场主动权。

（2）有利于企业制定有效的市场营销策略。企业实施市场营销组合策略的前提是进行市场细分，因为任何一个优化的市场营销组合策略的制定，都是针对所要进入的目标市场。若没有事先通过市场细分选定目标市场，制定市场营销组

---

① 章金萍. 市场营销学实务 [M]. 北京：中国人民大学出版社，2013：53.

合策略就是无的放矢。

（3）有利于企业与竞争对手相抗衡。通过市场细分，企业可以发现目标消费者群的需求特性，从而有针对性地调整产品结构、分销渠道、广告宣传等，提高企业的市场竞争能力，在激烈的市场竞争中扬长避短，占据优势地位。

（4）有利于企业拓展新市场，扩大市场占有率。通过市场细分，企业可以先选择适合自己的某些子市场作为目标市场，然后再逐渐向外扩展，不断开拓新市场，从而扩大市场占有率。

（二）有效市场细分的标准

进行市场细分的方法有很多，但并不是所有的细分都是有效的。例如，企业可以根据食盐购买者的头发颜色的不同，将他们分为淡黄色头发的顾客和黑色头发的顾客，但是购买食盐与头发的颜色无关。

一个有效的市场细分计划必须符合以下四个标准[①]：

1. 充分性（substantiality）。一个细分市场必须足够大，以保证能开发并保持一种专门的营销组合。这个标准并不意味着细分市场必须有很多的潜在客户。例如，对于写字楼、商用飞机以及大型计算机系统，厂商通常会专门为每一个潜在的客户制订营销方案。然而在大多数情况下，一个细分市场应该有很多潜在的顾客才能具备商业意义。

2. 可识别性和可测量性（identifiability and measurability）。细分市场必须是可识别的，而且其规模是可测量的。一个地区的人口数量、不同年龄段的人数以及其他社会特征和人口统计特征常常是很容易得到的，它们提供了相当具体的测量细分市场规模的数据。如果某些细分变量或购买者的需求和特点很难测量，细分市场后无法界定，难以描述，那么市场细分就失去了意义。一般来说，一些带有客观性的因素，如年龄、性别、收入、地理位置等相关信息和统计数据，都易于确定和获得；而另一些带有主观性的因素，如心理和性格方面的变数就比较难以确定。

3. 可进入性（accessibility）。可进入性是指企业能够进入所选定的市场部分，能进行有效的促销和分销，实际上就是考虑营销活动的可行性。一是企业能够通过一定的广告媒体把产品的信息传递到该市场众多的消费者中去；二是产品能通过一定的销售渠道抵达该市场。

4. 反应性（responsiveness）。市场可以用任何看似符合逻辑的标准来划分。然而，除非几个细分市场对于一个营销组合的反应不同，否则就没有必要把他们割裂开来。例如，如果所有顾客都希望某一产品是低价格，那么就没有必要向不同的细分市场提供高、中、低三个价位的划分指标。

---

① 麦克丹尼尔，克丹兰姆，海尔 . 市场营销学［M］. 时启亮，朱洪兴，王啸吟，译 .8 版 . 上海：上海人民出版社，2009：76.

二、消费者市场细分的基本方法

市场由消费者构成，消费者可能在一个或者多个方面存在差异，如居住地、职业、收入等方面。根据影响消费品市场需求的因素，企业可以采用的消费者市场的主要细分变量有以下几种，如表6-1所示。

表6-1 消费者市场的主要细分变量

细分变量	营销常用概念	具体因素
哪里（where）	地理因素	国界、区域、地形、气候、城乡、人口密度、交通条件等
谁（who）	人口统计特征	年龄、性别、职业、教育、收入、家庭人数、种族、宗教信仰、民族、国籍等
什么（what）	行为因素	追求利益、购买频率、使用频率、品牌忠诚度、对产品信赖度等
为什么（why）	心理因素	生活方式、性格、价值观念等

（一）地理因素细分

地理因素细分是指以消费者活动的地域环境作为细分市场的依据。这种细分需要考虑的因素主要有地理位置、城市规模、气候条件及人口密度等。生产消费品的企业采取地域性细分的方式进行营销主要出于以下原因：处在不同地理位置的消费者对企业的产品有不同的需要和偏好，他们对企业所采取的市场营销策略以及企业的产品价格、分销渠道、广告宣传等市场营销措施各有不同的反应。例如，北方人喜面食，而南方人习惯吃米饭。企业需要针对不同消费者的不同需求和偏好，采取行之有效的方法开展营销活动。

中国消费者市场地理细分的常用变量主要包括地理区域、城市规模、地理气候、城市或农村，如表6-2所示。

表6-2 中国消费者市场地理细分的常用变量

细分变量	典型分类
地理区域	东北、华北、西北、西南、华东、华南和华中
城市规模	50 000人以下，50 000~99 999人，100 000~249 999人，250 000~499 999人，500 000~999 999人，1 000 000~3 999 999人，4 000 000人以上
地理气候	热带气候、亚热带气候、温带气候、寒带气候
城乡区域	城市、乡镇、农村

资料来源：李飞.营销定位［M］.北京：经济科学出版社，2013：79.

（二）人口统计因素细分

企业经常以人口信息为基础来进行市场细分，因为它十分有效，并且往往与消费者的购买和消费行为密切相关。人口统计因素是最常用的细分消费者群体的基础变量，因为消费者的需求、愿望会随着人口因素的不同而有所变化，而且人口因素比其他因素更易于测量。主要的人口统计因素有年龄、性别、家庭人数、收入、职业、文化程度、宗教信仰、民族、国籍等。例如，对于一些企业来说，普遍的战略是吸引儿童/少年，因为儿童/少年对家庭消费有很大的影响，他们希望早点向儿童/少年灌输对于品牌的忠诚度。基于年龄的儿童/少年市场主要有以下3个市场细分：幼童（小于9岁）、中童（9~12岁）、少年（13~19岁）。另外，服装、化妆品、个人保健品、杂志、珠宝和鞋类这些商品的厂商则通常按性别进行市场细分，而按收入细分则在汽车、游艇、服装、化妆品、旅游等领域得到比较广泛的应用。中国消费者市场的人口细分常用变量涵盖了以上提到的年龄、性别、职业等因素，如表6-3所示。

表6-3　中国消费者市场的人口细分常用变量

细分变量	典 型 分 类
年龄	6岁以下，6~11岁，12~20岁，21~30岁，31~40岁，41~50岁，51~60岁，60岁以上
性别	男、女
职业	工人、农民、教师、职员、经理人、公务员、家庭主妇等
受教育程度	小学以下、中学、专科、本科、硕士、博士
家庭月收入	高、中、低或是按具体数额进行划分
家庭规模	1~2人，2~4人，5人以上
家庭生命周期	单身、新婚无子女、子女6岁以下、子女6岁以上、老年夫妇、独身老人
民族	汉族、回族、藏族等
宗教	佛教、道教、伊斯兰教、基督教、天主教、其他宗教或不信教
种族	黑人、白人、黄种人
国籍	中国人、美国人、英国人、巴西人等
社会阶层	下层、中下层、中上层、上层、上上层

资料来源：李飞. 营销定位［M］. 北京：经济科学出版社，2013：78.

（三）行为因素细分

所谓行为因素细分，就是企业按照消费者购买或使用某产品的时机、消费者所追求的利益、使用者情况、消费者对某种产品的使用频率、消费者对品牌的忠诚度、消费者待购阶段和消费者对产品的态度等行为变量来细分消费者市场。

1. 时机细分。在特定的时间段，消费者会有特殊的产品需求。例如，某些产品或服务项目是专门为满足消费者的节假日需求而提供的，像春节市场上的"新春大礼包"，中秋节市场上各式各样的中秋礼盒等。

2. 利益细分。消费者往往会因追求的利益不同而选择不同的产品和品牌。以购买牙膏为例，有些消费者购买防蛀功能的牙膏，主要是为了防治龋齿；有些消费者购买草本牙膏，主要是为了防治口腔溃疡、牙周炎。因此，企业很有必要从消费者的利益需求出发，权衡利弊，设计和生产出符合目标消费群体利益的产品，并通过适当的媒介方式和广告词，把产品信息传达给目标市场。

3. 使用者细分。许多商品市场都可以按照使用者状况将消费者细分成非使用者、曾经使用者、潜在使用者、初次使用者和经常使用者。资金实力雄厚、市场占有率高的大公司一般都对潜在使用者这类消费者群感兴趣，营销重点在于吸引潜在使用者，以扩大市场阵地；而中小企业往往更关注经常使用者，营销重点在于稳定本产品的消费群体。

4. 使用频率细分。许多商品市场还可以按照消费者对某类产品的使用频率将消费者细分为少量使用者、中量使用者和大量使用者，这种细分又称作数量细分。大量使用者往往在实际和潜在购买者总数中所占比重不大，但他们所消费的商品数量在商品消费总量中所占比重却很大。研究表明，某种商品的大量使用者往往具有某些共同的人格、心理特征和广告媒体习惯。企业可以通过了解目标消费群体对本企业产品和竞争者产品的使用率状况，来制定相应的营销策略。

5. 忠诚度细分。品牌忠诚度是消费者忠诚的一个重要维度，它是指在价格或质量等诸多因素的外力作用下，消费者对某一品牌的产品情有独钟，形成偏爱并长期购买这一品牌产品的行为。衡量顾客对公司的贡献，通常用忠诚度进行细分。普理查德（Pritchard）和霍华德（Howard）提出，可以将顾客细分为真正忠诚、潜在忠诚、假性忠诚和低忠诚，如图6-2所示。

图6-2 顾客忠诚类型

资料来源：李飞. 营销定位 [M]. 北京：经济科学出版社，2013：81.

雷纳茨（Reinartz）和库玛（Kumar）根据顾客保持的长期性（时间维度）

和利润贡献，将其分为过客（即偶尔路过购买）、藤壶（贝属动物，附着在水下船底，数量过多会使船的运行速度减慢，因此需要定期清理，用此比喻单次花钱少但频繁购买的顾客）、蝴蝶（客单价高但具有随机性）和知己（客单价高且频繁购买），如图6-3所示。

图6-3　顾客忠诚度和利润贡献的类型

资料来源：李飞. 营销定位［M］. 北京：经济科学出版社，2013：81.

中国消费者市场行为细分的常用变量除了包含以上几种，还包括购买阶段、对产品的态度等方面，如表6-4所示。

表6-4　中国消费者市场行为细分的常用变量

细分变量	典 型 分 类
购买时机	一般时机、特殊时机
追求利益	经济、便利、实用、名誉、服务等
使用状况	未曾使用者、曾经使用者、潜在使用者、首次使用者、经常使用者等
使用率	不使用、少量使用、中量使用、大量使用
忠诚度	没有忠诚度、较低忠诚度、中等忠诚度、较高忠诚度、很高忠诚度
购买阶段	不了解、了解、熟知、感兴趣、想买
产品态度	抵制、否定、不关心、肯定、热情

资料来源：李飞. 营销定位［M］. 北京：经济科学出版社，2013：80.

（四）心理因素细分

年龄、性别、职业和收入以及其他一些人口统计变量对于制定细分市场战略是有帮助的，但是作用并不完全，因为在人口因素相同的消费者中间，还是会存在对同一商品截然不同的爱好和态度。这是消费者的心理因素导致的，如个性、动机、生活方式、偏好等。中国消费者市场心理细分的常用变量反映了这些维度，如表6-5所示。

表 6-5 中国消费者市场心理细分的常用变量

细分变量	典 型 分 类
性格	传统型与新潮型、节俭型与奢侈型、保守型与前卫型等
生活方式	冲动型、理智型、自卫型、进攻型、交际型、独处型等
价值观念	进取型、传统型、助人型、温情型、享乐型、创造型等

资料来源：李飞.营销定位［M］.北京：经济科学出版社，2013：80.

1. 个性。个性反映一个人的特性、态度以及习惯。国外很多企业的营销人员都使用个性变数细分市场，他们将某种个性赋予产品或品牌，以迎合相应的顾客个性。心理学家认为，具有不同性格的人在消费需求和购买行为上的差异也很大。例如，性格外向的人购买情绪型商品较多，而性格内向的人则注重实用类商品的购买；独立性格较强的人能够明确自己购买何种商品或服务，受外界影响较小，而依赖性较强的人则经常受外界因素的影响。

2. 动机。人们特定的消费行为和决策往往是基于一定动机的。因此，很多营销人员会通过揣摩消费者的动机进行针对性的营销活动。例如，婴儿用品和人寿保险的营销人员会利用消费者的情感动机，即关心所爱的人进行营销。而有些汽车制造商会通过宣传经济性、可靠性、可信性以吸引有理性消费动机的消费者，但梅赛德斯-奔驰、捷豹和凯迪拉克则把目标市场定位于喜欢炫耀身份的客户。

3. 生活方式。生活方式是指个人或集团对消费、工作和娱乐的特定习惯。人们形成和追求的生活方式不同，消费倾向也不同，因此需要的产品也有所差异。近年来，营销人员越来越看重生活方式对企业市场经营的影响，特别是经营化妆品、服装、家具和酒类的企业。而有一些企业则会把具有某种生活方式特征的消费者当作自己的目标市场。例如，美国的服务公司专门针对美国妇女的生活方式，把妇女分为朴素型、时髦型和职业型三个细分市场。

4. 偏好。这是消费者对某种品牌的商品的喜爱程度。在市场上，消费者对同一品牌或商品的喜爱程度是不同的。因此，为了维持和扩大经营，企业会努力寻找忠诚的拥护者，并了解目标群体的偏好，掌握其需求特征，从而从商品形式、销售方式及广告宣传等方面去满足他们的需要。

三、市场细分过程

为了有效地细分消费者市场，企业除了要了解基本的细分方法，还应当掌握市场细分的基本步骤和过程。

（一）识别各细分市场的使用者特征

识别市场上的使用者特征是企业进行市场细分的前提，企业应首先确定拟细分市场的基本性质和使用者的特点，然后定出市场细分的重要因素，并尽可能对这些因素进行定量分析。例如，可以将服装市场的使用者按年龄和收入划分为

16 岁以下、16~24 岁、25~44 岁、45~59 岁、60 岁以上，进而分析每个市场中消费者的心理和行为等方面的特征，以明确并细分企业的目标市场，制定有针对性的营销策略。

（二）预测整体市场潜力

预测整体市场潜力是指根据市场研究的结果和选定的细分因素，估计出总市场和每个子市场的预期需求水平，这对选取目标市场和确定目标市场营销战略有很重要的意义。市场潜力预示着产品的潜在市场占有率。供不应求的产品市场或者是尚未开发的新产品市场往往代表着市场潜力较大的市场，但同时也会存在风险，企业应该综合评估并预测市场潜力。

（三）预测市场份额

根据对市场潜力的预测，企业可以预测市场份额状况。在此过程中，除了要分析目标市场的需求状况和企业本身的实力，还应当分析总的市场和子市场的竞争情况。在非垄断的市场环境下，相同产品的提供者存在相互竞争，因此，市场份额是流动的，企业的市场份额会受到竞争对手的影响。企业需要根据市场竞争和需求潜力的估计，确定总市场和每个子市场的营销收入和费用情况，以估计潜在利润，作为最后选定目标市场和制定营销策略的经济分析依据。

（四）提出市场营销策略

企业要根据市场细分结果来决定市场营销策略。有两种可能出现的情况：如果分析细分市场后发现市场情况不理想，企业可能放弃这一市场；如果市场营销机会多，需求和潜在利润量可观，企业可以根据细分结果提出不同的目标市场营销战略。

第二节　目标市场选择与进入

市场细分的目的在于有效地选择并进入目标市场。所谓目标市场，就是企业决定投其所好、为之服务、其需求具有相似性的顾客群。在市场细分的基础上，正确选择目标市场，是目标市场营销战略成败的关键环节。

一、目标市场进入策略

目标市场进入策略又称"目标市场营销策略"，是指企业对客观存在的不同消费者群体，根据不同商品和劳务的特点，采取不同的市场营销组合的总称。企业可以把目标定得很宽泛（无差异营销）或者很狭窄（微观营销），或者定在两者之间（差异营销或集中性营销），如图 6-4 所示。

（一）无差异市场营销

无差异市场营销（undifferentiated marketing），或称大众营销（mass marketing）是指企业把整个市场作为一个大目标，以一种产品、一种市场营销组

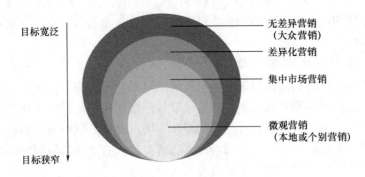

图 6-4 目标市场策略

资料来源：科特勒，阿姆斯特朗，洪瑞云，等．市场营销原理：亚洲版［M］．李季，赵占波，译．4版．北京：机械工业出版社，2020：124．

合试图在整个市场上吸引更多的消费者，以实现开拓市场、扩大销售的目的。

采取这种策略的优点是：产品的品种、规格、款式简单统一，有利于标准化及大规模生产，有利于降低生产、存货、运输、研发、促销等成本费用，有利于以低价赢得更多的消费者，实现规模效益。但该策略也存在一些不足，主要体现在：单一产品和单一的营销组合不能够满足不同消费者之间的差异需求和偏好，难以适应市场需求的发展变化，而且会造成激烈的竞争和市场饱和。例如，美国汽车行业长期以来重视生产大型汽车，大型汽车市场的竞争异常激烈，而对小型汽车的市场潜力估计不足，以致在 20 世纪 70 年代的能源危机中，日本的小型汽车趁虚而入，美国汽车行业的市场占有率大大下滑。实践证明，在现代市场上，无差异化营销策略的适用性越来越有限，一般只适用于少数消费者需求差异不大而需求量较大的产品市场。

（二）差异市场营销

差异市场营销（differentiated marketing）或细分营销（segmented marketing）是指企业推出多种产品，分别采取不同的市场营销组合，以满足各个细分市场不同需求的策略。这种策略针对消费者的不同需求来组织生产，希望通过满足每个细分市场的需求以获得较高的市场份额和消费者的偏爱，从而树立企业整体形象，带动产品的销售。

该策略的优点是：小批量、多品种，生产机动灵活且针对性强，能够满足不同细分市场上消费者的需求；有利于树立企业的整体形象，增强企业的市场竞争力；通过多元化的渠道和产品线进行销售，通常会增加销售额。

其不足之处在于：产品品种繁多、销售渠道和广告宣传的多样化会使产品改进成本、生产制造成本、管理成本、存货成本和营销成本大大增加。而有些企业实行超细分战略，即许多市场被过度地细分，导致产品价格不断上涨，影响了产销数量和利润。

　　因此，企业在采取差异化市场营销策略时，应权衡其带来的收益和成本增加之间的关系。采取这种策略的大都是那些实力雄厚的大企业。例如，可口可乐公司除了继续生产原口味可乐外，还推出了新配方的可乐，并且为不喜欢可乐型饮料的消费者提供了雪碧、芬达等各种类型的饮料。此外，它还推出了各种容量的瓶装及罐装产品，采用各种促销方式进行销售，满足了更多消费者的需要。

（三）集中市场营销

　　集中市场营销（concentrated marketing），又称缝隙营销（niche marketing），是指企业集中力量推出一种或少数几种产品和市场营销组合手段，以满足一个或少数几个子市场的需求为主要目标，以期在较少的子市场上实现较大的市场占有率。采用集中市场营销策略的企业通常是资源有限的中小企业，或是初次进入新市场的大企业。这些企业不想在较大市场上占据较少的份额，而愿意在一个或少数几个细分市场上获得较大的市场占有率。

　　该策略的优势在于：经营对象集中，有利于深入了解目标市场的需求和偏好，有针对性地生产满足消费者需求的特色产品；企业可以在生产和营销方面实现专业化，以降低成本，增加盈利；企业可以集中全部资源，与竞争对手相抗衡。

　　该策略的劣势有：由于企业的目标市场范围较小，回旋的余地不大，因此风险较大；如果目标市场情况发生变化，如出现强大的竞争对手、价格下跌、消费者偏好转移等，企业就可能陷入困境。因此，采用这种策略的企业必须密切关注目标市场的动态变化，做好应对风险的准备。例如，日本尼西奇公司原本是仅有30多人的雨衣生产公司，后来转而生产婴儿尿布，成为专业的尿布生产公司，销售量占全世界的30%。该公司正是采取了集中市场策略，小中求大，以小取胜。

（四）微观营销

　　微观营销是指定制产品和营销方案，使之迎合每个个体和地区的需要。微观营销关注的是每一个个性需求，而不是每个个体消费者，它包括本地化营销和个别化营销。

　　本地化营销（local marketing），是指企业力图融入目标市场，努力成为目标市场中的一员所采取的一种营销策略。它要求企业换一个视角看问题，不把自己当作外来的市场入侵者，而是当作目标市场中固有的一员努力融入当地文化；放弃以往的市场占有率目标，而以企业在目标市场中的地位作为营销中介目标；企业将致力于为当地经济发展做出贡献，在此过程中树立起良好的企业形象，最终达到与当地政府"双赢"的目的。

　　个别化营销（individual marketing），也称"一对一营销""定制营销""个体营销"，是微观营销的极端，即根据每位顾客的需要和偏好来定制产品和营销方案。今天，功能强大的计算机、信息海量的数据库、可及时互动的沟通媒介

（如电子邮件、传真和互联网）以及所有者 IE 都促成"大众定制"的发展。例如，戴尔为个体顾客配送的电脑装有特别定制的硬件和软件，访客可以在耐克网站从几百种颜色中选择以及在鞋舌绣上歌词或短语来个性化定制自己的运动鞋，一些日本的罐装饮料自动贩卖机可以根据消费者的年龄和性别来推荐饮料。

二、选择目标市场进入策略的影响因素

由于以上三种目标市场进入策略各有利弊，企业在选择策略时需要综合考虑重要的内外部因素。企业内部因素有企业资源、产品同质性和产品所处生命周期阶段等，企业外部因素则包含市场同质性和竞争对手采取的市场进入策略，如表 6-6 所示。

表 6-6 影响目标市场战略选择的因素

		集中性营销	无差异营销	差异化营销
企业资源	有限	√	√	
	广阔			√
产品的多样性	有限		√	
	较大	√		√
产品生命周期（PLC）	引入期		√	
	成熟期	√		
市场的多样性	低		√	
	高			√
竞争者的营销策略	较强大和无差异市场营销	√		
	较弱小	√	√	√

（一）企业资源

企业自身的资源实力决定着企业在市场上的竞争力和主动权，以及进入目标市场的策略选择。如果企业资源雄厚，可以考虑实行差异市场营销；反之，则最好采取无差异市场营销或集中市场营销。

（二）产品同质性

产品同质性是指产品在性能、特点等方面的差异性的大小。对于一些同质性很强的产品以及不同工厂或地区生产的在品种、质量方面差异较小的同类产品，适宜采用无差异市场营销；而对于另外的一些产品，如服装、化妆品等，消费者的需求差别很大，则适宜采用差异性市场营销或集中市场营销。

（三）市场同质性

同质市场是指市场上的所有顾客在同一时期的偏好相似、购买数量相似，并且对市场营销刺激的反应相似。在同质市场上，企业可以采用无差异市场营

销；而在异质市场上，消费者需求差异较大，则适宜采用差异市场营销或集中市场营销。

（四）产品所处的生命周期阶段

产品的生命周期阶段一般分为投入期、成长期、成熟期和衰退期。对于处于投入期和成长期的产品，消费者还没有完全了解产品信息或特性，因此存在着信息不对称。企业可以采用无差异市场营销，以试探潜在消费者的需求。当产品进入成熟期或衰退期时，企业应该采用差异市场营销，以开拓新市场，或者采取集中市场营销，以维持和延长产品的生命周期。

（五）竞争对手的目标市场进入策略

企业采取哪种市场进入策略往往还要受竞争对手实力和所采取策略的影响。如果竞争对手过于强大且采用的是无差异市场营销，那么企业应该实行集中市场营销或差异市场营销；如果竞争对手较弱，则可以根据企业自身的实力和市场状况灵活采取市场进入策略。

第三节　市场定位

一、市场定位概述

市场定位是企业进行差异化市场竞争的重要手段。在激烈竞争的市场上，企业为了让自己脱颖而出，必须明确企业和产品在市场上的位置以及在消费者心目中的地位和形象。只有这样才能获得稳定的产品销路，在日积月累中赢得消费者的忠诚和稳定的认知。

（一）市场定位的含义和意义

菲利普·科特勒将市场定位定义为对公司的产品进行设计，从而使其能够在目标顾客心目中占有一个独特的、有价值的位置。市场定位的实质是使本企业与其他企业严格区分开来，并使顾客明显感觉和认识到这种差别，取得目标市场的竞争优势，从而在顾客心中留下特殊的印象。市场定位是市场营销体系中的重要组成部分，它对于树立企业及产品的鲜明特色，满足顾客的需求，从而提高企业的市场竞争力具有重要的意义。

市场定位的意义主要在于以下两点：

其一，企业的市场定位有利于企业及产品在市场中建立自己的独特位置，从而使企业在激烈的市场竞争中立于不败之地。由于当今市场早已进入买方市场，每个市场中的竞争者众多，为了争夺有限的顾客，防止自己的产品被其他产品替代，进而保持或扩大企业的市场占有率，企业必须在消费者心目中为自己的产品和品牌树立特定的形象，从而在顾客中形成一种特殊的偏好。

其二，企业的市场定位是其制定市场营销组合策略的基础，并且在企业具体的营销工作开展中有着极为重要的战略意义。例如，如果企业将自己定位于生产质优价高产品的提供者，那么，企业在产品生产过程中的质量控制就要相当严格，对各个流程的把控都要符合高质量产品的生产标准。根据此定位，相应的广告宣传重点应该强调产品所具备的高质量，让消费者相信物有所值，降低消费者对高价格的敏感性；销售渠道也应当选择档次较高的百货公司或专卖店，而不是廉价品市场。由此可见，企业的市场定位决定了企业的营销组合策略以及具体的实施细则。

（二）市场定位的依据

市场定位不是由决策制定者的主观判断决定的，也不是仅仅根据某一因素而定的，而是综合考虑内外部众多影响因素，根据产品的属性、利益、价格、质量、用途、使用者、竞争者等多种因素或其组合进行的。

1. 根据产品属性定位。产品属性包括制造技术、设备、生产流程、产品功能，也包括产品的原料、产地、历史等因素。例如，海南养生堂的定位体现了所使用的原料和悠久的历史，而宜宾五粮液、北京烤鸭等则强调其产地定位。如果企业的一种或几种属性是竞争者没有或欠缺的，同时又是顾客认可和欢迎的，这时采用产品属性进行定位往往更容易收到良好的效果。

2. 根据顾客利益定位。消费者之所以会购买某个产品或者坚持购买某个品牌的产品，其中一个重要原因肯定是认为产品会给自己带来利益，或者通过初次购买，消费者已经从中得到了利益的满足，从而使其坚持之前的选择。顾客利益不仅指顾客购买产品时追求的产品本身的利益，还包括购买产品所能获得的附加利益。例如，海尔不仅承诺为顾客提供高质量的冰箱、洗衣机等家用电器，还保证保持期内免费的售后上门服务，这种做法在很大程度上照顾到了消费者的利益，因而得到了消费者的一致好评。

3. 根据产品用途定位。根据产品用途定位是工业产品领域常用的市场定位方法。此外，为老产品找到一种新用途，是为该产品创造新的市场定位的好方法。例如，杜邦尼龙最初在军事上用于制作降落伞，后来被逐渐用于制作袜子、衬衫、地毯等。又如，网络刚开始用于军事领域，随后才广泛应用于通信、日常生活等领域。

4. 根据使用者类型定位。在市场细分的基础上，企业是针对某个子市场、某些特定消费者开展营销活动的，因此产品使用者类型影响着企业的定位。企业需要针对不同的产品使用者特点进行定位，从而把产品引导给某一特定的顾客群。例如，有的企业将性质温和的婴儿洗发液推荐给留长头发的每天洗头发的消费者，这样可以满足消费者的需要，促进他们对企业的信赖。

5. 根据竞争者定位。这是指根据市场竞争状况以及与竞争有关的属性或利益进行定位，主要是为了突出企业的优势，如技术可靠性程度更高、售后服务更方便快捷，从而在竞争者中突出自己的形象。例如，七喜饮料的定位"七喜非可乐"就在一定程度上加强了七喜在消费者心目中的形象。

6. 根据质量和价格定位。一件仿造的项链，无论做工多么精美，都不可能与真正的钻石项链定位相同。所以，选择质量和价格作为市场定位的因素是突出企业优势的重要方法，据此有两种可以采取的定位：

（1）质价相符定位。当企业的产品价格高于同类产品时，企业会强调其产品的高质量和物有所值，从而说服顾客购买其产品。例如，海尔集团的家电产品很少卷入价格战，并且一直在同类产品中维持高价格，但其销售额却一直稳定增长，这就体现了其产品"优质高价"的定位。

（2）质高价低定位。由于消费者都希望获得物美价廉的商品，一些企业就将质高价低作为一种竞争手段，用以加快市场渗透，提高市场占有率。例如，格兰仕集团就是采用这种定位方式，快速占领了我国微波炉市场并且一直保持着较高的市场占有率。此时，顾客从企业定位中获得的信息是"物超所值"，因此会对企业产生好感以及保持忠诚度。但是，采取这种定位的企业需要在宣传中强调产品质量的优势，而不是一味宣传其低价格，否则会降低消费者对产品质量的预期，导致定位失败。

根据以上分析，营销定位点可划分为三大类型：属性定位点、利益定位点和价值定位点。这三个定位点都是企业期望顾客在心里对自身品牌形象有肯定的感知和认知，也是企业选择品牌定位点首要考虑的因素。产品属性定位点是指营销组合要素的某一属性特征，这一特征是利益定位点形成的原因，例如含氟是防蛀牙膏的原因，含氟就是属性定位点。表 6-7 所示为部分奢侈品品牌的价值定位点。

表 6-7　部分奢侈品品牌的价值定位

品　牌	广告语	定位点
万宝龙	重新发现书写的乐趣	乐趣
人头马酒	人头马一打开，好事自然来	好运气
皇家礼炮	为极致成就喝彩	喜庆
轩尼诗	活得潇洒	潇洒
马爹利 XO	挥洒灵感，塑造世界	成就
戴比尔斯	钻石恒久远，一颗永流传	钻石和爱到永远
尊尼获加	Keep Walking	永远向前的追求
Tiffany 戒指	让每个动人时刻在指间停住，直到永远	永久美好的记忆
爱马仕	美丽的逃逸	自由
Chaumet 珠宝	网着我……若你爱我	爱

资料来源：李飞. 营销定位［M］. 北京：经济科学出版社，2013：121.

利益定位点是指品牌为顾客带来的心理上的好处，这些好处是与营销组合直接相关的，人们的感受通常没有差异，如沃尔玛商场为顾客节省每一分钱。价值定位是指为顾客带来的精神上的享受，通常是指人们活着的目的，一般包括工具价值和最终价值，这些价值感受通常是与属性和利益部分相关的，因此对于相同的属性和利益，人们的价值感受也可能是不同的，如开心、自尊、成功等。这三个定位点之间的关系如图6-5所示。

图6-5 三种定位点之间的关系

（三）市场定位的原则

1. 简明原则。当今的消费者每天要面对来自不同渠道、不同特点和类型的信息，信息越多，人们处理的相对数量就越少，而且人的认知资源是有限的。因此，相较于那些复杂的信息，消费者更愿意关注简单、明确的信息。越是简单、明确的信息，越容易被消费者识别和接受。所以，为了给消费者留下深刻且独特的印象，在市场定位中，企业需要以一种简洁的方式将产品特色呈现给消费者。

2. 个性化原则。鲜明的品牌个性往往是吸引消费者的重要因素。随着人们对个性化需求的增长，消费者对普通消费品的要求也越来越高，不仅质量要高，而且要体现一定的独特性。因此，企业的市场定位应遵循个性化原则，即赋予产品或品牌独有的个性，以迎合消费者对产品独特性的需求。

营销人员可以从产品的物理特性和功能属性出发，确定产品的市场定位。但成功的市场定位不仅仅是产品的物理特性和功能属性的简单加总，而且包含一些属于精神层面的东西。例如，万宝路、西部牛仔和马之间没有必然的联系，但是万宝路却把这三者创造性地结合在一起了。这三者的形象使消费者能够产生对自由、奔放、帅气、强劲而有力等相关概念的联想，从而让消费者在消费万宝路香烟时会自然而然地产生这样的心理感受，但香烟本身的特性和功能与消费者产生的心理感受却关系不大。因此，企业可以灵活并创造性地利用营销组合手段将市场定位个性化，从而在消费者心目中留下更深刻的印象。

3. 动态调整原则。动态调整原则就是要求企业在不断变化的市场环境下，抛弃传统的以静制动、以不变应万变的静态定位思想，对目标市场环境时刻保持高度的敏感，及时调整产品的市场定位，开发产品的新特性来满足消费者的新需求。此外，企业只有不断调整自己的经营目标、产品种类、技术水平、管理方式、营销策略等，才能够适应不断变化的市场环境。

总之，在动态市场环境下，企业应当密切关注市场环境，审时度势，根据环境变化、竞争者的变化、消费者观念和态度的变化以及政府宏观政策的变化，更新市场定位和企业形象，以更好地满足目标市场的需要。

4. 目标消费者原则。目标消费者原则实质上是指为消费者提供令其满意的服务的原则，即不断强化消费者满意程度的原则。许多企业陷入无休止的广告大战、品牌大战，而忽视了竞争的根本立足点，这不仅会消耗很多的资源和实力，也会影响企业的正常运转。只有以目标消费者的利益为出发点进行市场定位，才能够开展有效的营销策略，并得到期望的效果。例如，美国的通用电气公司就曾经提出"使顾客100%满意"的目标，得到了消费者的广泛好评，也赢得了消费者的忠诚。由此可见，以目标消费者为导向，是市场定位的重要原则。

二、市场定位的类型

（一）初次定位

初次定位是指新成立的企业初入市场或者推出某款新产品时，针对目标市场所采取的定位。由于消费者对新进入市场的企业或者新产品还不是特别了解，消费行为习惯尚未养成，因此，企业进行初次定位时需要考虑到消费者对使用新产品的风险规避倾向。初次定位主要应该集中于突出产品的特色、产品给消费者带来的利益和价值以及本企业产品与竞争对手产品的不同之处。此外，在价格上，初次定位的企业应避免以低价吸引消费者的关注，因为这可能招致竞争对手的强烈反击，卷入不必要的价格战。总之，初次定位的企业应综合考虑多方面因素，认真研究竞争对手的同类产品在目标市场上的位置，从而确保本企业产品的有利位置。

（二）重新定位

重新定位是指企业改变产品特色，改变目标顾客对其产品原有的印象，使目标顾客对其产品新形象有个重新认识的过程。重新定位往往是由初次定位不当引起的，也可能是由初次定位导致竞争者的强烈反击或需求态势因某种原因发生变化而引起的。重新定位对于企业适应不断变化的市场环境、调整市场营销战略是必不可少的。如果一个实力较为雄厚的竞争者采取的市场定位与本企业采取的是类似的，而且侵占了本企业产品的部分市场，导致本企业产品的市场占有率下降，与之相抗衡也不会占据太多优势，则企业可以考虑进行重新定位。此外，如果消费者的偏好发生了变化，即从喜欢本企业的某品牌产品转换为竞争企业的产品，那么重新定位也是可行的方法。

在重新定位前，企业需要考虑两个主要因素：首先是企业将自己的品牌定位从一个子市场转移到另外一个子市场的全部成本费用；其次是企业将自己的品牌进行重新定位之后的预期营业额，以及与营业额直接相关的子市场上的购买者和竞争者的情况等。只有充分考虑重新定位的可行性和潜在收益，企业才能做出有效的重新定位决策。

（三）对峙定位

对峙定位是指企业选择靠近现有竞争者或与现有竞争者重合的市场位置，争夺相同子市场的顾客，从而缩小彼此在产品、价格、分销及促销等各个方面的差异。对峙定位可能引发激烈的市场竞争，因此有较大的风险。但另一方面，如果竞争者是强大的，那么竞争过程中往往会产生所谓的轰动效应，消费者应该可以很快了解企业及其产品，有利于企业迅速树立市场形象、扩大知名度。

（四）避强定位

避强定位是指企业回避与目标市场上的竞争者直接对抗，将自身定位于市场上的"空白点"，开发并销售目前市场上还没有的某种特色产品，开拓新的市场领域，从而使自己的产品在某些特征或属性上与最强或较强的竞争对手有显著的差别。避强定位可以使企业迅速在市场上站住脚，并在消费者心中树立一定的形象，市场风险较小，成功率较高。但是避强定位往往意味着企业放弃了最佳的市场位置，丧失了一部分活跃且利润丰厚的市场。

最后，为了避免定位不当引起的不良影响，企业在进行市场定位的过程中应尽量避免一些错误：①定位过低，使顾客不能真正认识到企业的独特之处，从而不能形成对企业积极的印象或评价；②定位过高，使顾客不能正确了解企业，以致产生过高的期望，从而导致真实体验与期望之间出现落差，影响企业在消费者心中的形象；③定位混乱，往往与企业推出的主题过于分散或产品定位变化太频繁有关；④定位怀疑，顾客很难相信企业在产品特色、价格或制造商方面的有关宣传，从而对企业定位的真实性产生怀疑。

三、市场定位过程

布拉德利认为，定位过程包括对顾客、竞争者和自身资源三方面因素的分析。顾客分析主要是细分顾客、选择目标市场，竞争分析主要是差异化、选择利益筐，公司资源分析主要是确定顾客价值、提供顾客价值、传播顾客价值和传递顾客价值等。由此建立了市场定位流程图，如图6-6所示。

（一）确认本企业的竞争优势

确认本企业的竞争优势这一步骤的中心任务是回答以下几个问题：一是竞争对手的市场定位如何；二是目标市场上顾客的欲望满足程度如何，以及还存在哪些尚未被满足的需求或可以开拓的领域；三是针对竞争者的市场定位和潜在顾客的尚未被满足的利益需求，企业应该做什么以及能够做什么。

1. 研究竞争对手的市场定位。企业可以从以下几方面入手研究竞争对手的市场定位。首先，调研竞争对手的产品在消费者心目中的形象。企业可以从产品的价格和质量维度了解消费者对产品形象的评价，通常可分为高质量高价格、高质量低价格、低质量高价格、低质量低价格以及质量价格均一般等几种类型。营

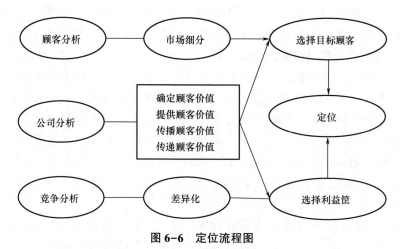

图 6-6 定位流程图

资料来源：布拉德利．战略营销 ［M］．文瑜，译．北京：华夏出版社，2005：53.

销人员可以通过问卷调研的形式了解目标消费者对竞争者产品的看法。其次，了解竞争对手的经营情况。一个企业的经营状况往往与采取的市场定位有很大关联。通常当竞争对手的经营状况不错时，企业要尽量规避与竞争对手采取相同的市场定位；而当竞争对手的经营状况欠佳时，企业可以考虑采取相同的市场定位，从而抢夺市场份额。最后，预测竞争对手的发展潜力。在市场定位前，企业应设法多了解关于竞争对手未来的发展潜力信息，尤其是关于竞争对手的商业情报、竞争者在人才培养和设备引进等方面采取的措施等。

2. 了解目标消费者的需求状况。为了了解目标消费者的需求满足情况，企业需要掌握他们的需求特征。首先，企业需要研究目标消费者的个性特征，包括目标消费者的年龄、所处人生阶段以及职业等。其次，要了解相关群体对目标消费者的影响。任何消费者都不可避免地受到周围群体的影响，所以，企业在分析目标消费者的需求特征时，还应当考虑其所在的关系网络的特点。最后，调研目标消费者所需利益的特征和满足程度。这里的利益是指目标消费者购买产品时所追求的利益。企业需要调研目标消费者对某种产品属性的重视程度，明确他们的选购标准、需要何种利益以及满足程度如何。

3. 明确企业的竞争优势。通过分析竞争对手的市场定位和优势以及目标消费者的需求满足情况，企业可以从自身的产品特色、产品利益等方面对应分析企业的竞争优势所在，以及企业能够为目标消费者提供的有别于竞争对手的利益满足。

（二）准确地选择相对竞争优势

相对竞争优势反映的是企业能够胜过竞争对手的现实和潜在能力。准确地选择相对竞争优势是一个企业各方面实力和竞争者实力相比较的过程。通常的方法是分析、比较企业与竞争对手在经营管理、技术开发、生产、财务等方面的优劣势来选择企业的相对竞争优势。

其一，经营管理方面，主要包括领导能力、决策水平、计划能力、组织能力等方面的指标。企业的经营管理水平往往决定着企业的发展方向以及未来的发展潜力，是决定企业相对优势的重要指标。

其二，技术开发方面，主要包括技术资源、技术手段、技术人员能力和资金来源是否充足等指标。技术开发方面的因素是将企业与竞争对手的竞争实力区别开来的一个重要因素。如果技术门槛很高，企业的生产技术就很难被复制，那么生产出来的产品就具有与竞争对手产品相区别的特色，从而在一段时间内处于绝对的竞争优势地位。此外，专业水平较高的技术人员也决定着企业的相对竞争优势。由于人才是流动的，企业在评估竞争对手的技术人才能力时不能够忽视该因素的重要作用。

其三，生产和采购方面，主要分析生产能力、技术装备、生产过程控制、采购渠道、存储及运输系统、供应商合作以及采购人员能力等指标。

其四，市场营销方面，主要分析销售能力、分销网络、市场研究、服务与销售战略、广告、资金来源等是否充足以及市场营销人员的能力等指标。

其五，财务方面，主要考察长期资金和短期资金的来源及资金成本、支付能力、现金流量以及财务制度等指标。

其六，产品方面，主要考察产品的特色、价格、质量、销售渠道、包装、服务、市场占有率、信誉等方面。

（三）明确显示独特的竞争优势

明确显示独特的竞争优势这一步骤的主要任务是企业要通过一系列宣传促销活动，将其独特的竞争优势准确传达给潜在顾客，并在顾客心目中留下深刻的印象。为此，企业首先应让目标顾客了解、熟悉、认同、喜欢和偏爱企业的产品，从而在顾客心目中建立与该产品定位一致的形象。其次，企业应该巩固与市场定位相一致的企业形象。主要通过营销组合的应用不断强化企业在目标消费者心目中的形象，与目标消费者保持沟通，稳定目标消费者的态度，并通过加深目标消费者与企业的感情来巩固企业的市场定位。最后，企业应注意目标消费者对其市场定位在理解上出现的偏差，或由于企业在市场定位宣传中出现的失误而造成的定位理解上的模糊、混乱，从而及时纠正与市场定位不一致的企业形象。

从以上市场定位的基本过程中可以看到，企业首先需要在市场研究的基础上找到目标市场，并了解他们在产品、价格、分销和沟通等方面的需求特征。其次，细分目标顾客利益并找出他们最为关注的若干利益点，通过分析竞争对手确定自身具有竞争优势的利益点，然后将该利益点确定为定位点，再根据这个利益点确定属性定位点和价值定位点。定位点的选择范围仍然包括营销组合要素的全部内容；无论在利益定位点是否实现差异化，最好仍然在价值方面找到并确定差异化的价值定位点。最后，通过进行营销组合要素的组合实现已经确定的定位。这便是定位钻石模型的基本构成，如图6-7所示。

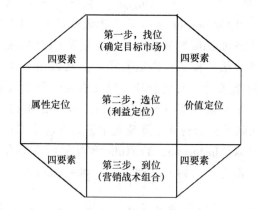

图 6-7　定位钻石图

资料来源：李飞.钻石图定位法［M］.北京：经济科学出版社，2006：15.

 关键术语

市场细分（Market Segmentation）；无差异市场营销（Undifferentiated Marketing）、差异市场营销（Differentiated Marketing）；集中市场营销（Concentrated Marketing）；品牌忠诚（Brand Loyalty）；目标市场（Target Market）；市场定位（Positioning）

 复习思考题

1. 消费者市场细分的相关变量有哪些？
2. 消费者市场细分的方法有哪些？
3. 衡量消费者市场细分是否有效的标准是什么？
4. 企业在选择目标市场进入策略时应该考虑哪些因素？
5. 企业的目标市场进入策略有哪些？每种策略有哪些优劣势？
6. 企业进行市场定位的基本步骤是什么？

 本章案例

Zuru 一个玩具公司卖起了纸尿裤？

2022 年 5 月，一个名为 Rascal and Friends 的新锐纸尿裤品牌与受欢迎的流媒体儿童节目 CoComelon 共同推出了一个授权产品，并随后在美国、加拿大和其他一些地方的沃尔玛及其他大型零售商场中被抢购一空。

"这是一次巨大的成功。好奇（Huggies）在与迪士尼合作，宝洁（帮宝适）在与华纳兄弟合作，而 CoComelon 在启蒙教育领域甩了他们一大截。"推出上述新纸尿裤品牌的玩具公司 Zuru 的联合创始人兼联席 CEO Nick Mowbray 表示。

一个玩具公司要卖纸尿裤了？这不太常见，但 Zuru 确实在快消品领域有很大的计划，包括推出纸尿裤、头发护理、宠物食品、胶原蛋白和其他一系列产品。Zuru 的所有者是来自新西兰的 Nick Mowbray 和 Mat Mowbray 两兄弟，而与玩具类似，该公司在快消品方面的战略是通过中国的自动化工厂，以低廉的价格生产产品，然后在 TikTok、Instagram、YouTube 和其他网络平台上疯狂营销。这么做有很大的风险，但也有很大的潜在回报——如果 Zuru 能说服消费者转向其新品牌的话。

成立于 2003 年的 Zuru 是玩具行业的巨无霸，产品已经销往 120 多个国家。该公司专门生产廉价玩具，比如 Bunch O Balloons（一种能在 60 秒内装满 100 个水球的小工具）和 Mini Brands（一种胶囊，里面装有知名品牌的小塑像）。

自《福布斯》在三年前报道 Zuru 以来，该公司的销售额几乎增长了两倍，从当时的 4 亿美元增长到 2021 年的 11 亿美元。现年 37 岁、蓝眼睛、红头发的 Nick Mowbray 是 Zuru 快消部门的负责人。他希望公司能在 2023 年实现 20 亿美元的营收。与玩具巨头孩之宝（Hasbro，销售额 64 亿美元）或美泰（Mattel，55 亿美元）相比，这个数字仍不算大，更别说要和快消巨头宝洁（802 亿美元）相比了。但随着 Zuru 快速推出新品牌，其快消品业务的发展势头正在快速增长。Nick Mowbray 预计，到 2023 年，公司在这个类别的营收将超过 4 亿美元。由于 Zuru 没有外部投资者，也没有银行贷款，而且是一个可以拿得出现金的高利润企业，所以它可以投资新品牌，即使知道有些品牌会失败，它自己的核心业务也不会遭受多少风险。

例如，Zuru 在胶原蛋白方面的尝试在美国进展缓慢，婴儿配方奶粉更是一场"灾难"，但 Nick Mowbray 说，他们的目标是快速启动、快速失败，并靠此获得洞察力。"你要么赢，要么学到东西，但你永远不会输。"

四年前，Nick Mowbray 从中国搬回了新西兰。他患有克罗恩病，需要进行手术。"我当时病得很厉害，而且这个病是不知不觉上的。"原本习惯不停运动的他躺在床上，觉得很无聊，于是开始思考一些想法。当时，Nick Mowbray 的一个朋友设计了一款纸尿裤，而前者认为自己可以把它做出来，并与金佰利克拉克和宝洁一较高下，而后者的帮宝适纸尿裤年销售额超过了 70 亿美元。"垄断和双头垄断会让企业变得懒惰。"他说。

因此，Zuru 推出了 Rascal and Friends 品牌，首次进军快消领域。该品牌的首次亮相是在新西兰的食品连锁店 Foodstuffs。该连锁店的 New World 品牌负责人 Morgan McCann 表示："在推出这款纸尿裤之前，我非常紧张，因为它太激进了，我完全没有把握。我们必须从头开始。"在签署合作协议之前，他已经认识 Nick

Mowbray 很多年了。

不过 Morgan McCann 说，该品牌很快获得了 20% 的市场份额，从而促使两家公司在 Foodstuffs 的门店里测试了其他类别的产品，包括头发护理、宠物食品和胶原蛋白。"我们谈论了 Zuru 在玩具行业做的很多事情。确实，并非所有产品都能取得巨大成功，但在新西兰市场，我们可以进行一些尝试。"

从那以后，Rascal and Friends 开始在沃尔玛、乐购和其他零售商场中推广，并迅速获得了市场份额。加拿大沃尔玛的宠物和婴儿护理高级销售总监 Rose DeMarco 表示，Rascal and Friends 的市场份额增长了"两位数"，而"这不是一个很常见的情况。"

如今，Rascal and Friends 已经成为 Zuru 最畅销的快消品，预计在 2022 年能获得 1.5 亿美元的收入，高于 2021 年的 1 亿美元。Nick Mowbray 对这款纸尿裤的设计非常自豪，声称它有三层防渗漏保护，同时定价也低于大品牌。72 片装的 Rascal and Friends 纸尿裤在沃尔玛的售价为 19.97 美元，每片只要 27 美分。

（资料来源：根据福布斯中国网《卖了数百万廉价玩具的 Zuru，下一步要挑战宝洁》，2022 年 9 月 8 日，https：//www.forbeschina.com/business/61763 资料编写。）

？？ 案例思考题

1. Zuru 采用了怎样的营销战略？
2. 分析 Rascal and Friends 品牌的市场定位。

第七章 产品和品牌策略

【学习目标】

产品和品牌策略作为营销策略的第一个部分，在整个营销实践和理论中都占有举足轻重的地位。营销学中，有形的产品和无形的服务都可以被当作商品进行交换，单个产品和产品组合的营销决策是有所区别的。每个产品和产品组合都有其生命周期存在，各个周期的营销策略也是不一样的。本章首先介绍了产品组合策略，然后探讨产品的品牌策略选择，最后探讨了服务营销组合的七个要素。通过本章的学习，应该达到如下目标：

- 定义产品及产品和服务的概念及主要分类；
- 掌握各产品组合的决策；
- 掌握产品生命周期策略；
- 掌握产品的品牌策略选择；
- 掌握服务产品的内涵、特点和策略。

【思政目标】

2022 年 12 月，中共中央、国务院印发了《扩大内需战略规划纲要（2022—2035 年）》，提到要深入实施商标品牌战略，打造中国品牌，培育和发展中华老字号和特色传统文化品牌。本章通过对产品和品牌策略以及相关案例的介绍，引导学生以辩证性和批判性思维对企业产品和品牌营销策略的现实案例进行探讨，从而理解新时代下企业在产品和品牌策略中所体现的变革和创新意识，并培养学生"讲好中国品牌故事"的理念，提升民族自豪感，增强文化自信。

 引导案例

茅台的"塔尖战略"

企业所有的营销动作最终都会反映在产品体系上。梳理茅台近十年的产品体系，我们发现，茅台的产品体系与那些被它超越的企业迥然不同：一般酒企都是一到三个价格相对较高的常规大单品带着一群价格较低的系列酒，而茅台则在此之上持续推出了大量高价格的文化酒产品，如茅台生肖纪念酒，构建了一个金字塔形的产品组合。这种产品组合暗合了消费升级的趋势，掀起一波营销传播的高潮，既活化了品牌，又创造了品牌氛围，形成了品牌势能。

茅台生肖纪念酒是茅台"文化酒"的典型之作，从 2014 年开始限量推出。茅台生肖纪念酒在原有瓶身的基础上导入了众多中国文化因素——生肖文化、国画艺术、五行文化，比如甲午马年生肖酒的主体元素是徐悲鸿关门弟子刘勃舒先生亲绘的国画《春风得意马蹄疾》，颜色也根据甲午马年的五行采用红色；而丁酉鸡年生肖酒则采用了国画大家陈永锵亲绘的《司晨》图，并由书法家胡秋萍题字……正是这些文化元素的导入，使这款产品受到追捧。

上述产品除了满足人们普通酒水的饮用需求之外，还撬动了更高层次的收藏需求、投资需求、馈赠需求，引发了大量的社会关注和社会资本的注入，带动了茅台所有产品价格体系、销量和营收的上扬。某种程度上来说，消费升级就是由基础物质消费向文化消费、精神消费升级。而茅台生肖纪念酒系列的产品运作正是典型的"以文化物、文化赋值、文化消费"的案例。

茅台正是通过位于"塔尖"的文化酒持续推出，再叠加一些基础的营销传播，如宣传"五年才出厂、能保肝护肝、巴拿马获奖、国事用酒"等，掀起了持续十年的热销高潮。可以说，"塔尖战略——文化赋值产品，提升品牌势能"正是茅台在过去十年中最重要的成功之道。

（资料来源：陈诗江. 产品创新：向茅台学习"塔尖战略"［J］. 销售与市场（管理版），2018（8）：79-82.）

第一节　产品组合策略

根据网站统计数据显示，"三只松鼠"在 2014 年光棍节当天就创造了 1.02 亿元的销售额，"三只松鼠"缘何如此成功？本章的产品和品牌策略将会带给大家一些启示。首先来理解产品和服务的定义和分类。

一、产品的概念

（一）产品和服务的定义

产品（product），是市场上提供的可引起人们注意、获取、使用或消费，以满足某种需求或需要的任何事物。产品不仅包括有形物体，如汽车、电脑或手机，广义上还包括服务、事件、人物、地点、组织、理念或它们的组合。

服务（service），是这样一种产品形式，它由供给销售的活动、利益或满意组成，其本质上是无形的，且不会产生任何所有权。例如，银行、维修等都属于服务[①]。这在第四节服务产品中还会详细讲到。

值得注意的是，产品可能是物质商品或服务，也可能是两者的结合。例如，

---

① 阿姆斯特朗，科特勒. 市场营销学［M］. 吕一林，等译.9 版. 北京：中国人民大学出版社，2010：177.

纸巾就是完全的物质商品，剪头发就是完全的服务，而餐馆用餐就是物质商品与服务的结合：当你外出吃饭时，你购买了食物（物质产品），而这些食物是由餐馆员工准备并提供的（服务）。

（二）产品的层次

产品大体来看可以分为三个层次，即核心产品、有形产品、附加产品，如图 7-1 所示。产品每增加一个层次，都为顾客带来更多的价值。所谓核心产品，是顾客购买该产品所要解决的根本问题和核心利益所在；有形产品，是指产品为消费者解决相关问题与带来核心利益所需要的载体；附加产品，是消费者在消费该产品时，企业能为消费者提供的各种附加服务和价值。以智能手机为例，作为通信产品，智能手机的核心产品就是打电话和上网的核心功能，有形产品就是智能手机这个有形载体，附加产品就是智能手机为人们提供的诸如拍照、听音乐等与智能手机核心功能无关但又是消费者在使用智能手机时切实需要的功能。

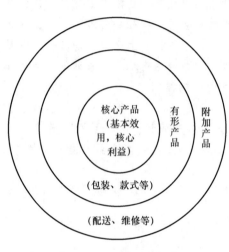

图 7-1　产品的三个层次

如果将产品划分得更为详细些，也可以分为五大层次，分别是核心产品、形式产品、期望产品、附加产品和潜在产品。以个人笔记本电脑为例，核心产品是企业向消费者提供的一整套问题的解决方案，形式产品就是我们看到的、用到的电脑，期望产品是消费者希望它具有易携带、待机时间长等必不可少的功能，附加产品是消费者可能额外获得的电脑包和备用电池等，潜在产品是电脑可能会用来彰显消费者自身的品位和爱好等。

（三）产品的分类

按照使用产品的消费者类型的不同，可以将产品分为两大类：消费品（consumer product）和产业用品（industrial product）。消费品指最终消费者出于个人消费的目的而购买的产品和服务。产业用品指为进一步加工或经营一项业务而采购的产品。因此，消费品与产业用品的区别就在于购买产品的目的，消费者基于自身或者家庭消费购买的产品即为消费品，基于加工或者再卖出等目的的商品即为产业用品。以护肤品为例，如果你购买护肤品是给自己或者家人、朋友用，则购买的护肤品为消费品；但如果你购买护肤品是为了做代购或者还要转卖给别人，则你购买的护肤品就是产业用品。

从广义的产品概念来讲，产品和服务还包括其他可出售的事物，如体验、组织、任务、地点、理念。

1. 消费品。消费品是最终消费者出于个人消费的目的而购买的产品和服务。进一步又可划分为便利品（convenience product）、选购品（shopping product）、特殊品（specialty product）和非渴求品（unsought product）。这几类产品在消费者购买方式和营销方式上都存在一些不同，如表7-1所示。

表7-1　消费品的营销考虑因素

营销考虑因素	便利品	选购品	特殊品	非渴求品
顾客购买行为	经常购买，大量购买，几乎没有计划，购物努力少，顾客卷入度很低	较少购买，计划和顾客努力较多，就价格、质量和款式等因素对各品牌进行比较	具有很强的品牌偏好和忠诚，做出特别多的购买努力，很少对品牌进行比较，价格敏感度低	对产品的知晓和了解很少（即使知道，也没有什么兴趣，或只有负面印象）
价格	便宜	较高	高	多样
分销渠道	广泛分销，地段方便	在少数商店进行选择性分销	在各个市场区域进行单点或多点独家分销	渠道多样
促销	生产者发起的大众促销	生产者和销售者发起的广告和人员推销	生产者和销售者发起的定位更为准确的促销	生产者和销售者发起的强烈广告攻势和人员推销
例子	洗衣粉、杂志	服装、家具	奢侈品，如珠宝	人寿保险等服务

资料来源：科特勒，阿姆斯特朗. 市场营销原理与实践［M］. 楼尊，译. 17版. 北京：中国人民大学出版社，2020：215.

值得注意的是，非渴求产品又可进一步划分为常规非渴求商品和新非渴求商品。常规非渴求商品，诸如墓碑、人寿保险等，人们可能有需要，但是潜在消费者并没有动机对它感到满意。对这类产品来说，个人销售非常重要。新非渴求商品是提供潜在消费者并不知道的新观念的产品，如现在风靡的信用卡服务，这在前些年是无法想象的。满载信息的推广可以帮助说服消费者接受产品，结束产品的非渴求状态。

2. 产业用品。产业用品可以进一步分为三类：原料和零件、资本项目以及供应品与服务。

原料和零件又可进一步划分为原材料、加工过的材料和零件。资本项目是指协助采购者生产或经营的产业用品。最后一类产业用品是供应品和服务，包括经营用耗材以及维修和维护用品。

在产业用品营销中，价格和服务是主要的营销因素，而在消费品营销中，主要的营销因素如品牌和广告则显得不那么重要。

3. 组织、人物、地点和理念。除了有形的产品和无形的服务，营销者眼中广义的产品概念还延伸到了其他市场供给物：组织、人物、地点和理念。

（1）组织。组织会经常开展活动以"营销"组织本身。组织营销包括用以创造、维持或改变目标消费者对组织的态度和行为的所有活动。营利组织和非营利组织都需要营销。营利组织通过公关建立良好的品牌形象来销售产品和长期赢利。非营利组织也要通过营销自己来筹集善款，以实现自己的组织愿景，比如，各大慈善团体都会经常举办一些社会活动，以筹集资金和吸引会员或顾客。

（2）人物。人物也可以被视为产品。人物营销包括用以创造、维持或改变对特定人物的态度或行为的所有活动。企业、慈善团体和其他组织都会聘请著名人物，帮助其销售产品或者做善事。

（3）地点。地点营销包括用以创造、维持或改变对特定地点的态度或行为的所有活动。例如，中国国家旅游办公室邀请全世界的游客"现在就去探索中国"，促进了旅游业的蓬勃发展。

（4）理念。理念也可以营销。在某种意义上，所有的营销都是在营销一种理念。比如，无论是刷牙的普通理念，还是佳洁士牙膏"每天都绽放微笑"的具体理念。但是本章重点探讨的是社会理念的营销，被称作"社会营销（social marketing）"。美国社会营销研究所将其定义为提高个人和社会的福利，而将商业性营销理念和工具用于旨在影响个人行为方案中的活动。社会营销方案包括减少吸烟、酗酒、药物滥用和肥胖症的公共健康运动，保护荒野、清洁空气和环境的环保运动，计划生育、人权和种族平等等活动。

二、产品组合

（一）产品组合的相关概念

产品组合（product mix），是指一个企业生产经营的所有产品线和产品项目的组合方式，也即全部产品的结构。其中，产品线（product line）是指密切相关的一组产品，这些产品能满足类似的需要或必须在一起使用，销售给同类顾客群，而且经由同样的渠道销售出去，销售价格在一定幅度内变动。产品线可能由不同的品牌、单一品牌家族或者产品线延伸出来的单个品牌组成。产品项目（product item）是品牌或者产品线内的一个特定产品单位，可以通过尺寸、价格、外观和其他特征来识别。

（二）产品组合的要素

产品组合主要有四个要素：宽度、长度、深度和关联度。产品组合的宽度是指企业有多少条产品线，长度是指企业的产品组合中所包含的产品项目的总数，深度是指产品线中有多少种不同花色、品种、规格的产品项目，关联度是指各个产品大类在最终使用、生产条件、分销渠道等方面的密切相关程度。

三、产品组合的优化和调整

产品组合的宽度、长度、深度和关联度四个基本因素决定了产品线的基本状态。动态的最优产品组合正是通过及时调整产品线来实现的，因此，对产品线的调整是产品组合策略的基础和主要组成内容。一般来说，对产品线的调整有五种策略。

（一）产品线延伸策略

产品线延伸是指企业把产品线延长而超出原有范围。促使产品线延长的因素有很多，包括：企业生产能力过剩，推销人员和分销商希望以更为全面的产品线去满足顾客的需求，企业希望通过开拓新市场来谋求更高的销售量和利润等。产品线扩展策略有三种形式。

1. 向上延伸。有些企业的产品线原来只定位于低档产品，由于希望发展各档产品齐全的完全产品线，或者是受到高档产品的较高利润率和销售增长的吸引，企业会采取产品线向上延伸的决策，准备进入高档产品市场。

2. 向下延伸。那些生产高档产品的企业若决定生产低档产品，即将产品线向下延伸。企业向下延伸的理由可能有四种：其一，企业在高档产品市场上受到强大攻击，因而以拓展低档产品市场来反击；其二，企业发现高档产品市场增长缓慢而不得不去开拓低档产品市场；其三，企业最初进入高档产品市场是为了树立优质形象，目标达成后，向下延伸可以扩大产品市场范围；其四，企业为了填补市场空缺而增加低档产品品种，以防竞争者乘虚而入。

3. 双向延伸。生产中档产品的企业在市场上可能会同时向产品线的上下两个方向延伸。这样的延伸需要较大的资金实力，从而扩大企业的市场阵地。采用这种策略应注意：只有企业在中档产品市场上已取得市场竞争优势，且有足够的资源和能力时，才可以进行双向延伸，否则还是单向延伸较为稳妥。

（二）产品线填充策略

产品线填充是指在现有产品线的经营范围内增加新的产品品种，从而延长产品线，所以同产品线扩展是有区别的。采取这一策略的动机主要有：增加盈利；充分利用过剩的生产能力；满足经销商增加产品品种以增加销售额的要求；阻止竞争者利用市场空隙的企图，防止竞争者有机会建立领先的完全产品线体系；发挥企业强势品牌的销售拉动力。

产品线的填充要避免导致新旧产品的自相残杀和在消费者中造成混乱，为此，企业要使新增品种具有显著的差异，使顾客能够区分清楚。企业还应核查新增品种是否能满足市场需要，而不仅仅为了满足企业填补市场空隙或形成完全产品线的需要。

（三）产品线现代化策略

有些企业的产品线长度是适当的，但其产品多年以来一直是老面孔，所以必须使产品线现代化，赋予产品更多的技术含义或者时尚含义，以防被产品线较为新式的竞争对手所击败。例如，可口可乐在过去很多年里，不断通过体育赛事、时尚明星、运动球星的概念结合，配合人们消费观念和健康观念的更替，更新现代化产品线。

（四）产品线号召策略

企业可以在产品线中有目的地选择一个或少数几个产品品种进行特别号召，一般有以下三种情形。

1. 针对产品线上低档产品品种进行特别号召，使之成为"开拓销路的廉价品"，以此吸引顾客。一旦顾客登门，推销员就会想方设法地影响并鼓动消费者购买高档产品。

2. 针对优质高档产品品种进行号召，以提高产品线的等级。

3. 当企业发现产品线上有一端销售形势良好，而另一端却有问题时，可以对销售较好的那一端大力号召，以努力促进市场对销售较慢的产品的需求。

（五）产品线削减策略

产品线常常被延长，而增加新品种会造成设计费、工程费、仓储费、促销费等费用相应上升，企业可能会因此出现资金短缺和生产能力不足等问题。于是，企业管理层就会对产品线的盈利能力进行研究分析，可能从中发现大量亏损的产品种类，为了提高产品线的盈利能力，会将这些产品品种从产品线上削减掉，停止使用，但是并不意味着一定会完全放弃。在企业经营中，这种产品线不断延长而后被不断削减的模式将会重复多次，市场是推动产品线削减策略的重要力量。

经典与前沿研究7-1

外部需求冲击、技术创新与产品组合竞争力
——基于多产品企业出口的理论和实证研究

近年来，在全球出口市场上，多产品企业主导着世界贸易的流动，我国的出口贸易也呈现出由多产品企业主导的事实。此研究将产品组合纳入多产品企业模型中，从需求侧视角来研究多产品企业产品组合出口的这一新模式，并试图对外部需求冲击影响产品组合竞争力的传导机制进行探讨。

该研究表明，正向的外部需求冲击有效提升了企业出口产品组合的竞争力。传导机制有两条：①竞争效应。正向的外部需求冲击降低了出口市场的临界边际成本，进而吸引更多企业进入，导致本国企业所处市场的竞争加剧。为了保证自身的利润，企业会通过优化内部资源配置效率和加快技术升级来提高出口产品组合竞争力。②创新效应。外部市场需求增加直接刺激本国企业加快创新研发速度，降低企业生产的边际成本，从而提高出口产品组合的竞争力。王青峰等的研

究尝试从理论和实证两方面来研究多产品企业产品组合出口的新模式，首次基于全球产品向量与目的地产品向量构建了 Bray-Curtis 不相似性指数，精确地衡量了企业出口产品组合的竞争力水平。

资料来源：王青峰，谢娟娟，张陈宇．外部需求冲击、技术创新与产品组合竞争力：基于多产品企业出口的理论和实证研究［J］．南开经济研究，2021（4）：42-62.

第二节　产品生命周期

一、产品生命周期的阶段

产品生命周期（product life cycle）是指产品从进入市场到退出市场所经历的市场生命循环过程。典型的产品生命周期可以分为四个阶段，即导入期、成长期、成熟期和衰退期，如图 7-2 所示。在产品生命周期的不同阶段，公司的营销目标和组合都是不一样的，如表 7-2 所示。

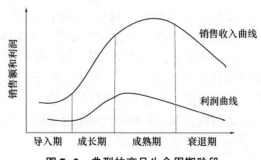

图 7-2　典型的产品生命周期阶段

表 7-2　贯穿于产品生命周期的市场营销组合战略

特征	导入期	成长期	成熟期	衰退期
营销目标	赢得认知	强调差异化	维持品牌忠诚度	收获和放弃
销售额	以稳定但是较低的速度增长	迅速增长	达到顶峰然后平衡，一般会下降	继续下降
竞争	较少	较多	许多	减少
产品	单一	较多种类	完整产品线	最畅销产品
定价	撇脂或渗透定价	赢得市场份额，达成交易	保持市场份额，获利	维持获利
分销	有限的	较多销售终端	最多销售终端	较少销售终端
促销	告知，教育	强调差异点	提醒导向	最小化的促销

资料来源：科特勒，阿姆斯特朗．市场营销原理与实践［M］．楼尊，译．17 版．北京：中国人民大学出版社，2020：266.

（一）导入期

新产品投入市场，就进入了导入期。此时，顾客对产品还不了解，只有少数追求新奇的顾客可能购买，销售量很小。另外，由于市场和技术方面的原因，产品不能大批量生产，因而成本高，销售额增长缓慢，企业不但没有利润，反而可能亏损。

（二）成长期

产品在导入期的销售取得成功以后，便进入成长期。这时顾客对产品已经熟悉，大量的新顾客开始购买，市场逐步扩大。产品已具备大批量生产的条件，生产成本相对降低，企业的销售额迅速上升，利润也迅速增长。在这一阶段，竞争者看到有利可图，将纷纷进入市场参与竞争，使同类产品供给量增加。而同时期需求的迅速增长，使产品价格维持不变或略有下降，市场竞争逐渐加剧。

（三）成熟期

经过成长期以后，市场需求趋于饱和，潜在的顾客已经很少，销售额增长缓慢转而下降，标志着产品进入了成熟期。这个阶段的持续期一般长于前两个阶段，并给营销管理层带来最大的挑战。大多数产品都处于生命周期的成熟阶段。成熟阶段还可以进一步划分为成长、稳定和衰退。第一时期是成长中的成熟，此时分销饱和，造成销售增长率开始下降，销售额增长缓慢；第二时期是稳定中的成熟，市场已经饱和，大多数潜在消费者已经试用过该产品，竞争空前激烈，未来的销售受到人口增长的制约；第三时期是衰退中的成熟，此时销售的绝对水平开始下降，顾客开始转向其他产品或替代品。

（四）衰退期

随着科学技术的发展，新产品或新的代用品出现，将使顾客的消费习惯发生改变，从而转向购买其他产品，使得原来产品的销售额和利润额迅速下降。于是，产品进入衰退期。

二、产品生命周期的其他形态

不是所有的产品都遵循标准的产品生命周期。一些产品迅速进入市场，也很快死亡；一些产品则能在相当长的时间内保持在成熟期；某些产品甚至可能在进入衰退期后，借助强劲的促销或再定位策略，重新回到成长期。管理良好的品牌能够长期在市场上生存，如可口可乐、麦当劳、宝洁、吉列、星巴克等，其中一些品牌的生命甚至已经延续了超过一百年。所以，并非所有的产品都呈现钟形产品生命周期。

（一）产品生命周期的循环形态

当一种产品进入衰退期，销售量出现大幅下滑时，企业为了延长产品的寿命，引入新技术、增添产品特色或加大营销力度，采用更具吸引力的营销手段，以吸引、维护原有顾客继续使用，使产品进入一个新的循环周期（通常规模和持续期都低于第一周期，如图7-3所示）。此形态常常可见于一些新药品、饮料的销售。

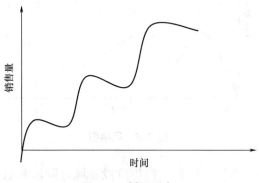

图7-3 循环形态

（二）产品生命周期的扇形形态

基于产品特征、用途或用户的不断发现，产品的销售量不断呈波浪式上升（如图7-4所示）。例如，尼龙的销售就显示了这种扇形特征，因为许多新的用途，如降落伞、袜子、衬衫、地毯，一个接一个地被发现。

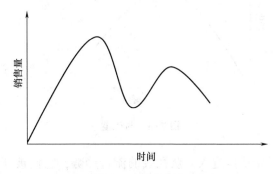

图7-4 扇形形态

（三）产品生命周期的其他形态

社会生活中，还有三种互有区别的产品生命周期类型——风格型（如图7-5所示）、时尚型（如图7-6所示）和热潮型（如图7-7所示）。

风格（style）是人们努力在一个领域里表现出的一种基本的和独特的方式，如正式、休闲服饰风格，现实主义、超现实主义、抽象主义艺术风格。一种风格一旦产生，便不受时尚的影响，时而风行，时而衰落，可能持续几个时代。风格的生命周期曲线往往具有数个波段，每个波段显示某一风格因重新激发人们的兴趣进而复兴。

时尚（fashion）是某一特定领域内被人们接受或欢迎的一种风格。时尚的发

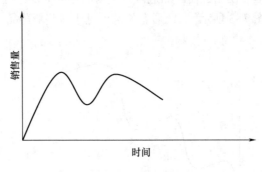

图 7-5　风格型

展要经过四个阶段，即导入阶段、模仿阶段、风行阶段和衰退阶段。例如，20世纪八九十年代的商务套装，让位于现今的商务休闲装。时尚产生的过程较慢，一般不能满足广泛的需求，因而生命力较弱，保持一段时间的流行后也会缓慢地消亡。

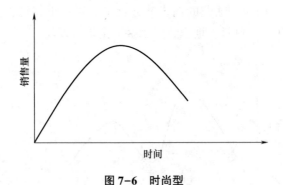

图 7-6　时尚型

　　热潮（fad）是指快速进入公众视线的流行趋势，它们被狂热地接受，很快达到高潮，然后迅速衰退。曾经风行一时的"呼啦圈"就属于此类产品。

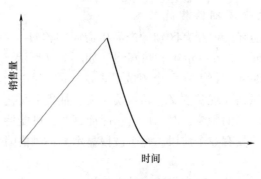

图 7-7　热潮型

三、产品生命周期策略

（一）导入期营销策略

导入期开始于新产品首次投入市场销售之时，这一阶段的主要特征如下：新产品刚投入市场，消费者不了解，销售渠道也难以马上打开，因此销售量很少，增长缓慢；生产批量小，制造成本高，销售价格偏高；需要大量的广告宣传，促销、分销费用高；由于销量少而成本、费用高，企业通常处于亏损或微利状态；只有少数创新型消费者出于好奇或冲动去购买，他们多数属于高收入者和年轻人；产品技术和性能还不够完善，同时，市场上竞争者很少，只存在新产品的近似型和仿制型。

在导入期，为了在消费者中建立认知并刺激产品试用，公司常在广告和其他促销工具上花费巨资。如果仅考虑促销和价格两个因素，则至少有以下四种策略，如表7-3所示。

表7-3　基于促销和价格因素的产品生命周期导入期的营销策略

营销策略		促销水平	
		高	低
价格水平	高	快速撇脂策略	缓慢撇脂策略
	低	快速渗透策略	缓慢渗透策略

1. 快速撇脂策略。这种策略采用高价格、高促销费用，以求迅速扩大销售量，取得较高的市场占有率。采取这种策略必须具有一定的市场环境，如大多数潜在消费者还不了解这种新产品；已经了解这种新产品的人急于求购，并且愿意按价购买；企业面临潜在竞争者的威胁。在这种情况下，应该迅速使消费者建立对自己产品的偏好。

2. 缓慢撇脂策略。以高价格、低促销费用的形式进行经营，以求得到更多的利润。这种策略可以在市场面比较小、市场上大多数消费者已熟悉该新产品、购买者愿意出高价、潜在竞争威胁不大的市场环境下使用。

3. 快速渗透策略。实行低价格、高促销费用的策略，迅速打入市场，取得尽可能高的市场占有率。在市场容量很大，消费者对这种产品不熟悉，但对价格非常敏感，潜在竞争激烈，企业随着生产规模的扩大可以降低单位生产成本的情况下，适合采用这种策略。

4. 缓慢渗透策略。以低价格、低促销费用来推出新产品。这种策略适用于市场容量很大，消费者熟悉这种产品但对价格反应敏感，并且存在潜在竞争者的市场环境。

（二）成长期营销策略

经过市场导入期以后，消费者对新产品逐渐熟悉，企业开始批量生产，销售量迅速增长，企业在这个阶段扭亏为盈，这时新产品就进入了成长期。这一阶段的主要特征如下：销售量迅速上升，老顾客重复购买和许多新顾客都熟悉并喜爱这种产品，形成广大的市场需求，销量增长非常迅速；生产规模扩大，产品成本降低，产品价格维持不变或略有下降；为维持市场的继续成长，企业需保持或稍微增加促销费用，但因销量大增，导致促销费用对销售额的比率不断下降；销量激增和单位生产成本及促销费用的下降，使得利润迅速增长。

针对成长期的特点，企业为维持其市场增长率，延长获取最大利润的时间，可以采取以下四种策略：

1. 改善产品品质。如增加新的功能、改变产品款式等。对产品进行改进，可以提高产品的竞争力，满足顾客更广泛的需求，吸引更多的顾客。

2. 寻找新的子市场。通过市场细分，找到新的尚未饱和的子市场，根据其需要组织生产，迅速进入这一新的市场。

3. 改变广告宣传的重点。把广告宣传的重心从介绍产品转到建立产品形象上来，树立产品品牌，维系老顾客，吸引新顾客，使产品形象深入人心。

4. 降价。找准市场的时机，采取降价策略，以激发那些对价格比较敏感的消费者产生购买动机和采取购买行动。

（三）成熟期营销策略

产品经过一段时期的快速成长后，销售量的增长会缓慢下来，从而进入成熟期。这一时期的主要特征如下：产品的销售量增长缓慢，逐步达到最高峰，然后缓慢下降；生产批量很大，生产成本降到最低程度，价格开始有所下降；产品的服务、广告和推销工作十分重要，销售费用不断提高；利润已达到最高点，并开始下降；大多数消费者都加入购买队伍，包括理智型、经济型的购买者，他们对产品放心，购买果断，甚至成为习惯；很多同类产品进入市场，竞争十分激烈，并出现价格竞争。

对于成熟期的产品，只能采取主动出击的策略来延长成熟期，或使产品生命周期出现再循环。为此，可以采取以下三种策略：

1. 调整市场。这种策略不是要调整产品本身，而是发现产品的新用途或改变推销方式等，以使产品销售量得以扩大。

2. 调整产品。这种策略以产品自身的调整来满足顾客的不同需要，吸引有不同需求的顾客。整体产品概念的任何一个层次的调整都可视为产品再推出。

3. 调整营销组合。这种策略就是通过对产品、定价、渠道、促销四个营销组合因素加以综合调整，刺激销售量的回升。例如，提高产品质量、改善产品性能、增加产品花色品种的同时，通过制定特价、提供早期购买折扣、补贴运费、延期付款等方法来降价让利；扩展分销渠道，广设分销网点，调整广告媒体组合，变换广告时间和频率，增加人员推销，开展公共宣传，多管齐下，进行市场渗透，扩大企业及产品的影响力，争取更多的顾客。

（四）衰退期营销策略

当产品销售由成熟期后期的缓慢下降转为急剧下降，利润也不断减少时，一般来说，该产品进入了衰退期。其特征如下：产品销售量急剧下降，甚至出现积压；新产品开始进入市场，正逐渐替代老产品；市场竞争突出表现为价格竞争，产品价格不断下降，消费者数量日益减少；企业利润日益下降甚至为零；购买者是落后于市场变化的保守型消费者，他们进行习惯性购买，大多数消费者的态度已发生转变。

对处于衰退期的产品，企业需要认真研究分析，决定采取什么策略，在什么时间退出市场。通常有以下四种策略可以选择：

1. 继续策略。继续沿用过去的策略，仍按照原来的子市场，使用相同的分销渠道、定价以及促销方式，直到这种产品完全退出市场为止。

2. 集中策略。把企业能力和资源集中在最有利的子市场和分销渠道上，从中获取利润。这样有利于缩短产品退出市场的时间，同时又能为企业创造更多的利润。

3. 收缩策略。大幅度降低促销水平，尽量降低促销费用，以增加目前的利润。这样可能导致产品在市场上的衰退加速，但也能从忠实于这种产品的顾客中得到利润。

4. 放弃策略。对于衰退比较迅速的产品，应该当机立断，放弃经营，可以采取完全放弃的形式，如把产品完全转移出去或立即停止生产；也可以采取逐步放弃的方式，使其所占有的资源逐步转向其他产品。

第三节　产品品牌策略选择

对于现代企业来说，品牌日益成为生存和成功的核心要素之一。强势品牌意味着占据有利市场地位和获得较高利润。从某种程度上来说，营销的战争就是品牌的战争。因此，品牌策略应该成为企业重要的市场营销策略。

一、品牌综述

（一）品牌的概念

越来越多的企业意识到品牌的重要性，品牌意识已深入人心。对品牌的定义有多种，广告专家琼斯（Jones）对品牌的界定是：品牌是指能为顾客提供其认为值得购买的功能利益及附加价值的产品。美国市场营销协会（AMA）对品牌的定义是：品牌是一种名称、术语、符号、设计，或它们的组合运用，其目的是借以辨认某个销售者，或某群销售者的产品及服务，并使之与竞争对手的产品和服务区别开来。我们把这些创造品牌的名称、术语、标记、符号或设计，或它们的组合，称为品牌元素。

商标（trade mark）是品牌名称、品牌标识或交易特性的法律术语。营销人员通过注册商标来防止竞争者使用。由于商标保护仅仅应用于商标持有者的注册国，对于很多企业而言，假冒伪劣产品非法使用商标是一件很棘手的事情。一个企业可以声明对商标进行保护，即便这个商标尚未依法注册。

（二）品牌的整体含义

品牌实质上代表着卖者对产品的特征、利益和服务的一贯性的承诺，最佳品牌就是质量的保证。但品牌还是一个更加复杂的象征。品牌的整体含义可分成六个层次，如图 7-8 所示。

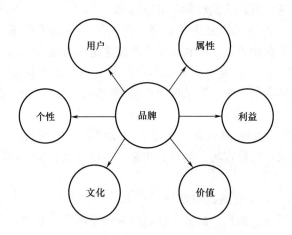

图 7-8 品牌的六个层次

资料来源：郑宗成，汪德宏，姚承纲．品牌知行：微观品牌管理与研究［M］．广州：中山大学出版社，2004：1.

1. 属性。品牌首先使人们想到某种属性。例如，"奔驰"意味着昂贵、工艺精湛、马力强大、高贵、转卖价值高、速度快等，公司可以采用一种或几种属性为汽车做广告。

2. 利益。品牌不止意味着一整套属性。顾客不是在买属性，他们买的是利益，属性需要转化为功能性或情感性的利益。仍以"奔驰"车为例。耐久的属性体现了功能性利益："多年之内我不需要买一辆新车。"昂贵的属性体现了情感性利益："这辆车让我感觉到自己很重要，并受人尊重。"制作精良的属性既体现了功能性利益，又体现了情感性利益："一旦出事，我很安全。"

3. 价值。品牌也说明一些生产者价值。例如，"奔驰"代表着高效、安全、声望及其他东西。品牌的营销人员必须分辨出对这些价值感兴趣的消费者群体。

4. 文化。品牌也可能代表着一种文化。如"奔驰"汽车代表着德国文化：

组织严密、高质量和高效率。

5. 个性。品牌也反映一定的个性。如果品牌是一个人、动物或物体的名字，会使人们想到什么呢？比如，"奔驰"可能会让人想到严谨的老板、凶猛的狮子或庄严的建筑。

6. 用户。品牌暗示着购买或使用产品的消费者类型。比如，我们看到一个20来岁的秘书开着一辆"奔驰"会感到吃惊，我们更愿意看到开车的是一个55岁的高级经理。

所有这些都说明品牌是一个复杂的符号。如果公司只把品牌当成一个名字，那就错过了品牌化的要点。品牌化的挑战在于制定一整套品牌含义。当受众可以识别品牌的六个层次时，我们称之为深度品牌；否则，这样的品牌只是一个肤浅品牌。例如"奔驰"就是一个深度品牌，因为我们能从六个层次上理解它。

了解六个层次的品牌含义，营销人员必须决定品牌特性的深度层次。人们常犯的错误是只注重品牌属性。但是购买者更重视品牌利益而不是属性，而且竞争者很容易模仿这些属性。另外，现有属性会变得没有价值，品牌与特定属性联系得太紧密反而会伤害品牌。但是，只强调品牌的一项或几项利益也是有风险的。假如，"奔驰"汽车只强调其"性能优良"，那么竞争者可能推出性能更优秀的汽车，或者顾客可能认为性能优良的重要性比其他利益要差一些，此时"奔驰"汽车就需要调整到一种新的利益定位。

品牌最持久的含义是其价值、文化和个性，它们构成了品牌的实质。例如，"奔驰"代表着"高技术、杰出表现和成功"等。奔驰公司必须在其品牌策略中反映出这些东西，如果奔驰公司以"奔驰"的名称推出一种新的廉价小汽车，那就是一个错误，因为这将会严重削弱奔驰公司多年来苦心经营的品牌价值和个性。

（三）品牌的作用

如果品牌没有作用，企业也不会费心地塑造和经营。然而，品牌的作用并不是人们赋予它的，而在于它赋予人们的。表7-4简要地总结了品牌对于消费者和企业的主要意义。

表 7-4　品牌的意义

消费者	企业
降低交易成本	管理方面：利于区隔和保护
防止权益侵害	财务方面：获得品牌资产、更大毛利和许可利益
减少购买风险	市场方面：形成竞争优势，抵御经营风险
传达象征意义	发展方面：带来合作便利和延伸利益

资料来源：余明阳，杨姗姗. 品牌营销管理 ［M］. 武汉：武汉大学出版社，2008：9.

具体分析，品牌的作用还可以细分为：

1. 品牌对消费者的作用。

（1）有利于消费者识别产品的来源或产品制造厂家，更有效地选择和购买商品。

（2）借助品牌，消费者可以得到相应的服务便利，如更换零部件、维修服务等。

（3）有利于消费者权益的保护，如选购时避免上当受骗，出现问题时便于索赔和更换等。

（4）有助于消费者避免购买风险，降低购买成本，从而更有利于消费者选购商品。

（5）好的品牌对消费者具有很强的吸引力，有利于消费者形成品牌偏好，满足消费者的精神需求。

2. 品牌对生产者的作用。

（1）有助于产品的销售和占领市场。品牌一旦形成一定的知名度和美誉度，企业就可利用品牌优势扩大市场，促成消费者品牌忠诚。品牌忠诚使得销售者在竞争中获取到某些保护，并使它们在制订市场营销计划时具有较强的控制能力。

（2）有助于稳定产品的价格，减少价格弹性，增强对动态市场的适应性，减少未来的经营风险。

（3）有助于市场细分，进而进行市场定位。品牌有自己的独特风格，除有助于销售外，还有利于企业进行市场细分，企业可以在不同的细分市场推出不同品牌以适应消费者个性差异，更好地满足消费者。

（4）有助于新产品开发，节约新产品的市场投入成本。一个新产品进入市场，风险是相当大的，而且投入成本也相当大，但是企业可以成功地进行品牌延伸，借助已成功或成名的品牌，扩大企业的产品组合或延伸产品线，采用现有的知名品牌，利用其一定知名度和美誉度，推出新产品。

（5）有助于企业抵御竞争者的攻击，保持竞争优势。新产品推向市场后，如果畅销，很容易被竞争者模仿，但品牌是企业持有的一种资产，它可通过注册得到法律保护，品牌忠诚是竞争者通过模仿而无法达到的。当市场趋向成熟，市场份额相对稳定时，品牌忠诚是抵御同行竞争者进攻的最有力的武器。另外，品牌忠诚也为其他企业进入构筑了壁垒。所以，从某种程度上说，品牌可以看成企业保持竞争优势的一种强有力的工具。可口可乐公司前总经理伍德拉夫曾扬言："即使我的工厂在一夜之间烧光，只要我的品牌还在，我们就能够迅速恢复生产。"可见品牌价值之大。

（四）品牌名称的选择

我们能很自然地说出星巴克、耐克、华为、宝洁这些品牌，一个好的名称能大大提高产品成功的概率，当然找到最优的品牌名称是一个困难且费用高昂的过程。理想的品牌名称应该具备如下特性：

1. 品牌名称应该能够表明产品利益，如帮宝适、iPhone。

2. 品牌名称应该易读、易认和易记，与众不同且积极向上，如可口可乐、奔驰、大众。

3. 品牌名称应该与公司或产品的形象相吻合，如金霸王电池，代表可靠和长寿——消费者希望电池所具备的两个质量标准。

4. 品牌名称应该具有可延展性。例如，亚马逊最初只是一家网上书店，但这个名称允许将其延伸到其他经营领域。

5. 品牌名称不能违反法律和规章制度。根据法律规范，公司如果侵犯他人的商标权，就会面临司法诉讼。现在，有越来越多的品牌名称需要有一个与之对应的网址，这就进一步增加了选择品牌名称的难度，因为已经有大约 1.4 亿个域名被注册了。

6. 品牌名称应该容易且较好地被翻译成其他语言。例如，Coca-Cola 的中文名可口可乐听起来很像它的英文名，而且反映了它的定位——"可口而且快乐"。

7. 品牌名称必须考虑当地的文化、风俗，以及当地人对超自然力量的信仰。因此，应该选择幸运名称、颜色和号码。例如，在中国，4 是非常不吉利的，尽量避免任何 4 的谐音文字出现在品牌名称里。

二、品牌资产

品牌绝对不是只代表一种产品。一个优秀品牌能够建立与顾客之间的情感联系。品牌也许是公司最持久的资产，比特定的产品和设备更持久。例如，麦当劳的一位前 CEO 曾说："即使在一场可怕的自然灾害中我们所有的资产、建筑以及设备都毁坏了，我们仍然可以凭借我们的品牌价值筹集到重建这一切的全部资金……品牌比所有这些资产的总和还要有价值。"

（一）品牌资产的含义

品牌资产一词于 20 世纪 80 年代起被广泛使用。西方学者对品牌资产的界定倾向于从使用某一个品牌与不使用该品牌时，消费者对某一特定产品或服务的不同反应的角度来考察。加利福尼亚大学伯克利分校的戴维·艾克（David Aaker）教授认为，品牌资产能够为企业和顾客提供超越产品或服务本身利益之外的价值；同时，品牌资产又与某一特定的品牌紧密联系，品牌文字、图形如果做出改变，附属于品牌之上的财产将会部分或全部丧失。具体请参考品牌资产金字塔（如图 7-9 所示），以及 2024 年中国前 15 个最有价值品牌（如表 7-5 所示）。

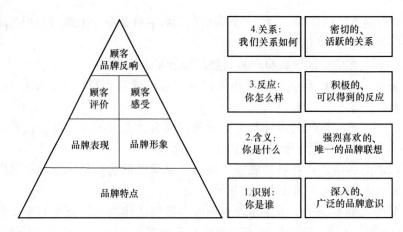

图 7-9　品牌资产金字塔

表 7-5　2024 年中国最有价值品牌（前 15 位）

排名	品牌名称	企业名称	所属行业	省份
1	中国建筑	中国建筑股份有限公司	建筑	北京
2	工商银行	中国工商银行股份有限公司	金融	北京
3	中国石化	中国石油化工集团有限公司	化工	北京
4	中国石油	中国石油天然气集团有限公司	化工	北京
5	中国移动	中国移动通信集团有限公司	通信	北京
6	中国银行	中国银行股份有限公司	金融	北京
7	建设银行	中国建设银行股份有限公司	金融	北京
8	阿里巴巴	阿里巴巴集团控股有限公司	互联网	浙江
9	中国人寿	中国人寿保险（集团）公司	金融	北京
10	中国平安	中国平安保险（集团）股份有限公司	金融	广东
11	华为	华为投资控股有限公司	电子	广东
12	比亚迪	比亚迪股份有限公司	汽车	广东
13	京东	京东集团股份有限公司	互联网	北京
14	上汽	上海汽车集团股份有限公司	汽车	上海
15	中国交建	中国交通建设股份有限公司	建筑	北京

资料来源：https：//baijiahao. baidu. com/s？id=1804638235861741424&wfr=spider&for=pc

（二）品牌资产的构成

扬·罗比凯（Young Rubicam）根据四个消费者感知维度对品牌资产强度进行评判：差异性（使该品牌脱颖而出）、关联性（消费者对该产品满足其需求程度的感觉)、知晓度(消费者对该品牌的了解程度)和受尊重性(消费者尊崇和敬重该品牌的程度)。品牌资产强度高的品牌在这些维度上的得分均很高。品牌必须与众不同,否则消费者没有理由选择它而放弃其他品牌。但实际上,即使高度差异化的品牌也未必会得到消费者的青睐——品牌的差异化必须与消费者的需要相关。但要想成功,即便是差异化的、相关的品牌也远远不够,在消费者对该产品做出反应前,他们必须首先听说过并对它有所了解,而这种熟悉必会形成稳固、积极的消费者与品牌间的关联。

品牌资产是一个系统概念,具体可由一系列因素构成,如图7-10所示。

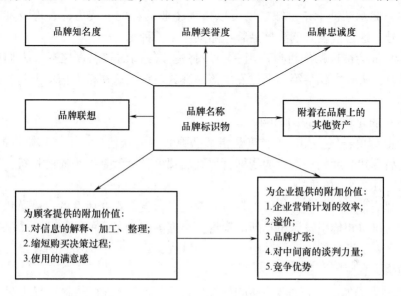

图7-10 品牌资产系统

资料来源:阿克.管理品牌资产[M].奚卫华,董春海,译.北京:机械工业出版社,2006:16.

品牌名称和标识物是品牌资产的物质载体,品牌知名度、品牌美誉度、品牌忠诚度、品牌联想和附着在品牌上的其他资产是品牌资产的有机构成,为消费者和企业提供附加价值是品牌资产的实质内容。

(三)建立品牌资产

建立、提高和维护品牌认知是企业争取潜在消费者、提高市场占有率的重要步骤。品牌也如产品一样,有其生命周期。在新品牌推出的初期,企业营销的重点是在广大消费者心中建立起对品牌的认知;当品牌步入成长期时,提高品牌的认知度是企业营销努力的重点;进入成熟期的品牌,则主要侧重于对品牌的维护。消费者通过看、听或思来认识品牌,所以建立品牌认知的关键是让消费者熟悉品牌名称、品牌术语、标记、符号或设计。企业可借助促销组合(即广告、人员推销、营业推广或人际关系等的合理配置)来建立品牌认知。

1. 品牌知名度。品牌知名度是指某品牌被公众知晓、了解的程度，它表明品牌为多少或多大比例的消费者所知晓，反映的是顾客关系的广度。品牌知名度是评价品牌社会影响大小的指标。品牌知名度的大小是相对而言的，名牌就是相对高知名度的品牌。建立良好的品牌知名度具有强大的资产价值，具体体现在几个方面：

（1）有助于人们产生品牌联想。

（2）使人们由熟悉而引发好感。熟悉意味着拉近距离，意味着减少不安全感。

（3）暗示某种承诺。知名度可以作为企业的存在、实力、表现及其产品特点的信号，这为消费者购买该品牌产品提供了一种承诺。

（4）成为被选购的对象。当一个品牌建立较高的知名度之后，人们产生购买意愿时，头脑中就会第一个迸发出该品牌的名字，这在很大程度上将导致购买行为。

（5）弱化竞争品牌的影响。

2. 品牌美誉度。品牌美誉度是指某品牌获得公众信任、支持和赞许的程度。如果说品牌知名度是一个量的指标，那么品牌美誉度就是一个质的指标，它反映了某品牌社会影响的好坏。

品牌美誉度的资产价值体现在口碑效应上，就是现在风靡的口碑营销，即通过人们的口口相传引发源源不断的销售。根据美国汽车业的调查，一个满意的顾客会引发 8 笔潜在的生意，其中至少有一笔成交，而一个不满意的客户会阻止 25 个人的购买意愿。

3. 品牌忠诚度。在现实生活中，相当一部分消费者在品牌选择上呈现高度的一致性，即在某一段时间甚至很长时间内重复选择一个或少数几个品牌，很少将其选择范围扩大到其他品牌。这种消费者在一段时间甚至很长时间内重复选择某一品牌，并形成重复购买的倾向，称为品牌忠诚（brand loyalty）。例如，当某个消费者想要购买衣服时，最先想到的品牌是 CacheCache，则说明该消费者对 CacheCache 保持着较高的品牌忠诚。

品牌忠诚度是顾客对品牌感情的量度，反映出一个顾客转向另一个品牌的可能程度，是企业重要的竞争优势和品牌资产。

（1）根据品牌忠诚度可以把消费者分为以下几个层级：

①无忠诚度者：是指那些从不专注于一个品牌的购买者，他们对品牌不敏感，基本属于随机购买。

②习惯购买者：是指那些对产品满意或起码没有表示不满的买主。他们习惯性地购买某些品牌，但易受到带来明显利益的竞争者的影响，转换品牌的可能性较大。

③满意购买者：这类买主对产品感到满意，能感觉到品牌转换成本，也就是

若购买另一个新品牌，会感到有时间、金钱、体力、精神、适应等方面的成本和风险，与习惯购买者相比，他们转换品牌的可能性要小一些。

④情感购买者：这类买主真正喜欢某一品牌，他们把品牌当作自己的朋友、生活中不可缺少的用品，对品牌发出由衷的赞美，对它有一种情感的依附。这种联系建立在买主对品牌识别、使用经历或品牌的品质认知等联想的基础上。

⑤忠诚购买者：这类买主不仅持续、重复地购买特定品牌，而且还引以为傲，会向其他人积极推荐此品牌。拥有相当数量的忠诚购买者的品牌被誉为最有魅力的品牌。

（2）品牌忠诚的资产价值。研究发现，吸引一个新消费者的花费是保持一个已有消费者花费的 4~6 倍，从品牌忠诚者身上获得的利润是从品牌非忠诚者获得的 9 倍之多。所以，品牌忠诚度对于企业而言是极为重要的战略性资产。具体来看，可以表现为以下作用：

①降低营销成本。留住老顾客比争取新顾客的成本小得多，因此拥有一批品牌忠诚的顾客可大大降低企业的营销成本。

②增强渠道谈判力。对品牌强烈的忠诚会保证品牌有优先的陈列空间，因为商店知道消费者会把这些品牌列入他们的购货清单。这在无形中会对商店的进货决策产生控制作用。尤其在企业推出新的产品规格、种类或品类延伸的产品时，这种作用更为突出。

③吸引新顾客。品牌忠诚度还代表着一个使用者可以成为一则不花钱的活广告，帮其他消费者树立初次购买的信心。在购买行为有风险时，这种作用极为明显。满意的顾客自然而然就会推荐满意的产品和服务给自己的亲朋好友，甚至推荐给身边的人，这种口碑推荐、口口相传的形式，对品牌起到了特别重要的宣传作用。

④减缓竞争威胁。品牌如果拥有一批忠诚的购买者，则该品牌抵御竞争产品攻击的能力会大大增强，因为忠诚的消费者一般很难发生品牌转换，这就给竞争对手造成很大的市场进入阻力，并削弱了竞争对手的利润潜力。品牌忠诚还可以为企业争取到对竞争做出反应的时间。如果竞争者开发了一种卓越的产品，就会逼迫企业对产品进行改进，而品牌忠诚的存在就给企业争取到了对产品进行改良的缓冲时间，以开发出更卓越的产品来对抗竞争者。

（3）品牌忠诚度的测量。消费者对某品牌的忠诚度可以用以下标准进行衡量：

①单位时间内消费者重复购买次数。单位时间内，消费者对某一品牌产品的重复购买次数越多，说明对这一品牌的忠诚度越高，反之则越低。

②消费者购买挑选时间。消费者购买挑选的时间越短，说明品牌忠诚度越高，反之则越低。

③消费者对价格的敏感程度。消费者对于喜爱和信赖的产品价格敏感度较

低，此即高品牌忠诚；相反，消费者对于不喜爱和不信赖的产品，价格敏感度较高，此即低品牌忠诚。

4. 品牌联想。联想是一种重要的心理现象和心理活动。事物之间的不同联系反映在人脑中，就会形成心理现象的联想。品牌联想就是消费者想到某一品牌时，能记起的与品牌相连的信息，如产品特点、使用场合、品牌个性等。

品牌联想具有丰富的价值。美好、积极的品牌联想意味着品牌的被接受、认可、喜爱、有竞争力与成功。总体来说，品牌联想的价值包括以下几个方面：

（1）帮助处理信息。品牌联想引发个人传播（individual communication，即自身传播），消费者在头脑中汇集了大量的信息，可以帮助消费者总结出一系列的事实情况和数据，好比为消费者创造了一个信息库。此外，品牌联想还能影响到对具体事实的解释和对信息的回忆。

（2）产生差异化。有区别的联想可能会成为关键的竞争优势。例如，提到手机，有些消费者的第一反应就是品质卓越、技术创新迅速的苹果手机，这就为其他手机品牌制造了一道无法逾越的障碍。

（3）提供购买理由。许多品牌联想涉及产品的属性、利益，从而能提供一个特别有效的理由促使消费者购买或使用这一品牌的产品或服务。

（4）促进品牌延伸。品牌所具有的联想可用于该品牌的其他产品或服务上，比如农夫山泉做的矿泉水品质很好，消费者因此可能推断农夫山泉新出的饮料质量也应该不错。

三、产品品牌策略选择

企业经常制定以及采用的品牌策略包括以下类型。

（一）品牌使用者策略

企业有三种可供选择的策略：第一种是企业使用自己的品牌，即企业品牌或生产者品牌；第二种是企业将自己的产品大批量卖给中间商，中间商再用自己的品牌将物品卖出去，这种品牌叫作中间商品牌或自有品牌；第三种是企业同时使用企业品牌和中间商品牌，这可以从合作品牌的角度来理解。

使用中间商品牌，对企业来说是把双刃剑。有利的是：①可以更好地控制价格，并且在一定程度上可以控制供应商；②进货成本较低，因为销售价格较低，竞争力较强，可以获得较高利润。不利的是：①中间商必须斥巨资做广告，以宣传其品牌；②中间商必须大批量订货，因而提升了库存成本和风险。值得注意的是，越来越多的中间商特别是大批发商、大零售商都使用自己的品牌。

合作品牌也称为双重品牌，是指两个或者更多的品牌在一个产品上联合起来。每个品牌都期望另一个品牌能强化整体的形象或购买意愿。例如，沃尔沃汽车的广告说，它使用米其林轮胎。合作品牌的优势在于：①整合后的品牌创造了更广泛的消费者诉求和更大的品牌资产；②让企业能够将其现有品牌扩张至独自情况下难以进入的行业。合作品牌的弊端体现在：①合作关系通常涉及复杂的法律合同和授权问题；②合作品牌的伙伴须仔细协调其广告、销售促进策略，以及付出其他营销努力；③伙伴双方在使用合作品牌时，需相信对方也会认真管理其品牌。

（二）品牌统分策略

如果企业决定其大部分或全部产品都使用自己的品牌，那么还要进一步决定其产品是分别使用不同的品牌，还是统一使用一个或几个品牌。在这个问题上，有四种可供选择的策略：

1. 个别品牌。个别品牌是指企业各种不同的产品分别使用不同的品牌。例如，宝洁公司旗下的海飞丝、飘柔、潘婷等洗发水，同样都是宝洁公司的洗发水，它们均拥有自己的独特品牌。其好处主要是：①企业的整个声誉不至于受其中某种商品声誉的影响。例如，如果某企业的某种产品失败了，不会给这家企业带来致命影响，因为这种产品使用自己的品牌名称。②有利于品牌延伸。例如，某企业原来一向生产高端产品，后来推出较低端的产品，如果这种新产品使用自己的品牌，则不会影响这家企业高档产品的声誉。

2. 统一品牌。统一品牌是指企业所有的产品都统一使用一个品牌名称。例如，美国通用电气公司（General Electric Company）的所有产品都使用"GE"这个品牌名称。其好处主要是：企业宣传介绍新产品的费用开支较低，新产品上市的风险较低；如果企业的名声好，其产品畅销的可能性很大。

3. 分类品牌。分类品牌是指企业的各类产品分别命名，一类产品使用一个牌子。例如，我国海尔集团在销售其家用电器如冰箱、彩电、洗衣机等产品时使用的是"海尔"品牌，而其产品线延伸至保健品行业时，使用的却是"采力"品牌。这主要是因为：①企业通常生产或销售许多不同类型的产品，使用分类品牌可以防止混淆，尤其是对于一些同时生产药品和食品的企业，这一点尤其关键；②有些企业虽然生产或销售同一类型的产品，但是为了区别不同质量水平的产品，往往也分别使用不同的品牌名称。

4. 企业名称加个别品牌。这种策略是指企业对其不同的产品分别使用不同的品牌，而且各种产品的品牌前面还冠以企业名称。其好处是：在各种不同的新产品的品牌名称前冠以企业名称，可以使新产品合法化，能够享受到企业的信誉，而各种不同的新产品分别使用不同的品牌名称，又可以使不同的新产品各有不同的特色。

（三）品牌延伸策略

品牌延伸（brand extension）是指一个现有的品牌名称使用到一个新类别的产品上，即将现有成功的品牌用于新产品或修正过的产品上的一种策略。品牌延伸可细分为纵向延伸和横向延伸。

纵向延伸即企业先推出某个品牌的产品，成功以后，再用这个品牌推出新的经过改进的产品，不断升级换代。例如，奥迪依次推出 A6-1.8，A6-2.4，A6-2.8等型号的家用车。横向延伸，即把成功品牌用于新开发的不同产品，如金佰利-克拉克公司将其市场领先的好奇品牌，从尿不湿延伸至婴儿沐浴露、一次性浴巾和换尿不湿用的一次性护垫，形成全产品线婴儿护理用品。

1. 品牌延伸的好处：

（1）使新产品能立即被顾客认出并更愉快地接受。

（2）节省了建立新品牌知名度所需的高额广告投入。

（3）有助于减少新产品的市场风险。

（4）有助于强化品牌效应，增加品牌这一无形资产的经济价值。

（5）有助于增强核心品牌的形象，提高整体品牌组合的投资效益。

2. 品牌延伸的弊端：

（1）可能使主品牌的形象变得模糊，损害原有品牌形象。

（2）如果品牌延伸失败，会伤害消费者对采用同一品牌名称的其他产品的态度，造成株连效应。

（3）有悖消费心理，淡化品牌特性。如果企业把强势品牌延伸到和原市场不相容或者毫不相关的产品上，就有悖消费者的心理定位。

（四）品牌再定位策略

因为品牌所处的环境时刻处于变化之中，所以即使品牌最初在市场上的定位很好，但随着时间的推移，也可能需要重新定位。具体的原因可能是竞争者推出了新的品牌，而该品牌的定位与本企业的品牌相近，使得本企业品牌的市场占有率下降；也可能是目标市场的消费者喜好发生了变化；等等。

品牌再定位决策，需要考虑再定位的风险、成本和费用。

综上所述，任何企业都面临着品牌决策的问题，无论采用何种品牌决策，其目的都是使企业在激烈的市场竞争中立于不败之地，这就需要企业慎重做好品牌决策。

经典与前沿研究7-2

分享经济下基于产消合一逻辑的品牌价值研究

分享经济时代下，消费者与品牌的关系颠覆了传统的品牌逻辑，因此产消逻辑下品牌价值如何塑造尤为重要。沈蕾等随机采集了百度口碑网上产消者对23个分享经济品牌的评论，采用 Charmaz 建构主义扎根理论研究范式，对所搜集的材料进行三级编码分析，构建出基于产消合一逻辑的品牌价值维度结构模型和基于产消合一逻辑的品牌价值维度路径概念模型，并通过理论饱和度检验。

基于产消合一逻辑的品牌价值维度结构模型由品牌体验、品牌知识、品牌关系质量、品牌推崇和品牌公民行为五个维度构成。该模型的主要内涵是：品牌体验是产生品牌知识和品牌关系质量的前提条件，品牌体验激发了品牌知识和品牌关系质量的形成；品牌体验可以直接影响品牌推崇和品牌公民行为，也可以通过品牌知识和品牌关系质量间接影响品牌推崇和品牌公民行为；品牌知识可以直接影响品牌推崇和品牌公民行为，也可以通过品牌关系质量的中介作用，间接促进品牌推崇和品牌公民行为的形成；品牌推崇和品牌公民行为是品牌关系质量提升的结果；品牌推崇可以影响品牌公民行为；品牌推崇和品牌公民行为能够激发品牌体验。各构念及其范畴涉及已有的概念，但又在分享经济背景下有所创新，发展出产消体验、竞争者联想、产消者形象、产消结果质量、感知公平、竞争性价比、累积满意度、产消者信任、品牌未来预判、品牌及产消者依恋、事业合伙人、他人推荐后的使用意向、品牌崇拜、产消者崇拜、攻击竞争品牌、利他行为、支持品牌和发展行为这些新的核心概念或范畴。

资料来源：沈蕾，何佳婧，罗楚. 分享经济下基于产消合一逻辑的品牌价值研究 [J] . 南开管理评论，2022（4）：1-16.

第四节　服务产品

一、服务产品的内涵

一般情况下，服务产品是由一个核心服务和附着在其上的一系列不同的附加服务要素组成的。其中，核心服务用于满足顾客对基本利益的需要，比如，到一个特定地点的交通方案、一个特定的健康问题的解决方案，或者对发生故障的设备进行修理。附加服务是一些可以帮助使用核心服务和提高核心服务价值的要素，包括所需要的信息、建议、用于解决问题的文字说明和热情的招待等。

服务营销学家洛夫洛克将附加服务分为八类：信息、咨询、订单处理、招待服务、保管服务、例外服务、开账单和付款。洛夫洛克将这八类附加服务称为"服务之花"，八片花瓣围绕着核心服务这一花蕊。一个设计良好、管理出色的服务，花瓣和花蕊都非常美丽，彼此交相辉映；反之，一个设计不良或经营不善的服务就好比花瓣凋零、褪色的花朵，即使核心服务很完美，给人的整体印象也是不佳的。例如，一次不愉快的旅途经历往往不是因为没有按时到达目的地，而是因为烦琐的乘车手续和长时间的等候。

并非每种核心服务都被这八类附加服务要素包围，不同的服务企业可以根据自身需要和战略定位提供不同的附加服务。例如，医疗保健这种针对人体的高接触服务就比汽车修理这种针对物体的低接触服务需要更多的附加服务。附加服务的数量和质量可以体现出企业的不同定位；反过来，利用附加服务，企业可以使其服务产品差异化，还可以树立良好的服务品牌形象。

二、服务产品的主要特点

服务产品具有四种主要特点，如图 7-11 所示。

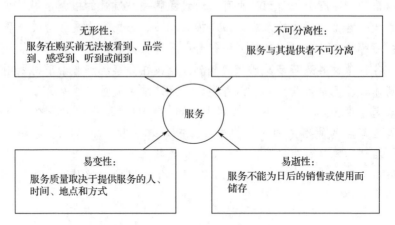

图 7-11　服务的四种特征

（一）服务的无形性（service intangibility）

无形性意味着服务产品在购买之前看不见、尝不到、摸不着、听不见、闻不到。为了减少不确定性，购买者会寻找表明服务质量的"标志"。他们通过自己所观察到的地点、人员、价格、设备和沟通材料，得出有关服务质量的判断。服务提供方的任务就在于通过一种或多种途径让服务变得有形，同时发送正确的服务质量信号。

（二）服务的不可分性（service inseparability）

不可分性是指服务先是被销售，在生产的同时被消费。服务的不可分性意味着，服务与其提供者是分不开的，不论提供者是人员还是机器。如果服务是由人员提供的，那么这个人就是服务的一部分。由于在服务的生产过程中，顾客也在场，因此这种"服务提供者和顾客互动"的关系构成了服务营销的独特特征。服务提供者和顾客都会影响服务的结果。

（三）服务的可变性（service variability）

服务的可变性是指服务的质量取决于提供服务的人员、时间、地点和方式。

（四）服务的易消失性（service perishability）

服务的易消失性是指服务不能够被储存起来，留待日后销售或使用。当需求很稳定的时候，服务的易消失性还不算是什么大问题。但是，当需求发生波动的时候，服务企业经常面临难题。因此，服务企业在制定战略的时候，经常要考虑如何实现需求与供给之间更好的匹配。

三、新服务开发策略

（一）新产品的概念和类别

新产品和新服务是相对老产品而言的，目前尚无世界公认的确切定义。一般地说，新产品是指企业初次试制成功的产品，或是在结构性能、制造工艺、外形质材等某一方面或几个方面比老产品有显著改进的产品。从市场营销学的角度看，凡是企业向市场提供的能给顾客带来新的满足、新的利益的产品或服务，即视为新产品或新服务。

新产品可分为全新产品、换代产品、改进产品三种。全新产品是应用新原理、新技术、新材料和新结构等研制成功的前所未有的新产品或者产品线，如各种电器产品计算机、电话、电视、空调、洗衣机等。换代新产品是指在原有产品的基础上，采用或部分采用新技术、新材料、新结构制造出来的产品，如模拟电视换代成数字电视等。改进新产品是在原有产品基础上适当加以改进，使得产品在质量、性能、结构、造型等方面有所改善，或者配合更新后重新定位新的细分市场，或者开发出原有产品线增补产品，如普通手机改进成音乐手机或智能手机等。

（二）新产品开发策略

新产品开发要以满足市场需求为前提，以企业获利为目标，遵循"根据市场需要，开发适销对路的产品；根据企业的资源、技术等能力确定开发方向；量力而行，选择切实可行的开发方式"的原则。采用何种策略则要根据企业自身的实力，根据市场情况和竞争对手的情况。当然，这与企业决策者的个人素质也有很大关系，开拓型与稳定型的经营者会采用不同的策略。常用的策略有如下几种。

1. 先发制人策略。先发制人策略是指企业率先推出新产品，利用新产品的独特优点，占据市场上的有利地位。采用先发制人策略的企业具备占据市场"第一"的强烈意识，因为对于广大消费者来说，对企业和产品形象的认知都是先入为主的，他们认为只有第一个上市的产品才是正宗的产品，其他产品都要以"第一"为参照标准。因此，采取先发制人策略，就能够在市场上捷足先登，利用先入为主的优势，最先建立品牌偏好，从而取得丰厚的利润。而且，从市场竞争的角度看，如果你能抢先一步，竞争对手就只能跟在后面追，而你不满足占领已有的市场，连续不断地更新换代，开发以前没有的新产品、新市场，竞争对手就会疲于奔命。一个不断变化的目标要比一个固定的靶子更让人难以击中。这样就会取得竞争优势。采用先发制人的策略，企业必须具备以下条件：企业实力雄厚，且科研实力、经济实力兼备，并具备对市场需求及其变动趋势的超前预判能力。

2. 模仿式策略。模仿式策略就是等别的企业推出新产品后，立即加以仿制和改进，然后推出自己的产品。这种策略是不把投资用在抢先研究新产品上，而是绕过新产品开发这个环节，专门模仿市场上刚刚推出并畅销的新产品，进行追随性竞争，以此分享市场收益。所以，又称为竞争性模仿，既有竞争，又有模仿。竞争性模仿不是刻意追求市场上的领先，但它绝不是纯粹的模仿，而是在模仿中创新。企业采取竞争性模仿策略，既可以避免市场风险，又可以节约研究开发费用，还可以借助竞争者领先开发新产品的声誉，顺利进入市场。更重要的是，它通过对市场领先者的创新产品做出许多建设性的改进，有可能后来居上。

3. 系列式产品开发策略。系列式产品开发策略就是围绕产品向上下左右前后延伸，开发出一系列类似的但又各不相同的产品，形成不同类型、不同规格、不同档次的系列产品。采用该策略开发新产品，企业可以尽量利用已有的资源，设计开发更多的相关产品，如海尔围绕客户需求开发的洗衣机系列产品，迎合了城市与农村、高收入与低收入、多人口家庭与少人口家庭等不同消费者群的需要。

在选择不同策略的基础上，企业应根据具体情况选择相应的新产品开发的方式：①独立研制方式。这种方式是指企业依靠自己的科研和技术力量研究开发新产品。②联合研制方式。这种方式是指企业与其他单位，包括大专院校、科研机构以及其他企业共同研制新产品。③技术引进方式。技术引进方式是指通过与外商进行技术合作，从国外引进先进技术来开发新产品，这种方式也包括企业从本国其他企业、大专院校或科研机构引进技术来开发新产品。④自行研制与技术引进相结合的方式。这种方式是指企业把引进技术与本企业的开发研究结合起来，在引进技术的基础上，根据本国国情和企业技术特点，将引进技术加以消化、吸收、再创新，研制出独具特色的新产品。⑤仿制方式。这种方式是指按照外来样机或专利技术产品，仿制国内外的新产品。这是迅速赶上竞争者的一种有效的新产品开发方式。

关键术语

产品组合（Product Portfolio）；产品生命周期（Product Life Cycle）；商标（Trademark）；品牌（Brand）；品牌资产（Brand Asset）；品牌忠诚（Brand Loyalty）；服务（Service）

复习思考题

1. 产品的层次是如何划分的？结合实例谈谈对产品层次的理解。

2. 结合案例简述当前企业如何做出产品组合的营销决策？

3. 请结合产品生命周期理论，阐释产品生命周期营销策略。

4. 谈谈对品牌资产的理解，结合案例说明当前企业应如何进行品牌策略选择。

本章案例

领跑者安踏的"新五年计划"

2021 年 7 月 8 日,安踏集团公布旗下主品牌"安踏"未来 5 年的战略目标,以及未来 24 个月快速增长"赢领计划 LEAD TO WIN"。一系列紧凑、强势而全面的战略部署,充分展现安踏把握双奥同开历史机遇,助推品牌向上的决心。专业属性的增强将推动安踏进一步抢占消费者心智,实现加速成长,保持中国运动品牌领导者的地位。

专业为本,5 年投入超 40 亿元完善全球研发体系,赋能奥运装备、大众产品

未来 5 年,安踏计划投入超 40 亿元研发成本,通过整合全球科技研发力量,强化科技创新核心能力,提升高阶商品占比。尤其注重中、美、日、韩、意五大设计研发中心及专业人才队伍的搭建,深化同清华大学等高校及科研机构的产学研合作,整合全球优质战略供应商体系,与国际领先的材料及化工供应商结成战略合作伙伴,一同打造内外融合的创新平台。

安踏将持续为中国国家队打造更多的先进比赛装备。截至目前,安踏已累计支持 8 届奥运会和 28 支中国国家代表队,拥有超 1 400 项国家专利,竞争优势突出。由于专业竞技赛事具有较高的门槛,相关资源具有明显的稀缺性,从而容易形成运动品牌的壁垒。同时,安踏将加快大众商品运动科技的自主研发和迭代,提供更多专业选择,这不仅契合"爱运动,中国有安踏"的品牌理念,对深化"运动=安踏"的品牌认知亦有助益。

商品为王,跑步、篮球核心品类突破,女子品类规模增至 200 亿元

按品类划分,安踏预计将持续发力最能代表运动品牌专业属性的跑步和篮球两大核心品类,同时深入发展女子品类。到 2025 年,跑鞋年销量由 2 000 万双增至 4 000 万双;篮球鞋年销量由 600 万双增至 1 200 万双;女子品类流水规模接近 200 亿元。

跑步品类方面,安踏将以尖端科技推动"因跑者而生,为跑者进化",打造氮气科技平台和跑步产品矩阵,在高阶产品线实现突破,同时将以大数据为依托,提供最适合中国各等级跑者的专业装备,助力顶级赛事和顶级跑者,培育青年跑团等。

篮球品类方面,安踏将在强化科技的基础上,引入国际级产品设计资源,将这一品类的设计和创新带到全新高度。并且,安踏将在继续支持国际顶级篮球巨星的同时,投资年轻高潜明星队伍;长期投入安踏自有 IP"要疯",以篮球初中联赛为起点助力中国校园体育发展。

女子品类而言,安踏以女性热爱的运动为核心,研发和设计兼具科技和颜值的新运动美学产品,满足女性在运动场景的不同需求。例如:采用全新顶尖科技材料、版型和陈列方式，打造行业最强女子裤装；或是联动行业顶级供应商打造爆品家族；抑或是结合行业顶级研发设计、IP联名、品牌代言人等资源，开发女子专属科技产品。

人群制胜，赢领消费主力Z世代，开群10亿+级新兴赛道

市场数据显示，在安踏的消费人群中，超六成消费者为酷爱运动、追逐个性、喜欢表达自我的年轻人，尤其在安踏天猫店的粉丝里，95后占比更是高达75%以上。这也意味着，安踏已逐步赢得当前的消费主力——Z世代，开启10亿+级新兴赛道。

为了强化人群优势，推动品牌向上，安踏品牌拟继续推行年轻化举措：其一，基于年轻人热爱的新兴运动延展产品赛道，与自带强运动属性并在年轻族群中拥有巨大影响力的优质运动偶像紧密合作；其二，加强商品设计的年轻化，培育年轻化的设计师平台，与Z世代年轻人共创产品；其三，加强品牌互动的年轻化，以年轻消费者喜闻乐见的营销方式与他们对话，联合跨界青年意见领袖，创建口碑营销，扎根运动社群等。

发力童装，巩固市场领导地位，打造又一重要增长极

安踏儿童提出全新发展战略，安踏儿童将与各科研机构合作进行专属科技研发，填补行业内儿童脚型及运动体态数据研究的空白；重点围绕"跑步、户外，篮球、足球"四大场景进行产品开发，深化儿童运动保护科技的应用；同时助力中国少儿运动赛事及训练营。

大国品牌，助力可持续发展，深化体育公益

作为大国品牌，安踏还宣布将继续推动可持续性商品的研发与创新，加强与国际环保组织合作。目前，安踏已携手全球最大的环保组织WWF，依托其全球网络资源，以联合国可持续发展目标为导向，参与持续改进行业内3 000多家规模纺织供应商的水、能源利用，及废弃物排放和供应链管理，同时联动了亿万消费者共同推动全球的生物多样性保护，以及塑料包装袋采用可再生环保材料。

社会公益方面，安踏亦将继续加大安踏"茁壮成长"青少年体育公益计划的投入，以体育公益参与中国乡村振兴。体育普及度已是社会经济水平和居民消费能力的一项重要指标，即综合国力和国家软实力的重要体现。近年以来，相关政策不断出台，明确推动体育产业发展，安踏作为"中国第一运动品牌"，深化体育公益，起到了良好的示范带头作用。

（资料来源：根据格隆会《40亿重注研发 领跑者安踏的"新五年计划"》，2021年7月8日，https：//baijiahao.baidu.com/s？id=1704717723363405189&wfr=spider&for=pc 资料编写。）

案例思考题

1. 结合安踏的"新五年计划"，试述产品研发创新对企业发展的重要性。
2. 结合案例资料，试分析安踏的产品组合策略及其对品牌发展的启示。

第八章 价格策略

【学习目标】

价格是营销组合中唯一能影响收入的因素，也是最易改变的因素。价格策略对产品定位、企业营销策略、目标和品牌定位的影响有其特有的复杂性和多变性。价格策略关系到企业产品的市场寿命以及企业的生存和发展。通过本章的学习，应该达到如下目标：

- 掌握影响价格策略的因素；
- 了解产品定价的一般过程、定价方法以及定价策略；
- 掌握企业自身价格调整的改变以及如何应对竞争者价格的变化。

【思政目标】

2021年国家发展改革委出台《关于"十四五"时期深化价格机制改革行动方案的通知》，"十四五"时期将重点围绕助力"碳达峰、碳中和"目标实现，促进资源节约和环境保护，深入推进价格改革，完善价格调控机制，提升价格治理能力。本章介绍企业定价方式以及定价策略，旨在引导学生正确认识价格战与价格歧视，理解"十四五"时期的价格机制改革目标，提高自身的商业伦理道德和大局意识。党的二十大报告指出，必须坚持守正创新，创新才能把握时代、引领时代。本章将介绍企业在市场竞争中对价格战略的调整方式和案例，有利于增强学生在市场竞争环境中的创新素养，促进新时代人才培养目标的实现。

 引导案例

大数据杀熟定价与传统差异化定价

人工智能、数字经济的蓬勃发展不仅推动着互联网平台企业的快速成长，也催生出丰富多样的商业竞争行为。在这样的背景下，大数据杀熟行为愈发普遍地出现在网络购物、交通出行、电子票务、在线娱乐等领域，具体表现为垄断性或准垄断性的互联网平台企业通过算法分析消费者个人信息，为不同的消费者制定不同的价格，针对熟客制定较高价格。在消费者看来，商家平台低价吸引新客户而高价反馈老客户的行为是行使算法霸权的操作，是在交易价格上对条件相同的交易相对人实施的差别待遇；相反，在商家眼中，正是由于消费者具有不同的购买能力和支付意愿，从而不应被认定为条件相同的交易相对人。消费者与经营者

观点的对峙直接将矛头引向了反价格歧视条款的理解与适用。

同物同价是人们对公平交易的一个朴素认知。不过在长期的商业发展史中，演化出大量的差异化定价行为，其中一部分是对市场供需的合理调节，已被普遍接受。大数据杀熟与传统差异化定价行为之间存在根本区别，一个简单而行之有效的区分标准是：商家是否让消费者知晓存在不同价格，是否存在隐瞒行为；消费者在进行购买决策时是否知道存在不同价格。

（资料来源：承上. 人工智能时代个性化定价行为的反垄断规制：从大数据杀熟展开［J］. 中国流通经济，2020，34（5）：121-128.）

第一节　影响产品定价的因素分析

价格是最容易调整的营销组合因素，因为产品特征、渠道分布及促销手段的调整，其执行和效果反馈都需要一定的时间，且价格对收入的影响是显著的。更重要的是，价格是直接影响消费者购买的因素，且涉及多方利益。在产品、渠道等其他因素日趋相同的竞争激烈的市场，价格直接决定了该产品是否具有竞争力。因此，企业的定价策略有必要考虑消费者、政府及利益相关者对价格的敏感程度。

一、价格的作用

市场营销可以被理解为通过交换创造和实现价值的活动，产品策略是满足顾客价值的活动，那么，价格策略就是明确产品和服务价值的活动。消费者对于产品价格的接受程度对企业的盈利具有至关重要的意义。同时，价格也是消费者用来衡量产品市场定位的标准，对企业自身形象也有一定的影响。价格决策在市场营销活动中的作用，可以简述为以下三个方面。

（一）诱导和调节市场需求的作用

价格作为企业营销组合中的重要因素之一，其合理程度会直接影响整个营销组合，对营销组合可能起到正向加强或者负向减弱的作用。消费者在对产品相关信息不能够完全掌握，即顾客和企业之间信息不对称时，很多时候习惯用价格衡量产品的价值，继而影响其接受程度和购买行为。换言之，价格本身也有一定的产品定位的功能，对消费者有一定程度的诱导作用。另外，价格的高低与比例的合理程度反映了产品的需求情况，企业可以根据自身的生产和运营能力，明确企业目标，确定盈利不同的各种价格，调节需求与自身生产能力之间的平衡。价格对渠道的选择也有调节作用，只有在企业促销和分销策略一致的情况下，企业才能使营销活动的效果最大化。

（二）引起和制约市场竞争的作用

随着科技水平的不断提升，产品在功能、性能上的差异化程度越来越小，换言之，产品的技术、质量、服务已经不能成为区分产品的主要标准。而此时，价格作为能够直接影响企业既得利益的重要因素，能够直接进行产品的区分，从而对整个企业的利润产生看得见的影响。一般来说，对普通消费类别，在产品相似或者相同且有较多供应者的时候，价格相对低的产品，其市场竞争力会得到提高。同时，价格也是竞争对手所关注的，竞争者往往会对企业价格的变化做出快速反应。

（三）实现企业营销目标的作用

通常意义上来说，企业的获益是由价格和成本之间的差额（即利润）以及销售的数量的乘积决定的。而销售数量又与价格有一定的相关性，所以企业的获益实际上主要由产品的价格决定。价格决策直接决定了企业产品的市场份额，合理地制定价格对企业最终营销目标的实现有一定的影响。但价格的形成也有其客观性、规律性，非企业一方操作即可改变，企业更多的时候是价格的适应者而非操纵者。换言之，企业营销目标的实现必须与其执行的价格决策相符，且产品的质量、性能等各个方面必须能够使消费者对企业保持积极正面的态度，价格决策才能最终帮助企业实现营销目标。

价格的作用及其重要性决定了企业在制定定价策略时必须认真考虑可能受到的各种影响，思虑周全。对企业定价产生影响的因素可分为内因和外因两类，它们对产品定价都具有影响和约束作用。企业内部因素主要与企业营销活动的各方面有关，如产品成本、产品特征、分销渠道、营销目标等；企业外部因素包括供求关系、竞争强度、消费者需求和购买行为。除此以外，市场宏观环境也会对产品定价产生间接影响。

二、影响定价的企业因素

企业在制定价格策略时，首先需要考虑自身情况对价格的约束和影响。如果欠缺对这些因素的考虑，即使考虑了外部市场和消费者的相关因素，也会因与自身情况不符，从而无法完成对应的生产任务，无法兑现对消费者的承诺，导致消费者的不信任和负面评价。影响定价的企业因素包括企业的经营目标和定价目标、成本以及企业的营销组合策略。

（一）企业的经营目标和定价目标

在某种程度上，企业的经营目标就是企业的定价目标，这是因为，企业以利润最大化为经营目标，而利润最大化又与企业的价格、成本以及销售数量有关，而且销售数量与价格也有相关性，故最终的利润受价格和企业自身成本的共同影响。企业制定不同经营目标的直接表现就是执行怎样的定价目标。常见的定价目标有以下四类。

1. 利润目标。企业的最终目标都是获取最大化的利润，但是将利润最大化直接作为企业的定价目标，其结果往往不现实，也不尽如人意。所以，企业的利润目标通常可以细分为两种：短期利润最大化和目标利润。短期利润最大化，又称"当期利润最大化"，是指企业希望通过制定合理的价格来获取最大利润。这一目标在短期内能通过企业产品在其他方面的优势，如技术或者质量，抑或在短期内竞争对手无法赶超等情况下，在了解市场需求和成本后实现。目标利润是指在企业已经掌握市场信息和需求预测的情况下，按照企业的成本水平所能获得的最好的利润水平。这种利润通常是企业各方面绩效的最优解。

2. 销售目标。以销售目标作为导向的定价策略，通过维持或者提高销售增长率，以维持或者扩大企业的市场份额为目标。企业认为其销售量越高，单位产品成本就越低，产品处于经济规模阶段，长期利润也就越高。销售增长率的提高和市场份额的扩大有利于扩大企业的影响力，增强企业在市场竞争中的地位。这种定价目标通常在企业产品的成长期较为多见，且需要一定的适用条件。例如，消费者对价格高度敏感，市场具有规模经济，随着产量和销售量的增加，单位产品所分摊的生产和分销成本呈下降趋势，以及低价格可以挤掉部分竞争者。另外，以销售目标为导向的定价，会提高企业的投资收益率，有助于企业获得长期利润。

3. 竞争目标。对于较容易经营且利润可观的产品，其市场竞争也更加激烈。生产同类产品的企业，对竞争对手的价格极为关心，更多的时候可能将竞争对手的价格调整作为自身产品价格调整的依据。其定价的基准是适应同行竞争。实力强大的企业可以通过提高产品声誉以及保证产品物美价廉等多种手段击败对手。企业为了维持较好的声誉和产品质量，通常会提高价格。价格的提高能够区分其与竞争者，并且带来较高的利润，确保企业产品质量的领先，而且较高的价格本来也是产品质量和信誉的保障。当市场有主导价格时，实力稍弱的企业可以选择主动跟随主导者的价格，或者以略低于市场主导价格的价格进入市场；刚进入市场的新产品可以与竞争者选择相同价格，但应避免价格竞争，突出其在产品、服务等方面的优势来吸引消费者。很多市场也具有进入壁垒，优势企业可能凭借成本优势实行低价，阻止新竞争者进入。

4. 生存目标。企业在面临困境或者暂时没有其他选择的时候，可以将维持生存作为企业目标，为了确保企业生产活动的正常运作，即使当期可能无利可图，也必须吸引消费者购买，从而弥补可变成本和部分固定成本，再通过其余方式改变企业状况，维持企业生存。

（二）企业的成本

企业产品的成本决定了企业产品价格的下限，即通常价格不能低于产品成本。产品成本通常是指生产和流通过程中所发生的各种物质损耗和劳动报酬的总和。企业在制定价格时，需要对成本水平及其影响成本变动的相关因素进行分析，确保价格制定的基础是企业成本。企业成本的划分方式很多，可以根据时间或者变动情况进行划分，一般包含以下几种。

1. 固定成本。固定成本是指在短期内不随企业产量和销售量变化而发生变化的成本，如厂房的折旧、租金、行政管理人员的薪酬、产品设计、市场调研等各项支出。

2. 变动成本。变动成本是指随着生产水平变化而变化，受到产品数量和种类变化影响的成本，包括用于原材料、燃料、运输、存货等方面的支出，以及工人的工资等支出。

3. 总成本。总成本，顾名思义，是固定成本与变动成本之和。它反映了企业生产销售过程中所有的总支出。当生产为零的时候，总成本等于未开工时候的固定成本。

4. 平均成本。平均成本是指总成本与总产量之比，即单位产品的成本费用。

5. 边际成本。边际成本是指在原有产品数量基础上增加或者减少一个单位所导致的成本的变动量。

6. 机会成本。机会成本是指企业投入某种资产进行一项生产活动或执行某种用途后，该资产丧失的其他用途的最佳受益。折旧构成了将其投入其他用途的机会成本。通常情况下，机会成本不会出现在企业财务报告中，但参与产品定价。

此外，影响成本的因素还包含在企业的营销活动中，如产品研发等。成本还和企业自身的规模经济情况以及经验学习有关。处于规模经济时，企业不同产出水平的单位成本不同，而经验学习会使得平均成本呈下降趋势。

（三）企业的营销组合策略

价格与企业的产品、分销、促销等营销因素相互依存、相互制约。在进行价格决策时，需要考虑营销因素对价格的影响，同时也要考虑价格对其他因素的影响，使其密切配合，互相之间能够协调一致，从而使营销组合策略能够最大限度地发挥作用。

产品是价格制定的基础，也是企业整个营销组合中的核心内容。产品的价格也是反映产品自身特点的最佳标准之一。在消费者对产品信息知之甚少，或者信息不对称的情况下，价格直接反映了产品的定位。根据价格与产品定位之间的对应关系，结合类型、档次、质量、品牌等因素，可以选择不同的价格策略（如表8-1所示）。

表8-1 产品价格策略选择

	价格低	价格中	价格高
产品质量高	超值策略	高价值策略	优势策略
产品质量中	货真价实策略	中价值策略	高价策略
产品质量低	经济策略	虚假经济策略	敲诈策略

资料来源：瞿国忠. 营销管理［M］. 北京：经济管理出版社，2008：223.

此外，价格决策还受到分销渠道的制约，企业定价时应考虑渠道的长短与宽窄以及产品的流动速度和中间商的作用等。对不同的流动环节、不同的营销对象、不同的中间商，企业应该制定不同的价格策略。为促进销售，企业开展相关活动的费用也会影响最终的产品定价。

三、影响定价的顾客因素

顾客因素是影响企业定价的外部因素之一，也是直接影响企业定价的因素，因为企业的一切营销活动都是为了满足顾客的需求，获得利益。顾客对价格的接受程度直接影响到企业营销活动的绩效。价格的制定必须考虑顾客的人文属性、心理承受力、购买能力以及对价格的敏感程度等。

（一）顾客的人口统计因素

人口是构成市场的基本单位，人口的数量规模直接决定了市场需求的规模，从而影响企业的价格决策。人口年龄结构、收入结构、家庭结构和知识程度结构都会直接或者间接地影响企业市场结构的形成或者变化，企业在制定价格的时候，必须充分考虑其产品所面对的顾客群体的人口统计情况，选择适宜的价格策略组合。

（二）顾客的心理因素

营销环境强调社会文化对整个营销活动的影响，具体来说，社会文化会对企业的定价决策产生多方面和深层次的影响。例如，价值观差异较大的群体在面对同一种产品时会对其价值产生不同的判定。而价格往往是价值的数字反映。如果消费者认为其价格反映了价值，则会认可；相反，如果消费者认为价格并未反映其价值，或价格高于其感知价值，则会对产品以及企业产生怀疑。在特定社会文化基础上形成的消费者行为心理，如性格、态度、信念和情绪等，都会直接或者间接影响人们的消费行为，如价格预期心理、求廉心理等。

（三）顾客的需求

营销理论认为产品的最低价格应该由产品的成本决定，而最高价格则由市场的需求决定。由于价格与需求呈反比关系，当价格高到一定水平后，需求则降低为零，即企业无法在此价格水平下销售任何产品。而企业的最低价格也不能低于其成本，否则会导致亏损，长此以往会影响企业的生存。所以，企业的定价应该在最低价格和最高价格之间，同时受同类竞争对手的影响。需求易受消费者收入和产品价格影响，将因价格和收入等因素变化引起的需求的变化统称为需求弹性。需求弹性又可以细分为需求的价格弹性、需求的收入弹性以及需求的交叉弹性等。

1. 需求的价格弹性。需求的价格弹性是指因价格变化而引起的需求相应的变动率。由于在其他因素不变的时候，价格和需求呈反向变化，即价格升高，需求降低，所以需求弹性值为负，通常会取绝对值。其计算公式如下：

$$E_P = \frac{需求变动百分比}{价格变动百分比} = \frac{\Delta Q/Q}{\Delta P/P}$$

　　不同的产品具有不同的价格弹性，同一产品在不同国家或者地区，其价格弹性也可能有所不同。价格弹性主要包括五种类型。

　　$E_P = 1$ 表示单位弹性，反映了需求量与价格等比例变化，即价格的上升（下降）会引起需求量等比例地减少（增加）。这种情况下，价格对企业销售收入的影响作用不大，对这类产品的定价，可选择能够实现预期盈利率为价格依据，或者实行现有的市场价格。

　　$E_P > 1$ 表示富有弹性，反映了需求量的相应变化幅度大于价格的变动幅度，即需求量对价格变动非常敏感，价格小幅度地上升（下降）会引起需求量较大幅度减少（增加）。这类产品的价格与销售收入成反比，故企业宜采用低价策略，薄利多销，从而增加企业盈利。

　　$E_P < 1$ 表示缺乏弹性，反映了需求量的变化幅度小于价格的变动幅度，即需求量对价格变动的影响不明显，价格较大幅度地上升（下降）会引起需求量较小幅度地减少（增加）。这类产品的价格与销售收入呈正向相关，高价格会增加企业收益。

　　$E_P = 0$ 或者 ∞ 的情况现实中几乎没有，故可以不予考虑。在正常情况下，市场需求与价格呈反向相关，这是受到供求规律作用的。但是也有例外，如奢侈品，其需求与价格有一定正向关系。

　　影响需求弹性的因素很多，很难枚举，包括：①人们对商品需求的迫切程度。需求弹性与消费者对产品需求的迫切程度成反比，即生活必需品的弹性小于一般产品的弹性。②产品的替代性，需求弹性与产品的替代性成正比，即替代性强的产品的需求弹性大于替代性弱的产品。因为替代性强的产品的提价会引起消费者的需求转移，而对于替代性弱的产品，消费者只能承受其价格的变化。③产品在消费者支出中的占比。占比大的产品，其弹性大于占比小的产品。④产品供求情况。供不应求的产品的需求弹性会随着价格的上升呈现由小到大的变化，而供大于求的产品降低价格则会扩大销售，需求弹性较大。

　　2. 需求的收入弹性。需求的收入弹性是指因收入变化而引起的需求相应的变动率。收入的提高会增加消费者的购买力，所以两者的变化通常是同向的。但对低档产品而言，收入的提高可能会减少消费者对这类产品的购买，导致需求的收入弹性为负值。其计算公式如下：

$$E_M = \frac{\text{需求变动百分比}}{\text{收入变动百分比}} = \frac{\Delta Q/Q}{\Delta M/M}$$

　　$E_M > 1$，即需求量的变动大于收入的变动，这类产品多为耐用品或者高档消费品；

　　$E_M < 1$，即需求量的变动小于收入的变动，这类产品多为日用消费品；

　　$E_M < 0$，即需求量会因收入增加而降低，这类产品多为低档产品或者伪劣产品。

3. 需求的交叉弹性。需求的交叉弹性是指具有互补或者替代关系的某种产品价格变动时，引起相关产品的需求相应变动的比率。对互补产品而言，一种产品价格提高会使另一种产品的需求量也下降；而对于替代产品而言，一种产品价格下降则会引起另一种产品的需求增加。其计算公式如下：

$$E_C = \frac{-种产品需求变动百分比}{另一种产品价格变动百分比} = \frac{\Delta Q/Q}{\Delta P/P}$$

四、影响定价的环境因素

企业的定价策略除了受到自身和直接购买者的影响外，所有营销活动发生的场所，即市场营销环境对企业的定价决策也有影响。影响企业定价的环境因素可以分为市场结构、国家政策以及国际市场价格波动三个方面。

（一）市场结构

市场结构决定了市场竞争的激烈程度，而其激烈程度又会对企业的定价产生影响。企业产品所面对的市场具有何种结构直接决定了企业的定价决策。市场结构通常包括完全竞争、完全垄断、垄断竞争以及寡头垄断四种，企业在这四种不同的市场结构下，对产品定价的掌控力是不同的。

1. 完全竞争市场。完全竞争市场也称自由竞争市场，是不受任何阻碍和干预的市场。该市场内有众多的买者和卖者，产品之间没有差异，交易双方信息对等，消费者需求不受价格影响，即双方都是价格的接受者而非制定者。在这类市场，企业的任何提价或者降价策略都不能帮助企业获得优势，即增加价格会使需求降低为零，而降低价格也不会获得更多的利益。但在现实生活中，这种市场并不存在。

2. 完全垄断市场。完全垄断市场是指一个行业某种产品、服务的生产和销售完全由一个卖家独家经营和控制。与完全竞争市场类似，这类市场在现实生活中也几乎没有。其通常有两种形式：一是政府垄断，即政府独家经营业务；二是私人垄断，即私人企业控制业务。私人垄断又可以细分为私人管制垄断和私人非管制垄断。不同的垄断情况下，企业具有完全的定价自由，但定价方式有所不同。政府垄断下，定价往往不是以利润最大化作为目标，而是考虑民生问题，定价通常会低于成本，但有时为了限制对某些特殊商品的消费而定价高出成本较多。在私人管制垄断下，私人和政府共同调控决定价格。在私人非管制垄断下，由于企业具有完全的定价权，定价相对灵活，但受到相关法律约束，同时也要考虑强化行业进入壁垒和利润最大化目标等因素。

3. 垄断竞争市场。垄断竞争市场是一种介于完全竞争市场和完全垄断市场之间，相对接近完全竞争市场一侧的市场形态。由于企业在产品设计、分销渠道、宣传等多个方面具有不对称性，而且同类产品在各项属性上具有明显的差异，每一个企业对自己的产品具有一定的垄断权力而不是价格消极的接受者。垄断竞争市场中企业定价的原则是边际收入等于边际成本。短期内企业也可能获得超额利润，但长期会因为规模以及新竞争者进入等原因使需求减少，获得长期均衡。

4. 寡头垄断市场。寡头垄断市场是介于完全竞争市场和完全垄断市场之间的市场形态，但相对偏向完全垄断市场一侧。一般在一个行业中，少数几家企业掌握了市场销售的绝大部分。产品的价格不是由供求关系决定的，而是企业协商决定的。如果一个企业单独提高价格，可能会损失市场；降低价格则会遭到对手的反击，从而引起价格竞争，最终深受其害。寡头竞争通常有完全寡头竞争和不完全寡头竞争两种形式。

完全寡头竞争，即无区别寡头竞争，产品的同质性非常强。消费者对产品没有特别的偏好，如钢材和石油。在这类市场中，价格通常由寡头之间协商后制定，具有很强的博弈色彩，会选择达到两者均衡的价格作为产品价格。

不完全寡头竞争，即差异性寡头竞争，产品具有一定程度的差异化，从而实现对特定偏好群体的垄断。企业之间没有直接的冲突，所以企业自身的定价权比较大。

在寡头垄断市场中，尽管价格可以协商产生，但多数情况下存在价格领先制，即某一寡头率先制定价格，其余厂商只能选择跟随确定自己的价格。价格领先制通常有三种形式，具体如表 8-2 所示。

表 8-2　价格领先制的三种形式

形　式	特　征
支配型价格领先	占支配地位的企业根据自身情况决定售价，其余根据定价确定产量
成本最低型价格领先	成本最低的寡头按照利润最大化原则确定产量和价格，其余跟随相同定价
晴雨表型价格领先	企业获得信息从而判断市场变化的能力得到认可，其价格变动传递的信息使其他企业做出相应的变动

（二）国家政策

企业的定价需要考虑的另外一个重要的环境因素就是国家的政策法规、政府或者行业干预。在社会主义市场经济条件下，充分发挥市场在资源配置中的基础性作用，也必须克服市场机制的局限性，所以政府的干预和调节是必然的。国家政策对企业定价的影响可以是直接的，也可以是间接的。直接的影响主要表现为国家对商品价格的直接管理、直接定价，主要针对有关民生、稀缺资源和具有社会公益性的产品。政府是价格的直接制定者，而企业是既定价格的接受者。一般性劳务和产品的价格都是由企业或者个人通过市场竞争形成的，若政府直接干预，会影响市场机制的运行，可能会造成市场混乱，所以政府选择间接干预。其主要途径包括相关政策的制定，如投资政策、货币政策、财政税收政策等，以及相关法律、法规的强制实施,如价格法,用强硬的手段确保定价的公平和公正,侧面影响企业的定价决策。

(三) 国际市场价格波动

经济全球化使各国经济对国际经济的依赖程度日益提高,相应地,其产品定价也受到国际市场价格波动的影响。国际价格会影响国内企业价格的制定。在我国加入世界贸易组织后,产品价格日趋国际化以及海外市场的拓展,使国内企业在定价时必须考虑国际价格走势。另外,世界经济的波动也会影响企业的定价。在经济繁荣期,社会需求量增加,产品价格容易上涨;在经济衰退和收缩期,则价格会回落。而经济波动带来的通货膨胀、银行利息调整也会影响企业成本和消费者对产品价值的判定,从而影响企业的定价决策。

第二节 产品定价的一般过程

产品定价的一般过程是指企业在确定定价目标和定价原则之后,综合考虑影响定价的相关因素后,结合企业具体情况决定或者调整产品价格的一系列相关步骤。由于产品定价具有复杂性,所以不能简单地依靠企业自身的经验进行判断,而是需要有逻辑、有条理地进行分析,按照程序执行。定价过程一般包括确定定价目标,分析需求,分析成本,分析竞争者产品、成本和价格,选择定价方法和价格决策六个步骤 (如图 8-1 所示)。

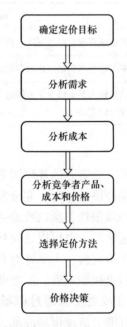

图 8-1　产品定价的一般过程

一、确定定价目标

定价目标是企业执行任何价格时的基础和依据，是企业定价的出发点，是价格决策中最重要的影响因素。不同的定价目标会使企业的定价有明显的差异。以维持生存为定价目标会使企业的定价相对较低，甚至可以低于成本，以争取长期存活；以利润最大化为定价目标会使企业的定价考虑相对复杂，需要平衡价格、销量、利润之间的关系，从而找到最优情况下的价格水平；以市场份额最大化为定价目标则要求企业的定价必须考虑竞争对手的情况，需要制定低于竞争对手产品的价格，以吸引消费者，从而获取市场份额。企业的定价目标不仅要着眼于当下企业的经营环境、经营目标，也要考虑企业的长远发展，考虑市场的变化趋势等。同一企业在不同时期会有不同的定价目标。

二、分析需求

价格对需求的影响是最直接的，需求的改变能够最直接地说明价格的作用。一般情况下，价格与需求呈反向变动，即价格越高，需求越低。当然，少数商品的需求与价格呈正向变动。有时候受消费者的心理和价格预期的影响，需求可能会随着价格上升而增加。所以，需求的判定和预测直接决定了产品价格的适合程度，也体现了计算需求曲线的重要意义。

对需求曲线的估计可以采用统计方法、价格实验方法或者调查方法等。估计需求就必须了解需求容易受到哪些因素的影响。举例来说，产品的差异化、产品的消费额占总消费额的比重、产品的需要与以前购买资产的共同使用、产品的声誉和质量以及产品的储存情况等，都可能对需求产生影响，是估计需求时必须考虑的因素。

对需求价格弹性的认识也能够对分析需求做出一定的贡献。产品替代品少、竞争少的情况下，需求弹性小，消费者一般会选择接受价格的变动，此时提高价格有益于增强企业活力；相反，若消费者对价格十分敏感，则需要考虑用低廉的价格吸引消费者。

三、分析成本

需求决定了企业制定价格的最高限度，而成本则决定了企业制定价格的最低限度，分析成本是为了确定产品价格的下限。企业在制定价格时，需要考虑的并非单纯的生产成本，还必须考虑一切与营销活动有关的可视成本，如运输成本、存储成本等。同时，企业对一些相对较难估计的成本，如时间成本、人力资源成本等，也都需要有所考虑，合理计算成本，并分摊至单位产品。总的来说，比起影响需求因素的复杂性，成本主要与企业自身有关，可以根据已有的数据和经验来确定。

四、分析竞争者的产品、成本和价格

在商品需求和企业自身成本的考虑之外，因其产品所处的市场结构的多样化和复杂程度不一，还需要企业分析其竞争者的产品、成本和价格。消费者购买相同价格的同类产品，会更看重产品质量；而购买相同质量的同种产品，则更看重价格或者服务。当前的激烈竞争使产品之间的差异越来越小，这就意味着企业提供的是相似的产品，那么其定价必定与竞争品的价格接近，否则就会失去潜在的顾客群体。如果企业销售的是低等级的产品，那么价格不应该高于其竞争者；如果销售的是高等级的产品，那么价格适当高于竞争者或与之相同也可。要强调的是，竞争的价格变动不以企业的意志为转移，对竞争者价格的分析是一个动态的过程，且要准确地预测竞争者价格变化的程度十分困难。所以，企业需要进行多方分析和一定的预判，判断竞争者在进行价格变动时，自身应如何应对。

五、选择定价方法

在进行需求分析、成本分析以及竞争者分析后，明确了价格的上限和下限，而竞争者的价格可以提供一些参考，也可以作为企业定价的依据和标准。在此基础上，企业需要一些明确的定价方法来确定自身产品的最终价格。常见的定价方法有成本导向定价法、竞争导向定价法以及需求导向定价法三类，我们将在本章第三节详细展开。

六、价格决策

价格决策的基本步骤主要是以上五步，但企业还需要考虑一些其他因素，如营销组合因素，权衡后决定价格。企业的营销活动并非单一开展，而是要综合营销各部分，组合各类营销方式方法后综合展开的，所以产品的定价也必须考虑与其相关的产品、促销、分销等因素。产品的定价与企业营销组合中的其他决策有一定的相关性，如品牌的熟悉程度使消费者愿意支付品牌溢价，产品质量和广告投入高的，其价格也较高等。所以，企业的定价策略不是单一存在的，它必须与企业营销组合中的其他决策相一致，互相协调，不存在冲突，共同发挥作用。

经典与前沿研究8-1

网络效应个性化定价的风险

本研究考察了网络效应是如何影响个性化定价对企业和消费者的影响的。网络效应是一种现象，即对产品或服务的需求越大，该产品或服务对每个消费者的价值就越高。Nickerson 等从价格、需求、利润和消费者剩余等方面研究了网络效应对个性化定价的影响。研究认为，个性化定价可以捕捉消费者支付意愿的异质性，满足不同消费群体的需求，从而增加利润。利用博弈论模型，研究发现了个性化定价不仅会减少需求，还会降低企业利润，减少所有消费者剩余的条件。具体而言，研究模型显示，在具有网络效应的市场中，除非预期消费者异质性的影响高于网络效应的影响，否则个性化定价会减少需求，降低利润，减少所有消费者的剩余，从而导致市场不足。

资料来源：HAJIHASHEMI B, SAYEDI A, SHULMAN J D. The perils of personalized pricing with network effects［J］. Marketing science, 2021, 41（3）：477-500.

第三节　产品定价法

定价方法选择是定价决策一般过程中不可或缺的一个环节。产品定价的方法很多，企业的选择通常与自身的经营目标尤其是定价目标有关，受定价目标制约。不同类型的企业或者同一类型的企业面对不同的外部环境，其产品定价方法的选择也会有所不同。总的来说，产品定价方法可以分为三种导向，即成本导向、竞争导向和需求导向。

一、成本导向定价法

成本导向定价法是以成本为中心，即站在卖方的角度定价的方法。其依据是产品的成本因素，即首先要考虑的是企业收回在生产经营以及营销活动中所投入的全部成本，然后再考虑获取一定的利润。以成本为导向的定价方法是企业定价方法中最常用也是最传统的方法。由于企业不同，而且产品的成本形态也有差别，所以其利润核算的方法也不同，具体可以细分为成本加成定价法、目标利润定价法两类。

（一）成本加成定价法

成本加成定价法就是以产品的单位成本为基础，加上代表预期利润或者税金的一定数额的加成率来决定产品的销售价格的定价方法。成本加成定价法的一般计算公式如下：

单位产品价格 = 单位产品成本 ×（1 + 代表预期利润或税金的加成率）

单位产品成本是指其总成本，由固定成本与可变成本构成。实际操作的时候又可以分为两类。

1. 总成本加成定价法。对不同企业的不同产品而言，其总成本的含义也是有差别的。对生产制造企业而言，其总产本主要与生产过程中所发生的成本费用有关，即传统所定义的固定成本和可变成本。但对商业企业而言，其成本还包括在采购、运输、销售等多个营销环节的费用，具体计算时可以采取顺加成法或者逆加成法。顺加成法，价格由成本和成本与加成率的乘积决定，其用公式表示为：

$$产品单位价格 = 单位总成本 + 单位总成本 \times 加成率$$
$$= 单位总成本 \times (1 + 加成率)$$

逆加成法，即价格由成本和价格与加成率的乘积决定，其公式表示为：

$$产品单位价格 = 单位总成本 + 产品单位价格 \times 加成率$$

即
$$产品单位价格 = \frac{单位总成本}{1 - 加成率}$$

成本和价格相同时，两种方式中的加成率是不同的。逆加成法的加成率更小，更利于外界宣传，所以多被企业尤其是商业企业采用。

成本加成定价法的优点是：成本与价格直接挂钩，操作简便，企业无须根据需求的变动频繁调整价格；且因其操作性强，加成率在同一行业几乎没有变化，所以同类企业之间的价格会趋于相同，避免了价格的竞争；以成本为基础定价对买方和卖方都相对公平，卖方可以获得一定利润，买方也不需要出过高价格，短时间内供求关系不存在巨大变化。但这类方法的缺点在于忽视了市场需求和竞争，对实际市场的适应性较差，通常适用于价格变动较小的产品类别，如大宗商品（煤、稀有金属等）。

2. 变动成本加成定价法。变动成本加成定价法也称边际贡献率定价法。由于边际成本与可变成本比较接近，且变动成本的计算相对简单、明确，所以在定价中一般使用变动成本代替边际成本。企业利用这种方法定价的时候只考虑变动成本，而不计算固定成本，以单位变动成本作为定价依据，加上单位产品贡献，决定价格。边际贡献率是预计的销售收入减去变动成本后的余额。如果边际贡献大于成本，尽管有时候不足以产生盈利，但会抵消一部分固定成本而减少企业损失。在市场供大于求，竞争非常激烈的时候，这种方法较为灵活。因为售价过高导致企业失去市场，还不如暂时不顾及固定成本，尽力维持生产经营活动。否则企业停产，其损失的固定成本依旧存在。边际贡献定价法的公式为：

$$单位产品价格 = \frac{单位变动成本 + 边际贡献}{预期销售量}$$

$$单位产品价格 = 单位变动成本 + (预期销售收入 - 总变动成本)$$

变动成本加成定价法的优点在于易于在各种产品之间合理地分摊成本费用；企业能够选择和接受市场价格，从而提高企业的市场竞争力；根据各产品的贡献情况合理分配资源，寻找各产品之间的最优组合。这类方法适合于竞争激烈的市场，其对动态关注的要求较高，要求企业根据销售形势的变化相应地调整价格。这种方法看似合理，但实际操作中存在一些问题，如价格的反应时间等。这是因为消费者对价格变动需要一些接受和反应时间，而时间的长短难以简单判断，有时候可以根据经验进行预估，但效果也很一般。

（二）目标利润定价法

目标利润定价法是指企业根据总成本、预期销量和利润来确定价格的方法。

目标利润定价法不仅适用于商业企业和生产企业，对公共事业单位也同样适用。公共事业单位的投资较大，且业务有垄断性，会受到部门的限制，所以往往根据投资来明确一定目标利润从而计算收费价格。目标利润定价法的公式为：

$$单位产品价格 = \frac{总成本 + 目标利润}{预期销售量}$$

$$P = \frac{TC + \Pi}{Q}$$

目标利润定价法是一种生产者导向的定价方法，并未考虑市场竞争和需求的情况，只是从保证生产者利益出发制定价格。目标利润定价法首先确定自身销量，然后决定价格，完全颠倒了价格与销量的关系，且很多情况下，企业是无法先确定产品销量的。所以这类方法比较适合价格弹性小且在市场中有一定影响力、占有率较高或者具有垄断性质的企业。例如，在特定行业内的寡头垄断（中国电信和中国移动）或者由国家主导的业务（中国铁路）中，价格往往根据自身情况确定，而更多时候消费者是被动的接受者。

二、竞争导向定价法

竞争导向定价法是指通过研究竞争对手的情况，包括其生产条件、服务状况、价格水平和市场竞争等，将其作为企业产品的定价基础，依据自身竞争能力，参考成本和供求关系，确定和调整价格，以使企业保持价格竞争力的定价方法。竞争导向定价法通常有两种形式，即现行价格定价法和投标定价法。

（一）现行价格定价法

现行价格定价法又称"随行就市定价法"，即根据行业内企业的现行价格或者竞争对手的价格水平来确定价格的方法，是一种相对常见的定价方法。在产品成本测算较为困难、竞争对手情况不太确定以及企业希望得到一种相对公平的报酬且不扰乱市场秩序的时候，随行就市定价方法比较适用。另外，这种方法适用于产品需求弹性小或者供求相对平衡的产品市场。最常见的市场就是日化品市场和快消产品市场。

产品同质性强的市场，就应该采取现行价格定价方法，因为过高的价格消费者不会接受，而较低的价格竞争者肯定会有所反应，继而可能出现价格战争。在这类市场中，消费者容易接受的是平均价格，将其看成合理价格，企业依据这类价格定价既能够保证获得行业平均利润，又能避免恶性竞争，减少风险。采取现行价格定价法，企业还可以根据竞争对手的价格来制定产品价格。小型企业会追随大型企业而决定自身的价格，因为企业规模小决定其竞争能力有限，采取价格跟随策略能够减少正面的价格冲突，根据大企业的产销来确定自己的价格，从而保持与竞争者一样的利润。如在日化市场，对中小规模的企业来说，通常会根据宝洁或者联合利华的销售情况来确定自身产品的产量。

（二）投标定价法

投标定价法的基本原则是招标者选择其能接受的价格，主要包括竞争投标定价法和密封投标定价法两类。

竞争投标定价法是指卖方委托拍卖行，以公开叫卖的方式引导买方报价，利用买方竞争求购的心理，选择高价格成交的一种定价方法。使用这种方法的产品主要是高级艺术品或者大宗商品。竞争投标定价法具体包括升价出价的英式拍卖以及一个卖方多个买方的荷兰式降价出价方法。前者主要用于销售古董、房产等；后者强调从一个价格开始下降直至有买家愿意接受。

密封投标定价法是指由招标者（买方）在媒体上刊登广告或者发出函件，说明拟采购的产品品种、规格、数量等具体要求，邀请投标者（卖方）在规定期限内投标，招标者寻找报价最低、最有利的投标者签约成交的一种定价方法。这种方法主要适用于建筑施工、大型机器设备的购买、政府采购等。正常情况下，企业为了获得投标，会尽量报一个较竞争对手低的价格。理论上来说，如果能够准确地预测竞争对手的报价，则会增加中标的概率。但事实上，这种预测是很难的。另一种情况是尽量报一个低的价格，虽然增加了中标的概率，但是会影响企业的利润，且机会成本会使企业转向其他方面的投资。所以报价的时候要考虑企业要实现的目标，并结合竞争者状况以及企业对自身能力的掌握情况合理估计中标概率。最佳报价应该使预期收益最大化。预期收益计算公式如下：

预期收益 =（报价 - 直接成本）× 中标概率 - 失标损失 ×（1 - 中标概率）

三、需求导向定价法

无论是以成本为导向还是以竞争为导向的定价方法，其实际测算的时候都会存在一些问题，单纯地关注企业自身的成本或者行业内竞争者的情况，而忽视企业面对的直接消费者，显然是不客观也不合理的。在实践中，对利润的测量或者概率的估计是很难准确的，且需求量是价格的函数，价格过高则无法达到预期销售量，过低则会影响企业的正常生产活动。所以，企业只有考虑消费者的需求，才能够更加明确地制定价格。需求导向定价法以消费者对产品价值的理解和需求为主要定价依据，综合考虑成本和竞争的因素，制定符合消费者心理、价格意识和承受能力的价格。需求导向定价法主要有感知价值定价法、需求差异定价法、价值定价法、习惯定价法以及可销价格倒推定价法等。

（一）感知价值定价法

企业将产品的价格建立在消费者对产品的感知或者认知程度上。感知价值是指消费者对商品的产品价值的主观评价。感知价值定价法就是企业以消费者对产品的价值认知、理解和需求强度为依据，通过应用各种营销策略和手段，影响消费者对产品价值的感知和认知，以确定企业需要的价格的定价方法。消费者对产品价格的认知可以理解为对其性能的感知。产品性能在消费者之间的认知度越高，其价格也就相应较高。这是一种与市场营销相适应的定价方法，它强调了顾客感觉的价值与其价格的匹配程度。

感知价值定价法包括四个部分，即确定产品的认知价值和价格，确定产品在此价格的需求量，根据需求量确定企业产量、产能和投资，以及根据确定的成本和利润决定是否要放弃该产品。四个步骤中最重要的是价值的认知。为此，企业可以通过对消费者进行调查直接获得消费者对产品的认知价值信息，或者通过竞争对手产品的认知调查，对照本企业产品，做出产品价值的认定。通常对价值的认知有三种方法：要求用户对比同类产品的认知价值，继而直接给出价格的直接价格评比法；给出不同产品的认知价值，从而计算其可接受价格的直接认知价值评价法；给出具体认知价值的得分依据诊断法。

感知价值定价法的基本思想是根据企业产品认知价值的高低决定其价格的大小。其难点在于如何准确地获得消费者对产品感知价值的资料。如果企业高估其感知价值，价格过高，则会降低销量；反之，低估价值则会使其定价低于应有水平，难以实现收入目标。所以，获得准确的价值感知信息就成为这类方法成功的关键。除此以外，这类方法还要考虑需求弹性，弹性大的商品可以定价稍低；弹性小的商品可以定价高一些。特别的例子就是奢侈品，其产品定价主要就是靠这种感知价值的判断，通过产品的宣传让消费者对其产品形成一种高大、奢华的产品认知，从而影响消费者对价值的感知。

（二）需求差异定价法

需求差异定价法也称"市场细分定价法"，是指对统一质量、功能、规格的产品，根据需求的差异和紧迫程度制定不同的价格，以销售对象、地点、时间等条件变化所产生的差异来定价的方法。普遍的情况是将需求强度的差异作为定价的基本依据。产品或者服务的差异实则是反映需求弹性的差异，而需求弹性的差异是一个复杂的、多因素考虑的结果，所以使用这类定价方法的时候需要考虑顾客需求、心理、地区等因素，灵活对待。通常这类定价方法有以下几种形式。

1. 因人而异。同一产品和服务针对不同消费者制定不同价格。消费者因其不同的人口统计指标会有不同的需求，企业在定价时给予相应的优惠或者提高价格。

2. 因地而异。同一产品和服务针对不同地域的消费者制定不同价格。这类价格的制定可能是由于企业生产中不可避免的成本造成的，也可能是产品自身定位的一种表现。

3. 因时而异。产品的生产和需求受时间的影响，因时间变化而变化。对同一产品，在不同季节、时间制定不同价格。

4. 因量而异。同一产品或者服务因数量不同而制定不同的价格，一般产品购买或者消费越多越便宜，也可能是主张节约，越多越贵。

（三）价值定价法

价值定价法是指企业以较低的价格出售高质量的产品。它并不是简单地制定一个相较于竞争产品低的价格，而是对企业的生产营销流程进行改造，使企业在不降低质量的前提下生产成本较低的产品。降低价格的目的在于吸引更多的顾客，从而扩大市场占有率。价值定价法的一种常见形式就是在零售领域的天天低价。零售商不采用阶段性打折的政策，而是采用每天有特定商品的低价政策。这种低价政策既可消除打折所带来的不确定性，也可与以促销为导向、采取部分产品低价而其余高价的竞争对手区别开来。这是因为定价所涉及的活动也需要一定成本，且消费者对企业提供特价产品或者赠品的方式已经厌烦，所以单独使用这种方法不能起到良好效果。

（四）习惯定价法

对一些日用消费品，消费者对其基本属性的认识较为全面，也对这类产品的价格水平有明确认知。除非其产品功能和用途发生重大变化，否则应该致力于价格的稳定。降价可能造成消费者对产品的怀疑。

（五）可销价格倒推定价法

产品可以销售的价格是消费者愿意接受和理解的价格。购买者包括中间商以及最终消费者。产品的分销渠道是多层的。采取这种定价方法，首先要了解消费者最终可以接受的价格，继而考虑零售商的利润率并确定零售商可以接受的价格，再次考虑批发商能够接受的价格，最终形成企业的出厂价格。这种定价方法看上去是最合理的，考虑了各层级的需要，但在实际操作中却存在问题，如中间商的利润率如何确定？是否有一定空间？这种方法单纯地从消费者可以接受的价格反推，而消费者通常都愿意选择价格较低的产品，这也就意味着企业必须不断降低成本才能适应，但这很难做到。

第四节　价格策略

定价是一个极其复杂的过程，而上面讲述的几类基本方法显得较为宽泛，实际操作中也存在诸多问题，根据这些方法制定出来的价格一般是一种基本价格。企业一般不会制定单一的基本价格，而会针对环境变化、产品条件和企业目标等，灵活运用多变的定价策略，对基本价格进行适当的调整，以使企业的产品或者服务价格与企业的其他营销组合相适应，制定消费者可以接受的价格，从而完成企业的定价目标。

一、新产品定价策略

新产品肩负着尽快让消费者接受，打开市场，使企业尽快获得盈利的目标。新产品通常具有竞争程度低、技术领先等优势，但同时也存在如果不被认同则会影响销售以及成本普遍较高的劣势。所以新产品的定价是企业决策中的难点之一。实践中常见的新产品定价策略有撇脂定价、渗透定价和温和定价三种。

（一）撇脂定价

撇脂定价又称"高价厚利定价"，是指新产品上市时，由于需求弹性小、竞争对手少等客观情况，企业有意识地将价格定高，远高于产品成本，以期短期内补偿研发及其他费用的投入，同时尽可能地获取利润的定价方法。最常出现撇脂定价的行业就是数码类行业。例如，苹果、三星、小米和华为等国内外一线手机企业发布新产品时，其产品定价往往远高于其成本，主要为了在第一时间尽可能多地获得收益。撇脂定价的优点主要体现在以下四个方面：

1. 有利于提高新产品的投资回报率。新产品的投入往往伴随着较高的投资，企业采用撇脂定价可以在较短期间内进行成本的补偿，收回成本。

2. 有利于吸引高收入群体。高收入阶层往往对高层次、高格调的新产品产生兴趣继而购买该产品。消费者具有从众、求欢等心理，从而使一部分中等收入者加入购买队伍，使产品的市场占有率得以提高。

3. 有利于建立竞争优势。新产品的高价格，有利于获得价格调整的主动权，使企业可以在高价进入后，考虑到竞争对手的加入预留出降价空间，之后根据市场实际情况，逐步降价，刺激市场产生新的消费者，从而掌握价格调整的主动权。

4. 有利于产品定位。企业通过撇脂定价提升产品身价，树立产品形象。多数消费者在信息不对称的市场环境下无法对产品有直接的比较和鉴定的能力，价格高低是消费者评判产品质量的一种取向。高价格有利于在消费者心目中建立高档产品的形象，树立名牌形象，为企业后续营销活动打下基础。

当然，撇脂定价也有不足之处。价高不利于打开市场，且利厚会吸引竞争者加入，导致盲目竞争，引发价格大战，从而加剧产品的竞争。一些对价格敏感的消费者会对新产品过高的价格产生反感，影响销售。同时，价格过高而服务等其他营销环节不相匹配的话，也会给企业带来负面影响。所以企业在考虑撇脂定价时，需要考虑对价格不敏感的顾客的需求、新产品推出初期的产能有限、企业专利或者技术诀窍、产品高价有助于建立高档形象等相关情况。

（二）渗透定价

渗透定价又称"低价定价"，是指企业利用消费者求廉的心理，将价格定得比较低，吸引大量消费者，获得市场占有率，取得市场上的主动权，以实现长期利润最大化。采取渗透定价不仅有利于迅速打开市场，抢占市场，提高企业和品牌的声誉；而且能够有效阻止竞争对手的加入，竞争对手会因为无利可图而不参与竞争，或者因为市场成熟，竞争者在各方面不具备优势，从而保证企业在市场中的控制力和竞争优势。这种情况在数码类产品市场也常有发生，主要是老产品一旦技术新鲜感过去，其价格就会降低，成为性价比高的产品。例如，iPhone 6s

上市后，之前的老款产品都会有一定幅度的降价。

但渗透定价也存在一些问题。渗透定价的投资回收速度慢，不利于及时收回企业的相关投入；定价低的产品容易被消费者误认为是低档产品，影响产品的形象，进而影响后续销售；产品定低价后很难再提高价格，因为价格提高会流失消费者，所以不利于企业利润的快速提升。所以，考虑渗透定价时必须对其使用条件有一定认识。渗透定价适用于以下情况：需求量大、需求弹性大且相关替代品较多，通过降价能够增加销量的产品；企业具备资金、成本和资源优势，处于产品规模经济阶段，同时拥有多条产品线作为补充；新产品技术易于模仿，竞争者容易进入，但短期不会因为价格原因引发竞争；产品必须配有相应的服务等。

（三）温和定价

温和定价又称"满意定价"，是指企业为了兼顾撇脂定价和渗透定价的优点，介于两者之间的一种定价策略。这是一种居中的价格策略，既能保证企业获得满意的利润，也能让消费者接受产品价格，对双方均有利。这类定价策略具有风险小、易为各方所接受等优点，是一种普遍使用、简单易行的价格策略，适用于中等质量、单位成本处于行业平均水平、有一定市场份额的新产品。

二、价格折扣与折让

企业为鼓励消费者大量购买和淡季购买，常常会酌情给予一定折扣，这类定价策略可以吸引顾客，扩大销售，这就是价格折扣与折让策略。

（一）现金折扣

现金折扣又称付款期限折扣，是指企业为了激励消费者提前支付货款而采取的一种折扣策略，对现款交易或者按期付款的买方给予折扣。典型的例子是"2/10,NET/30"，是指买方的付款期限是 30 天，但如果 10 天内付完则给予 2%的折扣。目前这种情况多半以互联网为依托，发展互联网金融，如京东金融推出的"校园白条"。

（二）数量折扣

数量折扣是根据买方的购买数量制定的折扣方式，是指买方的购买量达到一定水平时给予的一种折扣，但折扣不能超过大批量销售所节省的成本。数量折扣又可以分为一次购买的非累积数量折扣以及一定时间内累积的数量折扣两种基本形式。非累积数量折扣是指一次购买量达到规定的数量或者购买不同产品达到一定金额时给予的折扣。而累积数量折扣是指规定一定时期内，买方累积产品购买达到或者超过一定数量或者金额给予的折扣。数量折扣通常发生在批发商购买产品时，其大量地购买产品使其数量达到某一额度从而获得折扣。

（三）功能折扣

功能折扣又称"业务折扣"或者"贸易折扣"，是指厂商根据各类中间商在产品生产销售过程中履行的职责、承担的不同职能，给予的不同价格折扣。由于渠道成员在产品分销中的责任和作用有所不同，折扣的程度也有所不同。最常见的是批发价和零售价。

（四）季节折扣

季节折扣是指生产企业为扩大产品在淡季的销售而采取的一种折扣策略，其目的是均衡产销，收回投入资金，加快资金周转。常见的有反季销售服装、旅行社和航空公司的淡季折扣优惠。

（五）折让

折让是另一种类型的价格减让，主要有以旧产品冲抵一部分货款从而购买新产品的以旧换新折让，及生产企业给予参与本企业促销活动的中间商的折让两种形式。

企业的折扣和折让在长短期的表现有明显不同。短期的折扣和折让对企业的微观环境的各个方面影响比较小，而长期则对环境的影响比较大，所以企业必须关注折扣与折让政策对环境中各相关利益者的影响，同时要避免出现以下三个方面的问题。

1. 市场竞争剧烈化。折扣与折让可能会威胁到其他企业的市场份额和地位，所以其他企业也会采取类似的方式方法，从整体行业来看，会使利润下降，导致整个行业的表现不佳。

2. 企业管理复杂化。各种折扣策略的使用可能造成购买者购买数量的增加，数量越大，购买周期也会越长，导致企业的生产和销售有很大波动，不利于企业内部管理。

3. 市场供需投机化。不当的折扣与折让策略使某个消费者或者用户过度购买，将剩余产品转手给其他消费者或者产业用户销售，出现投机行为。结果价格再三下降，实际需求并未增加，成本也没有降低，企业的利润则会减少。

三、心理定价

心理定价策略在零售行业被广泛使用，是指根据消费者购买商品的心理因素，有意将产品价格定得高些或者低些，以诱导消费者购买的定价策略。该定价策略要求熟悉消费者购买商品的心理，并对其灵活运用。其中主要包括声望定价、招徕定价、尾数定价和整数定价四种基本形式。

（一）声望定价

声望定价是指在商品定价时针对消费者"价高质必优"的心理，对知名度高的优质、名牌、有特色的产品制定较高的价格。通常是具有较高声望的企业或者想树立高声望的企业采用的一种定价策略，适用于相对难以鉴别质量的产品。采取声望定价时要考虑消费者的承受能力，切忌制定超出消费者心理预期的价格。

（二）招徕定价

招徕定价主要适用于大的零售商，是指零售商利用消费者求廉的心理，将一种或者几种产品的价格定得比较低，给人以所售商品价位较低的印象，从而吸引消费者，借机扩大其他相关产品销售的定价策略。使用招徕定价需要注意选择购买频率较大的日用品或者需求弹性较大的商品，这些商品价格不高、需求广泛，能够吸引消费者购买较大数量，用增加销售量来弥补低价的损失。同时，采取招徕定价的商品，对其销售数量也需要注意，太多会使企业利润下降，太少又达不到招徕的目的。

（三）尾数定价

尾数定价即非整数定价，即给产品一个零头结尾的非整数价格，使消费者在心理上感觉较为便宜，刺激其购买欲望。采用尾数定价方法会让消费者感到这种定价是企业经过认真核算之后制定的。尾数要根据不同国家的风俗习惯来确定。每个国家或者地区都有其偏好的数字，如中国人喜欢 6 和 8。尾数定价在以超市为首的零售场所较为常用。

（四）整数定价

整数定价也是针对消费者心理状态而采取的一种定价策略。它与尾数定价相反，有意将价格定为整数，从而使消费者认为这种定价与其产品形象是相符合的。整数定价可以提高消费者的身价，通常适用于高质量的名牌产品或者消费者并不熟悉的行业内新产品。

四、促销定价

公司可以使用多种定价技术来刺激消费者进行早期购买。

（一）亏本销售定价法

超市和百货公司经常降低知名品牌的价格以增加店面客流量。如果额外销售收入补偿了亏损销售项目的较低利润，则是可以获益的。品牌制造商通常会反对这样做，因为这种做法可能会稀释品牌形象，并引起以标价出售商品的零售商的不满。

（二）特殊事件定价法

卖家可以在特定季节制定特殊价格以吸引更多的客户。

（三）特殊客户定价法

卖家仅向特定客户提供特价。例如，Popular Bookstore 及其子公司 Harris、Prologue 和 UrbanWrite 的会员客户，可以享受非会员无法获得的折扣和特权。

（四）现金回扣

汽车公司和其他消费品公司会提供现金回扣，以鼓励消费者在特定时间段内购买制造商的产品。回扣有助于在不降低标价的基础上清库存。

（五）低息贷款

企业可以为客户提供低息贷款，而不需要降低商品价格。汽车制造商甚至宣布提供无息贷款来吸引客户。

（六）更长的付款期限

卖方，特别是抵押银行和汽车公司通过延长贷款期限来降低每月的还款额。消费者通常不担心贷款的成本（即利率），而更担心他们是否能负担得起每月的还款额。

（七）担负和服务合同

公司可以通过增加免费或低成本的保修或服务合同来促进销售。

（八）心理折扣

这一策略表现为先制定一个高价，然后大幅降价销售。例如，"原价是 359 美元，现价为 299 美元"。

促销定价策略通常是一种零和博弈。如果这些策略奏效，竞争对手就会模仿以致其失去效力；如果无效，它们浪费了本可以投入其他营销组合的资金，如提升产品质量和服务，或通过广告增强产品形象等。

五、差别定价

差别定价也称"价格歧视"，是指企业为了追求利益最大化或者为了竞争的需要，因顾客、产品、时机等不同因素而对基础价格进行调整，会按照两种或者两种以上的价格来销售其产品和服务的定价策略。需要注意的是，差别定价的产品的价格差异不反映其成本的差异。

（一）顾客差别定价

顾客差别定价也称"顾客细分定价"，是指同一产品针对不同客户或者顾客制定不同价格。产品价格因顾客的重要性、购买数量和需求强度或者对产品的认知不同而有所区别，如企业针对老客户和新客户制定的价格不同。

（二）产品形式差别定价

产品形式差别定价是指企业对产品线上不同项目采用不同利润率的定价方法。企业通常根据产品不同的外观、花色、型号、规格等，制定不同的价格。采取这种定价策略的产品，也许产品成本有所不同，但是价格差异与成本差异之间不成比例。

（三）销售时间差别定价

销售时间差别定价是指企业对在不同时间段销售的同一产品制定不同的价格，如电影白天价格和晚上黄金时间的观影价格差别明显。其目的是鼓励消费者在销售低谷时段购买，从而对销售量波动峰值产生削峰效果。

（四）地理差别定价

地理差别定价主要是指产品在不同地区或者不同场所采取不同的价格。因为在经营中要花费运输、装卸、仓储等多类费用，同时产品在不同地区所面对的消费群体不同，购买行为差异明显，同一产品在不同场所的价格也有很大不同。地理差别定价通常有下面五种形式：

1. 原产地定价。原产地定价（F.O.B）是指卖方负责将产品运到买方指定的某种运输工具上（如飞机、火车），并承担交货前的一切费用和风险，买方承担交货后的费用的定价方法。在国际贸易中被称为"离岸价"或者"船上交货价格"。这种定价方式选择在某种运输工具上交货，双方都负责从产地到目的地的费用，相对公平。但其不利的一面是距离较远的顾客有可能不愿意购买该企业的产品而选择当地产品。

2. 统一交货价。统一交货价是指对不同地区的消费者采取统一价格加上平均运费的定价方法。这种定价方法包含企业客户分摊的平均运费，即距离远的客户平摊得少，而距离近的则要分摊超过其实际的运费。这么做是为了鼓励较远地区的消费者购买，但对较近地区的消费者不公平。

3. 分区定价。分区定价也称"区域定价"，是指企业把产品的销售市场划分为若干区域，每个区域单独定价的方法。距离企业远的区域定价较高，近的则较低。这是分区定价的不合理之处。

4. 基点定价。基点定价是指企业在销售区域内选择某个城市作为基点，按出厂价加上企业到离购买者最近的基点的运费来定价的方法。为了提高灵活性，企业可以选择多个基点。

5. 运费补贴定价。运费补贴定价是指为了弥补产地价格策略的不足，减轻买方承担的费用和风险，由卖方负责一部分或者全部运费的定价方法。这类定价方法必须保证销售量增加带来的成本下降大于因运费免收造成的企业收入减少。

六、产品组合定价

产品组合定价是指企业为了实现多样化产品的最大利润，在充分考虑产品组合中各产品之间的关系，以及个别产品定价的高低对整个组合的影响的基础上，系统地对产品组合中相关产品的价格做出调整的定价方法。

（一）产品线定价

产品线定价是指企业为了追求整体收益的最大化，充分发挥系列产品的需求和成本之间的关联的积极效应，为同一产品线中的不同产品确立不同的角色，制定不等的价格的定价方法。例如，有的产品为招徕品，定价比较低，目的是吸引消费者购买其他商品；有的产品为获利品，定价比较高。这种定价方法首先要确定产品线中档次最低或者比较低的产品价格，然后再确定档次比较高或者最高的产品价格。价格差过大，会导致低规格产品的需求量过大；相反，则会导致高规格产品的需求量增加，这对整个产品线而言都是不利的。所以，价格区域间的差异必须考虑到产品线内不同产品之间的成本差异、顾客对不同特色产品的评价以及同类型产品的竞争者价格。

（二）单一价格定价

单一价格定价是指企业在为产品线定价的时候将产品线内所有产品制定相同价格的定价方法。这对一些产品项目之间成本差距不大的情况比较实用。这类定价方法的好处在于方便顾客购买，也有利于企业的产品管理。

（三）互补品价格定价

互补品是指需要配套使用的产品，产品之间存在互补关系。互补品定价的关键是企业利用价格对消费者连带品市场需求的调节、引导作用，实现营销目标由点及面。如果两种产品的单位价格差异大，购买频率也有所不同。价格高的称为主要产品，价格低的称为附带产品。主要产品价格高但是购买率低，相反；附带产品价格低但购买率高。互补定价就是降低主要产品的价格，提高附带产品的价格，如降低照相机的价格而提高胶卷的价格。

（四）替代品价格定价

替代品之间的关系是互相替代，消费者倾向于选择价格低的产品。所以，企业需要将需求转移到一些产品的时候，可以提高准备淘汰的产品的价格，或者用相对较低的价格进行需求诱导。

除了常用的集中定价策略外，产品组合的定价策略是相对多元化的。针对产品的不同角色，可以衍生出很多的定价方法。如对备选品、附属品采取两部分定价，强调产品的分级定价和配套定价的策略等。

此外，企业最常使用的就是促销定价，即将企业产品价格调整到低于价目表价格甚至低于成本费用价格的定价手段。牺牲品定价是指大的零售企业如超市或者百货公司会在几百种品牌中选择几种知名品牌降价，以达到增加其他商品销售的目的。通常品牌制造商不愿意自己的产品成为牺牲品，因为这不仅会损害自身利益，还会遭到其他零售商的抱怨。特殊事件定价是指销售商利用特殊事件如店庆或者其他重大节日来制定特殊优惠的价格来吸引顾客。企业还可以通过提供免费担保或者服务合同来促销产品，如果消费者愿意购买，企业将不对保证书或者服务合同进行收费，免费或者减价提供产品。这是降低价格的间接途径。

经典与前沿研究8-2

随机立减策略对购买意愿的影响

随机立减是企业向消费者提供的一种不确定形式的现金折扣，指消费者会基于事先设定的概率因素获得不同金额的折扣。根据呈现的折扣范围不同，随机立减具有不同的策略。谢纯雅等在 2021 年的研究基于锚定效应和价格公平感知理论，构建了随机立减策略与购买意愿间的影响模型。

该研究通过三个实验，运用不同的实验刺激物、折扣范围设定以及有无参考系的设计，发现不同的随机立减策略对消费者的购买意愿具有不同程度的影响。首先，消费者优先以折扣上限作为参考系，仅呈现折扣上限的随机立减模式比仅呈现折扣下限的随机立减模式会引起更高的价格不公平感知和更低的购买意愿。其次，即使仅呈现折扣上限模式比仅呈现折扣下限模式使消费者获得的实际折扣金额更高，消费者仍然会持有更高的价格不公平感知和购买意愿。最后，随机立减策略对消费者购买意愿影响效应存在边界，在没有额外参考系时，消费者总是优先以折扣上限为参考来形成对价格折扣公平性的感知，这种价格折扣的不公平感知越强，对目标产品的购买意愿越低；在引入额外参考系后，消费者会以其他消费者获得的折扣金额为参考，当得知自己并未比其他消费者支付更高的价格，消费者的购买意愿会重新提升。

资料来源：谢纯雅，张恩忠，孙文文. 随机立减策略对购买意愿的影响：锚定效应与价格公平感知的作用 [J/OL]. 外国经济与管理，2021：1-14.

第五节　价格调整与应对

产品价格确定以后，并不是固定不变的，而是要根据销售时间、地点等动态环境的改变而改变，需要企业经常做出调整。某种程度上说，价格的确定是一个动态过程，需要找到每个状态中的最优定价。价格的稳定是相对的而非绝对的。

一、主动调整价格

主动调整价格是指在同行业中的其他企业没有调整价格时，企业自己进行价格的调整。企业自身的价格调整通常有提价和降价两种方式。企业的价格调整需要掌握时机和幅度。

（一）提价

企业营销活动中的提价是经常性的行为，虽然提价可能引起企业利益相关者，如消费者、经销商和销售人员的不满，但成功的提价能够增加企业利润。所以只要企业的提价是合适的，就可能带来积极效果。

1. 提价原因。企业提价的原因归纳起来有以下几个方面：

（1）成本上升。在价格既定的情况下，成本的上升使企业的利润下降，企业为了维持之前的利润目标，就需要提高价格。这种情况通常发生在企业预期会发生物价上涨或整个社会发生通胀时。

（2）产品供不应求。产品供不应求，需要企业通过提价的方式抑制消费者的需求。这种措施也能为企业带来利润，是企业扩大再生产的基础。

（3）企业产品的品牌效应。这是企业的产品或者服务通过提价达到与竞争者产品区分的一种策略。提价可以帮助企业打造名牌优势，利用消费者高价优质的心理，提高企业及其产品的美誉度。

2. 提价方式。企业的提价方式可以是直接的，也可以是间接的、隐蔽的。通常，太过直接的提价会引起消费者的不满，需要企业告知相关理由，以赢得理解。同时，直接提价是不可能一次性达到目标的，需要多次小幅度提价，因为顾客不适应价格的突然变化。所以，更多的时候提价的方式是间接的。如取消或者降低价格折扣，即企业消减正常的现金和数量折扣等；目录价格不变，减少产品分量、功能，简化包装，减少附加服务和免费服务；在通货膨胀等外在环境发生变化时推迟报价，等到交货时再报价；在产品组合中取消低利润产品和增加高利润产品占比。

（二）降价

虽然从企业的目标来说，降价非其自愿行为，而是不得已而为之，但降价可作为企业的一种策略，帮助企业击败竞争者。

1. 降价原因。企业降低价格的原因主要有以下几个方面：

（1）企业的生产能力过剩，存货积压占用资金，需要扩大销售，但由于自身产品的改进和强化营销活动都需要相关费用，所以考虑降低价格增加销售，同时达到回收资金的目的。

（2）企业的占有率受到竞争对手的影响而下降。

（3）企业拥有成本优势，即较低的成本费用，企业可以通过降价来控制市场或者提高占有率。

（4）宏观环境的变化，如政府政策限制某些行业的利润或者指定最高价格，会使行业价格下降，降价是企业渡过难关的通用方式。

2. 降价方式。企业降价的方式也有直接和间接之分。直接的降价方式就是调低目录价格。间接的降价方式包括价格折扣、增加产品价值以及促销等。

二、消费者和竞争者对价格变化的反应

（一）消费者对价格变化的反应

消费者对于价值高低不同的产品提价的反应是不同的。对于价值高、购买频率高的产品，消费者对其价格的关心程度较高，对其价格变动比较敏感；对于价值低、购买频率低的产品，消费者对其价格变动比较不敏感。消费者既关心产品价格的变化，也关心产品的使用成本。企业如果可以使消费者相信产品的使用成本较低，就可以提高价格。而且企业提价往往会传递一些信息，如产品供不应求、质量提升等，也可能影响消费者的选择决策。企业提价成功与否的标准在于消费者的接受程度。企业与消费者进行沟通有助于使提价带来正面效果。

消费者对于降价的反应也是不同的。降价会吸引一些顾客购买，但由于企业

和消费者的信息不可能做到完全对称，所以消费者对降价也可能有不同理解，如产品将被替代，产品有缺陷，企业经营困难，产品质量下降，等等。

（二）竞争者对价格变化的反应

竞争者对提价的反应，在产品越来越同质化的市场中也非常重要。如果竞争对手有一套应对价格变动的政策，那么竞争者的反应是能够预测到的。企业可以通过外部途径，委托顾客、供应商等获得竞争者的内部资料。如果竞争者将企业的每次价格变动都看成一次新的挑战，并根据其当时目标和利益做出反应，那么此时企业就必须对竞争者做详尽的分析：竞争者的目标是什么，当前的财务状况、销售和生产能力、顾客忠诚度如何，等等。若竞争者的目标是提高占有率，则可能采取跟随战略；若竞争者的目标是要获得最大利润，则会采取如增加广告预算或者提高产品质量等其他方法。

竞争者对企业价格变动可能的反应是不跟随、延迟降价跟随或者超过其规模降价等，采取何种程度的降价是由竞争者与企业之间的关系决定的。若降价引起收入减少，竞争者可能保持不降；若降价使产品短期内不具备成本优势，竞争者可能延迟其降价；若降价使同类产品中不同档次的产品发生竞争，则竞争者会保持观望。若企业面对的竞争对手数量较多，则情况复杂；若竞争者情况大体相同，则分析典型代表即可；如果竞争者之间差异明显，则需要分别进行分析。

三、企业如何应对竞争对手价格的变化

（一）响应价格变动

企业同样也要面对竞争者价格的变化。在产品同质的市场，若竞争者降价，而企业不能增加自身产品的价值，则只能选择跟随降价；反之亦然。若提价会带来利润，那么企业都会选择提价。企业决定降价或者提价都是从自身情况考虑的。

在产品异质的市场，企业对竞争者价格的变动可以做出更多的选择。购买者在决策时考虑的服务、质量、性能等因素都会降低购买者对较小的价格差异的敏感程度。企业对竞争对手价格变化做出反应前要思考一些问题，如：竞争者价格变化的原因、目的；其价格变动是短时期的还是永久的；如果企业不做出反应，对企业自身的产品、占有率、顾客会有何影响，行业内其他竞争者会做出什么反应；等等。

针对价格竞争的最佳反应要视情况而定。如市场领导者受到小企业的价格攻击，可以采取维持原价、提高认知质量、降低价格、提高价格并改进质量等多种选择。企业的选择必须考虑产品的生命周期、竞争对手的意图、市场对价格和质量变动的敏感程度等各方面的因素。

（二）价格战的反思

由于打价格战的前提是产品的同质化，因此，如果想要避免价格战这种获利低、成本高的战争，首先是进行产品差异化以及培养消费者的忠诚度。一方面，厂商必须尽量使自己的产品有特色，可以从产品的服务、外形或者产品保障、配送速度上面入手，使消费者在选择产品时更多地被产品的特色吸引而不是被价格吸引；另一方面，厂商应该培养消费者的忠诚度，树立消费者的品牌化意识，稳固消费群体。其次是制定价格策略，可以根据自身产品特色，将部分相关的产品进行组合销售以及在成本价格之上给予一定折扣后实行捆绑销售。这样既可以促销一些原本就不畅销的产品，也可以使产品价格不会受到太大影响，形成良性竞争。此外，还需要创新技术，改善经营机制。为了避免厂商突然打价格战、应对未来市场的需要以及利益最大化的需要，厂商应该不断进行技术创新和改善运营机制来降低生产成本。

价格变化和价格反应是一个动态的博弈过程。企业和竞争者之间相互分析对方价格变动的特点、变动的目的、变动的影响情况，并根据自身情况做出迅速反应。这种动态的博弈是相对复杂的，变化和反应过程需要企业对众多信息进行分析和合理应用。

经典与前沿研究8-3

考虑异质性双边效应的网络平台追加投资与定价策略研究

潘思明等研究了在线网络平台在双边网络效应下的追加投资与定价策略，通过对在线网络平台利润的建模与求解，得到了最优追加和最优定价，并基于MATLAB仿真分析了相关参数对最大利润的影响。本文研究了考虑双边网络效应并具有垄断地位的双边在线平台的追加投资和定价策略，探明了影响平台追加投资、会员费定价和广告费定价的因素。这拓展了传统研究侧重于单边网络效应的视角。

研究得出以下结论：第一，当追加投资系数大于一定阈值时，平台应以最高水平进行投资，否则应减少追加投资。第二，当边际追加投资成本在某个区间时，平台应以最高水平进行投资，否则应减少追加投资。第三，消费者和广告商的负网络效应增加时，平台应减少追加投资并降低会员费；广告商对消费者的正网络效应增加时，平台应追加投资、降低会员费和广告费；当消费者之间的网络内部效应强度增加时，平台应增加投资、会员费和广告费。

资料来源：潘思明，陆绍凯，刘盼. 考虑异质性双边效应的网络平台追加投资与定价策略研究[EB/OL]．[2023-09-01]. https：//doi. org/10. 16381/j. cnki. issn1003-207x. 2021. 1210.

关键术语

成本/需求/竞争导向定价法（Cost/Demand/Competitive-Oriented Pricing）；招徕定价（Drumup Pricing）；撇脂定价（Skimming Pricing）；尾数定价（Mantissa Pricing）

复习思考题

1. 产品价格的决定因素有哪些？他们是如何影响产品价格的？
2. 试述产品定价的一般过程。
3. 企业定价的基本策略有哪些？
4. 新产品的定价策略有哪些？比较它们的特点并说明适用场合。
5. 试结合案例分析企业与其竞争者之间产品价格变动和反应的过程。

本章案例

"天价"钟薛高背后：冰激凌价格走高陷"内卷"

近年来，很多快消巨头都将目光投向了冰激凌市场，并引发了一波新品的创作热潮，各类新潮口味纷纷出现。与此同时，诸如钟薛高、梦龙等新晋高端品牌也随之进入消费者视野。这使得传统的快消企业和新兴品牌都将目光聚集在高端产品上，新兴高端品牌产品越来越多，传统品牌产品涨价也越来越频繁。

营销为大的冰激凌

2019年钟薛高开始出现在各大电商平台，宣传广告强调其原料天然、健康和稀有等，通过各类电商平台推送后，钟薛高悄然成为新兴的网红冰激凌。

创始人林盛强调钟薛高的毛利与传统品牌相比"并不高多少"。以三元股份旗下的八喜冰激凌品牌数据为例，其在2020年的毛利率为21.73%，受疫情影响同比下降11.17%。从往年数据看，八喜冰激凌的毛利率一直处在30%至35%之间，是三元股份的第二大板块。如果以八喜的毛利率来计算，林盛所述的"钟薛高售价66元的厄瓜多尔粉钻冰激凌成本40元"来计算的话，确实符合行业的数据。但随之而来的问题是，为何冰激凌的成本如此之高？

"产品成本分经营类成本、生产类成本、运输成本、市场成本及一些新零售或者说推广成本，以目前钟薛高的投放状态来看，分摊到每只冰激凌的成本应该是比较高的。"中国食品产业一位分析师说。但就钟薛高给出的成本价格来看，不排除有虚高成本的可能。林盛将原因归咎于成本上涨。"造雪糕也是需要机器、水电煤、原材料和人工成本的，成本一定是不断涨价的。"值得注意的是，钟薛高此前公开的数据显示，钟薛高的冷链成本保持在46%，远高于32%的业内平均水平。近年来原奶价格的上涨确实拉高了冰激凌的成本，糖和巧克力等价格都有不同程度上涨。但从其他乳制品和糖制品的调整价格来看，生产成本对于总成本的影响相对较小。

据了解，钟薛高在小红书、抖音等平台的广告的大量投放实际上均被计算到了市场成本之中。除此之外，其他品类也有非常大的广告投放，例如哈根达斯、和路雪等高端品牌几乎每年都会邀请当红艺人为品牌代言，进行大量的线下活动和营销。因此不难看出，在高端产品方面，产品成本中很大一部分是市场营销的费用。综上所述，钟薛高的品牌定位为打造远超哈根达斯、和路雪等更为高端的品牌，成为冰激凌市场中的奢侈品，但由于其大量及高昂的市场投放，导致其毛利率并没有远高于行业。

"实际上钟薛高的路线和之前的哈根达斯是相同的，都是通过某类营销使品牌获得特殊的属性加持，例如，哈根达斯一直将品牌与爱情进行捆绑销售，然后再进行品牌溢价的营销。从品牌力上讲，钟薛高的目标人群是高净值的消费群体。"快消行业专家表示。但与哈根达斯当年不同的是，高端品牌日益增多，使得品牌往往需要更好的故事和说辞，才能让消费者接受其产品溢价。目前，原料的稀有性和天然配方成为很多品牌的主打方向。

低价冰激凌已成往事

不少人对冰激凌的印象依然停留在廉价的大众消费品，但实际上，近年来冰激凌市场的价格早已水涨船高。从产品结构方面来看，和路雪、雀巢、哈根达斯等外资品牌占据了国内大部分高端市场和部分中端市场；蒙牛、伊利、光明等则以中端产品为主；区域性老牌冰激凌企业天冰等以及大量中小型地方民营企业则定位于中低端。

值得注意的是，部分中端产品自2020年开始就纷纷涨价。中端产品密集涨价与近年来行业的形势不无关系。自2019年开始，带有网红性质的冰激凌品牌雨后春笋般纷纷出现。天猫发布的数据显示，2020年天猫平台实现冰激凌全品类增长，销量较2019年度增长近一倍，核心由新品驱动，而这些新品所瞄准的价位均是中高端的产品线。

"伊利、光明等品牌的涨价并不是因为成本，而是市场升级后不得不涨价。"专家表示，如果上述企业的产品仍旧停留在之前的价位，消费者很快就会将产品归入低端价位，为了保证其品牌定位，只能通过涨价来体现，但涨价并不意味企业就会有更多的利润，往往企业会将涨价带来的资金用于市场投放以及建立更为高档次的子品牌。例如，近年来雀巢的全新子品牌"粤新意"和伊利的"NOC须尽欢"，瞄准的都是高端冰激凌市场。

（资料来源：根据中国经营报《"天价"钟薛高背后：冰激凌价格走高陷"内卷"》，2021年6月19日，https://baijiahao.baidu.com/s? id=1702962918991797683&wfr=spider&for=pc资料编写。）

？？ 案例思考题

1. 你认为钟薛高的定价合理吗？请说明理由。

2. 根据钟薛高定价案例，你认为钟薛高仅靠高定价能否维持其品牌高端定位。

第九章　渠道策略

【学习目标】

渠道策略是企业营销组合策略的重要组成部分，目的是将企业（厂商）的产品或服务转移到消费者手中。渠道策略的核心在于渠道系统的设计，根据不同的渠道主体，企业可以选择不同的渠道系统，以更加快捷、高效的方式实现价值转移。通过本章的学习，应该达到如下目标：

- 了解分销渠道的基本概念与职能；
- 理解传统渠道系统与整合渠道系统的区别与联系；
- 掌握渠道设计与管理的基本过程；
- 掌握营销渠道设计与策略选择；
- 掌握网络环境下的营销渠道管理。

【思政目标】

党的二十大报告指出，和平、发展、合作、共赢的历史潮流不可阻挡，坚持合作共赢才能促进共同繁荣。渠道共赢理念是渠道效率的保障，更是彼此认同并建立长期合作关系的基础。本章对分销渠道、企业渠道策略以及网络环境下的渠道管理进行介绍，引导学生理解共赢理念在企业渠道建设策略中的重要性，帮助学生树立正确的企业管理观念和合作观念，促进学生将可持续发展理念应用至营销领域。

 引导案例

江小白的渠道扁平化与深度分销模式

在传统的多渠道分销模式下，信息传递速度迟缓、运营成本增加，所以减少分销层次并重点掌控终端的渠道扁平化和深度分销模式应运而生。但深度分销模式在提高销量的同时又会消耗大量的人力、财力、物力。江小白作为成功的白酒企业，采用独特的扁平化渠道与深度分销模式，成功地解决了这一矛盾。

与传统白酒企业所采用的制造商—经销商—批发商—零售商—消费者的渠道模式不同，江小白减少了 2~3 层中间环节，只设立一个总经销商，由总经销商直接送货给餐饮终端。江小白通过给总经销商设置最高加价率的方式，禁止了总

经销商再一次发展下一级的经销商，如此，就可以确保渠道扁平化贯彻执行。江小白通过高频次、小批量的货物流转，减少了渠道层级，通过降低经销商压货的金额，减少经销商的资金占用，提高了资金利用率和渠道流转效率。

此外，江小白还利用互联网工具，将营销进一步下沉到 C 端。江小白摒弃了渠道为王的模式，而是相信用户为王，因为企业的利润最终还是来自用户，所以江小白采用微信、微博等媒体开展了一系列活动，比如，打出"我是江小白，生活很简单"的微博语录，开展"我为江小白代言"活动，激励消费者线上定制个性化语录并通过微博分享，等等。这些活动使得喜爱江小白的消费者主动分享传播，自然而然就为终端零售商创造了增量，方便终端零售商进行精准化营销。

（资料来源：房灵聪. 渠道扁平化与深度分销模式研究：以江小白为例 [J]. 现代营销（下旬刊），2020（3）：88-89.）

第一节　分销渠道概述

渠道是市场营销组合策略中的重要组成部分，在企业与消费者之间扮演着纽带的角色。渠道对企业的作用是不言而喻的：企业生产产品和服务并将其提供给消费者需要通过一定的渠道；企业出于降低成本的考虑，会选择相应的中间商销售自己的产品。

一、分销渠道的含义与职能

要理解和掌握分销渠道的概念，我们首先需要提出另外一个概念——营销渠道。在市场营销理论中，营销渠道和分销渠道往往不加区分地交替使用。

所谓市场营销渠道，是指参与生产、分销以及消费某一产品和服务的所有企业和个人。也就是说，市场营销渠道整合了从源头的供应商到末端的最终消费者，形成了一条完整的价值链体系。所以，市场营销渠道的主体不仅包括企业和最终的消费者，还包括供应商、中间商和辅助商（如支持分销活动的仓储、运输、金融、广告代理等组织机构）等。

所谓分销渠道，通常是指在产品或服务从生产者向消费者转移的过程中，负责这种转移工作的一整套相互依存的组织。同市场营销渠道相比，分销渠道不包括处于企业上游的供应商以及提供支持性服务的辅助商。

在实际工作中，人们对市场营销渠道和分销渠道往往并不做详细区分。但是随着营销实践的发展，在产品（服务）向消费者转移的过程中，提供支持性服务的辅助商发挥着越来越重要的作用，区分市场营销渠道和分销渠道的价值和意义也越来越大。

分销渠道在产品从生产者转移到消费者的过程中发挥着重要的作用，其职能主要为调研、促销、订货、物流、融资以及风险承担等，具体如表9-1所示。

表 9-1　分销渠道的职能与活动

职　能	具 体 活 动
调研	搜集与传播有关现实和潜在顾客的信息，帮助制订计划
促销	洽谈生意，进行关于产品或服务的说服性沟通
订货	寻找买家，实现商品的所有权从厂商到中间商的转移
物流	承担商品从生产者到消费者转移过程中的储存、运输、分类等
融资	解决渠道工作中所需要的成本费用的现金短缺问题
风险承担	承担与分销渠道工作相关的所有风险

资料来源：郭国庆. 市场营销通论［M］. 北京：中国人民大学出版社，2014：228.

二、分销渠道的层次与宽度

（一）分销渠道的层次

为了使产品和服务更好地转移，厂商通常会设计不同形式的分销渠道。产品在分销渠道转移的过程中，所经过的每一层中间商，称为一个渠道层次。处于渠道端点的生产者和消费者也参与了将产品（服务）转移的工作，因此他们也都是渠道的重要组成部分。一般而言，在营销领域，中间商层次的数目代表了渠道的长度。

从总体上划分，不同长度的分销渠道可以分为直接分销渠道和间接分销渠道。直接分销渠道，又称"零层渠道"，没有中间商层次，厂商直接面对消费者。如图 9-1 所示。例如，安利（Amway）是通过建立家庭和集团销售小组上门推销或者通过互联网销售的，而戴尔（Dell）则主要通过建立自己的线上线下销售平台直接面对终端消费者。图 9-1 还列举了一层渠道、二层渠道以及三层渠道等，均属于间接分销渠道。间接分销渠道，顾名思义，就是企业通过不同的中间商销售产品或服务，而企业自身并不直接面对消费者。现实生活中，大部分企业出于自身实力或者成本的考虑，会选择间接分销渠道。

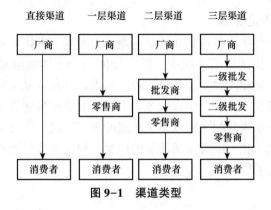

图 9-1　渠道类型

（二）分销渠道的宽度

与分销渠道的长度相对应的概念是分销渠道的宽度。分销渠道的宽度是指企业在分销渠道的每个层次使用的同种类型中间商的数目。根据企业采用的中间商数目的不同，我们可以把企业的分销策略分为三种：密集分销、选择分销和独家分销。

1. 密集分销。这是指厂商尽可能通过多个批发商、零售商销售其产品，目的在于扩大市场覆盖面、提高市场占有率。一般而言，消费品中的便利品通常会采用密集分销，使广大消费者能够随时随地买到。

2. 选择分销。这是指厂商精心挑选诚信、负责任的若干特定中间商销售其产品，目的在于维护本企业产品的良好信誉、提高企业的市场竞争力。消费品中的选购品比较适合采用选择性分销策略。显然，同密集分销相比，选择性分销主要适用于价值较高、有一定知名度的产品。由此可见，分销策略也是企业树立品牌形象的重要举措。

3. 独家分销。这是指厂商在某一时期只选择一家最合适的中间商，与其签订协议，独家授权，由其专门销售本公司产品，其目的不言而喻。通过独家分销策略，厂商一方面可以提高中间商的服务水平，进而树立良好的企业信誉；另一方面可以借用协议排挤竞争对手。显然，独家分销会产生比较高的成本。对制造商而言，寻找、甄选、管理合适的中间商需要付出较多的人力、物力资源；对中间商而言，只销售一家企业的产品会承担比较大的风险，所以中间商会向企业提出额外的要求，比如降低进货价格、提高售后服务水平等，这在一定程度上会增加企业的成本。

三、分销渠道的类型

分销渠道的类型多种多样，分类方式也不尽相同。按照参与分销过程的各个主体之间关系的紧密程度，分销渠道可以划分为传统渠道系统和整合渠道系统两大类；按照分销主体的参与形式划分，分销渠道又可以分为线下传统渠道系统和线上网络渠道系统。

（一）传统渠道系统

传统渠道系统是指由各自独立的制造商、批发商、零售商和消费者组成的松散的渠道系统。在传统渠道系统中，没有任何一个主体能够对其他成员施加控制，各个主体之间是相互独立、各自为政、追求自身利益最大化的，甚至不惜以整个渠道系统的利益为代价。没有一个渠道成员能够更多地控制其他成员，也不存在一个正规的手段来分配角色以解决渠道冲突。因此，传统渠道系统很难实现整个系统的利益最大化。随着市场环境的演变，越来越多的企业逐渐意识到传统分销渠道存在很大的弊端。

（二）整合渠道系统

营销渠道包含一组因共同利益结合起来的企业，每个渠道成员都与其他成员相互依赖。尽管渠道成员彼此依赖，但它们经常根据自身的短期利益单独行事。对于谁按照什么报酬做什么事情这样的问题，它们很难达成一致，目标、角色和回报的不一致容易产生渠道冲突。

整合渠道系统是指分销渠道的主体通过一定的方式有机地融合在一起，形成统一的分销体系。传统渠道系统之所以存在较大的弊端，其主要原因就是渠道中只有分工而没有协作。整合渠道系统建立的目的就是在各个渠道主体各司其职的基础上，协调各渠道主体的职能、管理冲突，使之更加完善。整合渠道系统主要包括垂直、水平和多渠道系统三种。

1. 垂直渠道系统。垂直渠道系统（vertical marketing system，VMS），由一个或多个独立制造商、批发商和零售商共同组成，一个渠道成员与其他成员建立从属关系或契约关系，营销渠道通过纵向联合而构建。因此，在垂直渠道系统中，制造商、批发商或零售商均有可能成为渠道管理者。垂直渠道系统有三种主要形式：公司型、管理型和契约型。

（1）公司型垂直营销系统（corporate VMS）。顾名思义，公司型垂直营销系统的管理者为大工业公司或者大型零售公司。一家公司拥有整个分销渠道的控制权，综合经营生产、批发和零售业务。渠道系统的协调和冲突管理工作通过常规的组织渠道完成。美国著名的西尔斯公司从1925年开始进行百货商店的经营，采用公司型垂直营销方式，陆续开设了300多家百货商店。凭借这一模式，自20世纪初期，它就一直占据着美国零售业第一的位置。

（2）管理型垂直营销系统（administered VMS）。管理型垂直营销系统通过分销渠道中某个有实力的成员来协调整个产销通道的渠道系统。它不依赖共同的所有权，而是通过渠道中某个成员的规模和实力。在这种类型的垂直营销系统中，特定渠道成员握有对渠道系统的领导权。如著名的时尚连锁商Zara采用"快时尚"的连锁商方式，通过纵向一体化管理，掌控着整个设计、制造以及分销流程。这种强大的分销系统能够把顾客所需要的商品在最短的时间内传递给顾客。

（3）契约型垂直营销系统（contractual VMS）。相对于公司型和管理型垂直营销系统，契约型垂直营销系统主要通过契约对渠道成员进行协调和冲突管理。在整个分销体系中，各个渠道成员通过合同连接在一起，实现整个系统利益的最大化。如麦当劳将自己的店铺开在大型超市或者商场里面，可以从大量的客流中获利；与此同时，超市或者商场则留住了那些饥饿的顾客，避免他们去别的地方就餐。

2. 水平渠道系统。水平渠道系统是由同一个渠道层次的两个或多个企业联合，相互协作，共同开拓新的市场机会的横向分销渠道系统。水平渠道系统可以解决各个企业在资本、人力、技术等方面不足的问题,降低企业经营风险,实现最佳的协同效益。企业可以和竞争者联合,也可以和非竞争者联合;可以暂时合作,也可以长期合作。例如,生产家用电器的厂商飞利浦,与中国的电器制造商 TCL 交换股份,利用 TCL 在中国市场的 2 000 余家分销门店销售飞利浦的产品。

3. 多渠道系统。多渠道系统又称复合渠道分销系统,是在单一渠道系统的基础上产生的。随着营销实践的发展,消费者市场的细分结构越来越复杂,单一的渠道系统很难满足厂商将产品和服务顺利转移的需要,多渠道分销系统诞生,具体如图 9-2 所示。当一个企业针对同一或不同的细分市场,建立两个或者多个分销渠道为消费者服务时,就产生了多渠道分销。很多高收入人群喜欢现代化的超市和带空调的购物中心,而收入相对低一些的人群可能更喜欢在农贸市场或者小的传统零售店讨价还价。

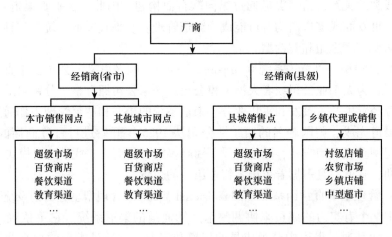

图 9-2 多渠道系统

多渠道系统大致可以分为两种基本形式:一种是生产者通过两条以上的竞争性分销渠道销售同一商标的产品;另外一种是生产者通过多条分销渠道销售不同商标的差异性产品。此外,对于同一产品,公司还可能针对不同消费者的需要,在多条渠道上采用不同的服务内容与方式。多渠道系统的优势主要体现在以下三个方面:提高市场覆盖率、降低分销成本以及更好地适应顾客需要。但该系统很容易造成渠道之间的冲突,给渠道控制和管理带来较大的困难。

(三) 线上渠道系统——O2O 模式

随着技术和营销新理念的迅速发展,分销渠道系统的设计发生了翻天覆地的变化。一个主要的趋势就是中间商的弱化,即传统的企业到消费者之间的物流、信息流、资金流等逐渐绕过中间商,直接贯通分销渠道的两个终端。这一趋势对中间商而言既是挑战也是机遇。中间商的弱化并不意味着中间商将会在分销渠道中完全消失，准确地说，应该是中间商所扮演的角色发生了转变。

互联网思维引入传统分销渠道系统的设计中，一方面不断冲击着传统的分销渠道，另一方面也带来了新的分销渠道模式即 O2O（online to offline）模式。O2O 模式是指通过整合线上和线下两条渠道，降低渠道成本，最大化渠道收益。在营销实践中，O2O 模式可以分为四种：

（1）online to offline 模式。这是 O2O 最基本的模式，消费者从线上购买产品，在线下进行消费体验。

（2）offline to online 模式。企业在线下开展促销活动，吸引消费者在线上进行购买。例如，魔兽世界这款网游就经常和麦当劳、可口可乐等公司合作，消费者在购买麦当劳的套餐或者可口可乐时就会得到一定价值的在线游戏时间。

（3）offline to online to offline 模式。这种模式其实是第二种模式的延伸，消费者在网上实现交易之后，最终还是在线下进行消费体验。很多外卖网站（饿了吗、美团外卖等）在线下发放印有二维码的传单，消费者通过扫描二维码即可实现网上订购外卖，最后在线下进行消费。

（4）online to offline to online 模式。企业在线上促销吸引消费者线下购买，最后回到线上进行消费。例如，信用卡中心经常会和商家合作，从网上告知消费者某商家为该信用卡的合作商户，持卡人在该商户刷卡消费之后会送积分。消费者获得积分之后可以在信用卡商城用积分购买相应的产品。

O2O 模式不同于 B2C、C2C 以及 B2B 模式，它实际上把互联网和传统企业紧密结合在一起，企业有了更为灵活多变的分销模式，实现了价值的转移。

 经典与前沿研究9-1

分销渠道中产品匹配的不确定性与信息供给

经验商品的消费者通常会在其品位与所提供商品的特征之间的匹配上面临一些不确定性。信息技术使消费者能够在购买前在线研究商品的潜在匹配程度，使现代卖方能够向消费者传播商品信息。本文研究了制造商通过竞争零售商向消费者销售商品时，制造商和零售商向消费者披露此类商品匹配信息的动机。研究表明，与制造商直接向消费者销售商品相比，制造商通过零售商销售商品时匹配信息披露的可能性大小取决于零售竞争的激烈程度。如果在制造商确定批发价格之前做出了披露决定，那么所有渠道成员都愿意披露低质量商品的匹配信息，没有人愿意披露中等质量商品的匹配信息，只有零售商愿意披露高质量产品的匹配信息。如果制造商可以在做出披露决定之前给出批发价格，则可以解决高品质商品的披露冲突，此时零售商也不再公开高质量商品的匹配信息。无论是在披露决定之前还是之后确定批发价格，强制性的商品匹配披露政策都会降低消费者的福利和社会剩余，具体取决于商品质量水平和零售竞争激烈程度。

资料来源：SUN M，TYAGI R K. Product fit uncertainty and information provision in a distribution channel [J]. Production and operations management，2020，29（10）：2381-2402.

第二节　渠道设计与策略选择

一、渠道结构与渠道组合

（一）渠道结构

对于一个企业而言，渠道结构有两层含义：一是指企业某一条渠道的层级、参与者和覆盖范围的构成状况，其本质是渠道功能在渠道参与者之间的安排或分配；二是指企业使用的渠道类型以及各类型渠道在企业销售中所占的比重，可以更精确地被称为"渠道的组合结构"。制造商的产品或服务可以经过多条渠道到达消费者或用户手中。有的渠道经过的环节多一些，涉及较多的经营机构，从结构上看比较复杂；有的渠道经过的环节少一些，涉及较少的经营机构，从结构上看比较简单。渠道结构由此而存在长度、宽度、密度和中间商类型的区别。

1. 渠道长度。渠道长度，也称"渠道的层级数"，是指营销渠道中处于制造商和消费者或用户之间的中间环节多少。据此，营销渠道可以归纳为两大类：一类是直销渠道，另一类是中间商渠道。直销渠道是指制造商使用自己的销售队伍直接把产品销售给消费者或用户，具体形式有人员推销、邮寄销售、电话销售、电视销售和网上销售等。中间商渠道，也称"间接渠道"，是指制造商通过中间商（如批发商、代理商和零售商）销售自己的产品。按照层级的多少，中间商渠道又可以分为长渠道与短渠道。一般而言，一条渠道中的层级越多，渠道就越长；反之，则越短。实际上，直销渠道是零层次渠道，其中商品的所有权转移不经过任何其他组织的中介。

2. 渠道宽度和密度。渠道宽度和渠道密度虽然密切相关，但是含义不同，各有其独立的意义。渠道宽度是指渠道的覆盖范围，意味着渠道可以使企业产品抵达区域的多少或大小；而渠道密度则是指企业在某一区域内销售网点的数量，意味着企业在某一区域的销售力度。二者组合，有四种情况，如表9-2所示。

表9-2　渠道的宽度和密度

宽度：覆盖范围	密度：网点数量	
	多	少
宽	宽而密的渠道：渠道的覆盖面广，且每一区域内的销售网点数量多	宽而疏的渠道：渠道的覆盖面广，但每一区域内的销售网点数量少

宽度： 覆盖范围	密度：网点数量	
	多	少
窄	窄而密的渠道：渠道的覆盖面窄，销售网点数量多	窄而疏的渠道：渠道的覆盖面窄，销售网点数量少

资料来源：庄贵军. 营销渠道管理［M］. 北京：北京大学出版社，2018：92.

由表9-2可见，一条渠道可以是宽而密的，即渠道的覆盖面广，且每一区域内的销售网点数量多；可以是宽而疏的，即渠道的覆盖面广，但每一区域内的销售网点数量少；可以是窄而密的，即渠道的覆盖面窄，销售网点数量多；还可以是窄而疏的，即渠道的覆盖面窄，销售网点数量少。

在图9-3中，制造商使用了两条渠道，一条是"制造商→零售商→消费者"，一条是"制造商→批发商→零售商→消费者"。首先，后者比前者长。其次，如果两条渠道的覆盖面相同且后一条渠道中各零售商的市场覆盖面至少部分重叠，那么后一条渠道更密；如果两条渠道中每一个零售商的覆盖面相同且后一条渠道中各零售商的市场覆盖面不完全重叠，那么后一条渠道更宽。最后，如果两条渠道中每一个零售商的覆盖面相同且后一条渠道中各零售商的市场覆盖面只有部分重叠，那么后一条渠道比前一条渠道更宽也更密。

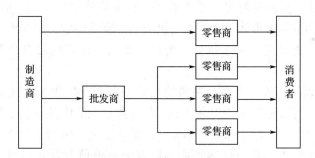

图9-3　渠道的宽窄与疏密

一般而言，在渠道层级和渠道覆盖范围不变的情况下，一条渠道中各层级上中间商的数量越多，渠道就越密；反之，则越疏。而在渠道层级和渠道密度不变的情况下，一条渠道中各层级上中间商的数量越多，渠道就越宽；反之，则越窄。二者共同决定着渠道的渗透能力、覆盖范围和销售力度。

3. 中间商类型。除非只使用自己的推销人员销售产品，即"制造商→消费者"和"制造商→用户"的直销渠道，否则制造商在销售产品时必然有中间商的介入。中间商是指在制造商（或其他类型的供应商）与消费者（或用户）之间起中介作用的商业组织。中间商的种类有很多，既可能处在不同的渠道层级上发挥不同的作用，也可能处在相同的渠道层级上采取不同的经营方式发挥相同的作用。

（1）批发商。批发商是指从制造商购进产品，然后大批量转售给其他批发商、零售商、生产用户以及各种非营利性组织的商业机构或中间商。它们一头连着制造商，收购制造商的产品；另一头连着零售商、生产用户或各种非营利性组织，批销商品或按批发价格销售大宗商品。在中国传统的计划经济体制下，批发商按照行政隶属关系来分类，分为一级批发（中央级）、二级批发（省级）和三级批发（县级）。在中国经济的市场化过程中，原有的分类方法逐渐失去了依据。虽然一级批发、二级批发和三级批发的提法还在用，但是其意义已经改变了。现在的一级批发一般是指一家制造商的区域总代理（如一个省级代理），二级批发是指区域总代理之下的二级代理（如一个市级代理），而三级批发则是指二级代理之下一个小区的代理。

批发商按照商品经营范围可以划分为综合批发商、大类商品批发商和专业批发商三种类型。综合批发商的经营范围广、商品种类繁多，经营对象主要是各种各样的零售商店，如百货店、杂货店、五金商店、药房和电器商店等。另外，也向生产或服务用户提供各种工业品。大类商品批发商专营以行业划分的某一类商品，如服装、酒类、汽车零配件、五金和仪器仪表等。虽然经营的商品属于一大类，但是花色、品种、规格、品牌等齐全，并且还经营关联或配套产品，如药品批发商还经营保健品和洗涤用品。专业批发商专营某种商品，如手机、成衣、石油、纽扣、纸张、金属材料等，经营的商品范围虽然窄而单一，但是品种齐全，业务活动范围和市场覆盖面很大。专业批发商主要的经营对象是专业商店。一般与制造商合作、为制造商从事批发业务的经销商、代理商之类，都属于专业批发商。

（2）零售商。零售是将商品销售给最终消费者，以供个人或家庭消费的商业活动。零售商是以零售活动为主营业务的商业企业或中间商。零售商的种类有很多，差别也很大，一般按照业态划分。所谓业态（format），是指零售商的商业模式或盈利模式。不同业态的零售商为顾客创造价值的方式不同，体现在卖什么、怎么卖和卖给谁等方面。零售业态决定了零售商出售商品的种类和属性，也决定了零售商的目标群体。

根据中国连锁经营协会（CCFA）发布"2023年中国连锁Top100"。2023年，连锁Top100企业销售规模为2.03万亿元。连锁Top100企业中，综合零售46家，超市23家，便利店15家，专业店16家。2023年Top100企业新增门店中，便利店、专业店合计占比超过97%。

①便利店。便利店属于规模较小的零售设施。它的主要特点是为消费者提供购物地点和时间上的便利。便利店的店址一般选择在居民住宅区内，营业时间长，经营的主要是日常用品，如饮料、面包、日用杂品、小食品等。商店规模在100平方米左右，商品品种有限，价格略高于其他类型的商店。便利店多为个体

经营，经常是"夫妻店"，也多为单个的独立店。不过，也有一些大公司运营的便利连锁店，如世界著名的"7-11"、北京的"好邻居"、南京的"苏果"、西安的"西果"和广州的"OK"等。

②专业店。专业店也称"专营店"，主要特色是经营单一大类商品，花色、品种、规格齐全，例如服装店、体育用品店、电子产品店、音像制品店等。专业店经营某一类商品中的各档品种，主营商品占经营商品的90%以上，能够满足消费者对某一种商品的各类需求；在商品结构上体现专业、深度和丰富。专业店的规模根据所经营商品在商品品种上的特点，可大可小。一些大型的专业店，规模类似大型超市，如美国的玩具反斗城，中国的国美、苏宁等家用电器连锁店以及老百姓大药房等药品零售店。而小型的专业店，可能与便利店大小差不多。

③专卖店。专卖店是指专门经营或授权经营某一种品牌系列商品的零售店。其基本特征为：商品以著名品牌为主，如海尔电器专卖店、李宁体育用品专卖店、格力空调专卖店等；注重品牌声誉，销售人员有较强的专业知识，能为消费者提供专业的知识性服务；提供某一品牌的系列商品，比如李宁体育用品专卖店提供李宁生产的各种体育用品；注重商品陈列、商店照明和店内广告；商品大多为厂家直供，省掉了很多中间环节，因此售价虽然较低，但毛利并不低，具有量小、质优、毛利高的特点。

专卖店和专业店常常被混淆，其实二者是很容易区别的。专业店以经营商品的类别来为商店分类和命名，如时装店、鞋店、食品店、药店、书店、电器店、珠宝店等；专卖店则以经营商品的品牌来为商店分类和命名，如在休闲服装店中有美特斯邦威、真维斯、森马、班尼路和佐丹奴等。

④百货店。百货店是指在一个大店内，根据不同商品部门设置销售区域，分类进行管理的零售商。百货店一般规模较大，经营的商品品种多、范围广，基本覆盖了人们生活中需要的各类商品。因为分商品部门管理，所以百货店在英文里被称为"department store"（直译就是分部门商店）。其基本特征如下：单店规模较大，商品组合宽而深，以经营服装、纺织品、家庭用品、食品和娱乐品等"软性商品"为主，以家具、小五金、炊具、照相器材、灯具、体育用品等"硬性商品"为辅，种类齐全；柜台销售，导购服务，明码标价；注重店堂设计和室内装修，购物环境优雅，商品陈列与橱窗布置考究。

⑤超市与大型超市。超市即超级市场，是指采取自选销售方式，以经营食品、副食品和日用生活品为主，满足顾客"一站式"购买需要的零售业态。其基本特征如下：商品结构以食品、副食品、日用生活品等购买频率较高的快速消费品为主；开架售货，自由选择，自助服务，统一结算，明码实价；营业面积较大，多在1 000平方米以上；由于采用了自助服务式经营方式，所以需要雇用的业务人员较少；毛利低，销量大。

随着营业面积的增大（超过2 500平方米）和经营品种的增多（加入非食品类商品，如家用电器、服装、家具等），超市就演变为特大型市场（hyper market）或超级商店（super store），如沃尔玛的超级中心（super centre）和家乐福的特级市场。这就是所谓的"大型超市"，也被称为"大卖场""量贩店""大型综合超市"。

⑥仓储式零售店。仓储式零售店也称"批发俱乐部"，起初主要面对小型公司、个体企业的批量购买，后来逐渐扩大到普通消费者；大多采用会员制，购买者需要申请成为会员才能凭会员卡进店购买；营业面积大，往往上万平方米；店址多选在城乡接合部，较为偏僻，但交通便利。商品采用仓库式陈列，大包装商品直接码放在货架上。店内很少装修，店堂设施简朴、实用。设有较大的停车场，以满足目标顾客停放交通工具的需要。如美国沃尔玛的山姆俱乐部、荷兰的万客隆和德国的麦德龙，都是典型的批发俱乐部式商店。它们都已在中国大城市开设了分店。

⑦折扣店。折扣店（off-price retailers）在中国常被称为"外贸店"，因其商品的主要来源是中国企业为出口而加工、生产的知名品牌产品，如服装、鞋帽等。这些产品的质量与正品的质量相差不大，但是却以很低的价格处理，性价比较高，所以很有销路。大部分商品是从存货过多的制造商或其他零售商手中以原批发价1/5或1/4的价格买进的，虽然商品的号码不全、颜色或款式过时，但是价格非常便宜。

⑧家具建材商店。家居建材商店又称"家居建材超市"或"家居中心（home center）"，是指以自选、自助服务方式销售家居用品、建材、装修材料的零售业态。营业面积大，大多超过一万平方米；多设在交通便利的非繁华地段；一般设有较大的停车场。很多家居建材商店为顾客提供家居设计、家居配套工程以及家居饰品的"一站式"服务，集产品销售和展示于一体。美国的家得宝、瑞典的宜家、英国的百安居、中国的红星美凯龙，是典型的家居建材商店。

⑨厂家直销中心。厂家直销中心由英文"factory outlets center"翻译而来，简称"outlets"（奥特莱斯）。它一般是由房地产开发商在城市郊区交通便利的地方建设而成的有一定规模的联体式独立商店，然后以租赁的方式提供给制造商、品牌商或独立经营者销售商品。其中，大部分为厂家直销，用于销售积压的库存商品和尾货；价格便宜，比同类商品的正常价格低30%~80%。厂家直销中心的一大特点是停车场面积大，与营业面积的比例一般为4∶1或5∶1。大量顾客行车半小时到1小时，驾车至厂家直销中心购物，由此形成80~100公里的巨大商圈。人们去奥特莱斯不仅仅是购物，还是亲朋好友的郊游活动。

⑩无店铺零售。无店铺零售是指所有不使用店铺向顾客出售商品的零售方式。根据与顾客沟通所采用的媒介（运作方式）不同，无店铺零售又被分为多种不同的形式，如表9-3所示。

表 9-3　无店铺零售的主要形式及其特点

形式	基本特点			
	运作方式	商品特点	目标市场	渠道特点
上门推销	推销人员与顾客面对面沟通	价值较高的日用品及新开发的商品	各类顾客	为购买提供方便，特别适用于新产品试销
电视导购	电视宣传和展示商品，电话订购，送货上门	商品在特色上或价格上有明显优势	以电视观众为主	适用于特色商品的销售
邮购	邮寄商品目录，向顾客宣传和展示商品，电话订购，送货上门	易于包装、适宜存储和运输的商品	以地理上相隔较远的消费者为主	适用于在传统商店覆盖不到的地区
网上商店	通过互联网进行买卖活动，送货上门	能够网上下载或易于运送的商品	有上网能力的顾客	联系方便，无时间和空间的限制
自动售货	由自动售货机完成售卖活动	以香烟、饮料和小食品为主	以流动顾客为主	地点方便，没有其他服务
电话购物	主要通过电话完成销售活动，常与其他方式相结合	形式统一、易于运送的商品	各类顾客	联系方便，无空间限制

资料来源：庄贵军. 营销渠道管理［M］. 北京：北京大学出版社，2018：96.

无店铺零售最大的优势，是为顾客选购商品提供了时间与空间上的方便。顾客在下了订单以后，几天之内，商品就可以送到顾客的工作地点或家中。这吸引了时间紧或去商店购物不方便的顾客。比如，网上商店和电话购物为顾客提供了坐在家里购物的方便；自动售货机出售多种方便食品，为顾客提供了购买的方便。另外，无店铺零售还具有其他一些先天优势，如地段不受限制，无选址之惑；省却许多环节，经营成本低；门槛低，运转灵活，开办风险小。

（3）其他类型中间商。中间商除上面介绍的以外，还有一些被称为经销商（dealer）、代理商（agent）、分销商（distributor）和经纪人（broker）。

经销商是指受制造商委托，签订经销合同，在一定区域内负责该制造商产品销售的批发商或零售商。经销商通常和多家制造商签订长期的购销合同，按照这些制造商规定的销售价格或价格幅度在规定的区域内进行销售。经销商分为普通经销商和特约经销商。对于前者，制造商没有特别的规定、限制和优惠；对于后者，制造商要与经销商签订特殊的经销合同，如约定其在某个区域内的唯一性——其他批发商、零售商只能从该经销商处进货。一般而言，特约经销权只给那些在某个行业中实力比较强的经销商，而让有实力的经销商为自己销售，制造商的产品也比较容易打开销路和提高产品的知名度。

代理商与经销商有下述三点区别：第一，制造商一般在一个地区只使用一家代理商，但却可以同时使用多家经销商；第二，经销商一般拥有商品的所有权，而代理商常常不拥有商品的所有权或只部分拥有商品的所有权（如付50%的货款提货）；第三，代理商一般替制造商代理销售全部商品，在销售价格和其他销售条件上有较大的决策权，经销商则只销售它们想销售的产品，在销售价格和其他销售条件上受制造商的限制较大。代理商在很大程度上控制着制造商的营销活动，承担着许多营销任务。在使用代理商的情况下，制造商的商品一般要先经过代理商（总代理、一级代理或二级代理），再到经销商或零售商的手里。

从定义上讲，分销商与中间商没有区别，都是指那些专门从事商品流通活动的机构或个人。因此，所有的中商间都可以称为分销商。但是在实际应用时，一些企业将其视为经销商或代理商的代名词。

经纪人又称"掮客"，一般既没有资金，也没有商品所有权，只是受委托人委托进行购销谈判活动。他们拿着商品说明书和样品，替卖主寻找买主，或者替买主寻找卖主，把卖主与买主结合在一起，介绍和促成买主和卖主的交易。成交后，由卖主把货物直接运给买主，而经纪人向委托人收取一定的佣金。经纪人执行的渠道任务包括为买卖双方提供市场信息，作为销售纽带联系买卖双方，提供服务支持和买卖建议。

（二）渠道组合

在实际生活中，很少有企业只使用一种单一的渠道销售自己的产品。如果一家企业同时使用了多种渠道销售，那么就涉及复合渠道和渠道组合结构问题。所谓复合渠道，也称多渠道（multichannel）或混合渠道（hybrid channel），是指一家企业同时使用多种渠道销售同一种产品。而所谓渠道组合结构，则是指这家企业所使用的各种渠道在企业销售中所占的比重。

复合渠道得以发展的主要原因有三条：第一，随着市场细分程度的提高、零售业态的多样化以及竞争的加剧，单一的渠道模式不足以覆盖企业所有的目标市场，也不利于企业与竞争者竞争；第二，互联网技术的发展以及日益为人们所接受和采用，一方面对企业的传统渠道形成了挑战，另一方面也促使企业开展网络营销，在原有的渠道上再增加一条新的网络渠道，由此成为多渠道的营销者；第三，企业的战略选择，即企业通过采取多样化的渠道，扩大企业产品的市场覆盖面，提高市场占有率。

然而，采用复合渠道可能导致不同渠道之间和不同渠道成员之间发生冲突，增大管理的难度。此外，企业采用复合渠道还会引发一些新的管理问题，例如跨渠道的营销信息收集和决策问题，跨渠道的顾客沟通和促销协同问题，顾客的跨渠道价格比较问题，顾客的渠道迁徙问题，以及企业的跨渠道成本分摊和资产共享问题。

二、渠道结构策略

企业的渠道结构策略体现于对渠道结构的设计之中。渠道结构设计是企业在渠道的长度、宽度、密度、中间商类型以及使用渠道的多少等方面做出的规划与选择。规划与选择不同，企业的渠道结构策略有别。因此，渠道结构策略与渠道结构设计密切相关。

根据企业在渠道的长度、宽度、密度、中间商类型以及使用渠道的多少等方面做出的规划与选择，企业的渠道结构策略可以分为直接分销、独家分销、选择分销、广泛分销和密集分销。其内涵以及与渠道结构的关系如表9-4所示。

表9-4　企业的渠道结构策略

渠道结构策略	营销结构因素				
	长度	宽度	密度	中间商类型	渠道数量
直接分销	零层次、短渠道	覆盖面小	密度小	无中间商	单一
独家分销	不确定，取决于代理商的渠道层次	不确定，取决于代理商的网点范围	密度较小	地区独家代理	单一
选择分销	不确定，取决于代理商或经销商的渠道层次	不确定，取决于代理商或经销商的网点范围	不确定，取决于代理商或经销商的网点密度	同类型或不同类型多家代理	不确定，取决于代理商或经销商是否属于同一类型
广泛分销	渠道有长有短	覆盖面大	不确定，取决于经销商的网点密度	不同类型经销商	复合渠道，同时使用多种渠道
密集分销	渠道有长有短	不确定，取决于经销商的网点范围	密度大	不同类型经销商	复合渠道，同时使用多种渠道

资料来源：庄贵军. 营销渠道管理［M］. 北京：北京大学出版社，2018：98.

各种渠道结构策略并无绝对的好坏，关键是要适合企业的需要和实际情况。因此，在确定渠道结构策略时，企业要根据其渠道任务和目标、目标市场、品牌定位以及其他营销因素的匹配状况灵活选用。

（一）直接分销

直接分销策略是指制造商或服务提供商使用自己的销售队伍直接把产品或服务销售给消费者或用户，包括"制造商→消费者"和"制造商→用户"两条路径。具体形式有人员推销、邮寄销售、电话销售、电视销售和网上销售等。在工业品和保险营销中，企业常常使用这种策略。

直接分销策略具有渠道短、覆盖面小、密度小、无中间商介入和渠道单一的特点。相对于其他渠道结构策略，直接分销策略的优点是产销直接见面，既便于企业与顾客沟通，联络感情；也便于企业了解市场，提供个性化产品和服务，控制渠道和价格。它的缺点是销售费用高，密度小，范围受限制，要求企业有较强的销售能力。

（二）独家分销

独家分销策略是指制造商或服务提供商在一定的市场（比如一个城市）范围内只利用一家中间商进行销售。消费品中的特殊品尤其是奢侈品，常常使用这种策略。

独家分销策略具有密度较小、独家代理和渠道单一的特点。密度较小，是因为代理商一般不愿意让其网点相互重叠。虽然独家分销常常意味着较短和较窄的渠道，但是并不一定，这取决于代理商的渠道层次和网点范围。当代理商的渠道层次多或网点范围广时，那么企业尽管采用的是独家分销，其渠道也会比较长和宽。

独家分销策略的优点是企业只与一家代理商打交道，交易成本低，易于控制，也易于与代理商建立长期稳定的合作关系。当企业与代理商之间有较高的信任和承诺水平时，渠道会有很高的运行效率。如果代理商的实力较强，那么这种策略还有助于提高企业及其产品的声望。另外，对代理商而言，由于在本地没有其他中间商参与该品牌的竞争，因此它可以独家享受制造商促销行为带来的利益。它的缺点是过分依赖一家代理商，会使代理商拥有较大的渠道权力，一旦代理商有投机行为或销售不努力，企业将很难处理。另外，因为密度比较小，所以这种策略不太适用于那些竞争激烈的产品。

（三）选择分销

选择分销策略是指企业在一定的市场（比如一个城市）范围内选择几家代理商或中间商经销其产品。消费品中的选购品和特殊品，以及需要经销商大力推销的工业品，经常使用这种策略。

选择分销在渠道长度、宽度、密度、中间商类型以及单一或复合等方面均有不确定性。它可以是与独家分销比较接近的单一渠道，也可以是与广泛分销或密集分销比较接近的复合渠道。这取决于代理商或中间商的类型及其渠道层次、网点范围和网点密度。

当与独家分销比较接近时，其优缺点与独家分销相似；当与广泛分销或密集分销比较接近时，其优缺点与广泛分销或密集分销相似。一般而言，由于只与几家代理商或中间商打交道，所以选择分销策略一方面有助于企业与代理商或中间商建立良好的合作关系；另一方面，也避免了对一家代理商或中间商的过度依赖，有助于企业更好地控制渠道。

从理念上讲，选择分销符合中国传统文化中中庸的原则；从操作上讲，这种渠道结构策略非常灵活，进可攻，退可守。因此，实践中很多企业都自觉不自觉地采用这种策略。

（四）广泛分销

广泛分销策略是指企业同时利用多种渠道，尽量扩大产品的销售区域和市场覆盖面，让更多的消费者或用户购买。日用品（如香烟、饮料、酒和日用小百货）的购买频率高，对服务的要求低，只要市场上有货，消费者就会按照习惯购买，因此日用品的生产制造企业经常采用这种策略。

广泛分销策略具有覆盖面大、多类型经销商和多种渠道的特点。由于有多种渠道，所以构成广泛分销的渠道有长有短。广泛分销的渠道密度不确定，可能密，也可能疏，这取决于经销商的网点密度以及各网点之间相互覆盖的程度。

广泛分销策略的优点是企业同时与尽可能多的经销商打交道，不会过分依赖某一经销商，这会增大企业的渠道权力，增强企业对渠道的影响力。另外，由于市场覆盖面大，因此这种渠道结构策略有利于企业寻找更多的市场机会，扩大产品销售。它的缺点是由于对经销商不加选择，因此经销商的质量可能良莠不齐。这既不利于企业树立良好的产品形象，也不利于企业与经销商建立长期稳定的合作关系。此外，如果经销商太多，经销商之间容易发生恶性冲突，企业对渠道的控制力度也会减弱。

（五）密集分销

密集分销策略是指企业在某一个市场区域内同时利用多种渠道销售，增大销售网点的数量和相互覆盖的程度，使消费者或用户能够更方便地购买。这种渠道结构策略适用于日用品营销。比如一些饮料，不仅在超市、便利店、饮料批发部和街头小贩在卖，而且还被放入自动售货机，设置在城市的各个角落进行售卖。密集分销策略具有密度大、多类型经销商和多种渠道的特点。由于有多种渠道，所以构成密集分销的渠道也有长有短。

密集分销的渠道范围不确定，覆盖面可能很大，也可能不太大，这取决于经销商的网点范围。不过，因为企业采用密集分销的动机是追求薄利多销，所以往往来者不拒——只要经销商愿意经销企业的产品，企业就会让其去经销。这就使得密集分销的渠道通常有比较大的市场覆盖面，尤其是对不同细分市场（而非地理范围）的覆盖。

密集分销策略的优缺点与广泛分销策略相似。不同之处在于，由于更强调同一区域内尽可能多的销售网点，所以密集分销策略会使销售网点之间形成相互覆盖的关系。优点是，这会提高企业在一定区域内的渠道竞争力，但缺点是，这会降低企业的渠道效率，增大渠道成本，还容易引发销售网点之间的矛盾和利益冲突。

三、渠道的组织形式与渠道治理策略

渠道是由许多企业参与的一种"超级组织",各个参与者要密切合作,共同努力,才能保持渠道的高效和畅通。这就要求渠道有一个相对稳定的组织结构,因而涉及渠道治理问题。

从一家企业的角度看,渠道治理就是通过某种形式把渠道参与者组织起来,为"超级组织"的共同利益密切合作,共同努力,并建立对其他参与者的约束机制,防止其他参与者针对自己从事投机行为。因此,渠道治理与渠道的组织形式高度相关,渠道的组织形式往往是渠道治理策略的体现。

大多数企业的渠道都是由许多企业参与构建的相对稳定的垂直营销系统,根据企业对渠道的治理形式和控制程度,垂直渠道系统可以分为公司型、特许型、管理型和关系型。这些垂直营销系统既是不同的渠道组织形式,也是不同的渠道治理策略。它们的治理特点如表9-5所示。为了便于比较,表中将纯粹的层级治理和纯粹的市场治理作为两种极端的治理形式列在表的上下两端。而在现实中,这两种纯粹的渠道治理策略很少使用。

表 9-5　渠道的组织形式与交易治理的三个维度

渠道的组织形式	治理维度		
	产权（全资-独资）	权威（强-弱）	激励（高-低）
层级治理	全资：委托人拥有全部产权,代理人只是为委托人工作并因此获得报酬	极强：工作和其他活动的类型、方法和时间都由委托人决定,代理人没有任何自主权	极低：根据投入获得报酬,不承担业绩表现不佳的风险,也不会因为超额完成任务而获得奖励
公司型	全资到参股	极强到较强	中到极高
特许型	独资	极强	较高
管理型	独资	较强	极高
关系型	独资	弱	极高
市场治理	独资：代理人的产权独立于委托人,代理人为自己工作,不从委托人那里获得报酬	极弱：工作和其他活动的类型、方法和时间自主决定,代理人拥有完全的自主权	极高：根据产出获得报酬,并因此承担业绩表现不佳的风险

资料来源：庄贵军. 基于渠道组织形式的渠道治理策略选择：渠道治理的一个新视角 [J]. 南开管理评论, 2012, 15（6）：72-84.

根据马卡多克和考夫（Makadok and Coff, 2009）的研究,交易治理包括三个维度：产权（ownership），即谁拥有用于工作的重要资源；权威（authority），即谁有权决定怎样完成工作和参与什么活动；激励（incentives），即工作者是根据产出还是投入获得报酬，以及是否因此而承担业绩表现不佳的风险。这三个维度相互独立，可以单独变化，从而形成了丰富多彩的混合（hybrid）治理模式——在一个维度上与市场治理相似，而在另一个维度上与层级治理相似。

（一）公司型渠道组织

公司型渠道组织也称"公司型垂直渠道系统（corporate vertical marketing system）"，它的最大特点是主导企业全资拥有或通过控股和参股的方式实际拥有一条营销渠道。主导企业全资拥有的渠道，主要指制造商设立的直销渠道，比如制造商通过本企业的推销人员、外设销售机构或自设的专卖店进行销售。通过控股或参股其他渠道成员的方式实际拥有一条营销渠道，一个典型案例是格力的营销渠道——工商股份合作制。它的最大特点就是，格力公司在每个省和当地经销商合资建立以格力为大股东的销售公司，"以控价为主线，坚持区域自治原则，确保各级经销商得到合理利润"。

对于全资拥有的渠道而言，在权威方面，企业有很大的控制权，与层级治理相同；在激励方面，则较多地采用市场治理的激励方法，即根据销售业绩来支付报酬。这是因为销售岗位不适合按投入支付报酬，一是销售人员在工作时间、技能和经验上的投入不容易计量，二是那样做会导致销售人员出工不出力的投机行为。

对于通过控股和参股其他渠道成员的方式实际拥有的渠道，在激励方面，主导企业采用类似于市场治理的激励方法，允许各个参与者追求自己的利益，通过自己的努力和销售业绩获得报酬，主导企业则参与最终的分配。而在权威方面，由于参与者股权相互交叉，利益彼此渗透，又有很多公司治理的机制可以使用，所以主导企业也有比较大的控制权，类似于层级治理。比如，在格力的渠道模式中，制造商对渠道有很大的控制权：在价格方面，厂家以统一价格对各区域销售公司发货，并给产品价格划定一条标准区，各区域销售公司在批发给下一级经销商时根据当地的实际情况在标准区内进行"有节制地上下浮动"；在促销方面，格力负责实施全国范围内的广告和促销活动，合资销售公司则负责完成当地的广告和促销活动以及店面的装修之类的工作；在销售方面，销售工作全部由合资销售公司负责，而各地的一级经销商必须从合资销售公司进货，严禁跨省市窜货；在售后服务方面，由合资销售公司负责与各服务公司签约，并监督其执行，格力总公司只对其中一部分进行抽查和回访。

（二）特许型渠道组织

特许型渠道组织也称"特许型垂直渠道系统（franchising vertical marketing system）"，是由一家主导企业以特许经营合同为基础将不同层级的企业联系起来而组成的一个渠道联合体。其特点是产权独立，权威极强，激励较高。

特许经营是一种以转让特许经营权为核心业务的经营方式。特许商（franchisor）

将自己所拥有的商标、商号、产品、专利、专有技术或经营模式等以特许经营合同的形式授予授许商（franchisee）使用，授许商则按照合同的规定，在特许商统一的业务模式下从事经营活动，接受特许商的管理，并向特许商支付特许费或加盟费。

特许经营既可以基于商品品牌，也可以基于服务品牌。前者多为制造商授予批发商、零售商或维修商特许经营权，如可口可乐公司授权装瓶厂在指定地区使用可口可乐公司提供的原浆进行生产，使用可口可乐品牌进行销售；石油公司授权开设很多加油站，以其名义销售石油公司冠名的汽油。后者多为服务企业授予服务企业特许经营权，如零售、餐饮和住宿等行业的连锁企业。特许商开的店称作直营店，与总店在同一个产权下，不存在授权关系；授许商开的店称作加盟店，与总店是不同的法人，产权独立，有授权关系。

因为是不同的法人，所以在特许型渠道组织中，各个参与者各有自己的利益追求，会为了自身的利益而努力工作，并根据销售业绩获得报酬。因为要接受主导企业的领导，所以不承担全部的经营风险。当经营出现困难时，主导企业有责任帮助它们摆脱困境。因此，虽然特许型渠道组织有较高的激励机制，但不是最高的。

尽管产权独立，但是主导企业对其他合作者有极高的控制权。例如，在特许加盟的连锁系统中，加盟合同要求加盟店接受总店的管理，在店铺标识、名称、经营标准、产品和服务质量标准、经营方式等方面都要严格遵守总店的规定。总店对加盟店的管理就像是对直营店的管理一样，没有差异。从外表以及企业员工的行为上，很难看出加盟店与直营店的区别。因此，在权威机制上，特许型垂直渠道系统采用的是层级治理的方式——主导企业决定和安排合作企业的主要工作和活动，合作企业的自主权很小。

这种渠道组织之前一直被称为契约型（contractual）垂直渠道系统，原因是要强调合同在建立这种特定合作关系时的重要性。企业之间要签订正式的合同，以正式的合同为基础将不同层级的企业联合起来。言下之意，似乎其他形式的渠道组织不需要在企业之间签订正式合同或合同不重要。这显然是有问题的。社会发展到现今这样的法治社会，企业之间合作越来越重视合同的作用，已经很少有企业不签订正式合同就与其他企业进行渠道合作了。那么，为什么其他的渠道组织形式不叫契约型垂直渠道系统呢？这明显讲不通。而将其称为特许型垂直渠道系统，不仅符合其原意，而且能够反映其独特性。

（三）管理型渠道组织

管理型渠道组织也称"管理型垂直渠道系统（administrate vertical marketing system）"，由处于不同层次的企业自愿参与而构成，在一家核心企业的控制下运行。核心企业称为"渠道领袖"，具有较大的权力，承担领导和管理职责。管理型垂直渠道系统的特点可以简述为：产权独立，权威较强，激励极高。

在这一系统中，合作者之间没有产权或股权关系，甚至没有特许型垂直渠道系统中那种由特许经营合同所规定的依附关系。合作者之间在法人地位上是平等的，一家企业之所以被认作"渠道领袖"，是因为它承担和执行着最重要的渠道功能，具有较大的控制权（权威机制较强），可以在很大程度上影响或改变其他企业的相关决策；而其他企业之所以愿意接受它的领导，是因为它们在力量上无法与"渠道领袖"抗衡，在经济上通过"被领导"可以得到更大的利益——接受核心企业的领导是一种更稳妥和更节省的运营方式。但是，它们需要自己努力工作，根据自己的产出获得报酬，承担全部的经营风险。那些工作业绩不佳的企业，常常会被淘汰出系统。

"渠道领袖"既可以是制造商，也可以是中间商。例如，英国的玛莎百货集团采用中间商主导的管理型垂直渠道系统，生产和销售自有品牌（private brand）产品。它委托800多个制造商按其设计进行贴牌生产，使用其品牌"圣米高"进行销售，成为一个"没有工厂的制造商"。现在很多大型零售商，如沃尔玛、麦德隆、家乐福和华润万家等，都采用类似的组织形式开发和销售自有品牌产品。

（四）关系型渠道组织

关系型渠道组织也称"关系型垂直渠道系统（relational vertical marketing system）"。它是指由处于不同层次的企业基于共同的利益、依关系规范而构成的渠道组织形式。它与管理型垂直渠道系统的区别在于，它没有一个被称为"渠道领袖"的核心企业。它的治理特点可以简述为：产权独立，权威机制弱，激励机制极高。

在现代市场经济中，企业一般都在功能上进行了专业化，因此被分为制造商、批发商、零售商或其他类型的企业。术业有专攻，每一家企业在它所执行的功能上都比其他类型的企业更有效率，但是也因此不得不依赖于其他类型的企业帮助它执行其他的功能，否则就无法生存。这就为营销渠道中不同层次的企业提供了合作的基础，即企业之间在渠道功能上的相互依赖。除直销渠道以外，其他各种类型的渠道组织都建立在这种企业之间的相互依赖上，只是互依的结构和程度不同罢了。关系型垂直营销系统一般建立在合作者之间互依程度较高且互依结构比较对称（即彼此之间的依赖程度大致相当）的基础之上。在实践中，这种类型的渠道组织形式大量存在，比如大多数制造商与零售商之间的关系便属这种类型。

因为合作者之间不存在产权或股权关系，而且在渠道中的地位相对平等，所以任何一家企业都不能像管理型垂直渠道系统中的"渠道领袖"那样对其他企业有很强的控制力。因此，企业一般很少用权威机制进行治理，权威机制弱。企业主要通过互依、互信、彼此承诺和合作等关系规范来实现对彼此的控制，从而形成关系型治理机制。通过关系型垂直渠道系统，各个参与者都能够获得单个企业难以获得的竞争优势。当然，它们各自的利益大小主要取决于自己的努力和工作业绩，经营风险也需要自己承担。

(五) 市场化的渠道交易

从渠道治理的角度看，企业还可以选择一种渠道交易形式，即市场化的渠道交易。比如，一家企业到一个开放的市场将自己的产品售卖给任何人，包括从事批发与零售的机构。如果购买者是最终用户，那么这等同于直销渠道，属于公司型垂直渠道系统的一种。如果购买者是从事批发与零售的机构，那么这就是一种市场化的渠道。

之所以将其称为"市场化的渠道交易"，而非"市场化的渠道组织"或"市场化的渠道系统"，是因为从企业的角度看，它不是一种稳定的组织形式，不需要企业对其进行治理。换言之，它是一种没有治理的治理方式，学术上将其称为市场治理。

市场治理有以下三个特点：在产权维度上，工作者或代理人自己拥有用于工作的重要资源；在权威维度上，自己有权决定怎样完成工作和参与什么活动；在激励维度上，根据产出获得报酬，并因此而承担业绩表现不佳的风险。

在市场治理的情况下，所有参与者都按照市场规则进行买卖活动，买卖双方之间没有任何持续的关系；某一次交易活动既不受此前交易活动的影响，也不影响以后的交易活动；企业一旦把产品卖出去，就不再关心产品的流向。双方的交易纯粹出于经济利益的考虑，不受人类情感的任何影响。买方把所有的卖方看成是一样的，卖方也把所有的买方看成是一样的。对彼此而言，与谁交易都是一样的。交易双方互信程度很低，也不需要太高的互依水平和彼此承诺。交易采用"一手交钱、一手交货"的方式进行，并且交易过后谁也不认识谁，谁也不打算再找对方。因此，这中间即使有投机行为（如欺骗）出现，投机行为也是一次性的。上当受骗，也是"花钱买教训"。

四、渠道结构设计和策略选择

渠道结构存在长度、宽度、密度和中间商类型的区别，企业的渠道结构策略根据这些因素的不同以及使用渠道的多少又分为直接分销、独家分销、选择分销、广泛分销和密集分销。另外，渠道治理又有多种策略。因此，企业的渠道结构设计和策略选择，实际上就是企业在渠道结构、渠道结构策略和渠道治理策略的各种因素中进行权衡、取舍和组合。表 9-6 显示了渠道结构和策略的因素与相对应的变量。

表 9-6　渠道设计的因素和变量

因素	变量
长度	渠道层级数：0，1，2，3，…，n
宽度	覆盖范围：县、市、省、大区、全国、大洲、全球

续表

因素	变 量
密度	渠道终端的数量和网点商圈的交叉情况：少，不交叉；多，不交叉；多，交叉
中间商类型	批发商：综合批发商、大类商品批发商和专业批发商 零售商：百货商店、超级市场、专营店、专卖店、便利店、仓储会员店、家居建材商店和其他 其他类型的中间商：经销商、代理商和经纪人
渠道数量	性质不同的渠道条数：0，1，2，3，…，m
渠道结构策略	直接分销、独家分销、选择分销、广泛分销、密集分销、不同策略的组合
渠道治理策略	渠道组织形式：公司型、特许型、管理型和关键型；市场化的交易渠道

资料来源：庄贵军．营销渠道管理［M］．北京：北京大学出版社，2018：100.

假设某企业的渠道长度有一个选项（制造商→批发商→零售商→消费者），宽度有两个选项（覆盖全国和覆盖某个地方），密度有三个选项（网点高度重叠、中度重叠和不重叠），中间商类型为四种（零售商中的便利店、百货店、超级市场和仓储会员店），再加上三种渠道结构策略（选择分销、广泛分销和密集分销），那么渠道结构的设计方案就有 72（1×2×3×4×3）个。这样设计渠道结构虽然系统和全面，不会漏掉任何一种可能的方案，但是在对各种方案进行评价时，就会很繁琐。另外，把每一种可能的方案都想到，也没有必要。那么，应该如何设计备选的渠道结构方案呢？

（一）确定渠道策略

设计渠道结构的备选方案，可以从确定企业的渠道治理策略和渠道结构策略开始。这是因为渠道治理策略与企业的公司战略和资源要素有关，渠道结构策略与企业的营销目标、营销战略和渠道任务有关。

公司战略着眼于整个企业的长期发展问题，影响着整个企业的资源配置，内容包括公司使命、公司的长期发展目标、公司的业务组合和公司的组织结构。一个成熟的企业，有其偏好的渠道治理形式，比如被称为"工商股份合作制"的格力渠道模式。从格力的角度讲，这一模式最大的优点就是把合作伙伴的利益与自己的利益捆绑在一起，减轻了格力进行渠道治理的难度。合作伙伴会为了自己的利益会努力工作，只要格力的产品卖得好，自己的利益也就有保障。另外，各区域销售公司的董事长由格力方出任，这也加强了格力对区域销售公司的控制。当一家企业选定了一种渠道治理策略，那么在设计渠道结构时，与这种治理策略不符的结构选项就可以排除在外。

营销目标是企业进行各项营销活动希望得到的结果。营销战略则是营销部门根据企业发展战略和营销目标而确定的营销计划，涉及目标市场、品牌的市场定位、产品的要素组合、产品定价、营销渠道选择与管理、沟通与宣传、关系管理等内容。企业的渠道结构策略要能够完成营销目标和营销战略规定的渠道任务和目标，而那些不能完成渠道任务和目标的渠道结构策略和与之相对应的结构选项，就可以不再考虑。

例如，一家名为 NX 的制造商出于公司战略的考虑，需要对渠道进行严格的控制，因此选择了公司型垂直渠道系统作为其渠道的组织形式或治理方式。因为广泛分销和密集分销不太适用于公司型垂直渠道系统，而 NX 的市场范围又较广，不适合直接分销，所以在渠道结构策略上就剩下独家分销和选择分销两个选项，而在渠道结构上也就剩下与独家分销和选择分销两种策略相符的结构因素。

总之，渠道治理策略和渠道结构策略一旦确定下来，其他因素的选择范围也就被划定了，可行的备选方案会大大减少。

（二）确定渠道的宽度、密度和渠道数量

渠道的宽度、密度和渠道数量与企业的营销战略、营销目标和渠道任务有关。继续用上面 NX 的例子说明。我们知道，NX 已经选择了公司型垂直渠道系统作为其渠道治理策略和渠道的组织形式，且只可能采用独家分销和选择分销两种渠道结构策略，那么如何来确定其渠道的宽度、密度和渠道数量呢？

渠道宽度和渠道密度虽然密切相关，但是含义不同。渠道宽度是指渠道的覆盖范围，意味着渠道可以使企业产品抵达区域的多少或大小；而渠道密度则是指企业在某一区域内销售网点的数量，意味着企业在某一区域的销售力度。二者组合，就有宽而密的渠道、宽而疏的渠道、窄而密的渠道和窄而疏的渠道四种情况。

NX 公司的市场范围比较广，所以它的渠道要求有比较大的覆盖面。因此，它只能选择宽而密或者宽而疏的渠道。假设 NX 公司的渠道要覆盖全国。管理者需要测算 NX 公司的渠道网点在全国各个地区应该覆盖多大规模的城市、在每个城市应该设置多少网点才可能完成渠道任务和目标。比如，经过测量得出，NX 公司需要在全国人口超过 100 万人的城市里各设 5 个网点，或在人口超过 50 万人的城市各设 1 个网点。相对而言，前一个是宽而密的方案，后一个是宽而疏的方案。

当然，还有另一种选择，即采用多种不同的渠道，一方面覆盖全国，另一方面在一些重点地区加大密度。比如，利用电子网络渠道覆盖全国，直接向全国各地的消费者或用户销售；利用经销商的实体店覆盖重点区域——人口越多的城市，销售网点越多。这可以称为"多渠道区域密集分销"。

上面三种方案与已经确定的独家分销和选择分销两种策略交叉考虑，就有六种不同的组合。不过，独家分销与多渠道有矛盾，所以可能的组合只有五种：①宽而密的独家分销；②宽而疏的独家分销；③宽而密的单一渠道选择分销；④宽而疏的单一渠道选择分销；⑤多渠道区域密集分销+选择分销。

（三）确定渠道的长度

渠道的长度，也就是处于制造商和最终消费者或用户之间中间商的层级数。中间商的层级数越多，渠道就越长。直销渠道中没有中间商，因此它是最短的一种渠道，也被称为"零层级渠道"。

如果不考虑覆盖面和密度，制造商总是希望它的渠道越短越好。渠道越短，制造商距离顾客越近，一方面越容易了解顾客的需求，另一方面也越容易控制渠道。然而，当企业追求渠道覆盖面和密度时，它常常不得不采用长渠道。因此，从逻辑上讲，在设计渠道结构方案时，对渠道长度的选择应该在渠道的宽度、密度和渠道数量之后。

继续用上面 NX 公司的例子说明。NX 公司在选择了公司型垂直渠道组织形式之后，又从渠道的宽度、密度和渠道数量方面确定了五种可能的方案。那么，在上面五种不同的方案中，NX 公司渠道的长度应该如何确定呢？

渠道的长度和中间商的层级类型密切相关。如前所述，中间商的种类有很多，既可能处在不同的渠道层级上发挥不同的作用，如批发、零售，也可能处在相同的渠道层级上发挥相同的作用，只是采取的经营方式不同，如零售商中的百货商店、超级市场、专营店、专卖店、便利店、仓储会员店、家居建材商店。我们将前者称为"中间商的层级类型"，将后者称为"中间商的同级类型"。

企业常常通过选择中间商的层级类型来选择渠道的长度。比如，NX 公司如果选择向大型连锁零售企业（如沃尔玛、华润万家、苏宁）直供，那么它的渠道只经过一个层级的中间商，渠道比较短。相反，如果它使用的是起批发作用的总代理（如格力的模式），那么它的渠道至少要经过一级代理和零售商两个层级，渠道就会比较长。

在 NX 公司的例子中，确定渠道长度的问题其实就是选择哪一个层级的经销商作为合作伙伴的问题。如果选择零售商作为合作伙伴，那么渠道就会比较短；如果选择批发商或其他类型的经销商作为合作伙伴，那么渠道就会比较长，而且具体的长度将取决于合作伙伴的渠道长度。不过，因为 NX 公司选择的是公司型渠道治理策略，需要通过控股或参股合作伙伴的方式来控制渠道，所以独立性很强的批发商和零售商不太适合做它的合作伙伴。因此，NX 公司最好选择与独立性不强的经销商合作，而渠道的长度则取决于经销商的渠道长度。

这里需要特别说明一点：无论采用独家分销还是选择分销，NX 公司一旦找到了合适的经销商，后面的渠道层级交给经销商决定即可，没有必要做硬性规定。只有一些特殊情况下才应该干预，比如经销商下面的层级太多，把渠道拉得过长，缺乏效率；经销商的能力不足，下面的网点太少，无法完成企业的渠道任务和目标。

（四）确定中间商的类型

最后，确定同一层级中间商的类型。比如，如果选定零售商作为自己的合作伙伴，那么这一步就是要确定使用其中的百货店、超市、专业店、专卖店、便利店，还是仓储会员店。如果选定批发商作为自己的合作伙伴，那么这一步就是要确定使用其中的综合批发商、大类商品批发商、专业批发商，还是选择发挥批发作用的经销商、代理商。

因为不同类型的中间商针对不同的目标市场、使用不同的经营方式、经营不同种类的商品，所以对于一家企业而言，并不是所有类型的中间商都同样适用，企业要根据自己产品与不同类型中间商经营特点的匹配情况进行选择。比如，生产食品的制造商，在零售层级上，可以选沃尔玛、华润万家，不适合选国美、苏宁；生产家用电器的制造商，首选国美、苏宁，也可以选沃尔玛和华润万家，但不能选老百姓大药房。

具体到 NX 公司的例子，NX 公司在选择经销商作为合作伙伴时，要事先考察和了解备选经销商的渠道中都有哪些类型的下游中间商，它们是否适合经营本企业的产品。比如，如果 NX 公司是一家生产家用电器的制造商，那么它就应该选择与那些在下游中间商中有国美、苏宁或其他家用电器商店的经销商合作；如果 NX 公司是一家快速消费品生产厂家，那么它就应该选择与那些在下游中间商中有沃尔玛、华润万家或其他超市的经销商合作。

（五）渠道方案的评价

经过上面几个步骤，企业可以设计出若干备选的渠道方案。用 NX 公司的例子说明，在经过上面的多个步骤之后，设计的五种方案中还剩下三种：方案1，宽而疏的独家分销；方案2，宽而密的单一渠道+选择分销；方案3，多渠道区域密集分销+选择分销。那么，如何对这些渠道结构方案进行评价和选择呢?

定性判断法简单实用。使用这种方法时，渠道管理者往往根据比较重要的决策因素对不同渠道结构方案的适用性进行定性的评估、比较。至于什么是重要的因素，则见仁见智，并没有一个统一的标准。一般而言，渠道任务与目标、渠道成本、目标市场与市场定位、产品与价格、宣传与信息沟通、中间商以及环境机会与限制等，都是在评价渠道结构方案适用性时需要考虑的，如表9-7所示。

表9-7　渠道方案的适用性评价

评价因素	方案		
	方案 1 （宽而疏的独家分销）	方案 2 （宽而密的单一渠道+ 选择分销）	方案 3 （多渠道区域密集分销+ 选择分销）
渠道任务	中等：能够完成销售任务	较高：能够较好地完成销售任务	高：能够很好地完成销售任务

评价因素	方　案		
	方案 1 （宽而疏的独家分销）	方案 2 （宽而密的单一渠道+ 选择分销）	方案 3 （多渠道区域密集分销+ 选择分销）
渠道建设目标	中等：覆盖面大，但渗透率不足	较高：覆盖面大，渗透率较高	高：覆盖面大，区域渗透率高
渠道服务目标	较低：当独家经销商的网点数量不足时，等候时间、空间便利和服务支持等方面都会存在问题	较高：在等候时间、空间便利和服务支持等方面没有太大问题	中等：在重点区域的服务没有问题，在电子网络渠道覆盖的非重点区域会有问题
渠道治理目标	高：容易控制，协调成本低，但是独家经销商的权力较大	中等：需要协调同一区域不同经销商的利益，协调成本较高	中等：在重点区域需要协调不同经销商的利益，另外还需协调不同渠道的利益，成本较大
渠道成本适用性	高：相对于其他两种方案，成本最低	较高：相对于其他两种方案，成本较低	中等：相对于其他两种方案，成本较高
目标市场与市场定位	难以确定：取决于选取的经销商	难以确定：取决于选取的经销商	难以确定：取决于选取的经销商
产品与价格	高：产品的特点和价格水平对渠道没有特别要求	高：产品的特点和价格水平对渠道没有特别要求	较高：电子网络渠道对物流要求较高
宣传与信息沟通	较高：经销商能够主动帮助企业宣传产品和进行信息沟通	较高：经销商能够主动帮助企业宣传产品和进行信息沟通	高：电子网络渠道不仅对非重点区域销售，而且是一条重要的信息传播渠道
中间商	较低：对经销商的要求很高，既要有实力，还要愿意接受制造商的特殊要求，合适的经销商难求	较高：对经销商的要求不是特别高，相对比较容易找到合作者	较高：对经销商的要求不是特别高，相对比较容易找到合作者
环境适用性	高：无限制	高：无限制	高：无限制

资料来源：庄贵军. 营销渠道管理［M］. 北京：北京大学出版社，2018：104.

适用性可以按照"高""较高""中等""较低""低"评价，如表 9-7 中给出的评价；也可以打分，如"高"为5分，"较高"为4分，"中等"为3分，"较低"为2分，"低"为1分。即使打分也要特别注意：在整个评价过程中，重要的不在于每一项得多少分，而在于打分时的思考过程。打分计算的目的是用客观的方法做出主观的决策。

在评估渠道方案时，应遵循以下步骤：

第一步，要从渠道任务和目标的角度评价各个方案的适用性，相关的因素包括渠道任务、渠道建设目标、渠道服务目标和渠道治理目标。比如，在NX公司的例子中，虽然三个方案都能够完成销售任务，但是相对而言，方案3最好。在渠道治理目标方面，方案1的协调成本最低、最容易控制，因此最好。

第二步，考虑渠道成本。比如，在NX公司的例子中，从渠道成本的适用性上考虑，方案1最好（渠道成本的适用性高），因为这一方案只需找到各区域的总经销商或总代理商，以参股或控股的方式与其建立战略联盟，然后利用它们的渠道网络销售就可以了。而采用其他两种方案，NX公司则需要找更多的经销商，分别与其商谈股权合作事宜，在渠道运行时，还要做大量的协调工作，成本较高。

第三步，考虑不同方案在目标市场与市场定位上的适用性，相关的因素主要是渠道覆盖面与目标市场的吻合度、渠道形象与产品形象的吻合度。在NX公司的例子中，各方案在目标市场与市场定位上的适用性取决于NX公司最终所选择合作的经销商，因此在经销商未选定之前，各方案在目标市场与市场定位上的适用性难以确定。

第四步，考虑不同方案在各营销因素上的适用性，包括产品、价格和促销宣传等方面。在NX公司的例子中，因为公司的产品特点和价格水平对渠道没有特别的要求，所以三种方案在各营销因素上的适用性差别不大。

第五步，考虑不同方案在中间商上的适用性，包括中间商的可得性、服务产出和成本。在NX公司的例子中，因为方案1对经销商的要求很高，既要求经销商有实力，还要求经销商愿意接受制造商的特殊要求，所以合适的经销商很难得到。如果没有办法找到足够的愿意合作的经销商，那么即使企业偏爱方案1，也只能暂时将其搁置，先采用其他两种方案。

第六步，考虑环境的适用性，即考虑环境有没有对某一渠道结构方案给予特殊的支持或限制。在NX公司的例子中，环境对三种方案都无限制。

经过这样的评价以后，企业对各备选方案的优缺点会了然于心。在此基础上，不管是不是采用量化的方法计算得出结果，都可以形成一个大致的选择顺序。不仅如此，由于认识到没有哪一种方案是十全十美的，在日后的日常渠道管理工作中，还可以有针对性地加强某一个方面的管理与控制。

经典与前沿研究9-2

全渠道营销的信息挑战：补救措施和未来研究

全渠道营销（omnichannel marketing）是指通过协同管理企业内外部的众多可用渠道和顾客接触点，同时提升顾客跨渠道体验和企业市场活动的营销组合和营销沟通活动（自有、付费和赢得）。由于全渠道营销策略可以帮助企业更好地与顾客互动，所以它能给企业带来很多益处，如增加企业销量、驱动企业创新和提升长期绩效等。但要制定一个能够产生效果的全渠道营销策略，让其发挥作用，企业面临着三大挑战：数据挑战、营销归因挑战和消费者隐私保护挑战。Cui 等（2021）的研究概述了这些挑战，并提出了解决方案，包括使用机器学习和区块链技术来让全渠道营销发挥充分的作用等。

第一个挑战是数据挑战，企业面临以下两方面问题：①数据不易获取。对此，本文提出了两个补救措施：a. 采用联邦学习方法构建联合机器学习模型，同时保护各方服务器数据的隐私；b. 与第三方数据平台建立战略伙伴关系或收购第三方数据提供商追踪顾客。未来，不仅需要探索识别出最有效的且适用于多种情境的机器学习方法（这种方法能够基于企业已有的数据来估算缺失的部分信息），也要设计能够跨越不同接触点收集不同方面信息的平台或中间商。②数据整合困难。对此，本文提出了两个补救措施：a. 使用概率跟踪技术识别同一消费者在不同浏览设备的行为数据；b. 使用区块链技术帮助企业跟踪顾客数据并确保数据的完整性。未来，需要探索企业内部和企业之间的数据共享和概率跟踪对消费者（愿意支付的价格）、企业（如供应链效率、利润率）和决策者（如市场结构、效率、总盈余）造成什么影响，以及企业如何激励内部和外部合作伙伴参与区块链等问题。

第二个挑战是营销归因挑战，企业面临以下四方面问题：①顾客在旅程中，某一阶段的接触点可能会对后一阶段的接触点产生影响。对此，本文提出了两个补救措施：a. 评估营销组合模型中接触点的长期影响和协同作用；b. 采用隐马尔可夫模型评估顾客决策过程中不同阶段的不同渠道的影响。未来可以尝试构建包括顾客跨购物旅程不同阶段信息的丰富数据集，并将它们与企业在每个阶段的各种互动联系起来，并使用这些数据分析出企业在购买旅程不同阶段的营销干预的短期和长期影响。②顾客可能会同时通过多个接触点与企业互动，企业很难衡量这些接触点对顾客最终转化的贡献。对此，本文提出开发多触点归因模型，使用个人层面购买行为数据对全渠道营销效果进行评估。未来，可以尝试把企业与顾客的互动渠道在沟通方面的灵活程度作为归因分析的一种新评价指标。③企业很难识别无效的营销接触点。此外，当企业只用接触点的部分数据来进行归因分析时，很难确定未使用接触点的效果。对此，本文提出可以进行随机现场实验，并利用高级机器学习和计量经济学方法来评估营销干预措施的效果。未来，需要探索通过区块链技术获得关于消费者接触点的可验证细粒度数据是否能改善归因分析效果，以及是否能开发出用于分析未被使用接触点的贡献的归因模型等问题。④当分析的数据不在同一层面时（如个人层面的搜索数据和市场层面的电视广告信息），企业很难去整合分析。对此，本文提出开发可汇总跨不同层面的接触点信息的模型。未来，可以尝试开发出将个体层面数据和市场层面销售数据整合的数据分析方法。

第三个挑战是隐私挑战，企业面临着以下三方面问题：①顾客不愿意让企业跨设备和接触点收集，分析以及同步其个人数据以用于全渠道营销的目的。对此，本文提出了两个补救措施：a. 基于其他顾客的行为数据，而不是基于存储的特定个人数据来预测顾客的未来购买行为；b. 使用区块链技术为顾客提供奖励机制，以激励顾客主动分享个人数据获取利益。未来，可以尝试建立一种不被认为是侵扰隐私的预测模型，此外需要研究在哪种行业、什么样的产品和行为模式下，使用区块链技术能激励顾客主动分享个人数据。②顾客在决策过程中，可能不允许与他们互动的其他企业（如第三方物流）与焦点企业共享这些数据。对此，本文开发数据交换平台，使组织能够将数据集与未识别的信息进行匹配，而无须离开企业的安全服务系统。未来，需要探索部署如区块链支持的联合学习架构等方法对缓解隐私担忧和实施有效全渠道营销计划有什么影响，以及由可识别数据引起的算法偏见（如种族和性别歧视形式）和歧视性做法（如价格歧视）会产生有哪些不利后果。③监管机构不允许企业与不同企业，设备和接触点之间共享、同步和收集顾客数据。对此，本文提出可使用欧盟发布的通用数据保护条例 GDRP 之类的法规来增加顾客对其数据的控制感。未来，可以探索企业之间应该在多大程度上遵守隐私法规以及这会对消费者福利和企业-消费者关系产生什么影响。

资料来源：CUI T H, GHOSE A, HALABURDA H, et al. Informational challenges in omnichannel marketing: remedies and future research ［J］. Journal of Marketing, 2021, 85（1）：103-120.

第三节　网络环境下的分销渠道管理

对企业而言，互联网的应用与普及不仅意味着多了一条新的营销渠道，而且意味着营销环境这一基础性因素发生了改变。每一个人、每一个企业都生活在网络环境之中，都直接或间接地受到网络环境的影响，威胁与机遇并存。如果应对得当，企业有可能大大提高其渠道管理水平，减少渠道运行成本，获得渠道竞争优势。相反，如果应对失当，企业原有的营销渠道将受到威胁，使企业原有的渠道经验、知识和优势作废。

一、互联网、电子商务与网络环境

在讨论网络环境下的营销渠道管理之前，首先需要搞清楚什么是网络环境。而要搞清楚什么是网络环境，就必须先了解互联网和电子商务（electronic commerce）等网络技术和基于网络技术的新兴商业模式。

（一）互联网

互联网译自英文的"Internet"一词，也称因特网，是利用通信技术把许多电脑联系在一起而形成的一个信息传送网络。它的出现使电脑不但能处理信息，而且可以快速地获得和传递信息。通过电脑和互联网，整个世界被联系在一起，分享信息资源，因此它被公认为人类社会继电报、电话、无线电、电脑之后的又一个伟大发明。

互联网有下述几大特点：第一，信息全球即时、双向传播，人们既可以从网上获得社会生活各方面的最新信息，也可以针对某一问题进行远程讨论；第二，电脑存储技术的发展为人们提供了近乎无限的信息存储空间，所以信息一旦进入发布平台，即可长期存储，长效发布；第三，通过网络搜索引擎，可以容易地检索出网上信息；第四，入网方式灵活多样，任何电脑只要采用 TCP/IP 与互联网中的任何一台主机通信就可以成为互联网的一部分。

（二）电子商务

互联网兴起和发展的一个直接后果，是电子商务的兴盛。电子商务将物流、信息流、资金流和商务流整合在一起，创造出新的市场机遇和新的经济活动。电子商务的兴盛，改变了传统经济活动的基础、运作方式和管理机制。

电子商务，是指通过电子化手段（尤其是互联网）来完成的交易活动及其业务流程，包括交易当事人或参与人通过电子化手段所进行的货物贸易、服务贸易和知识产权贸易等各类商业活动。从根本上讲，电子商务要从"电子化手段"和"商务"两个方面来理解。"电子化手段"涵盖了各种以使用电子技术为基础的信息传输方式，"商务"则包括不论是契约型还是非契约型的一切商务性质的活动。将"电子化手段"看作一个子集，"商务"看作另一个子集，则电子商务所覆盖的范围应当是这两个子集所形成的交集。因此，电子商务意味着：贸易活动的电子化和自动化；利用各种网络技术和工具（如计算机硬件和互联网、内联网、各种局域网等网络基础设施）从事各种商务活动；涉及互联网、内部网和电子数据交换在贸易方面的各种用途。

一次完整的贸易活动，一般包括了解行情、询价、报价、发送订单、订单应答、发出发货通知、发出收货通知、收到取货凭证、支付汇兑等过程。此外，还有可能涉及行政过程的认证等行为，以及资金流、物流、信息流等的流动。电子商务可以在贸易活动的一个环节或多个环节上实现，由此可以将电子商务分为高低两个层次：低层次的电子商务是电子商情、电子贸易、电子合同等；高层次的电子商务则是利用互联网进行所有贸易活动，在网上将信息流、资金流和部分物流完整地实现，从寻找客户开始，一直到洽谈、订货、在线付（收）款、开具电子发票直到电子报关、电子纳税等均通过互联网一一实现。当然，要实现高层次的电子商务，需要涉及很多方面，除买卖者以外，还要有金融机构、政府机构、认证机构、配送中心等机构的加入。

按照交易对象，电子商务可以分为企业对消费者（B2C）、企业对企业（B2B）、消费者对消费者（C2C）、消费者对企业（C2B）以及企业对政府机构（B2G）或政府机构对企业（G2B）等许多种类型。B2C 型电子商务是指生产制造企业或商业企业对消费者的电子零售业务。这种形式的电子商务随着电脑和互联网的普及迅速发展，目前很多企业通过网络设置各类网络商业中心，提供各种商品和服务。B2B 型电子商务是指生产制造企业或各类商业机构通过互联网或各种网络与其他生产制造企业或各类商业机构进行交易的商业活动。B2B 的电子商务，使公司之间能够通过网络进行洽谈、订货、在线付（收）款、开具电子发票等。C2C 型电子商务是指通过网络平台消费者个人对个人开展的商业活动。比如，一个人把自己不想要但还有价值的东西放在网站上拍卖，或者以个人的名义开网店销售产品。实际上，C2C 中的前一个 C 并不一定是指真正的消费者。它可能只是指个体，如在网络平台上开店的小商户。中国有一些提供这种交易活动的网站，如阿里巴巴的爱淘宝网。C2B 型电子商务是指由消费者先通过网络平台提出需求，然后由商家在网络平台报价和竞标，消费者选择后商家按需求组织生产。比较典型的有"全球旅拍"和乐贴网旗下的"聚想要"等网站。B2G 和 G2B 是指企业和政府机构使用网络平台交换数据、办理公务和做生意。在实际的应用中，二者很难区分开来。在企业与政府机构的关系中，如果企业主动，就是 B2G；如果政府机构主动，就是 G2B。B2G 和 G2B 的目的，旨在打破政府部门的界限，实现政府各相关部门在资源共享的基础上，迅速快捷地为企业提供各种信息服务，精简管理业务流程，简化审批手续，提高办事效率，减轻企业负担，为企业的生存和发展提供良好的环境。比如，B2G 和 G2B 已经应用于政府机构的电子采购与招标、电子化报税、电子证照办理与审批、相关政策发布、提供咨询服务等。

（三）网络环境

表面上看，互联网只是营销渠道运行与管理的一种新的渠道或一项新的技术。但是，由于它从根本上改变了或正在改变着人们的生活方式与工作方式，也改变了或正在改变着企业的管理方式，所以它是一种影响其他环境因素（如政治、经济、法律、文化、生态和竞争等）的一个更为基础性的变量。

互联网技术的发展和逐渐被人们接受所带来的一个最重要和最深刻的变化，就是在交换中顾客权力的增大。这体现在：首先，互联网技术通过更多的信息渠道、更便捷的信息获取方式，降低了顾客与企业之间关于商品和服务的信息不对称程度，能够帮助顾客做出更合理的购买决策；其次，互联网沟通所具有的双向、即时、快速响应和扩展性（沟通者形成网络的能力）的特点，能够大大增强顾客的影响力——一个顾客可以通过在网络社区上发布对一个品牌满意或不满意的信息来影响其他人的购买活动，而企业却很难限制网上对企业不利言论的传播；再次，互联网技术使顾客更容易在不同的购买渠道之间迁移，从而增大了顾客的渠道选择权；最后，互联网技术还可能增大顾客的参与权，使他们的影响力不仅仅局限于口碑或鼠标传播，还渗透到企业的生产与营销管理中，如通过顾客参与来影响企业的产品设计、服务流程设计、价格确定以及广告媒体和营销渠道的选择。

这种顾客权力增大的趋势正在对一些传统的商业模式和经营方式形成挑战。比如，网上旅行代理的兴起，一方面增大了旅行价格的透明度，另一方面为顾客提供了一条获得旅行服务的新渠道，这使传统的旅行代理商感受到了很大的威胁。再如，顾客在商店内通过网络移动设备能够随时进行网上和网下的价格比较，这降低了买卖双方在价格信息上的非对称性，提高了顾客的议价能力，但是却让一些传统的零售商倍感无奈。

当然，互联网技术的发展也为企业提供了新的沟通与管理工具，如电子邮件、网络搜索、即时通信、博客、反馈论坛、网上产品评价以及基于 Web 2.0 的网络社区等，带来了企业沟通与管理能力的提高。比如，在互联网技术的帮助下，企业能够获取更丰富、更细节化和个体化的顾客信息；通过网络社区，与顾客直接交流，对顾客之间的互动进行引导或干预；通过网络互动平台，为顾客在产品设计、价格比较、销售建议和口碑传播等方面的参与提供便利；通过人机互动，进行移动营销（mobile marketing）；通过更有效的客户关系管理，强化企业与顾客之间、企业与合作伙伴之间以及企业与其他利益相关者之间的良性互动。

所谓网络环境，就是有互联网参与人类生活的环境。现在每一个人、每一个企业都生活在网络环境之中，都直接或间接地受到互联网的影响。当然，对于那些在企业的生产、经营和管理活动中使用网络的企业，网络技术的作用与影响更直接，也更重要。这里重点考虑网络技术对企业的营销渠道管理在哪些方面、有怎样的影响。

二、网络渠道

互联网对企业营销渠道管理的一个最直接的影响，是网络渠道的出现。网络渠道是一种有别于传统渠道的新渠道。它应用了当代科技发展的最新成果，在很多方面有优势，对传统渠道有一定的替代作用。不过，它也有自身的弱点和一定的适用范围，并不能完全取代传统渠道。

（一）网络渠道的内涵

网络渠道，也称电子化渠道（electronic channels），是指企业通过互联网或其他与互联网相连接的电子设备寻找、接近消费者或用户，或是消费者或用户通过互联网或其他与互联网相连接的电子设备寻找供应者，进行买卖交易的营销渠道。它有以下几层内涵：第一，目标市场是那些使用电脑或其他电子设备与互联网相连接的消费者或用户；第二，电脑或其他与互联网相连接的电子设备是产需沟通的主要方式；第三，既可以是供方主动（网络销售），也可以是需方主动（网络采购）。网络渠道的一种极端形式，是应用互联网向网络终端用户提供数字化产品或服务，如文档资料、图片、软件、音乐和心理咨询等，并通过电子手段完成整个交易活动。在这种极端形式中，物流和商流都变成了信息流，营销渠道也成为虚拟的，中间商就不必要了。

然而，能够数字化的产品或服务只是很少的一部分，大多数产品或服务还无法使用这种极端形式的网络渠道完成销售。在现实中，很多企业所谓的网络渠道，只是应用互联网完成了营销渠道的部分功能，如把自己的产品列在企业的网页上进行宣传；指派销售人员浏览其他企业的网页，寻找潜在客户。从概念上讲，网络渠道的外延比电子商务小。它只是电子商务的一种形式，是电子商务在营销渠道中的应用。

（二）网络渠道的构成要素

网络渠道的构成要素有网络前台系统、网络后台系统和外部接口系统三个部分。

1. 网络前台系统。网络前台系统是指消费者通过网络浏览器可以直接看到的部分，包括会员登录和注册、商品展示、购物车、下订单、订单管理、配送方式和支付方式等内容。

2. 网络后台系统。网络后台系统是指消费者通过网络浏览器无法直接看到的部分，包括客户管理、网站维护、订单处理、款项查寻、库存管理、售后服务等内容。这些系统由网络平台企业或接入网络平台的企业购买和安装，一般使用一些现成的信息管理系统，如客户快速反应系统（quick response system，QRS）和客户关系管理系统（CRM）。但是，因为每个企业都有自己的特点和特殊要求，所以大多数网络后台系统需要根据企业的要求对一些中间件做二次开发与Web 集成。

3. 外部接口系统。外部接口系统是指网络前台系统和网络后台系统与外部网络系统的接口系统，包括网络安全认证中心提供的 CA 接口，用于提供安全性保证及身份确认；银行提供的支付网关接口，用于满足在线支付的需要；物流企业提供的物流配送服务，用于实现分销过程的物流配送。

这三个系统是一个有机的整体，有效组织以后，能够全部或部分地实现营销渠道的各种功能（如商流、信息流、物流、资金流等）。消费者通过网络前台的注册和登陆、商品展示区的选择、提交订单、网上支付、选择送货方式等操作，传递信息、支付货款。企业的后台管理系统在消费者购物的过程中，自动回应，向消费者反馈信息，接受订单、购物款，销售产品。银行的参与，使网上支付成为可能；CA认证机构的参与，保证了网上交易的安全性；而物流配送组织，如企业自身的配送部门、邮局、快递公司、运输企业，则促使商品实体的转移，最终将商品送到消费者手中。

（三）网络渠道的结构与分类

网络渠道可以分为两种渠道类型：一种是网络直销渠道，另一种是网络中间商渠道。

1. 网络直销渠道。网络直销渠道是指制造商或供应商通过互联网直接与消费者或用户联系和沟通，完成交易，整个交易过程无须任何中介组织的参与。有两种具体的形式（见图9-4）：其一，"制造商→制造商官网→消费者或用户"，企业建立自己的官网，申请域名，制作主页和销售网页，由企业的专职人员负责处理产品销售和服务相关事务。其二，"制造商→平台企业内的制造商网店→消费者或用户"，企业以付费或合作的方式在平台企业（如阿里巴巴的天猫）的网络平台上开网店，销售自己的产品。虽然这一过程有平台企业的参与（如认证企业资质、检验商品质量、记录交易过程、监督企业的销售行为），但是主要的销售活动在买卖者之间完成。

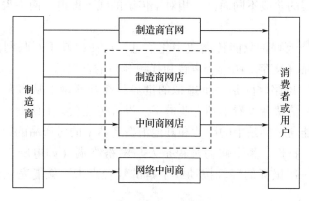

图9-4　网络渠道的结构与分类

2. 网络中间商渠道。网络中间商渠道是指制造商或供应商通过一些网络中间商与消费者或用户联系，并由网络中间商帮助撮合交易。其也有两种具体的形式（如图9-4所示）：其一"制造商→网络中间商→消费者或用户"，即网络中间商在自己建立的网络平台上从事经营活动，帮助撮合买卖双方的交易；其二，"制造商→平台企业内的中间商网店→消费者或用户"。其中，中间商与传统的经销商或代理商无异，通过在平台企业的网络平台上开店代理或销售制造商的产品，并由此获利。中间商一般会同时拥有线上和线下两条渠道，以线下销售为主,线上销售为辅。随着网络的普及和广泛应用,线上渠道变得越来越重要。中间商只有接入网络平台的入口,才更容易被用户接触,也才有更多的市场机会。平台企业自己不从事直接的经营活动,而是向中间商提供交易平台,并以此获利。

3. 平台企业。在网络渠道中,平台企业如阿里巴巴的淘宝、天猫,以及百脑汇、京东商城和当当网等,扮演着一个重要的角色。平台企业的主要业务不是与消费者或用户直接交易,靠收取佣金获利,而是为交易双方提供交易平台或虚拟的交易场所,通过向供应方收取费用的方式获利。实际上,平台企业并非网络环境下的新事物,其早已有之。在传统的线下渠道中,像万达、银泰和赛格等购物中心就是线下的平台企业。购物中心(英文被称为"shopping center"或"shopping mall")通常由房地产开发商承建,而后将经营面积或店铺出租给零售商或其他类型的服务经营者,由承租者从事商品与服务的经营活动。开发商与经营者之间是一种租赁关系——开发商收取租金,并向经营者提供相应的服务。不过,相对于传统的平台企业,网络渠道中的平台企业有更大的规模效益。随着平台上网络交易规模的扩大,平台企业的单位经营成本会迅速下降。

(四) 网络渠道的特点

网络渠道和传统渠道的最终目的,都是满足市场需求和实现企业的营销目标。在一定条件下,两种渠道可以互相支持、互相补充。因此,二者的区别,只是营销渠道发展的阶段不同而已。相对于传统的线下渠道,网络渠道有如下几个基本特点:

1. 数字化。互联网只能传播数字化信息,这使得基于互联网的网络渠道更适合数字化产品(文字、图形、声音和视频等)的营销。

2. 虚拟性。网络空间是一个虚拟的世界,在互联网上从事营销活动,企业看不到消费者,消费者也看不到企业员工。没有传统意义上的商店,也看不到实物,消费者只能通过网站上的图片和其他消费者留下的对产品的评论来了解产品的价格、规格、特性。整个购物过程是人与网络终端(如电脑、手机或平板电脑)的对话。一次鼠标的轻轻按动或手指的轻轻点击,就能完成商品所有权的转移。

3. 交互性。网络渠道通过互联网,能够实现产需之间高水平、低成本和快速的一对一信息沟通和互动。

4. 随时性和即时性。网上服务器一般24小时开放,用户可以随时访问;用户的很多要求,如软件的在线升级、电子图书的获取,自动服务系统都能即时满足。

5. 全球性。通过互联网,既可以获取全球的网上信息,也可以很方便地向全球发布信息,从而打破了传统渠道在地域上的限制,使企业可以方便地在全球市场上从事营销活动,参与国际竞争。

6. 网络外部性。网络外部性，是指当网络用户数量增加以后，每个用户从中得到的效用会增加，而加入网络的成本却不会随着效用的增加而增长。比如一个租房的中介网站，当在它上面注册要出租房屋的客户和注册要寻找房屋的客户增加时，无论对于出租者还是租房者来说，它提供的信息都变得更有价值了，而注册作为一个会员的成本并不会随之增加。

7. 整合性。网络渠道往往以信息技术为工具，把企业价值链和供应链中的活动整合在一起。例如，当一名客户在网上购物时，下订单、支付、配送、售后服务等环节都可以利用互联网进行整合，除最后的实物配送之外，其他过程都可在网上实现。

网络渠道已经显示出了巨大的威力，未来的发展潜力还很大。对此，不管企业是否准备从事网络营销或建立网络渠道，都不能等闲视之。即使不建立自己的网络渠道，企业也要在条件允许的情况下尽量使用网络技术整合营销资源，建立以网络技术为基础的营销渠道系统。

三、网络环境下的渠道功能重组

（一）网络的渠道功能

从渠道功能的角度看，网络就是传递信息的技术。不过，相对于以前的信息传递方式，它的进步是革命性的。通过电脑和互联网，企业获取、处理和传递信息的能力得到了根本性的提高——企业不仅能够比较容易地获取、处理和传递各种各样的内部信息，而且从技术角度讲还能够几乎毫无限制地将触角伸向全世界，及时地获取和处理外部信息，与外界进行交互式的沟通。长久以来，这是企业梦寐以求的，同时又是此前的通信技术所难以做到的。因此，网络所引发的第一个渠道功能变化就是：企业获取、处理和传递信息的能力（信息能力）得到了空前提高。这意味着：第一，生产制造企业可以较少地依赖其他机构，包括中间商、广告公司和市场调研公司，为其提供、发布和传播信息；第二，以提供或者发布简单信息（即比较容易获取又没有经过分析的信息）为生的渠道参与者，将会被从渠道中逐出；第三，那些因为信息能力不强而不得已采用间接渠道的制造商，会转向直销或网络直销。

这只是网络本身所具有的功能可能引起的渠道变化。除此之外，通过数字化，网络可能改变货款的支付方式、所有权的转移方式，甚至产品实体的移动方式。比如，网络为渠道功能流带来的变化，主要表现在以下方面：

1. 商流。在网络环境下，商流只反映商品所有权的转移，不包括资金的支付、转移等过程。主要的载体有：①电子数据交换（EDI），即通过 EDI 订立经济合同，按照一个公认的标准生成结构化的数据报文格式进行电子传输和自动处理；②互联网上提交订单，即消费者在网上浏览和寻找自己需要的商品，按照一定的程序，通过互联网提交订单。

2. 信息流。在网络环境下，信息流包括：①商品信息的提供、促销推广、技术支持和售后服务等；②询价单、报价单、付款通知单和转档通知单等商业贸易单证；③交易方的支付能力、支付信誉等方面的咨询。信息流的主要形式有网上发布、电子邮件、电话和信函等。

3. 资金流。在网络环境下，虽然资金的转移还需要通过银行在卖方和买方及其代理人之间流动，但是网上支付（如支付宝、微信支付）已经成为资金流动的一种重要方式。越来越多的消费者喜欢上了网上支付，出门只带一部手机，随时随地通过网上支付购买。

4. 物流。在网络环境下，物流是指基于信息流、商流、资金流的配送活动，包括软体商品的网络传送和实体商品的物理传递。因为实体商品的物流无法由网络替代，所以催生出了顺丰、圆通、申通、宅急送、韵达、中通、汇通等快递公司。

（二）基于网络的渠道功能重组

网络首先改变的是企业的信息能力，这一方面正在改变着信息在营销渠道中的流量和流向，另一方面也正在改变着渠道功能在渠道成员之间的分配。比如，用网络集成企业供应链（包括营销渠道）的各个环节。早期的供应链作为制造业的一个内部过程，主要功能是把从外部采购的原材料，通过生产过程转化为产品并进行销售，最终由各级批发商或零售商传递给用户。这就使每个企业都有各自的供应链流程，而这些独立运作的流程往往造成了企业间的目标冲突。随着信息技术和网络技术的迅速发展和广泛应用，企业的内部供应链流程逐步向外扩展。供应链管理已经涵盖了由原材料供应商到分销配送商，直至最终消费者的物资、信息和资金的流动，涉及供应商管理、采购管理、库存管理、订货管理、信息管理、渠道管理和客户管理等各个环节，各个环节无缝衔接。实际上，网络环境下的渠道功能重组，就是按照这一思路，以网络技术为基础，根据企业的营销任务和产品特点，充分考虑网络的能力（网络能做的和不能做的）和优势（网络能做好的和做不好的），在渠道成员之间重新分配和安排渠道功能。表9-8是HH公司（家电企业）所进行的基于网络的渠道功能重组。经过重组以后，HH公司的营销渠道更加简单，企业对营销渠道的控制力大大加强。

表9-8 HH公司的渠道功能重组

渠道功能	原有安排	网络的作用	新的安排
实体流	制造商→零售商→消费者	制造商负责物流，但通过网络提供信息，进行调度	制造商→消费者
所有权流	制造商→零售商→消费者	制造商的促销人员在零售店通过网络下单并收款	制造商→消费者

渠道功能	原有安排	网络的作用	新的安排
促销流	制造商→零售商→消费者 制造商→消费者	制造商的促销人员店内促销；网络演示	制造商→消费者
洽谈流	制造商↔零售商→消费者	制造商的促销人员与消费者互动；网络演示	制造商↔消费者
融资流	制造商→零售商 制造商←零售商	记录与及时提供结款情况	制造商→零售商
风险流	制造商↔零售商→消费者	制造商商品质量担保	制造商↔消费者
订货流	制造商←零售商←消费者	消费者通过制造商的促销人员在零售店网上下单	制造商←消费者
市场信息流	制造商←零售商←消费者	制造商通过消费者反馈了解其促销人员的情况；零售商的POS系统传送	制造商←消费者 制造商←零售商
付款流	制造商←零售商←消费者	便于制造商监督；电子付款	制造商←零售商←消费者

资料来源：庄贵军．营销渠道管理［M］．北京：北京大学出版社，2018：328.

按照表9-8提供的思路，在渠道成员之间重新分配和安排渠道功能，将会使网络在未来的营销渠道中发挥越来越重要的作用。因为互联网以其超常的信息传输能力，降低了营销因素组合中的产品、价格、促销作为竞争优势的重要性，所以营销组合模式可能会改变。试想，如果互联网能够提供较为完整的产品信息，能够使顾客知道所有类似产品的价格，那么产品、价格和促销作为竞争手段，其效率将大大降低。与此相反，通过各种网络化的营销渠道，瞄准目标顾客，加强与顾客的沟通与互动，将成为企业获取可持续竞争优势的主要途径。

四、网络环境下的渠道管理

与一般的渠道管理相同，网络环境下的渠道管理，也可以从渠道设计、渠道组织（分为渠道成员选择与物流配送）、渠道协调与渠道控制等几个方面来讨论。

（一）网络环境下的渠道设计

1. 网络渠道的使用。企业是否需要使用甚至建立自己的网络渠道，取决于企业产品或服务的特点、目标市场的特点，以及企业的渠道任务、目标和策略等。

（1）适合网络营销的产品或服务。由于网络渠道是一种虚拟的营销网络，具有不同于传统营销渠道的特点，因此有些产品更适合通过网络渠道进行销售，有些则不适合或不太适合。适合网络营销的产品或服务按产品形态可以分为三大类：实体产品、软体产品和在线服务。

一是实体产品。对于实体产品的网络营销，通常采取消费者或用户在线浏览、在线订购、生产经营者送货上门的销售方式。几乎所有的有形产品，都可以采用这种方式进行销售，不过以标准化产品（如书籍和个人电脑）和定制化产品（根据消费者或用户的特殊需要而设计制造的产品）最为适宜。买卖双方通过网络进行对话和交流是网上销售实体产品的最大特点：消费者或用户通过卖方的主页考察产品，通过表格表达自己对品种、质量、价格、数量的选择，而卖方则将面对面的交货行为改为邮寄产品或送货上门。

二是软体产品。软体产品主要是指信息提供和软件销售。它们在网络营销中占有极为重要的地位。因为互联网本身就是信息传输的工具，所以数字化的信息和媒体产品，如电子报纸、电子杂志，最适合进行网上销售，并通过网络将产品送到消费者或用户手中。在未来纸张价格上涨和环保要求日益严格的条件下，网络信息传输无疑具有极大的优势。另外，软件出版商将是未来的大赢家，因为每一个使用互联网的人都在使用电脑，都需要电脑软件，软件出版商可以通过网络把自己的产品销向全世界。对于软体产品的生产经营者而言，网络渠道不仅可以利用，而且一般是主渠道。

三是在线服务。可以通过互联网提供在线服务的种类有很多，大致可分为三类：第一类是情报服务，如股市行情分析，银行、金融咨询，医药咨询，法律法规查询等；第二类是互动式服务，如网络交友、电脑游戏、远程医疗、法律救助等；第三类是网络预约服务，如预订机票、车票，代购球赛、音乐会入场券，提供旅游预约服务，医院预约挂号，等等。这类服务提供商本身就是因网络而生的，所以网络渠道对于它们而言是必需的。

总之，如果企业经营的是软体产品和在线服务，那么网络渠道就是最重要的营销渠道，必须使用或自建网络渠道，并且交易过程的大部分活动可以通过网络渠道进行。而如果企业经营的是实体产品，那么由于配送无法由网络完成，所以即使企业自建网络渠道，也必须有传统渠道提供配送支持。

（2）网络营销的目标市场。任何一个市场，都是由购买要求各不相同的买主构成的。一个企业，无论其规模大小，很难同时满足所有的买主对某个产品的所有要求。因此，每一个企业都有它自己的目标顾客群，即目标市场。企业是否使用或自建网络渠道，需要考虑其目标市场的生活方式和行为特点。如果通过网络渠道，企业能够更好地为其目标市场服务，或者能够扩大其目标市场范围，那么使用或自建网络渠道就是企业的一个必要选择。

（3）企业的渠道任务、目标和策略。企业的渠道任务、目标和策略，也会影响企业是否采用网络渠道的决策。比如，如果一个企业的渠道目标只是在一个有限的范围内进行渐进式的渗透，那么它可能对网络渠道没有太大的兴趣。相反，对于一个立志要在世界范围内推广自己品牌的企业，网络渠道和网络营销就是必需的。再如，那些以直销为主要营销渠道的企业可能会发现，建立网络渠道对原有的直销渠道是一个重要的补充。当然，对于那些以网络为基础而创造了新的盈利模式的企业，如网上书店、网络中间商，网络渠道本身就是其发展战略。网络渠道是这些企业发展和获取竞争优势的主要手段，是它们与客户联系的唯一途径。最后，在网络环境之下，企业即使不使用网络渠道，也不能无视网络在营销上可能给自己带来的影响。企业需要根据自己的渠道任务、目标和策略，考虑网络渠道的收益和成本，决定是否采用以及在何种程度上采用网络技术于企业的营销活动中。

（4）建立网络渠道。企业一旦决定使用网络渠道，那么接下来的问题就是：要建立自己的网络直销渠道，还是利用网络中间商的网络渠道？网络直销渠道和网络中间商渠道各有优劣。企业需要根据企业产品或服务的特点、目标市场的特点、企业自身的能力，以及企业的渠道任务、目标和渠道策略等，来做出决定。

2. 以网络为基础建立营销渠道或重组企业的原有渠道。即使企业不使用网络渠道，企业也需要考虑是否以网络为基础建立营销渠道或重组企业的原有渠道。因为网络大大提高了企业获取、处理和传递信息的能力，这一方面改变了信息在营销渠道中的流量和流向，另一方面也改变了或可能改变渠道功能在渠道成员之间的分配。网络环境下，企业有可能以网络技术为基础，根据企业的营销任务和产品特点，充分考虑网络的能力和优势，在渠道成员之间重新分配和安排营销渠道功能，从而达到提高渠道效率和获取渠道竞争优势的目的。

3. 网络可发挥的渠道功能。即使企业不以网络为基础建立营销渠道或重组企业的原有渠道，企业最低限度也需要考虑网络在原有的营销渠道中能够发挥什么作用。网络技术提高了企业获取、处理和传递信息的能力。因此，在传统渠道中，它至少可以发挥获取、处理和传递信息的功能。不过，它的作用还不仅仅局限在信息流上。如前所述，网络技术本身所具有的信息传输功能，能够通过数字化改变货款的支付方式、所有权的转移方式以及产品实体的移动方式。因此，一个企业至少可以在企业的营销渠道管理中，使用网络技术提高企业的渠道管理水平和渠道效率。

（二）网络环境下的渠道成员选择

互联网为渠道成员的选择提供了新的内容和新的途径。新的内容是，那些决定采用网络中间商渠道的企业，必须选择网络中间商；新的途径是，各种各样的企业都可以通过网络，寻找、了解和选择渠道成员。

1. 选择网络中间商。对于采用网络中间商渠道的企业，选择网络中间商，就相当于建立网络渠道，因此必须认真对待。为了找到好的网络中间商，它们需要熟悉、研究网络中间商的类型、业务性质、功能、特点及其他情况，需要考虑成本、信用、覆盖、能力和连续性五大因素。

成本是使用网络中间商所必须支出的费用。有多种不同的形式，如分成、扣点、租金、软件服务费、广告费和保证金等。各个网络中间商的叫法和规定不同，企业需要认真分析和比较。信用是指网络中间商信用度的高低。网络中间商有很多，变化也很快。企业在选择网络中间商时，要特别注意它们的信用度。覆盖是指网络中间商所能影响的地区和人数，往往由网站知名度决定。网络中间商的覆盖面并非越大越好。企业在选择网络中间商时，还要看它的覆盖面是否与自己的目标市场相吻合。比如，选择那些与自己的目标市场相吻合的专业性网站，覆盖面可能比较窄，但访问这些站点的网民可能正是企业需要的潜在客户。能力包括经营能力和网络技术能力。经营能力的重要性显而易见，网络技术能力的重要性也不容忽视。网络技术能力也被称为"IT能力"，特指企业应用网络或IT设备、资源和平台实现企业目标的能力。它是网络环境下企业的一种重要能力。网络技术能力强的企业，能够在相同的时间内接收、处理和传输更多、更准确的信息，也能够通过网络更恰当地集成企业的业务活动或与其他企业的业务活动相匹配。因此，企业在选择网络中间商时，应该了解网络中间商的网络技术能力是否与自己相匹配。连续性是指网络中间商及其网络站点的可持续性。网络环境下，很多网络企业的寿命很短，连续性很差。因此，企业在选择网络中间商时，需要考虑网络中间商及其网络站点的历史以及在用户与消费者中的声誉，选择那些连续性强的网络中间商。

2. 通过网络选择渠道成员。因为大多数企业并不能完全通过网络渠道进行交易，所以即使是在网络环境下，选择渠道成员依然是大部分企业的一项重要的渠道决策。对于大多数企业而言，在渠道成员的选择问题上，网络环境只是多了一条寻找、了解和选择渠道成员的新途径。不过，这条途径非常便捷，在渠道成员选择的初期能够发挥重要作用。

比如，在寻找或了解潜在合作伙伴时，最简便的方法就是通过门户网站的搜索器，键入关键词（比如企业名称或商品名称），按照网站、网页、商品、行业、黄页等方式进行搜寻、查找和阅读。据此企业能够获得大量的相关信息，包括潜在合作伙伴的候选名单、候选者的基本资料、媒体对一些候选者的报道等。这些信息将有助于企业甄别候选者，缩小选择范围，最终选定合适的合作伙伴。再如，如果候选者是上市公司，那么企业很容易在网上找到候选者的年报。通过对年报资料的分析，企业能够更为详细地了解候选者的经营情况、战略目标、发展战略，以及未来的发展趋势，从而做出正确的判断和选择。最后，与候选者的接触，也可以先通过网络进行。比如，先通过在网上发广告征寻代理商，然后再通过电邮或微信与候选者进行一对一的沟通。当双方达成初步的意向以后，再面对面接触和商谈。这样做，能够节约合作双方的洽谈成本。

（三）网络环境下的物流配送

即使是在网络高度发达的条件下，单纯依靠网络也无法完成营销活动的全过程，因为相当一部分实物产品必须借助运输工具送到企业或消费者手中。网络渠道有以下三种主要的物流配送方式：

1. 网站自建配送体系，即制造商网站或平台网站在网民较密集的地区设置仓储中心和配送点。网站自建配送体系的运作机制为：网站根据消费者网上购物清单和消费者家庭地址信息，通过互联网将消费者购物清单信息传递给设在消费者所在地附近的配送中心或配送点，然后由它们配货并立即送货上门。

2. 第三方物流配送体系，即网站根据消费者网上购物清单和消费者家庭地址，利用第三方专业物流公司的交通运输和仓储网络，把商品送达消费者手中。第三方物流公司包括专业的货运企业、快递公司，还有一些其他形式的运输企业等。

3. 邮政寄送，即网站根据消费者网上购物清单和消费者家庭地址，将商品包装并到网站附近的邮局办理邮政特快专递（EMS）或普通邮政寄送，消费者收到邮局的领物通知，到所在地邮局领取所购商品。随着快递公司的成长，这种方式已经越来越不受欢迎，邮政寄送业务日益萎缩。另外，网络技术可以用于整合企业的物流配送系统，使企业的物流配送在路线上和环节设置上更合理，在实施过程中更安全快捷，在物流费用上更节省。具体来讲，就是通过网络技术的使用，使企业的物流配送系统达到五化：信息化、网络化、智能化、柔性化和虚拟化。

（1）物流信息化。物流信息化表现为物流信息的商品化、物流信息收集的数据库化和代码化、物流信息处理的电子化和电脑化、物流信息传递的标准化和实时化以及物流信息存储的数字化等。与此相关的网络技术或程序，包括条码、数据库、电子订货系统（electronic ordering system，EOS）、电子数据交换系统（electronic data interchange，EDI）、快速反应系统（quick response，QR）、有效客户反应系统（effective customer response，ECR）和企业资源计划系统（enterprise resource planning，ERP）等。

（2）物流网络化。物流网络化有两层含义：其一，物流系统的电脑通信网络化，即一方面物流配送相关各方的联系要通过电脑网络，另一方面上下游客户之间的联系也要通过电脑网络。例如，物流配送中心向供应商提出订单的过程，就可以借助于增值网（VAN）上的电子订货系统（EOS）和电子数据交换技术（EDI）自动实现。物流配送中心收集下游客户订货的过程也可以通过网络自动完成。其二，物流组织网络化。例如，电脑的生产，先将电脑芯片、元器件等外包给世界各地的制造商去生产；然后，通过全球的物流网络将零部件发往同一个物流配送中心进行组装；最后，物流配送中心将组装好的电脑发送给订户。这一过程需要高效的物流网络的支持，其基础是物流系统的网络化。

（3）物流智能化。物流智能化是指借助电脑应用软件，将大量的知识和经验整合起来，帮助解决物流作业过程涉及的运筹和决策问题，如库存水平的确定、运输路径的选择、作业控制、物流配送中心经营管理的决策支持等。这是网络环境下企业物流发展的一个新趋势。另外，制造执行系统软件与物流系统软件趋向于合二为一，并与 ERP 系统集成。

（4）物流柔性化。物流柔性化借助网络技术与其他生产技术。国内外许多适用于大批量制造的刚性生产线，正在逐步改造为小批量多品种的柔性生产线。生产的柔性化也要求物流柔性化，包括工装夹具设计的柔性化、托盘与包装箱设计的统一和标准化、生产线节拍的无级变速和输送系统调度的灵活性、柔性拼盘管理等。

（5）物流虚拟化。随着 GPS（全球卫星定位系统）的应用，社会大物流系统的动态调度、动态存储和动态运输将逐渐取代企业的静态固定仓库。由于物流系统的优化目的是减少库存直到零库存，所以借助 GPS 的动态仓储运输体系体现了未来宏观物流系统的发展趋势。随着虚拟企业、虚拟制造技术的不断深入，虚拟物流系统已经成为企业内部虚拟制造系统的一个重要组成部分。

（四）网络环境下的渠道协调

网络技术的介入改变了原有渠道成员之间的合作方式，也改变了原有渠道的互依结构和权力结构。比如，随着网络的发展，企业都建有自己的网站。渠道合作有可能表现为渠道成员之间网站的互联。通过网站互联，渠道成员能够共享客户资源和市场信息，提高渠道伙伴交流的透明度和信任度，提升渠道的竞争优势。再如，在网络环境下，生产制造商可以通过网络比较容易地绕过中间商，直接接触到目标顾客。这使它们在分销中掌握了更多的主动权，降低了对中间商的依赖性，直接地（通过获得更多的信息权力）或间接地（通过更多的选择性）使权力的天平向制造商一方倾斜。另外，网络平台企业（如淘宝、天猫）的参与，将分享部分渠道权力。这些变化预示着，渠道管理的领导职能将更多地表现为渠道协调——网络之间的对接和渠道成员之间的沟通。

1. 新的渠道冲突。有互联网支持的营销渠道，不但不会自动解决渠道运行中的所有问题，还可能导致一些新的渠道冲突。比如，当网络渠道与传统渠道共存于一个生产制造企业时，就可能在目标、领域以及认知等方面发生不同渠道之间的冲突。有三种情形：第一，制造商自建网络直销渠道，从而产生网络直销渠道与传统渠道之争；第二，制造商通过原有渠道之外的网络中间商销售，从而产生网络中间商渠道与传统渠道之争；第三，制造商的产品被原有的某些中间商在网上销售，从而产生传统渠道中使用网络渠道的成员与未使用网络渠道的成员之间的争斗。当然，三种情形还可能以组合的方式出现。

这三种情形及其组合，会在制造商与传统渠道成员之间诱发各种各样的冲突。比如，在第一种情形下，即制造商自建网络直销渠道，首先，会引发目标冲突。制造商希望通过各种渠道（包括网络渠道）实现利润最大化。当网络渠道给制造商提供相对于传统渠道更高的毛利时，制造商更愿意让消费者直接从它的网站上购买，而不是通过传统渠道购买，这就与传统渠道中成员（如线下商店）

的目标相冲突。其次，会引发领域冲突。利用网络渠道销售，制造商会与传统渠道中的渠道成员（如零售商）在较大的范围内争夺顾客，这样就会引发有关经营范围和权限的领域冲突。另外，还可能出现关于渠道成员承担的功能和职责方面的领域冲突，导致一些成员的"搭便车"行为。比如，一个想购买冰箱的顾客光顾了一家家用电器专卖店，向店员询问了一些关于冰箱的问题，在确认价格以后，以更低的价格通过制造商的网站下了订单。在这种情况下，零售商承担了促销费用，但却没有从中得到任何收益，这显然违背了公平原则。最后，还可能引发认知冲突。制造商通常认为，它们建立网络渠道只是为了扩大市场、增加销售，使那些不愿意或不能够从其他渠道中购买商品的消费者买到商品，并不会侵害渠道合作伙伴的利益。但是，渠道合作伙伴却并不这么认为，它们会认为那些建立了网络渠道的制造商是在争夺原本属于它们的生意。

类似这样的冲突，在其他两种情形下也会出现。总之，当制造商从事电子商务以后，无论是自己建立网络直销渠道，还是通过网络中间商进行网上销售，都会增加引发渠道冲突的概率。

2. 新渠道冲突的解决对策。从制造商角度看，有以下解决这些新冲突的对策：

对策一，网络直销，但给传统的渠道成员提供一些企业网站上没有的优惠。比如，耐克在 1999 年 2 月建立了它的网络直销渠道。耐克主动与零售商进行沟通，向他们解释公司建立网络直销渠道，不会影响零售商的销售活动和业绩，并承诺：网站所售产品的价格就是价格表上所列的价格，不打折扣；耐克网站会帮助购买者寻找零售店，就近购买耐克产品。耐克还向一些大的零售商提供了一些特别利益，如某种样式或某种子品牌运动鞋的独家经销权。通过这些行动，耐克的网络渠道与传统渠道之间并没有发生大的冲突。

对策二，利用产品线差异化，保持传统渠道成员的市场地位。比如，宝洁的网络渠道不销售其传统的美容产品，而是销售在商店里找不到的全新产品。这种措施降低了领域冲突发生的可能性：消费者既不能在两种不同类型的渠道中购买到相同的产品，也不能在两种不同类型渠道供应的产品之间进行价格比较。

对策三，运用奖励权力，与传统渠道成员分享销售成果。比如，一家家具制造公司过去一直通过 300 多个专卖店进行销售。这些专卖店只销售这家公司的产品，并且为产品提供室内装饰、送货和组装等售前和售后服务。当这家家具制造公司建立了自己的网络直销渠道以后，它仍然让这些专卖店执行其原有的服务职能，并承诺：如果公司自己送货，则顾客所在区域的专卖店可以分得销售额 10% 的佣金；如果专卖店帮助提供送货、维修、组装和退货等服务，则专卖店可以分得销售额 25% 的佣金。另外，网站还主动将顾客推荐到离他们最近的专卖店。通过这些措施，专卖店不但没有把制造商的网站看成替代他们的竞争对手，反而看成他们销售努力的一种补充。

对策四，避免在制造商自己的网站上进行销售。比如，美国牛仔裤制造商李维斯在1999年假日期间曾经进行过网上销售，但之后就将网上经营完全关闭了。它的网站还在运行，只不过主要职能是促销，推荐自己的零售商。如果经济利益不大，并且其他渠道成员能够很好地执行网上销售功能，制造商关闭自有网络直销渠道也不失为一个明智之举。

（五）网络环境下的渠道控制

网络的很多特性有助于企业进行渠道控制。比如，网络的全球性、互动性、开放性和数字化，突破了市场的时空界限，使市场价格更加透明，使所有渠道参与者都能够享受更加平等的市场机会。传统渠道中存在于不同地区分销商之间的"价格战"和"窜货"问题以及其他一些投机行为，有望在网络环境下得到部分解决。比如，通过网站的互联和签订适用的网络协议，使整个交易过程更加透明，更少人为操纵，从而可以减少渠道中的投机行为。

然而，网络也为渠道控制带来了新问题。比如，网络交易安全问题。在网络环境下，网络技术渗入企业管理的每一个环节，如果安全出了问题，轻则企业的生产经营活动不能正常进行，重则系统瘫痪、商业秘密泄漏，甚至被骗，企业将蒙受巨大的经济损失。在网络环境下，企业对传统渠道的控制容易了，但是却不得不想办法控制网络交易安全。

企业对网络交易安全的控制是一个新课题，需要多方面的措施相配合：一是技术方面的措施，如防火墙技术、网络防毒、信息加密存储通信、身份认证、授权等；二是管理方面的措施，包括制定交易的安全制度、安装保证交易安全的实时监控、提供实时改变安全策略的能力、对现有的安全系统漏洞进行检查以及安全教育等；三是法律保障方面的措施，如网络立法与执法。

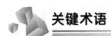 **关键术语**

分销（Distribution）；直接分销渠道（Direct Marketing Channel）；间接分销渠道（Indirect Marketing Channel）；整合渠道系统（Integration of Drainage Systems）；批发（Wholesaling）；零售（Retailing）

 复习思考题

1. 什么是分销渠道？试述分销渠道的含义、职能及类型。
2. 什么是渠道结构？说明有哪些渠道结构策略。
3. 试述渠道治理策略与渠道组织形式二者之间的关系。
4. 结合案例说明企业在营销中应如何进行渠道结构设计和策略选择。

本章案例

在黄金商圈开"咖啡馆"？沃尔沃不只是为了"分享北欧生活"

2022 年沃尔沃首家城市中心店在上海晶耀前滩购物中心开业，完美复刻了故乡北欧的优雅和悠闲。店内装饰不仅以北欧风格为主，更有瑞典咖啡供应，俨然是一个北欧生活理念的展示厅。与此同时，沃尔沃城市中心店也设置了纯电车型展示区，在这里，不仅能在逛街疲惫时得到休憩，感受沃尔沃的北欧哲学，甚至还有可能"顺手"买车。城市中心店的出现让消费者有了逛街新体验，也让沃尔沃更加贴近用户的生活圈。未来全国各地的沃尔沃用户都将享受到同样的精致生活方式及线下看车的便利。

新消费时代，"顺路"才是看车的正确姿势

从试车到最终买车是一个漫长的过程，而其中在看车、试车阶段就需要多次往返 4S 店，常常耽误了自己的休息时间。而如今，消费者的购车习惯及用车体验越来越追求简便快捷，因此越来越多的品牌选择在城市中心开店，离消费者的日常生活圈更近，让看车和平常逛街一样方便。

不过，不同于新势力车企们的品牌体验店模式，沃尔沃城市中心店兼顾了销售和体验两大方面的升级，形成沃尔沃品牌与用户间的全新纽带。在这里，用户不仅能享受预约试驾、线上下单、统一价格的全流程服务体验，也能感受到沃尔沃式的北欧优雅。店内也会定期举办运动健身、亲子互动、生活品鉴等各类主题活动，带来轻松、美好、安全的北欧生活方式，让"买车"这件原本烦琐的事也能变得简单而精致。

携手经销商，以新商业模式直面用户需求

城市中心店的落地不仅是改善用户购车体验的创新实践，它还是沃尔沃在上海试点的 T8 直售模式这一全新业态的重要落点。在 T8（插电混动）车型的直售模式中，T8 车型同城同价全透明，消费者不再苦于"议价"问题；经销商和销售顾问也将工作重心转向前端的产品介绍，转型为顾问式销售，更精准地洞察消费者购车需求，在介绍产品和品牌的同时也能提供比较好的试驾环境，让客户在整个购买流程中更愉悦。

直售模式只是电气化时代沃尔沃在渠道端做出的改变之一，除此之外，沃尔沃还携手经销商积极布局新的销售模式，实现"上下兼顾"。本次落地的城市中心店作为"上端"直接由沃尔沃汽车厂家主导，实现精准引流；与"下端"由经销商主导的快闪店、卫星店等共同作用，集中转化更多用户群体，体现出沃尔沃在商业模式转型中的完整布局。同时，得益于沃尔沃拥有的近 300 家经销商店，也更方便用户到店看车、试驾、提车、维修、保养。

拥抱电气化，转型路上不遗余力

作为沃尔沃新能源汽车销售渠道的新落点，城市中心店为广大年轻人提供了近距离体验沃尔沃电气化车型的便利场所。可以说，沃尔沃直面用户需求，不断开拓新的商业模式，也是助推电气化转型的重要一步。而沃尔沃构建起的完整业态体系也让我们看到了品牌针对未来消费商业趋势的前瞻性布局，及其在电气化转型路上的不遗余力。沃尔沃曾向公众承诺，要在 2030 年前转型为纯电豪华车企。如今，沃尔沃已经实现了全系车型的电气化。数据显示，2021 年沃尔沃汽车 Recharge 系列车型的销量为 189 216 辆，同比大涨 63.9%，占公司总销量的 27%。

从 T8 直售模式到城市中心店的落地，这些都是沃尔沃在电气化之路上迈出的扎实步伐。看到沃尔沃对市场的深入洞察及前瞻布局，及"想用户所想、急用户所急"的服务理念，就不难理解品牌为何能在过去一年取得如此亮眼的成绩了。

（资料来源：根据中国经营报《在黄金商圈开"咖啡馆"？沃尔沃不只是为了"分享北欧生活"》，2022 年 2 月 14 日，https：//weibo.com/ttarticle/p/show？id=2309404736708473389595&sudaref=www.baidu.com 资料编写。）

❓ 案例思考题

1. 沃尔沃是如何通过渠道策略为消费者创造无缝式消费体验的？
2. 沃尔沃的直销模式是否会带来渠道冲突？

第十章　促销与沟通

【学习目标】

促销是企业营销组合策略中的最后一环，是企业引起消费者购买注意、形成购买意愿、产生购买行为的重要手段。无论采取广告还是销售促进、公关还是人员推销，促销与沟通策略的关键均在于双向沟通，在于厂商与消费者之间的互动。通过对本章节的学习，应该达到以下目标：

- 了解促销组合的基本概念与构成；
- 理解促销组合的因素；
- 掌握广告设计与广告效果评估的相关内容；
- 掌握销售促进的基本工具；
- 了解人员推销与公共关系策略；
- 掌握整合营销传播的概念与内涵。

【思政目标】

党的二十大报告指出，要弘扬诚信文化，健全诚信建设长效机制。本章对促销组合、企业促销策略以及整合营销传播策略等进行了介绍，引导学生在进行广告设计、媒体宣传等促销活动时避免虚假和夸大宣传，明确诚实守信、合规经营在营销沟通中的指导作用。对企业现实促销案例的学习和探讨，有利于学生树立"厚商德、明规范、勇担责、正观念"的职业精神，促进社会主义核心价值观的践行，提高新时代的思想道德建设和人才培养质量。

 引导案例

短视频植入式广告营销

新媒体时代，移动互联网技术的快速发展极大改变了人们的生活和工作方式，短视频也由此兴起并成为人们生活的一部分。短视频即短片视频，一般是指在互联网新媒体上传播、时长控制在五分钟以内的内容传播形式。因其创作门槛低、传播速度快、社会互动性强，且可以在社交平台一键创作与分享而备受用户青睐。短视频不仅实现了文字、视频、音乐等多种形式的完美融合，带给用户较好的视听体验，而且其娱乐性强、碎片化传播的天然属性符合当下大众的阅读习惯，使用户在零碎的时间内也能获得精神愉悦。短视频独有的特点及巨大的潜力

吸引了各大企业,现如今,短视频营销传播已成为企业重要的营销宣传方式。

短视频营销就是企业在社交网络平台上,通过短视频的传播推广自身产品或宣传品牌形象的一种网络营销方式,并且这种营销方式不同于粗放的传统营销模式,能够精准投放给潜在用户,帮助企业获得更好的营销效果与更高的转化率。在多渠道整合营销的背景下,短视频营销能够借助大数据与云计算的技术优势细分受众,精准投放定制化内容,并且通过效果监测体系对广告投放效果进行分析,以便获得更加行之有效的投放方式。

在新媒体不断发展的今天,品牌方运用短视频进行营销传播是新媒介生态环境下的积极应对策略。短视频广告集聚了短视频平台的大量用户群体,为企业提供了新的营销方式和增长经济效益的新机遇。同时,短视频广告的发展也存在一定问题。内容是吸引用户最重要的因素,未来如何将广告产品与短视频内容进行有机融合,如何在满足用户娱乐需求的情况下做好产品宣传,都是值得人们思考的问题。

(资料来源:冯滢韵. 短视频植入式广告的创作策略分析:以抖音为例 [J]. 声屏世界,2022,(09):85-87.)

第一节　促销策略概述

促销是市场营销组合策略中的重要组成部分,在企业与消费者的信息沟通中扮演着关键性的角色。促销对企业而言是不可或缺的,企业从事生产经营的目的在于满足消费者需求,获取利润。因此,企业必须通过一定的方式与消费者进行信息沟通,了解消费者真实想法的同时也让消费者接受自己。整个促销的过程从本质上讲就是营销传播的过程。

一、促销组合的构成

促销是指企业通过广告、销售促进、人员推销、赞助以及公共关系等人员或非人员的方式,接触消费者以及各种公众,与其进行信息沟通、情感交流,目的在于引发消费者对产品的需求和对企业的认同,以促进销售。促销组合的构成因素可以从广义和狭义两个维度来考量。从广义上讲,一切与促销相关的因素都可列入促销组合之中,如促销工具、促销策略以及能够传播企业和产品信息的产品样式、颜色、外形、价格等。从狭义上讲,促销组合是指企业用来与外界大众进行沟通的工具组合,包括广告、销售促进、人员推销、展销、赞助以及公共关系等。本章主要从狭义上讲述企业的促销组合策略。

同营销组合策略一样,企业的促销组合同样具有复合性、动态性、可控性以及受企业营销组合策略制约等特点。促销组合的复合性体现在多种促销工具共同构成了促销组合,而且每种促销工具又可以具体划分成多种类型;动态性是指企业需要针对产品所处的不同生命周期，灵活选用不同的促销工具，达到事半功倍的效果；可控性是指企业实施促销手段需要有相应的资源支撑，并应该考虑成本收益之间的关系；促销组合是企业营销组合策略的重要构成部分，不同促销策略的实施需要服从整个营销组合策略的要求。正是由于促销组合具备这些特点，所以企业需要实施专业化管理。

二、影响促销组合的因素

企业确定实施什么样的促销组合，实质上是企业在各个促销工具之间合理分配促销预算的问题。不同的促销组合策略各有其优缺点，在营销实践中，企业一般会综合运用多种促销方式，发挥各自长处，弥补缺陷。事实上，对企业而言，企业不可能做到对每一种促销方式都能够运用自如，而且也没有必要。通常来说，企业只需要将营销重点放在效果明显而且频繁使用的促销工具上，从而确定最佳促销组合策略。因此，企业首先需要考虑影响促销组合的因素。

（一）促销目标

促销目标是企业实施促销组合策略所想要达到的目的，企业在不同的阶段和地区所面临的促销目标不同，所选择的促销策略也就不尽相同。例如，在产品导入期，新产品刚刚上市，企业的促销目标是让更多的消费者了解该产品。此时，企业应该将促销重点放在广告上面，充分发挥广告传播速度快、覆盖面广、成本费用低的优势。在促进消费者对企业以及产品的了解方面，广告效果最佳；反之，在建立消费者信任、树立企业声誉方面，人员推销的效果要好于广告、宣传、销售促进等工具。

（二）产品类型

产品类型主要是指该产品属于产业用品还是消费品。从现代市场营销的发展来看，消费品和产业用品的促销组合是有区别的。这主要是由二者的特点决定的。一般而言，消费品的市场辐射范围广，企业主要采用广告等促销工具；而对市场相对集中的产业用品，则主要采用人员推销等促销工具。当然，这并不是说广告和人员推销只局限于各自的产品领域，二者在对方的产品领域同样会取得意想不到的效果。

1. 广告在产业用品促销中的作用。广告在产业用品促销中同样能起到建立知晓、有效提醒、提供线索、增加信任等作用。目前，在我国产业用品市场上，企业间的竞争主要集中在价格竞争上。大多数企业谋求通过规模扩张来获取规模效益，然后以成本优势为依托，大打"价格战"。相对于单一的"产品竞争""价格竞争""渠道竞争""促销竞争"，"品牌竞争"是更高层次和更具综合性的竞争，更能体现企业和产品的竞争实力。广告在帮助企业建立产品知名度和美誉度方面有着得天独厚的优势，而且随着对产业用品需求的差异化程度逐步显现，企业需要为产业用品企业打造不同个性的品牌，而广告能够及时地向产业市场传递企业自身的定位信息。

2. 人员推销在消费品促销中的作用。在大型商场等人流量大的场合，人们经常可以看到推销员在宣传产品。企业采用人员推销的方式推广消费品可以增加企业同消费者之间的情感联系，这是广告无法做到的。随着市场细分的进一步深化，企业需要通过人员推销的方式向消费者传递自己独特的个性，尤其是在科技手段不断渗透消费品之后，消费者所具备的产品知识已经无法保证其对产品的正确使用，因此需要推销人员详加解释。

（三）产品生命周期阶段

前面我们提到，企业的促销组合策略具有动态性的特点，不同的促销工具适用于不同的产品生命周期阶段。在产品生命周期的导入期、成长期、成熟期直至衰退期，不同的促销工具扮演着不同的角色。

其一，在导入期，产品刚刚进入市场，消费者对产品并不了解。企业需要充分发挥广告、宣传等促销工具在建立知晓方面的作用，配合销售促进来增加消费者对企业和产品的认知。

其二，在成长期，一方面，企业需要继续加强广告的投入，轮番轰炸，巩固消费者在导入期对产品的记忆；另一方面，企业需要注意建立产品在消费者心中的信任，注重采用消费者之间口碑传播的方式。

其三，在成熟期，此时市场已经熟知企业的产品，而且企业已经在消费者心目中树立了良好的形象。企业应该改变广告和宣传的内容，增强广告内容的情感诉求。另外，企业要减少前期以广告和宣传为主的促销方式，转而运用销售促进的方式诱导消费者的兴趣。

其四，在衰退期，企业应该把促销预算降到最低，只需要保持少量的广告投入来保持顾客的记忆即可。

（四）市场条件

企业在制定促销组合策略时，需要考虑不同市场条件下不同工具的效果。具体来讲包括以下几个方面：

第一，从地理范围来看，如果促销对象以本地市场为主，企业可以考虑采用成本较低的销售促进并辅助人员推销的方式；如果是面对全国市场乃至在世界范围内进行促销的话，则应该考虑采取广告的方式。

第二，从市场环境来看，如果当前经济发展前景不错，消费市场潜力较大，企业可以加大促销投入，选择覆盖范围广的促销工具；反之，企业应该减少促销投入，选择针对部分人的促销工具。

第三，从竞争对手来看，如果当前市场竞争激烈，企业在制定促销组合策略时还需要考虑竞争对手的促销形式，要有针对性地适时调整自己的促销组合以及促销策略。

（五）促销策略选择

企业选择何种促销策略来促进销售，对促销组合也具有重要影响。从总体上来看，企业的促销策略可以分为推式策略和拉式策略，营销人员可以在这两类基本的促销策略中做出选择。所谓推式策略，是指企业利用推销人员与中间商促销的方式将产品推入渠道，最终推向消费者。而拉式策略，则是企业通过广告和销售推广等营销努力，针对最终消费者，引导其购买产品，如图10-1所示。对大部分的企业而言，推式策略和拉式策略往往会结合使用。在经济形势较好的时候，企业更多使用拉式策略；经济形势不好的时候，企业会采用推式策略将产品主动推向消费者。

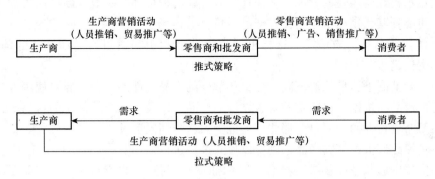

图 10-1　推式策略和拉式策略

三、促销策略的实施

（一）推式和拉式策略

1. 推式策略。推式策略是把商品推向市场的促销策略。采用该策略的目的是说服中间商与消费者购买企业产品，并层层渗透，最后到达消费者手中。推式策略主要适合生产资料的促销，即生产者市场的促销活动。推式策略的主要方法有：

（1）举办产品技术应用讲座与实物展销。结合现场操作表演，使用户对产品的技术性能、用途有所认识，从而刺激顾客的购买欲望。

（2）通过售前、售中、售后服务来促进销售。售前服务主要是指企业按用户的要求，按质、按量、按时供应产品；售中服务主要是指为用户传授安装、调试知识；售后服务主要是指进行技术访问，征求意见，做好保修、维修和调换等质量跟踪管理工作。

（3）建立健全销售网络，扩大销售。企业可以在外地市场建立销售网络，采用销售、联销、经营等方式，扩大产品流通渠道，广泛宣传各类产品的性能和用途，以提高企业的市场占有率。

（4）携带样品或产品目录走访用户。通过听取顾客意见，密切与顾客的关系，并通过老顾客的宣传，诱导创造新用户。

2. 拉式策略。拉式策略以广告促销为拳头产品，通过创意新、高投入、大规模的广告轰炸，直接诱发消费者的购买欲望，由消费者向零售商、零售商向批发商、批发商向制造商求购，由下至上，层层拉动购买。拉式策略主要用广告拉动最终用户和激发消费者的购买欲望。拉式策略的主要方法有：

（1）通过广告进行宣传，同时向目标市场的中间商发函联系，介绍产品的性能、特点、价格和订购办法，为产品打开销路。

（2）组织产品展销会、订货会，邀请目标市场中间商订货。

（3）通过代销、试销促进销售。采用这种方式主要是为了消除目标市场中间商怕承担经营风险的顾虑，从而提高其经营的积极性。一般在新产品投放市场时，可委托其代销或试销，促进产品尽快打入市场。

（4）创名牌，树信誉。这样可增强消费者和中间商对产品和企业的信任，从而促进销售。

一般情况下，单位价值高、分销环节少的产品，性能复杂、要对使用方法做示范的产品，根据用户特定的要求设计的产品，以及市场比较集中的产品等，以推式策略进行促销；而对于那些市场范围大、分销渠道长的产品，或需要及时将信息传递给广大顾客的产品，则应以拉式策略进行促销。

实践中通常是"推拉"结合，有"推"有"拉"。也就是说，一方面要用广告来拉动最终用户，刺激最终用户产生购买欲望；另一方面要用人员推销的方式向中间商推荐，使中间商乐于经销或代理自己的商品，形成有效的分销链。

第二节　广告与销售促进策略

从促销的历史发展过程来看，企业最先产生的促销职能是人员推销，其次是广告与销售促进，最后是公共关系。但是从人类历史的发展历程来看，广告是最先产生的，其次就是销售促进。即便是在自给自足的自然经济条件下，许多手工业者也会在市场上将自己生产出来的产品通过叫卖的方式进行兜售，这就是广告的基本形式；而且许多商人会采用"数量折扣"等方式进行促销。本节中，我们将重点介绍广告与销售促进这两种常见的促销工具。

一、广告与广告媒体

（一）广告的基本概念

广告，即广而告之。根据美国市场营销协会（AMA）的定义，广告是由明确的发起者以公开支付费用的非人员方式，对产品、服务以及意见和想法等的介绍。从上述定义我们可以知道：广告的对象是广大消费者；广告传播的是有关商品或服务的经济信息；广告是通过特定的媒介实现的，并需要广告主支付一定的费用。

（二）广告的目标

广告的目标是广告主在一定期限内希望通过广告达到的目的，具体可以分为告知、劝说以及提醒等。根据不同的广告目标，可以将广告分为告知性广告、劝说性广告和提醒性广告（如表 10-1 所示）。

表 10-1　可能的广告目标

告知性广告	
沟通顾客价值	表明产品的新用途
建立品牌和公司形象	告知价格变化
告知新产品	描述可用的服务和支持
解释产品如何使用	修正错误的表达
劝说性广告	
建立品牌偏好	劝说消费者立即购买
鼓励品牌转换	劝说消费者接听销售电话
改变消费者对产品价值的认知	劝说消费者向他人推荐品牌
提醒性广告	
保持顾客关系	提醒消费者在何处购买产品
提醒消费者不久就会需要该产品	在过季期间让消费者记起该品牌

资料来源：科特勒，阿姆斯特朗，洪瑞云，等. 市场营销原理：亚洲版 [M]. 李季，赵占波，译. 3 版. 北京：机械工业出版社，2013：308.

1. 告知性广告。采用告知性广告的目的在于让广大消费者了解企业和产品、建立基本需求。该类广告主要用于新产品导入期。

2. 劝说性广告。相对于告知性广告而言，劝说性广告会更深入一步，在前期建立认知的基础上，试图劝说消费者树立对本产品的购买需求。当前，由于市场竞争越来越激烈，一些劝说性广告已经变成了比较性广告，而且愈演愈烈。例如，在"王老吉"品牌被收回之后，红罐凉茶的"正宗"地位之争就演变成了广告拉锯战；国内知名手机厂商小米和魅族之间总会进行各方面的比较。

3. 提醒性广告。采用提醒性广告的目的在于让企业及其产品不时出现在消费者的印象之中，常见于产品生命周期的成熟期和衰退期阶段。

（三）广告媒体

广告必须通过一定的媒介传播，广告媒体连接着广告主与广告受众。一般而言，我们常见的广告媒体主要有报纸、杂志、广播、电视、电影、互联网、户外广告等。其中，报纸、杂志、广播、电视属于传统的四大媒体。随着互联网技术的进步，网络广告正发挥着越来越重要的作用，逐渐成为继传统四大媒体之后的第五大媒体。这些主要媒体的传播范围、传播速度以及传播效果互有差异，具体如表10-2所示。

表10-2　主要媒体类型及其优缺点

媒体	优　点	缺　点
电视	覆盖范围广；每次播放成本低；感官吸引力强	绝对成本高；易受干扰；播放时间短暂；难以选择受众
报纸	灵活；及时；可覆盖当地市场；普及；可信度高	有效期短；印刷质量差；传阅性差
互联网	可选择性好；成本低；互动性强	相对影响小；受众控制展示时间
直接邮购	可以选择受众；灵活；同一媒体中没有广告竞争；个性化	每次相对成本高；有"垃圾邮件"印象
杂志	很好的地理和人口选择性；可信度高；印刷质量好；时效长、可传阅	购买广告前置时间长；成本高；不能保证刊登位置
广播	本地认可度高；人口和地理选择性强；成本低	感官吸引力差；播放时间短；注意力差；听众分散
户外广告	灵活；展示重复性高；成本低；信息竞争小；可选择广告位置	受众选择性小；创意受限

资料来源：科特勒，阿姆斯特朗．市场营销原理与实践［M］．楼尊，译．17版．北京：中国人民大学出版社，2020：424页．

正是由于不同的广告媒体具有不同的特性，广告主在进行媒体选择时需要考虑多种因素。具体表现在以下几个方面：

1. 目标受众的媒体习惯。例如：家庭主妇一般更多地通过电视接收信息，那么，日用品广告就需要选择电视作为媒介；白领阶层接触互联网较多，那么针对白领阶层的汽车、家电等广告可以选择互联网作为媒介。

2. 产品类型。按照不同的标准，可以将产品划分成多种类型，不同的广告媒介在展示产品、传播信息以及可信度等方面的说服能力是不同的。针对享乐型的奢侈品，企业一般会选择高端杂志作为传播媒介；而针对实用性的日常用品，企业更多地选择电视、广播等媒介。

3. 媒体特点。广告媒体的特点主要包括媒体的流通性、影响力、传播范围等。媒体的流通性决定着传播范围的宽窄；而媒体影响力的强弱则直接决定了媒体传播价值的大小。

4. 成本预算。不同媒体由于其传播价值不同，所需要的成本也互有差异。一般就绝对成本而言，电视媒体相对昂贵，而报纸、杂志等媒体相对便宜。但是，如果按照每千人的成本计算，传播范围更广的电视广告或者互联网广告可能要更便宜一些。

二、网络在线广告与广告效果

近年来，在广告业中出现了一种新兴的广告媒体形式——网络在线广告。企业可以建立自己的网络，可以向某个网站购买广告版位和空间，还可以通过互联网以其他形式来宣传自己。网络在线广告已逐渐成为主要的广告形式。

（一）网络在线广告的优势

网络在线广告之所以受到各国企业的重视，是因为它与电视、广播、报纸、杂志四大媒体的广告相比具有以下特点：

1. 非强迫性。电视广告、广播广告、报纸广告、户外路牌广告、霓虹灯广告等的信息传递都具有一定强迫性，而网络在线广告却可以让受众自由查询、自由浏览，较好地避免了受众关注的无效性和被动性。

2. 交互性。网络在线广告是一种交互式的广告，受众可参与信息讨论，进行进一步的在线咨询，也可以通过网络下订单。

3. 实时性。从广告主的角度看，网络在线广告可根据需要实时更新广告信息，并可同步发布。从访问者的角度看，网络在线广告突破了时间和空间的限制，可以随时看到最新的广告信息。

4. 广泛性。网络在线广告传播范围广，理论上可传播到互联网所覆盖的所有国家和地区的受众。

5. 形式多样。网络在线广告的表现形式包括动态影像、文字、声音、图像、表格、动画、三维空间、虚拟现实等，它们可以根据广告创意需要进行任意的组合创作，从而可以最大限度地调动各种艺术表现手段，制作出形式多样、生动活泼、能够激发消费者购买欲望的广告。

6. 经济性。相对传统媒体而言，目前网络在线广告更便宜，但近年来价格总体呈不断上涨趋势。

（二）网络在线广告的局限性

1. 网民对网络在线广告的反感增加。网络在线广告日益增多，加之网络在线广告使上网浏览的速度受到影响，不少网民对网络在线广告产生反感和厌恶，使网络在线广告的传播效果大打折扣。

2. 广告位置有限。每个网页上可以提供的广告位置是很有限的，加之网络在线广告越来越向少数几个先行的网站聚集，这就加剧了广告位置的紧张。

3. 创意设计空间和能力上有局限。传统的广告创意人员在网络时代遇到了巨大的挑战，他们的创意设计空间转移并受到诸多限制，因而网络在线广告对广告公司的创意能力提出了更高要求。

4. 广告受众情况难以统计调研。目前对网络在线广告效果的评估主要是基于网站提供的数据，而这些数据的准确性、公正性一直受到某些广告主和代理商的质疑。

（三）广告效果

美国广告协会曾经对不同企业的广告负责人进行了一项调研：如果广告支出削减10%，企业能否预测广告对销售额的影响？其中63%的人回答不能。美国商人约翰·华纳梅克曾感叹道："我知道我的广告费有一半是浪费的，问题是我不知道浪费掉的是哪一半。"由此可见，测量广告效果和广告投资回报一直以来都是困扰广告经理的重要问题。一般而言，广告主会通过两种方式来评估广告效果：沟通效果评估和销售效果分析。

1. 沟通效果评估。广告的沟通效果主要是指广告对目标受众知识、情感以及信念的影响程度，它是以广告对目标受众造成的心理效应大小为衡量依据的。通过对广告沟通效果的评估，企业可以有效地确定广告和广告媒体是否有效传播了广告信息。对广告沟通效果的评估主要有两种方法：直接评分法和回忆测试法。

（1）直接评分法。让消费者和广告专家代表对一则广告进行打分，指标包括评估广告的注意强度、记忆强度、认知强度、情绪强度和行为强度等，根据分数的高低来判断广告是否能够有效刺激消费者的购买需求，此即直接评分法。直接评分法通常用于广告播出前的预测，但是这种方法局限性比较大，不一定能够准确反映真实的广告效果。

（2）回忆测试法。在广告播出以后，广告主可以邀请专家和消费者代表，请他们回忆测试媒体上播放的广告企业以及产品，对回忆信息的数量和质量进行评分，比如评判广告的传播效果，此即回忆测试法。这种方法相对于直接评分法更为真实，能够反映被试者受广告影响的真实情况。

2. 销售效果分析。广告的最终目的是刺激需求，促进消费，提高销售量。尽管对沟通效果的评估可以帮助企业改进广告传播方式和内容质量，但是沟通效果好并不意味着销售量的提高。衡量广告能否提升销售量和利润的方法是分析广告的销售效果。测定广告对销售的效果主要有两种方法：

（1）历史资料分析法。研究人员根据同步或滞后的原则，利用回归分析的方法建立企业历史销售额与历史广告支出额之间的关系，进而测量广告支出对销售额的影响。

（2）实验设计分析法。为测量不同广告支出水平对销售额的影响，企业可以选择在不同的市场区域投入不同的广告费用，并测量不同地区的销售额和利润水平的差异。此外，为了使结果更加准确，企业还可以增加更多变量，如媒体和广告内容等。

三、销售促进

广告往往和销售促进密切配合。销售促进，又称"营业推广"，是指企业综合运用各种短期诱因，鼓励消费者产生立即购买行为的促销活动。菲利普·科特勒指出，广告给出了"买"的理由，而销售促进则给出了"立即就买"的理由。

（一）销售促进的类型

企业实施销售促进策略可以选择多种类型的促销工具，包括针对消费者市场的促销工具（如赠送样品、代金券、返现、特价品、实物奖励等）、针对中间商的促销工具（如折扣、津贴、退货保证、免费物品等）以及针对销售人员的促销工具（如分红、销售竞赛等）。

1. 针对消费者的促销工具。在消费品市场中，零售商关注的是吸引更多的顾客进入店内消费。因此，零售商多采用赠送样品、提供代金券、返现、提供特价品、实物奖励等促销工具。

（1）赠送样品。对企业而言，向消费者赠送样品是最有效同时也是比较昂贵的促销方式，目的在于向消费者介绍新产品或者为旧产品制造卖点。这种促销工具适用于价值较为低廉的商品，对高价值的产品并不适合。

（2）提供代金券。赠券是一种凭证，消费者可以凭借代金券享受一定的优惠。代金券确实能够刺激成熟品牌的销售额，然而赠券过多会降低消费者对代金券的价值感知。

（3）返现。返现与代金券类似，但是返现发生在交易完成之后，消费者将购买凭证寄送给厂商，由厂商将购买价格中的部分款项退还给消费者。

（4）提供特价品。顾名思义，特价品是一种价格优惠的产品。生产厂家将优惠价格标在产品的外包装上面，以供消费者选择。在短期促销方面，特价品往往比代金券更加有效。

（5）实物奖励。实物奖励，又称"促销产品"，是指将印有广告客户名字、商标或者广告语的有用物品作为礼物赠送给消费者，如 T 恤衫、棒球帽、日历、笔、鼠标垫、购物袋等。促销产品对消费者的意义越大，促销的效果也就越好。

（6）比赛、抽奖和游戏。与前面的促销手段相比，消费者在这种促销方式中的参与度更高。通过比赛、游戏等方式，企业可以将自己的产品和品牌印象灌输到消费者的脑中，加深消费者对企业的好感。

2. 针对中间商和销售人员的促销工具。据调查，大约有81%的促销费用是针对批发商和零售商的，而只有16%的促销费用是花在消费者身上的。企业运用不同的促销工具，能够说服中间商销售自己的品牌，增加货架空间，并积极帮助企业将产品推给消费者。企业为了取得中间商的合作，可以运用的促销工具包括折扣、津贴、退货保证、免费物品等。当然，许多用于消费品市场上的促销工具也常常会被用在批发商和零售商身上。

为了提高销售人员的销售业绩，企业往往会采取措施针对销售人员进行促销激励。企业可以选择的促销工具包括销售竞赛、销售分红、奖品等。前面讲述的用于中间商的促销工具同样也可以用于销售人员，包括企业自身的销售人员与中间商的销售人员。

（二）有效实施销售促进策略

销售促进是一种短时间提升销售量的强有力促销工具，但是企业必须注意不能过度使用，否则不仅不会提升销售额，还有可能降低销量，甚至损害企业的形象。因此，为了保证有效实施销售促进策略，企业需要做到以下几点：

1. 选择适当的促销工具。正如前面所述，企业可以采用的促销工具种类繁多，而且每种工具都有其适用范围。因此，企业确定促销工具要契合自身的促销目标、资源，综合考虑竞争对手和消费者的因素。

2. 确定合理的期限。销售促进仅仅是一种短期的促销手段，企业必须控制好时间的长短：既要防止促销时间短，不能起到应有的效果，也要避免过犹不及。

3. 切忌弄虚作假。当前，很多企业为了吸引顾客的眼球，不惜弄虚作假，制造噱头，打着赔本的幌子，先提价后促销，愚弄消费者。显然，这是一种短视行为，最终会损害企业的声誉，给企业带来永久的损失。因此，企业在促销过程中要坚持诚信为本，切忌弄虚作假。

4. 注重短期促销与长期宣传的结合。销售促进毕竟只是企业的权宜之计，目的在于吸引新顾客、回馈老顾客，最终是为了同顾客建立一种长期、稳定的关系。因此，企业在短期促销的同时，要注意长期的推广工作。

经典与前沿研究10-1

行为定向广告透明度对广告效果的影响

作为在线广告领域当前普遍采用的一种重要营销技术，行为定向广告在创造价值的同时，也由于海量用户数据的收集而给用户隐私带来了巨大威胁。相应地，行业监管部门和消费者都希望企业增加行为定向广告的透明度——披露企业是如何搜集和使用用户个人数据的，但是披露行为可能会破坏在线广告的效果。因此，企业面临着披露还是隐匿相关信息的决策难题。

王永贵等在2022年的研究基于精细加工可能性模型理论，通过两个线上实验探索并验证了行为定向广告透明度对广告效果影响的内在机制以及边界条件。研究结果表明：①信息加工深度在行为定向广告透明度对产品态度和购买意愿影响过程中具有中介作用，披露信息的行为定向广告比未披露信息的行为定向广告能够更多地增加消费者对广告信息加工的深度，进而使消费者产生更高的产品态度和购买意愿。②行为定向广告透明度通过信息加工的深度影响产品态度和购买意愿的中介过程受到广告诉求的调节。对于理性诉求的广告，行为定向广告透明度会增加信息加工的深度，进而提高消费者的产品态度和购买意愿；对于感性诉求的广告，行为定向广告透明度会减弱信息加工的深度，进而降低消费者的产品态度和购买意愿。

资料来源：王永贵，刘冬梅，晏丽. 行为定向广告透明度对广告效果的影响［J］. 经济管理，2022，44（7）：159-174.

第三节　人员推销策略

人员推销，顾名思义，是指企业借助销售人员与现实的或者潜在的中间商或者消费者的交互影响，推销自己的产品，同时建立客户关系，它是一种人际交往方式。从营销实践的发展历史来看，人员推销是最为传统的一种促销方式，在现代市场环境中仍然扮演着重要的角色。

一、推销的概念

从推销的定义中我们可以得出，推销是推销人员帮助和说服客户购买某种产品或服务的过程。在推销过程中，销售人员首先需要了解确认对方的需求，然后实施营销努力吸引客户，最终达成交易。

（一）销售人员扮演的角色

人员推销是促销组合中人与人直接接触的一种促销方式。在这个过程中，销售人员的任务不仅仅是向客户推销商品，更重要的是获取客户的信任，培养良好的客户关系。从这一层面上讲，人员推销比广告、宣传等促销方式更加有效。具体来说，销售人员主要发挥以下作用：

- 寻找、发现潜在的客户；
- 将企业和产品的信息传递给客户；
- 向客户推销产品；
- 向客户提供各种服务，包括售后服务、技术咨询、办理交货等；
- 进行市场调研，及时向企业汇报市场信息。

（二）人员推销的基本形式

1. 上门推销。这是最常见、最传统的一种推销形式。销售人员携带产品的样品、说明书和订单等走访客户，介绍产品。

2. 柜台推销。柜台推销，又称"门市推销"，是指柜台的营业人员接待进入店内的顾客，了解顾客需求，向其介绍产品。这种推销方式与上门推销刚好相反，柜台销售人员只需要等待顾客上门即可。

3. 展会推销。展会推销是指销售人员利用与该产品或服务相关的展览、会议，向与会人员宣传、介绍产品，进行推销。这种推销形式针对性强并且覆盖面广,易产生较好的推销效果。

(三) 人员推销的优点与缺点

1. 优点。相比非人员沟通方式而言,人员推销具有以下优点:

(1) 有利于建立客户同销售人员的人际关系。销售人员在企业和客户之间起着纽带作用,连接着双方的利益关系,同时对双方负责。在推销过程中,销售人员同客户的面对面交谈可以加深双方的感情;在推销工作结束之后,双方很有可能仍然维持着友谊。

(2) 灵活性强。由于采取面对面、一对一的交谈方式,销售人员可以在谈话的过程中观察了解客户,根据客户的不同特点和反应,有针对性地调整自己的工作方式和营销策略,以适应顾客并引导顾客进行购买。此外,销售人员还可以就客户提出的问题进行解答,消除客户的疑虑。

(3) 信息互动。人员推销也是营销沟通的一种重要方式,而且与其他沟通方式相比,人员推销的互动性更强。在整个推销过程中,销售人员向客户宣传介绍企业和产品的基本信息。同时,通过和客户的交流,销售人员也可以及时了解客户的真实需求以及他们对企业和产品的评价,从而为企业制定营销决策提供有效的市场信息。

(4) 推销的效果显著。一般而言,人员推销的成功率要远远高于其他几种促销沟通方式。一方面,在实施人员推销之前,企业和推销人员已经对客户有了一定的了解,推销工作具有很强的针对性;另一方面,在推销过程中,出于"人情"的压力,客户一般会买账,当然这也取决于推销人员的素养。

(5) 有利于提高企业竞争力。在市场竞争激烈的情况下,企业采用人员推销的策略可以有效地解决客户选择困难的问题。通过人员讲解,企业可以有效地推销那些价格昂贵、性能复杂的商品。

2. 缺点。人员推销也有缺点,主要体现在两个方面:一是成本费用比较高。由于人员推销往往是一对一进行的,每个销售人员负责的客户有限,尤其是当企业的产品辐射范围比较广的时候,人员推销工作需要较多的人力,成本费用增多。二是对销售人员自身素质的要求比较高。可以说,销售人员的素质直接决定了销售效果的好坏。尤其是随着新技术的发展,新产品不断出现,销售人员需要具备一定的产品知识、沟通能力、突发状况处理能力等。企业物色到高素质的销售人员比较困难,自己培养的成本也相对较高。

二、推销策略实施与管理

从企业的角度来看,推销策略是企业根据内外部环境的变化,设计和管理销售队伍的过程。从销售人员的角度来看,推销策略是指销售人员在同客户接触的过程中,为了达成交易而根据不同的目标客户群体所选择的沟通方式。在这里,我们主要探讨的是企业的人员推销决策与管理。

（一）确定企业的推销策略

企业的推销策略主要包括两大部分：一是策略决策，包括销售队伍的规模、区域划分和推销计划等；二是管理决策，主要是指对销售队伍的建立和评估，包括对销售人员的招聘、选拔、培训、激励和评估等。

首先，企业要明确促销目标，根据目标确定人员推销在企业促销组合策略中的地位；

其次，根据企业自身资源和外部市场环境确定销售队伍规模；

再次，划分市场区域，根据不同区域市场的规模、顾客等制定预算；

最后，对销售队伍的工作进行评估和激励。

（二）建立销售队伍

企业建立销售队伍一般需要经历以下几个步骤：

1. 设计销售队伍的结构。营销经理在设计销售队伍的结构时通常会面临以下几个问题：如何分配销售人员的任务？如何确定销售队伍的规模？销售人员在进行推销工作时，应该选择面对面沟通、电话沟通还是互联网沟通的方式？

企业一般会根据产品线划分销售责任，进而确定销售队伍的结构。如果企业只有一条产品线，而且面对的顾客较为分散，那么，企业可以选择区域销售结构。但是，如果企业拥有不止一条产品线，而且顾客类型也复杂，则可以采用产品销售队伍结构、顾客销售队伍结构或者将二者相结合。销售队伍的结构决定着人员销售工作的成败，尤其是随着时间的推移，队伍会变得越来越庞大、低效，难以及时响应客户需求。

销售人员是企业最具生产价值同时也是成本最高的资产之一，销售队伍的规模会直接影响销售额和成本的变动。企业确定销售队伍的规模需要考虑到市场营销组合策略和整个市场营销战略。一般而言，企业设计销售队伍规模通常会采用以下三种基本的方法：

（1）销售百分比法。这是指根据历史资料计算出销售队伍的各种耗费占据销售额的百分比以及销售人员的平均成本，然后对未来销售额进行预测，从而确定销售人员数量的方法。

（2）分解法。把每一位销售人员的产出水平分解，再同销售预测值进行比较，即可对销售队伍的规模做出判断。

（3）工作量法。首先，按照销售量对顾客进行分类，确定每一类顾客的推销访问次数，每类顾客的数量乘以访问次数就是整个地区的访问工作量；然后确定每个销售代表的年均访问次数，用总的访问次数除以销售代表的年均访问次数即可得到需要的销售人员总数。

需要强调的是，工作量法相对于其他两种方法而言更为实用。不过，工作量法并没有说明如何确定访问次数。

2. 选拔、培训、评估销售人员。

（1）选拔销售人员。销售人员是销售工作能否成功的关键，选拔出优秀的销售人员对企业有至关重要的影响。据统计，一个销售队伍60%的销售额是由30%的优秀员工创造的。除了销售业绩之外，选拔工作的失误会造成员工流动，过高的员工流动率会损害企业的人事计划和战略规划。

（2）培训销售人员。销售人员接受企业培训主要解决三个方面的问题：首先，销售人员需要了解不同顾客的需求、购买动机、购买习惯等，并学习如何同顾客建立关系；其次，销售人员需要了解并识别公司、产品以及主要的竞争对手；最后，销售人员还担负着向企业反映消费者需求和偏好，及时提供市场信息的责任。因此，销售人员还需要接受市场调研等方面的培训。

（3）评估销售人员。企业管理者需要及时对销售人员进行绩效考核，目的在于激励员工，提高销售业绩。具体措施有：首先，掌握和分析有关销售资料，根据相关销售资料及时了解销售人员的工作计划以及执行计划的能力；其次，建立评估指标，主要包括销售量、销售毛利、日均访问客户次数和时间、每次访问的平均时间、每百次访问收到订单的百分比、一定时期内新客户增加数以及失去的客户数、销售费用占总成本的百分比等。最后，实施评估工作，评估方式主要可以分为两种：一种是横向比较，即将销售人员按照各自绩效结果进行排序；另一种是纵向比较，即将销售人员当前的业绩同过去同期进行比较。

经典与前沿研究10-2

代言人类型和产品创新类型对创新产品购买意愿的交互影响

明星代言人是企业塑造品牌形象的关键环节。真实明星代言一直是品牌代言的主流选择，但是随着信息技术的发展，虚拟明星也开始进入品牌代言的领域。那么企业应该如何在两类代言人之间进行选择？朱华伟等在2021年的研究聚焦了品牌形象塑造的最普遍情形——推出新产品，探究如何针对新产品类型的不同选择相应的代言人。以加工流畅度理论和语义激活扩散理论为基础，本研究通过四个实证研究发现，明星代言人类型与产品创新类型对消费者的品牌态度存在显著交互作用：当企业推出突破式创新产品时，选择虚拟明星代言人有助于提高消费者的购买意愿；当企业推出渐进式创新产品时，选择真实明星代言人有助于提高消费者的购买意愿。究其原因，是因为选择与品牌预期形象相匹配的代言人有助于提高消费者对品牌信息的加工流畅度，进而提高他们的购买意愿。

资料来源：朱华伟，苏羽，冯靖元. 代言人类型和产品创新类型对创新产品购买意愿的交互影响[J]. 南开管理评论，2022，25（6）：1-23.

第四节　公共关系策略

一、公共关系的概念与职能

公共关系是指企业在营销实践中，为了与社会公众建立良好关系，树立良好的企业形象，实现企业与社会公众双赢的促销活动与职能。任何组织，包括企业在内，都是处于一定社会公众关系之中的。为了更好地发展，所有组织都需要自觉采取措施去改善自己的公共关系状态，即从事公共关系活动。

（一）公共关系的内涵

对公共关系，我们可以从以下几个方面加以理解：

其一，公共关系是一种社会关系，但有其独特的一面。其独特性体现在：公共关系是特定社会组织同其他相关社会公众之间的相互关系；它是带有一定目的的促销手段；从本质上来说，公共关系也是一种信息沟通，是组织与相关社会公众之间的互动；公共关系是一种长期活动，它不同于广告，更不同于销售促进。

其二，公共关系可以用来推广产品、人物、地点、想法、活动、组织乃至整个国家。因此，公共关系的主体可以是个人，也可以是大型的组织。当前，公共关系的主体主要有社会组织、企业组织、非营利组织以及政府等。当然，公共关系的客体也非常广泛，既包括组织内部的员工，也包括外部的消费者、新闻媒体、政府、竞争对手、合作伙伴等。

其三，公关关系不以具体产品（服务）为导向。一般而言，公共关系关注的是整个组织的品牌形象，而不是具体的组织行为或者组织提供的产品或服务。公共关系活动是为了帮助组织营造一种利好的舆论氛围，并非像其他促销方式一样为了刺激客户需求。但是，这并不意味着公共关系活动不能激活或者创造产品或服务的需求。实际上，良好的公共关系的建立能够为其他促销方式提供有力的支持。

其四，作为促销组合的重要组成部分，公共关系的含义主要是指履行相关管理职能，包括评估社会公众的态度、确定符合公众利益的政策与程序、拟订并执行行动方案、争取社会公众的理解与支持、塑造良好的组织形象、提升组织自身的竞争力。

（二）公共关系的职能

开展公共关系活动的目的在于向公众传递企业信息，争取公众的了解和认可，通过与社会公众之间的互动，改善或者转变公众对组织的态度。公共关系活动可以说既是一种营销活动，又是一种管理活动，其职能主要体现在以下三个方面：监测信息、舆论宣传、危机处理。

1. 监测信息。企业实施公共关系活动，首先需要了解企业和产品在社会公众心目中的形象。因此，公共关系所要监测的信息就是社会公众对企业的整体、员工素质、产品质量、产品价格、产品性能等方面的评价。

2. 舆论宣传。公共关系从本质上来说，也属于沟通与促销的一种方式。与广告、宣传、销售促进等其他促销方式相比，公共关系在改善企业形象、提升知名度和美誉度方面有着非常独到的作用。

3. 危机处理。通常来讲，危机处理就是我们日常生活中讲的"公关"，是指在发生公关危机之后，为了处理企业与相关社会公众之间的摩擦与矛盾，企业所进行的一系列举措。企业应该针对不同危机事件采取不同的方式：如果危机是由他人恶意中伤所致，那么，企业应该充分利用大众媒体予以解释澄清；如果危机确实是自身的工作失误所致，那么，企业应当实事求是，主动承担责任，尽快改正错误，及时获得公众的谅解。

二、公共关系的活动方式与效果评估

（一）公共关系的活动方式

公共关系的活动方式是实现企业公共职能的具体行为和举措，同企业的其他促销方式相比，公共关系活动很难取得立竿见影的功效。因此，在公共关系活动中，企业往往着眼于长远的目标。按照公共关系功能和作用的不同，公共关系的活动方式主要有以下几种：

1. 信息调研活动。企业的信息调研活动是与其监察职能相对应的。为了更加准确地实施监察职能，企业需要通过民意调查、媒体监测等方式收集与企业相关的信息，了解社会公众对企业和产品的态度、意见等。通过保持和社会公众之间的联系，企业可以更好地改善自己同社会公众的关系，树立良好的公众形象。

2. 媒体宣传活动。企业充分运用报纸、杂志、广播、电视以及互联网等媒体，以撰写新闻稿、演讲稿以及报告的形式，向社会公众传递有关企业和产品的信息，让更多的客户了解自己，创造良好的氛围。

3. 事件策划活动。通过策划有助于提升企业知名度和美誉度的一系列事件，企业可以充分展示自我，吸引社会公众的关注。事件策划活动要充分发挥媒体的作用，让尽可能多的媒体了解、宣传企业的所作所为。

4. 赞助宣传活动。赞助是企业宣传自己的重要方式，通过对国家大型活动、社区活动、福利事业等进行赞助，企业可以有效地提升自己的社会影响力。但是，如果企业采取独家赞助，会增加公关活动的成本；如果采用联合赞助，则宣传力度会降低。

（二）公共关系的效果评估

评估企业公共关系的效果比较困难，一般很难精确测量。通常来说，主要有以下几种指标：一是信息传播频次，即企业及其产品在大众媒体中出现的次数。一般来说，次数越多说明企业的公关效果越好。二是受众反响，即通过民意调查，可以充分了解社会公众在企业实施公共关系前后对企业的态度、了解程度等的变化情况。三是企业的销售额，即保持其他促销手段不变，观察公共关系力度的有无、强弱所引起的企业销售额的改变。

第五节 整合营销传播

在营销实践中，企业往往会综合运用多种促销方式，即整合营销传播方式，而非单一的促销手段，目的在于充分发挥不同促销手段的长处，使其优势互补。尤其是随着消费者需求的变化和沟通技术的不断创新，营销传播面临着从大众营销向媒体和沟通渠道丰富化的转变，新的营销沟通模式正在形成。从不同的媒体渠道传达出的大量混乱信息，给消费者带来了非常大的困扰。因此，企业需要整合不同沟通渠道，形成清晰、一致、具有说服力的企业信息。

一、整合营销传播概述

（一）整合营销传播的内涵

整合营销传播是指企业将所有有关企业和产品或服务的信息结合在一起，通过电视、广播、互联网、报纸、人员推销等不同沟通渠道，向外界传递同样的信息、外观和感觉，协调不同媒体在吸引、告知、劝说消费者方面的独特作用。整合营销传播的核心思想是将与企业进行市场营销有关的一切传播活动一元化，要求企业明确消费者与企业、品牌以及产品可能接触的所有关系点，使每一次接触都传达一种信息（如图10-2所示）。

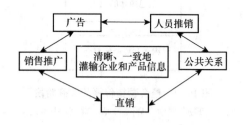

图10-2 整合营销传播过程概述

资料来源：科特勒，阿姆斯特朗. 市场营销原理与实践 [M]. 楼尊，译. 17版. 北京：中国人民大学出版社，2020：391.

因此，准确把握整合营销传播的内涵，必须从两点入手：一是企业整合了多种沟通手段；二是企业通过多种沟通手段向消费者传递一致的信息。只有同时满足这两个条件，才构成整合营销传播。

（二）整合营销传播的效果

根据国内外营销实践的结果，整合营销传播具有以下效果：

1. 优化传播效果。整合营销传播将与企业营销活动相关的一切传播手段整合在一起，向消费者、中间商、竞争对手、政府机构以及其他社会群体传递同一种信息，可以使企业和产品信息更容易被传播对象理解。

2. 降低交易成本。整合营销传播将不同的沟通渠道、信息整合在一起，可以使企业更加经济合理地运用营销手段或者营销传播费用等，改善企业的运转效率、业务能力以及竞争实力等，使所有利益相关者的成本得到有效降低。

3. 增加买卖双方互动。整合营销传播通过聚焦受众目标，使传播对象更好地理解自己，同时也更好地获取目标受众的需求、偏好、建议等信息。目标对象不再是单一的信息接收者，也可以将自己的需求及时反映给企业。

二、整合营销传播的实施框架

美国西北大学传播学教授唐·E. 舒尔茨（Don E. Schultz）认为，整合营销传播是一个针对消费者、企业内外部受众以及其他目标设计品牌传播计划的业务战略过程。与其他人的定义不同，唐·舒尔茨将重点放在整合营销传播的实施过程中。他认为，企业实施整合营销传播需要经过四个阶段（如图10-3所示）。

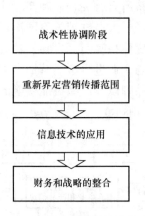

图 10-3　整合营销传播的实施阶段

资料来源：郭国庆，陈凯. 市场营销学［M］. 7版. 北京：中国人民大学出版社，2022：285.

第一阶段：战术性协调阶段。整合不是简单的累积，而是有机的协调。企业实施整合营销传播需要制订品牌管理计划、确定即将发布的品牌信息、协调好各个传播渠道上的广告信息，力求在信息传播的过程中形成协同效应。

第二阶段：重新界定营销传播范围。相比传统的营销传播手段，整合营销传播的活动范围更加广泛，不仅针对企业内部员工、销售人员，还包括中间商、合作伙伴以及消费者等。

第三阶段：信息技术的应用。整合营销传播的出现和发展得益于信息技术的进步。信息技术的创新和发展促进了新的传播媒体的出现，但这并不意味着传统媒体的消失。整合营销传播的目的就是将新媒体与传统媒体进行融合。

第四阶段：财务和战略的整合。企业实施整合营销传播需要财务支持，同时整合营销传播也会带来财务上的收益。企业对顾客及其市场价值、财务价值和潜在价值进行评估，目的是以评估的投资收益率为基础，开展营销传播投资。

三、整合营销传播的整合管理

实施整合营销传播需要把握"整合"二字，将其贯穿于整个实施过程。有效地开展整合营销传播，需要做到以下五点：明确目标市场，确定沟通目标，设计传播信息，选择信息发送媒体，收集反馈信息。具体阐述如下：

（1）明确目标市场。首先要确定沟通的目标对象，不同的目标受众会深刻影响沟通人员的决策。

（2）确定沟通目标。消费者的购买决策通常是一个漫长的过程，主要包括认知、了解、喜欢、偏好、确信以及购买等。沟通人员需要确定沟通目标所处的阶段，针对不同阶段的用户设计不同的信息内容。

（3）设计传播信息。这主要是：①设计传播信息的内容主题或诉求。内容诉求可分为理性诉求（与受众切身利益相关的诉求）、感性诉求（旨在激起受众情绪的诉求）以及道德诉求（与社会责任相关的诉求）。②设计信息结构，主要解决三个方面的问题，即应该直接下结论还是只给出问题，将证据放在开始还是结尾，只提出单方面的论据（只谈优点）还是提出两方面的论据（只谈缺点）。③信息格式，营销人员需要考虑信息传递的颜色、字体、标题、图案、语音效果等格式方面的问题。

（4）选择信息发送媒体。从广义上讲，信息发送渠道可以分为人员沟通渠道和非人员沟通渠道。人员沟通渠道能够创造人际关系，并产生反馈，对高价值、高风险的产品最为有效。非人员沟通渠道能够直接影响购买者，而且采用大众传媒的方式可能会引起更多的人员沟通，从而间接影响消费者。

（5）收集反馈信息。为了评估整合营销传播的实施效果，营销人员需要调查目标受众对信息的感觉、态度等。通过收集反馈信息，企业可以及时调整促销计划，甚至产品本身。

关键术语

促销（Promotion）；促销组合（Promotion Mix）；推式策略（Push Strategy）；拉式策略（Pull Strategy）；广告（Advertising）；销售促进（Sales Promotion）；人员推销

(Personal Selling)；公共关系（Public Relations）；整合营销传播（Integrated Marketing Communications）

复习思考题

1. 如何理解促销组合？
2. 什么是广告？如何评估广告的效果？
3. 试说明不同广告媒体的优缺点。
4. 针对消费者市场的销售促进工具有哪些？
5. 怎样理解公共关系的含义与职能？
6. 什么是整合营销传播？如何有效实施整合营销传播？

本章案例

白酒品牌的"5·20"主题促销

2020年5月20日这天，多个白酒品牌在其官方渠道发布有关"5·20"这一爱情主题的营销活动，或是通过文案将品牌与这一特殊的日子进行连接，或是通过抽奖的方式与消费者直接交流。在这些与消费者进行对话的营销策划中，情感正跳出传统的框架，与新节点串联在一起。日益多元化的白酒消费市场要求企业通过紧抓消费者的情感诉求来活化品牌，这既是企业的常规动作，更是激烈竞争下的必然选择。

5月20日当天，白酒企业密集推出的一系列营销活动颇为吸睛。首先是五粮液在其官方微信公众号上发布的分享"你和五粮液的故事"抽奖活动，选择点赞数排名前52名的留言者送出一套限量礼盒。五粮液方面表示，5月20日是第八代经典五粮液上市一周年的日子，该活动是对消费者的特别致意。江小白的"5·20"宣传文案更符合大众对于这一新节日的印象，在江小白的官方微博，记者看到，企业同样举行了抽奖活动，与五粮液的活动形式有所不同，江小白邀请网友@5·20想要一起度过的人以及想要对他（她）说的话，在留言中不断有甜言蜜语出现。郎酒也在官方微博上借合作综艺节目的视频内容，喊出了"喝郎牌特曲，为真爱干杯"的口号，并开启了"5·20故事交换计划"的抽奖活动。近年来新进入行业眼球的人民小酒，尽管未举行类似的抽奖活动，但也同样在其官方微博鼓励网友对最爱的人表白，文案中不乏"借酒壮胆，向幸福靠近"这样与酒相关却又颇为接地气的文字。

各大白酒企业在5月20日当天除了针对"5·20"进行宣传以外，还在线上渠道加大了促销活动的力度。在天猫的泸州老窖官方旗舰店内，品牌直接打出了

"微醺情人节"的主题口号，推出抢第二件 1 元的优惠活动。更重要的是，在活动首页的显眼位置，摆出的产品除了品牌主推的部分白酒产品以外，还囊括了桃花醉这样的颇具年轻气息的产品以及曾引发热议的泸州老窖香水等。

随着中国酒业消费升级，消费者的酒水消费日趋理性，对于酒类的消费需求也越发多元化。与此同时，销售渠道却越来越碎片化，因此企业必须进行节点式的年度主题性推广策划活动。利用节日来表达感性诉求，通过感性诉求拉近与消费者之间的距离，进一步活化品牌。

事件营销的关键是服务于品牌。近年来，白酒企业为提升旗下品牌的号召力，谋求在激烈的市场竞争中赢得话语权，正不断扩大事件营销的范畴。从与白酒品类紧密相关的传统文化、宴会场景，到与年轻人息息相关的流行文化甚至是推出跨行业的联名产品。白酒企业关注的节日也从传统的春节、中秋节等拓展到"5·20"、母亲节等具备情感诉求的日子。

关于白酒消费的价值，正从简单的交际应酬转换到情感表达。白酒企业之所以越发注重通过情感来加强与消费者之间的连接，也是期望通过情感背后的社交属性，来传递品牌自身所要传达的价值。

（资料来源：根据新京报《五粮液江小白恋上 5·20，酒企借情感营销"表白"市场》，2020 年 5 月 20 日，https://baijiahao.baidu.com/s? id=1667203012175259453&wfr=spider&for=pc 资料编写。）

案例思考题

1. 白酒品牌的"5·20"促销活动有什么特点？

2. 分析白酒品牌"5·20"促销的案例，谈谈企业在促销与沟通中应该注意哪些问题。

第十一章　网络营销

【学习目标】

互联网技术的发展，推动着营销理论及营销方式的前进，网络营销应运而生。如何在现有营销方式的基础上融入并逐渐转化为网络营销模式，需要企业不断地尝试与思考。通过本章的学习，应该达到如下目标：

● 理解和掌握网络营销基础理论，包括其概念、特点、策略；

● 理解网络营销和传统营销的关系；

● 理解社会化媒体营销。

【思政目标】

党的二十大报告提出要建设网络强国、科技强国和数字中国。传统的营销理念和渠道俨然难以适应时代的变化。积极开展网络营销工作，满足市场需求，并且创新数字化与信息化技术，规范新媒体经济营销模式，加强网络营销的力度，提高市场营销的质量和效率，对于推动经济高质量发展有重要作用。通过本章的学习，可以了解网络消费市场的重要性，学习网络营销的优势以及创新方式，助力网络消费市场持续健康发展，回应习近平总书记在党的二十大报告中提出的"形成良好网络生态"要求。

 引导案例

网易云性格主导色活动营销效果

2021年5月26日，大家的朋友圈又被网易云给刷屏了。起因是网易云音乐和合作伙伴推出了一项测试，用户通过听音乐、做选择，可测试出自己性格的颜色，用户还可以把测试链接分享到朋友圈、微信好友、社交媒体等。该活动放置在网易云音乐App的首页显要位置。活动上线不久，"网易云人格主导色"就上了热搜，用户在社交平台上分享自己的测试结果，还有网友开始基于测试结果玩梗，全网热度快速攀升。从信息类型上看，"网易云人格色彩测试"相关信息中原帖占比非常高，达78%，而且原帖中直接来自网易云人格色彩测试结果分享的内容就占到近三成。转发和评论分别占比21%、1%。也就是说，该活动传播主要停留在第一层级，没有引发更深层次的传播，也导致了该活动呈现后继乏力的情况。虽说网易云这个活动只火了半天时间，但是能达到刷屏级的效果，在各类

型平台上抢上热搜，就曝光级别来看，绝对称得上是一场很成功的活动了。

那么，网易云为何能成功？主要原因是：①策划互动 H5 活动。网易云经验丰富：从年度歌单开始，首页 banner 展示—简单测试—生成结果—转发分享，这一套病毒式营销的玩法，网易云音乐早就玩得很溜了。②契合了用户的心理需求。从分享图文可以看到，不仅有"在中国，每×个人中就有一个人喜欢你"这样的描述，还有"你的特质""这些颜色会被你吸引"，文案基本上都在夸用户，表达对用户自身存在的认知和肯定，用户可以将测试结果分享到各个社交平台，满足了用户"炫耀"的潜在欲望。性格测试里的文案都是对用户的"彩虹屁"，这样的内容有助于帮助用户在社交圈给自己营造更好的"人设"。而根据测试结果，甚至可以用来寻找适合自己色彩的人，从而促进社交关系。网易云人格色彩测试采用图文音配合的方式，并不是那种严肃专业的测试，可以降低人的戒备心理，而且玩法简单，让人更容易参与进来。③个性化的再度运用。在百度、酷狗、QQ、虾米各大音乐 App 竞逐的时代里，较晚加入的网易云音乐凭借真情实感的评论、精准的日推，突围而出，慢慢积累了村友们忠诚度。从精准推荐歌单可知，网易云显然已经积累了对用户喜好的洞察、解析能力，性格色彩测试亦是其对用户的一次精准"营销"。而且收集到的用户心理数据可以反哺个性化推荐的需求，强化自身个性化的优势。

（资料来源：根据《网易云性格主导色活动营销效果及传播原因分析》，2021 年 5 月 29 日，https：//t. cj. sina. com. cn/articles/view/2194035935/82c654df00100z8yx 资料编写。）

第一节　网络营销概述

一、网络营销的概念、特点与种类

（一）网络营销的概念

计算机的普遍使用，网络技术的发展，使企业在信息获取的手段和方法以及与外界的沟通交流上都发生了根本性的变化，改变了企业外部经营运作的操作模式。网络营销就是企业利用网络技术来开展的市场营销活动，使传统的市场营销活动在网络时代得到了延伸和发展。运用网络技术，为企业拓展自身经营活动的范围和市场空间带来更多的发展机遇，同时，也对传统的营销理论和营销实务提出了挑战。

朱迪·施特劳斯（Judy Strauss）等学者在他们合著的《网络营销》（2004）一书中，将网络营销定义为，利用信息技术去创造、宣传、传递顾客价值，并且对客户关系进行管理，目的是为企业和各种相关利益者创造收益。拉菲·A. 穆罕默德（Mohammed，2011）则将网络营销定义为：通过在线活动建立和维持客户关系，以协调满足公司与客户之间交换概念、产品和服务的目标。

在国内，缪启军（2013）指出，"网络营销是以现代营销理论为基础，通过互联网营销替代传统的报刊、邮件、电话、电视等中介媒体，利用互联网对产品的售前、售中、售后各环节进行跟踪服务，自始至终贯穿于企业经营全过程，寻找新客户、服务老客户，最大限度地满足客户需求，从而达到开拓市场、增加盈利的营销过程。广义上来说，凡是以互联网为主要手段进行的、为达到一定营销目标的营销活动，都可成为网络营销。"王宏伟（2014）认为，"网络营销是一种新型的营销模式，旨在利用各种互联网工具为企业营销活动提供有效的支持，具有很强的实践性。"

综合国内外专家学者关于网络营销的定义，本章将网络营销简单定义为企业通过使用互联网，对其目标市场进行营销活动，进而满足市场需求的活动过程。

明确了网络营销定义，更要理解网络营销的真正意义和目的，有效开展网络营销活动。因此，在认识和理解网络营销时，应注意以下几个方面：

1. 网络营销是企业营销战略的组成部分。网络营销是企业整体营销战略的组成部分，它一方面包括传统营销活动在网络环境下的应用和实现过程，另一方面包括网络环境下特有的、以数字化形式的产品及无形服务为核心内容的各种营销活动。网络营销与传统市场营销并存，并同时在营销实践中得到应用和发展，两者共同为实现营销目标而努力。

2. 网络营销不等同于网上销售。网上销售是网络营销发展到一定阶段产生的结果，是企业在网络平台与消费者开展网上交易的过程。网络营销是为实现网上销售而进行的一项基本活动，其贯穿于企业开展网上经营的整个过程，包括网站推广、信息发布、顾客服务、网上调研、销售促进和网上销售等内容。简单地说，网上销售只是网络营销环节之一。

3. 网络营销不是电子商务。网络营销与电子商务存在密切联系，但也有一定的区别。网络营销只是一种营销模式，注重通过开展以互联网为主要手段的营销活动来促进商品交易、提升企业品牌价值、加强与顾客沟通及改善顾客服务等；电子商务的内涵很广，其核心是电子化交易，强调的是交易方式和交易过程的各个环节都在网上实现。可见，电子商务与网络营销有明显的区别，网络营销的核心是顾客需求，电子商务的核心是交易。网络营销是电子商务的重要组成部分。

（二）网络营销的特点

进入 21 世纪，互联网所创造的营销环境链接的营销范围更加广泛，营销手段更加灵活，营销活动也变得更为多样。网络营销作为一种全新的营销方式，与传统营销方式相比有明显的优势，呈现出几大特点。

1. 跨时空。营销的最终目的是占有市场份额，互联网络具有跨越时间和空间限制进行信息交换的特点，使得脱离时空限制达成交易成为可能，企业有更多的时间和更大的空间进行营销，可每周 7 天，每天 24 小时随时随地提供全球性营销服务。

2. 多媒体。利用多媒体技术不仅可以传递文字信息，还可以传递声音、图像、动画等信息，这些信息被有机地融为一体，以超文本的形式生动、活泼地展现给顾客，将传统媒体的长处集于一身，从而提高网络营销对顾客的影响力。

3. 交互式。互联网络可以展示商品目录、联结资料库、提供有关商品信息的查询，可以和顾客双向沟通，可以收集市场情报，可以进行产品测试与消费者满意度调查等。它是产品设计、商品信息提供以及服务的最佳工具。有时候，消费者提供的内容可以直接商业化。例如，在当当网（www.dangdang.com）上消费者所写的恰如其分的书评成了促进图书销售的法宝。互联网打破了互动的时空限制，网上互动在本质上并不依靠企业和消费者两者相互发送的信息，而主要依靠计算机媒介本身，包括所处的环境。

4. 个性化。网络为企业提供了与消费者直接沟通交流的平台，企业可以通过互联网及时深入地了解消费者的实际需求，并且可以为消费者提供个性化的产品和服务。消费者上网的痕迹都会在网络上留下，通过留下的痕迹，网络营销可跟踪每个消费者的消费习惯和偏好，并向其推荐相关产品或服务。

5. 经济性。通过互联网络进行信息交换，代替以前的实物交换，一方面可以减少印刷与邮递成本，可以无店面销售，免交租金，节约水电与人工成本；另一方面可以减少由于多次交换带来的信息缺失。

6. 成长性。互联网络的使用者数量快速增长并遍及全球，他们多半属于年轻的中产阶级，具有高教育水准。由于这部分群体购买力强，而且具有很强的市场影响力，因此是一个极具开发潜力的市场。

7. 整合性。互联网为整合营销沟通提供了更宽的范围。网络的开放性决定了从业者的广泛性，由此也决定了网络营销的资源整合性，它不但可以对传统营销的多种营销手段和营销方法进行整合，在网络上体现，还可以对整个网络的传播资源进行整合。网络营销从消费者的需求出发，根据消费者的需求设计产品或服务并送达消费者。开展网络营销需要企业对营销活动进行统一的规划和协调，以统一的资讯向消费者传达信息，以满足消费者需求。

8. 超前性。互联网络是一种功能强大的营销工具，它同时兼具渠道、促销、电子交易、互动顾客服务及市场信息分析等多种功能。它所具备的一对一营销能力，恰好符合定制营销与直复营销的未来趋势。

9. 高效性。电脑可储存大量的信息供消费者查询，可传递的信息数量与精确度远远超过其他媒体，并能顺应市场需求，及时更新产品或调整价格，因此，企业能及时有效地了解并满足顾客的需求。

10. 技术性。网络营销是建立在高技术为支撑的互联网络基础上的，企业实施网络营销必须有一定的技术投入和技术支持，改变传统的组织形态，提升信息管理部门的功能，引进懂营销与电脑技术的复合型人才，在未来才能具备市场优势。

（三）网络营销的种类

按照不同的标准，网络营销可划分为不同的类型。

1. 按照商业活动的运作方式分类，网络营销可分为完全网络营销和非完全网络营销。完全网络营销是指完全可以通过网络营销方式实现和完成完整交易的交易行为和过程。换句话说，完全网络营销是商品或者服务的完整过程都在信息网络中实现的一种网络营销方式。完全网络营销能使双方超越地理空间的障碍进行网络交易，可以充分挖掘全球市场的潜力。非完全网络营销是指不能完全依靠网络营销方式实现和完成完整交易的交易行为和过程。非完全网络营销要依靠一些外部因素，如运输系统的效率等。

2. 按照开展网络交易的范围分类，网络营销可分本地网络营销、远程国内网络营销和全球网络营销。本地网络营销通常是指利用本城市或者本地区的信息网络实现的网络营销活动，网络交易的范围较小。本地网络营销系统是利用 Internet、Intranet 或者专用网络，将差价交易各方的网络营销信息系统、银行等金融机构的电子信息系统、保险公司和商品检验信息系统及本地 EDI 中心系统联系在一起的网络系统。本地网络营销系统是开展国内电子商务和全球网络营销的基础系统，因此，建立和完善本地网络营销信息系统是厂家实现全球网络营销的关键。

远程国内网络营销系统在本国范围内进行的网络交易活动，地域范围较大，对硬件和技术要求较高，要求在全国范围内实现商业电子化、自动化，实现金融电子化；交易各方具备一定的网络营销知识、经济能力和技术能力，并具有一定的管理水平和能力。

全球网络营销是指在全世界范围内进行网络交易活动，参加网络营销的交易各方通过网络进行交易活动。它涉及有关交易各方的相关系统，如买卖双方国家进出口公司系统、海关系统、银行金融系统、税务系统、保险系统等。全球网络营销业务内容繁杂，数据来往频繁，要求网络营销系统严格、准确、安全、可靠，应制定全世界统一的网络营销标准和网络营销协议，使网络营销得到顺利发展。

3. 按照商品属性分类，网络营销可分为间接网络营销和直接网络营销。间接网络营销是指有形货物的电子订货与付款等活动，它依然需要利用传统渠道送货。直接网络营销是指无形货物或者服务的订货与付款等活动，如某些计算机软件和娱乐内容的联机订购、付款和交付，或者是全球规模的信息服务。

二、网络营销策略的制定

（一）网络营销新法则

1. 适合网络营销的产品特性。约翰·杜尔（John Doerr）在 2011 年提出了"SoLoMo"概念，即社会化（social）、本地化（local）、移动化（mobile），三者合一即为互联网时代营销模式发展的新特点。社会化，即基于个体间的社交互动开展营销。随着社会化媒体和社交软件的普及，人们在互联网上关联、聚集，形成相互联系的群体，为产品或服务提供了数量庞大且细分明确的人群基础。本地化，即基于地理位置提供产品或服务，定位技术的发展为这种基于地理位置的产品或服务兴起提供了技术基础。移动化，即基于移动场景下个体行为特征进行营销设计。移动设备的普及，使得任何个体都能够随时随地接入互联网，一方面为社交化与本地化的可持续发展提供可靠的保障，另一方面使得网民的"网上冲浪"时间更加碎片化，与互联网接触的时间总和大幅增加。

SoLoMo 概念的提出对消费场景的构建具有启示意义。传统的"STP+4P"营销分析框架没有将场景（situation）纳入考虑，已经逐渐暴露出其适用的局限性。事实上，随着消费者生活与互联网的联系更加密切，个体的社交互动更加频繁，地理因素与移动化场景也逐渐渗透于个体行为中，营销对象由个体向群体演进，消费者行为更加复杂，营销方式应当由原先单一、静止的模式向灵活、能动的模式过渡。SoLoMo 倡导营销实践应当有更高的追求，即如何基于时间和空间对营销策略进行重新整合，为企业发掘新的价值创造点、打通营销渠道、实现全景式战略布局提供了良好的思路。

2. SURE 法则。SURE 网络营销理论，又称"SURE 互联网营销理论"，来源于机械工业出版社 2015 年底的新书——《互联网营销：理念的颠覆与蜕变》。SURE 分别代表口碑扩散（spreading）、关系融合（unification）、路径营销（route）和精准营销（exactness）四个营销推广策划准则。

口碑扩散是 SURE 理论主张的第一项策划准则。互联网时代，用户通过社交媒体连接起来，口碑的作用越来越重要，扩散品牌口碑成为网络营销策划的重点方向。SURE 网络营销理论认为，企业应当从内容营销、病毒式营销、用户体验、真诚营销这些途径来扩散互联网口碑。

关系融合是 SURE 理论主张的第二项策划准则。企业可借助应用软件、社交媒体等形式与消费者在线连接、互动，加深企业与消费者之间的关系，帮助品牌赢得消费者的认同，培养品牌的"粉丝"。粉丝不仅会在企业引导下深化和扩大消费，还可以为企业传播口碑，甚至借助意见参与、投票、众包等形式，帮助品牌自我完善。SURE 网络营销理论认为，企业可以依照连接、互动和粉丝民主三个步骤循序渐进地推进与客户的关系融合。

路径营销是 SURE 理论主张的第三项策划准则。路径营销，即对于主动搜索的消费者，在其搜索的各个互联网环节向他们营销，让品牌信息在此更好地展示，更多更丰富地为消费者触及和感知。SURE 网络营销理论认为，企业可以从入口、搜索引擎和节点三处策划路径营销。

精准营销是 SURE 理论主张的第四项策划准则。现实中有些产品，单价小而且天然地难以吸引消费者关注，其本身并没有流量基础或是短期内难有囤积大批流量的可能性，在这种情况下，口碑扩散和关系融合的策略难以发挥主导性作用，网络营销还需依靠广告、软文这类强制性的推广手段。互联网的优势在于，能够自动识别个体消费者的虚拟身份，并且记录、跟踪和分析他们个人的互联网行为数据。互联网崇尚自由，消费者本能地排斥一切不请自来的强制性广告和软文。因此，互联网上的单方面营销推广应当遵循一对一的精准营销理念，向特定消费者定向推广其感兴趣的商业信息。只有这样，推广到消费者端的品牌信息才不会千篇一律，才能有效化解消费者对网络商业信息的抵触情绪。SURE 网络营销理论认为，互联网上的强制性推广应当基于数据乃至大数据技术，从推广对象、媒体投放和效果测量三个角度追求精准；努力做到以精准的内容、精准的媒介和投放规模，向精准的对象推广，并不断纠错以至于更加精准。

（二）企业性质与网络营销策略

在确定了网络营销的战略地位和作用后，企业需根据自己所在行业的特点和所处的市场环境，选择合适的网络营销策略来实施企业网络营销战略，最终达到企业的网络营销目标。网络营销的策略主要是在整合传统 4Ps 基础上的新的 4Ps 策略。新的 4Ps 策略的理论基础是建立在互联网特点上的四大网络营销策略理论，根据这些理论来制定新的 4Ps 策略，实施企业营销目标。因此，从本质上看，新的 4Ps 网络营销策略与传统营销策略的营销目标是一致的，只是面对的目标市场和消费者群体有所不同。不同的企业由于自身特点和目标市场不同，在选择网络营销策略时必须做出适当调整。下面分类型讨论不同性质的企业如何采用适合自己的网络营销策略。

1. 制造业。制造业是工业经济时代的主要支柱产业，网络时代的到来给它带来的更多是挑战。制造业根据目标市场不同，可以分为工业组织市场和一般消费者市场，前者主要是作为一种生产资料市场，面对的主要是企业，如飞机、车床制造公司等；后者面对的是一般消费者，是大众性市场，如家电、计算机企业等。工业组织市场相对比较稳定，顾客群体比较少，网络营销的重点是通过密切顾客关系，建立长期的合作伙伴性的协作关系，主要目标是借助互联网为顾客提供更多服务和产品信息，通过互联网降低双方的交易费用，最大限度地控制营销费用，为双方创造更多的价值。

一般消费者市场人数多而且差异性比较大，网络营销的出现带来更多的机遇。企业利用网络营销可以拓展新的市场和采用更有效的营销策略。这类企业利用网络营销时主要有这样几种模式：

一是通过加强顾客服务，巩固与顾客的关系，达到留住顾客和增加销售的目标。这种模式的重点是加强网络营销服务，建立顾客忠诚度，有关详细内容将在网络营销服务策略中介绍。

二是通过提供有用信息来刺激消费者增加购买。这种方式要求企业的网络营销站点建设完成后必须及时更新产品信息，提供最新的产品动态。网上群体以年轻人居多而且文化程度较高，因此提供最新信息和动态容易刺激这些消费者的消费欲望。

三是通过提供有效购买渠道，方便顾客购买。这种方式对于一些制造业来说可以大大简化销售渠道，减少渠道费用、管理费用和交易费用，同时可以将减少的费用以折扣形式让利给消费者，实现企业与消费者互利。有关这方面的策略将在网络营销渠道策略中详细介绍。

四是通过建立网上品牌形象来获取顾客忠诚，获取更高利润。这种方式可以帮助企业在网上虚拟市场通过建立新的品牌形象来拓展新的市场，但值得注意的是，传统优势品牌在互联网上并不一定是优势品牌，不一定能够吸引访问者对网站的关注。

五是通过建立交互渠道，促进顾客参与企业营销活动，吸引顾客重复购买。目前许多企业的网络营销站点都设有讨论区，消费者通过参与企业的营销活动，加强对企业的认同感。

上面介绍的几种网络营销模式中应用到的网络营销策略并不是相互排斥的，它们是可以被企业整合使用的。当然同时采取多个网络营销策略可能引起资源配置冲突和管理上的冲突，但通过加强协调和管理，上述网络营销模式是可以相互配合的。

2. 信息类企业。这类企业的产品和服务主要是以信息方式表现出来的，如媒体、软件和音乐等行业。这类企业有一个共同的特征，就是它们的产品和服务都可以通过互联网直接进行传输，无须通过传统的实物配送来实现。互联网给信息类企业带来的既有机遇又有挑战。机遇是通过互联网可以改变传统产品形式和销售方式；挑战是产品形式变化带来的营销策略整体变化的冲击，如传统音乐产品通过 CD 来销售比较容易控制和发行，如今消费者可以直接在网上下载使用，这势必会对传统音乐制作公司的营销策略和管理带来很大的冲击。信息类企业突破了传统商务中的实物配送限制，因此，营销的关键是建立品牌形象和吸引消费者对产品的了解和关注，直至购买和使用产品。目前，信息类企业可以采用的策略包括上面介绍的所有策略，只不过针对的对象不一样。以加强服务为例，对于属于有形产品的制造业企业来说，提供很好的服务需要很强的售后服务队伍和提供上门服务的条件，而对于属于无形产品的信息类企业来说，加强服务主要是对产品的功能和使用进行培训和说明，主要是一种信息的传播，因此与有形产品的服务相比，其形式更加简单，但服务内容的知识含量和技术要求可能更高。

3. 服务业。服务的生产和消费具有一体化的特性，这使得服务业受到时间和空间的限制。互联网作为一种跨越时空限制的信息沟通渠道，给服务业带来更多机遇。服务业可以通过网络营销实现远程服务，如银行的网上银行服务可以为顾客提供全天候而且不用出门即可享受的服务。同时，服务业还可以通过网络营销加强对顾客的服务，减少顾客接受服务的不便。例如，越来越多的医院开通了网上挂号服务，减少了病人的等待时间；许多银行、证券公司等金融企业开展了网上服务，实施网络营销策略，并且取得了竞争优势。

（三）企业规模与网络营销

网络营销具有的虚拟特性，使得传统的以规模大小来划分企业强弱的标准已经过时。

现在，小企业也可以通过开展网络营销活动占领传统上只有大规模企业才可以进入的市场，因此不同规模的企业在制定网络营销策略时，应结合企业特点来开展。对于中小型企业来说，开展网络营销对企业更多的是一种机遇。利用网络营销，中小企业可以在网上虚拟市场开展营销活动，将企业目标市场拓展到以前在传统市场上无法涉及的市场。

首先，中小企业由于规模较小，各方面资源都比较有限，因此在开拓目标市场时一般会受到企业规模和地理位置限制，无法同时跨多个地区经营，更谈不上开拓国外市场；但通过网络营销，企业可以在无约束的网上虚拟市场同大企业展开竞争，因为网上市场中竞争的是产品质量和服务，至于地理位置和企业规模大小则不是主要因素。

其次，中小企业可以通过网络营销获取新的竞争优势。网上虚拟市场不同于传统市场，传统市场的优势力量在网上虚拟市场不再起作用，因此中小企业有机会在新的市场上利用全新网络营销策略占领市场，也可以迅速成为新的大企业，如美国的亚马逊（Amazon）网上商店利用网上虚拟市场空间迅速壮大。

最后，中小企业可以通过网络营销加强对企业顾客的服务和树立品牌形象。中小企业由于条件限制，很难实现满意的顾客服务，但利用网络营销，可以突破时间和空间限制，提供全天候服务，同时树立企业在网上市场的品牌形象。中小企业一般处在被动地位，因此应利用网络营销这种"十倍速"力量来冲击传统市场、壮大实力。在制定网络营销策略时，可以充分利用互联网的虚拟特性，整合外部有效的资源，为企业的营销目标实现提供有效的营销活动支持。若企业的产品生产方面力量不雄厚，则可以借助互联网实现外包，企业只专注开发新产品和建立品牌，以及提供高附加值的服务等。

规模较大的企业一般在传统市场中占有一定优势，因此容易忽视新兴的网上虚拟市场，有的大企业虽然也关注网上市场，但也总是在等待网上市场成熟后再进入。一些新兴的成长型企业往往利用网络这种"十倍速"力量向规模较大的企业发起挑战。例如，戴尔（Dell）公司在1994年还处在亏损状态，但利用其超前的直销理念，开展网上直销后迅速崛起，成为2005年全球最大的PC制造公司。传统的规模较大的企业必须重视网络营销的战略作用，虽然在市场上失去了先发优势，但凭借其实力整合传统营销策略优势与网络营销策略优势，完全可以在新兴市场上后来居上。

（四）市场地位与网络营销

与企业规模大小类似，企业的市场地位对网络营销策略也有很大影响。总的来说，网络营销对于弱者是一种机遇和成长机会，对于强者更多的是一种挑战，因为这些传统强势企业的传统营销优势可能在网络时代失去竞争优势。根据市场地位不同，一般可以将企业分成领导者、挑战者、追随者和拾补遗者四个层次。

领导者企业在传统市场占很大优势，是传统市场的强者，因此这类企业制定网络营销策略时，考虑的是竞争者网络营销策略对新兴市场和传统市场带来的威胁和冲击，然后根据时机选择合适的网络营销策略进行对抗和防御，以保持在传统市场和新兴市场上的竞争优势和领导地位。典型的例子是，美国的沃尔玛（Wal-Mart）公司利用其先进的物流管理信息系统，对其全美 3 800 多家超市实行统一管理、统一配送，最大限度地降低销售费用，从而降低价格以获取市场竞争优势。当它面对网上商店如亚马逊等的挑战时，采取了积极的应对政策，在了解和把握了网上市场的特征后，沃尔玛也推出了它的网上商店服务，并且积极与 AOL 公司合作，扩大网上虚拟市场的品牌知名度。

挑战者由于在传统市场上拥有一定的实力，不断尝试成为市场领先者，一般都积极将网络营销看作竞争的有力武器，制定网络营销策略时一般采取的是积极的全力投入式，但要注意的是，企业利用网络营销作为新的竞争手段时，要控制网络营销投资的风险及其对原有经营管理理念带来的冲击。

追随者和拾补遗者在市场上处于一种缝隙中求生存的地位，网络营销对企业的生存和发展既是机遇也是挑战。比如，在传统市场上利用地理位置和消费群体差异性而生存的拾补遗者，可能在网络营销时代难以维系，因为大企业凭借网络营销可以突破市场的地理位置限制，也可以通过其高效率的营销系统对过去难以覆盖的市场进行覆盖。因此，这类企业必须采取积极的网络营销策略，在新兴市场上挖掘机会并寻求成长和发展，只有这样才能应对挑战。这类企业采取网络营销策略时，由于企业规模一般较小，可以跟随挑战者的网络营销策略，在实施时充分发挥网络营销给小企业带来的机遇，寻找机会迅速成长。

（五）产品周期与网络营销策略

网络营销是一种直复营销，它通过可测试的交互式互联网渠道来设计、研制、生产和销售产品。由于企业在销售产品时可以与消费者及时进行沟通，产品过了成熟期后，企业可以根据市场的及时反应来调整产品策略，设计开发新产品，使企业的产品持续保有竞争力。企业采用网络营销策略后的产品周期变化见图 11-1，该图是采用网络营销策略后企业的产品周期变化图。当企业的一个产品引入成功，步入市场成长期的时候，企业可以通过互联网及时了解市场需求变化和顾客新的需求和建议，在吸收顾客对产品的建议后，可以马上转入下一代产品的设计开发，并在上一代产品的成熟期推出，当老产品步入衰退期时，新产品已经步入成长期，市场仍然持续增长。因此，企业采用网络营销策略后，要注意到产品周期会大大缩短，并要了解新产品设计和开发情况、老产品销售状况和顾客需求情况，为制定下一代产品的营销策略提供详细的数据支持。

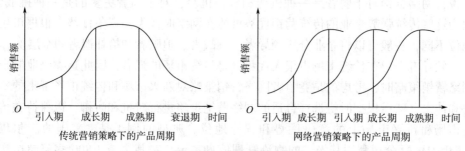

图 11-1　产品周期变化

资料来源：黄敏学. 网络营销［M］. 4 版. 武汉：武汉大学出版社，2020：41.

企业除了要注意网络营销对产品周期产生的影响外，还要注意在产品不同周期采用不同的网络营销策略，以使该时期产品能顺利实现营销目标。根据产品周期，产品营销阶段一般分为：引入阶段、成长阶段、成熟阶段和衰退阶段。在引入阶段，产品是作为新产品上市的，而互联网上的用户一般以年轻人居多，他们在消费方面愿意进行新的尝试。因此，在引入阶段可以利用互联网市场的这一特性推广新产品，扩大新产品的知名度和影响力。在成长阶段，产品得到认可，产品的销售和利润都持续增长，在这一时期关键是充分利用营销渠道拓展市场以扩大销售数量。这时，可以利用互联网的全球性和自由开放性特点，充分拓展市场空间，将产品以最快的速度和最经济的方式在不同市场进行销售，达到迅速占领市场的目的。在成熟阶段，产品销售增长率达到极限，企业这时候应利用各种营销策略特别是促销策略保持产品持续销售，在这一阶段，企业可以利用互联网拓展新市场空间，利用互联网了解顾客新需求，对产品进行适当调整，最大限度地满足顾客的个性化需求，同时利用互联网渠道的效率来控制营销费用，获取最大利润。在产品的衰退阶段，产品的销售量持续下降，在这个阶段企业应利用互联网尽快销售完库存产品，为新产品销售铺平道路。这时应将营销重点转移到新产品上面，同时要尽量缩短衰退期的时间，避免市场份额的丢失。

企业在不同阶段实现不同营销目标时，要注意整合网络营销策略，如在衰退期可以利用互联网上的拍卖市场拍卖库存产品。例如，HP 公司就在美国第一大网上拍卖公司易贝（eBay）公司拍卖其库存旧产品，以求迅速处理完旧产品，对新产品则采用原来的营销策略。

三、网络营销相关理论

（一）网络关系营销理论

关系营销是 1990 年以来受到重视的营销理论，它主要包括两个基本点：一是在宏观上认识到市场营销会对范围很广的一系列领域产生影响，包括顾客市场、劳动力市场、供应市场、内部市场、相关者市场，以及影响者市场（政府、金融市场）；二是在微观上认识到企业与顾客的关系不断变化，市场营销的核心应从过去简单的一次性交易关系转变到注重保持长期的关系上来。企业是社会经济大系统中的一个子系统，企业的营销目标要受到众多外在因素的影响，企业的营销活动是一个与消费者、竞争者、供应商、分销商、政府机构和社会组织发生相互作用的过程，正确理解这些个人与组织的关系是企业营销的核心，也是企业成败的关键。

关系营销的核心是保持顾客，企业通过为顾客提供高满意度的产品和服务，加强与顾客的联系，提供有效的顾客服务，维护与顾客的长期关系，并在与顾客保持长期关系的基础上开展营销活动，实现企业的营销目标。实施关系营销并不是以损害企业利益为代价的，加强与顾客关系并建立顾客的忠诚度，是可以为企业带来长远利益的。互联网作为一种有效的双向沟通渠道，使企业与顾客之间可以实现低成本的沟通和交流，是企业与顾客建立长期关系的有效保障。

（二）网络软营销理论

软营销理论是针对工业经济时代以大规模生产为主要特征的"强式营销"提出的新理论，它强调企业进行市场营销活动的同时必须尊重消费者的感受和体验，让消费者舒服地主动接受企业的营销活动。传统营销活动中最能体现强势营销特征的是两种促销手段：传统广告和人员推销。在传统广告中，消费者常常是被动地接受广告信息的"轰炸"，它的目标是通过不断灌输信息的方式在消费者心中留下深刻的印象，至于消费者是否愿意接受、需要不需要则不考虑；在人员推销中，推销人员根本不考虑被推销对象是否愿意和需要，只是根据推销人员自己的判断强行展开推销活动。在互联网上，由于信息交流是自由、平等、开放和交互的，强调的是相互尊重和沟通，网上使用者比较注重个人体验和隐私保护。因此，企业采用传统的强势营销手段在互联网上开展营销活动势必适得其反。例如，美国著名的 AOL 公司曾经对其用户强行发送 E-mail 广告，结果招致用户的一致反感，许多用户约定同时给 AOL 公司服务器发送 E-mail 进行报复，结果使得 AOL 的 E-mail 邮件服务器处于瘫痪状态，最后不得不以道歉平息众怒。网络软营销恰好从消费者的体验和需求出发，采取拉式策略吸引消费者关注企业来达到营销效果。在互联网上开展网络营销活动，特别是促销活动一定要遵循特定的网络虚拟社区形成的规则，有的也称为"网络礼仪（Netiquette）"。网络软营销就是在遵循网络礼仪规则的基础上巧妙营销而达到一种微妙的营销效果的。有关网络软营销理论的应用将在网络营销促销策略中进行详细介绍。

（三）网络体验营销理论

体验营销理论是 20 世纪在西方社会兴起的一种新的营销理论。这里所说的体验是指当一个人达到情绪、体力和智力甚至精神的某一特定水平时，他意识中所产生的美好感觉。美国体验营销专家施密特（Schmitt）教授从心理学的角度将体验划分为五种形态：感觉（sense）、感受（feel）、思维（think）、行动（act）、关联（relate）。施密特教授将这种不同的体验形态看作"战略经验模块"，而体验营销正是将具体的不同的经验模块和体验工具相结合而进行的。与传统的营销理论相比，体验营销作为一种新的营销理论，有其自身显著的特征。首先，体验营销理论认为，人不仅仅是理性的，更是有情感的活生生的人，因此在营销过程中要更多地考虑消费者的情感需要，强调产品以外的其他因素，尤其是环境对消费者购买行为的影响。其次，体验营销更注重客户的体验，并把体验看成顾客价值的组成部分。如果说传统营销突出的是产品的特色和功效的话，体验营销则重在考虑消费者感官、情感、认识上的体验及其行动和关系。最后，体验营销一个很重要的特征就是强调企业与顾客的互动，强调顾客的参与。从以上体验营销的特征可以看出，体验营销更注重环境、互动与情感的作用，而在网络营销的过程中，因特网独有的虚拟环境、超强的互动性以及情感忠诚对网络特有的意义，都使得其与体验营销的理论不谋而合。这主要表现在以下几点：

1. 互联网为体验营销提供了好的环境。体验环境是指企业与顾客的互动活动进行的场所。顾客体验质量的好坏与环境有着很大的关系。环境是体验发生的背景，其设备装饰、格调风格都会极大地影响体验在顾客头脑中的真实反映。顾客的第一印象往往是由环境形成的，也就是说，环境为整个体验设定了基调。另外，有时候环境可以作为一种营销工具来利用。比如，星巴克咖啡屋的店堂环境给予消费者一种轻松、自在的体验，而对咖啡这种差异化不是很大的产品来说，环境无疑充当了营销工具的角色。网络是大家公认的最终的虚拟空间，是一种超媒体组合，其完美的导航设计、精美的图片、生动的动画、逼真的声音为消费者创造了一个很好的虚拟环境，而顾客也可以利用自己掌握的技巧与网站设计带来的挑战性匹配达到一种忘我的境界，从而获得更多、更好的体验。如果说传统商业领域中环境还不能算是真正意义上的营销工具，那么在网络环境中则完全可以肯定这一点。集视觉效果、触觉效果、听觉效果于一身的三维网络，自诞生以来就被认为是一种强有力的营销工具，它对消费者体验的获得有着不可磨灭的作用。

2. 网络的互动性更适合体验营销的发展。体验营销强调互动的概念，这里的互动既包括企业与顾客间的双边互动，也包括顾客与顾客之间的互动。网络的一个突出的特点就是具有较高的互动性，网络的这一特点可以增强消费者与虚拟环境中所遇到的各种对象进行相互作用的能力，进而提高顾客的体验。虚拟现实就是一个很好的例子。通过将人的想象力与信息技术完美结合，计算机创造了一个虚拟的世界。在这里人们的想象力和思想变成了仿真的虚拟境界或虚拟的存在，但对消费者的感官来说就像真的客观存在一样。人们既可以仿真各种游戏或冒险行动，获得一种娱乐体验，也可以仿真工作环境或教育环境，获得一种创作体验。此外，消费者还可以在网络环境中完成对某种商品的操作或试用，获得一种逼真的购物体验。

3. 网络对情感忠诚的重视可以使体验营销达到更高的层次。在网络环境中消费者只要轻轻地敲一下鼠标就可以从这个站点跑到那个站点，这就意味着在互联网背景下，顾客的转换成本变得更低了。这一现象使得电子商务企业更加重视忠诚顾客的作用，更加重视顾客的情感归属。如果说视觉、听觉等感觉上的体验是较低层次的体验话，那么情感体验无疑是一种更高层次的体验，而这种更高层次的体验显然对网络顾客忠诚的培养有着极大的促进作用。

对于电子商务企业来说，体验营销理论对企业网络营销战略的制定、网络顾客忠诚的培养都有着不可低估的作用。因此，企业应在实践中注重对体验营销精髓的把握，通过为顾客提供更好的体验来提高顾客的价值和企业的利润。

（四）社群营销理论

社群营销是指利用社群的社会性、交互性和演化性实现系统化营销。社群拥有"涌现"的力量，"涌现"是指一个系统中个体间预设的简单互动行为所造就的无法预知的复杂样态的现象，这一概念源自约翰·亨利·霍兰德（John Henry Holland）所著《涌现：从混沌到秩序》一书："在复杂的自适应系统中，'涌现'现象俯拾皆是：蚂蚁社群、神经网络、免疫系统、互联网乃至世界经济等。但凡一个过程的整体的行为远比构成它的部分复杂，皆可称为'涌现'。"

与传统的营销理论相比，社群营销理论着眼于"群体"，实现了研究对象从个体到群体、研究方法从静态到动态、研究视角从"用户"到"群体+企业"的突破。根据社会化及自我表现理论，消费者通过与其他个体交流学习技巧、知识及态度进行社会化活动。互联网的发展无疑为这样的社会化活动提供了更多的方便。在社会化媒体的推动下，消费者之间交互更为频繁且更具创造力，人们乐意并能够更快速便捷地与拥有共同兴趣或话题的其他人建立联系，分享看法与感受。这一趋势带来的影响是，消费者的身份由原先被动接受企业宣传信息的"客户"转变为水平方向上存在信息互通的"用户"，由企业主导的垂直、单向、一对多的大众传媒的效用逐渐弱化。营销人员逐渐意识到了社会化媒体对于顾客关系管理的巨大价值，也开始考虑将水平、双向、一对一的交互方式融入品牌沟通中，基于社会化媒体而构建的两种关系并存的品牌社区应运而生。根据社会影响理论，个体受到群体的影响，体现出去个性化现象，社会化媒体的品牌社区具有很强的社会群体性，因而消费者在社区中的认知过程也表现为群体性，而非独立的个体。

社群营销理论的基本框架是三元交互耦合与社区交互共振，共同推动价值传导，促成价值创造，如图 11-2 所示。在企业全景式管理模式下，场景、产品、用户三元耦合，提升产品交互共鸣；场景、产品、用户交互中产生的大数据赋能社区，提升社会交互活跃性；社会交互刺激用户兴趣和社区认同感，最终推动用户价值共创。

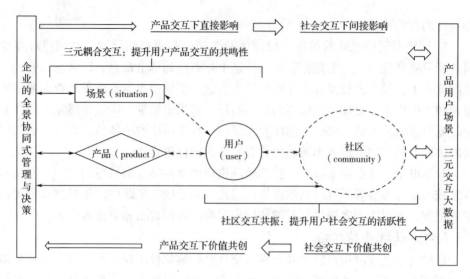

图 11-2　三元交互耦合与社区交互共振

资料来源：黄敏学．网络营销［M］．4 版．武汉：武汉大学出版社，2020：41．

（五）4Cs 营销策略

1960 年著名的市场营销学者杰罗姆·麦卡锡（Jerome McCarthy）在其奠基性著作《基础营销》一书中，首次提出将企业的市场营销组合要素概括为产品（Product）、价格（Price）、渠道（Place）、促销（Promotion），即著名的 4Ps 理论。20 世纪 80 年代，以 4Ps 为代表的以企业为导向和注重交易的营销组合理论因对顾客权利的漠视而受到越来越多的营销学者的批评，4Cs 理论就是在这种背景下被提出来的。而在网络环境下，许多实际情况已经发生了改变，这种改变首先是地域和范围的概念没有了；接着是宣传和销售渠道统一到网上；然后是在剔除商业成本后，产品的价格将大幅度降低；等等。另外在网络中，一些其他的新的问题被纳入营销策略需要考虑的范畴。例如，如何做好主页和建立电子商务系统，以方便消费者表达购买欲望和需求（consumer's wants and needs），如何使消费者能够很方便地购买商品（convenient to buy）以及享受到送货和售后服务，如何满足消费者购买欲望和满足这种欲望所需的成本（cost to satisfy wants and needs），如何使生产者和消费者建立方便、快捷和友好的沟通（communication）。由于这几个问题的英文打头字母都是"C"，所以被形象地称为基于 4Cs 的网络营销模式。

1. 消费者的需求及欲望。网络的出现为企业进行市场调研提供了一个全新的通道。借助互联网，企业可以随时了解到全球消费者的需要及其对于产品的看法和要求。这有利于企业随时把握住消费者的需求动态，开发出"量身定造"的产品去满足他们的需求。

2. 消费者获取满足的成本。由于网络通信成本低廉，企业可以较低的成本去了解顾客的需求，并且以较低的花费向消费者传递产品信息。较之传统营销，网络营销在同样满足消费者需求的情况下，享有成本较低的优势。这有利于企业降低产品的价格，提高产品的性价比。

3. 用户购买的方便性。在网络上，消费者足不出户就可以挑选自己所需要的产品，无须四处奔波。在选定产品之后，数字化的产品，如软件、程序、电子书报等，可以经由网络直接送达用户的电脑，而实物产品一般也可由公司派专人送货上门，因此用户购买的方便性大大提高。

4. 与用户沟通。互联网为企业与用户提供了一个全新的沟通渠道，而且这种沟通具有即时性与成本低廉的特点。

综上所述，在当今消费者导向的时代，营销管理上的4Ps（产品、价格、渠道、促销）应与4Cs（顾客、成本、方便、沟通）进行充分的结合。网络营销的特征符合顾客主导、成本低廉、使用方便、充分沟通的4Cs要求，它在21世纪的商业与企业活动中将是最重要的一项营销工具。

（六）4S营销组合理论

随着计算机互联网技术的发展，网络营销和电子商务成为企业新的营销市场，于是出现了适用于电子商务的4S营销组合。网络营销的4S组合包括范围（scope）、网站（site）、协同（synergy）和系统（system）。该理论从战略、运作、组织三个层次揭示了网络营销战略计划过程。企业通过市场分析，确定参与竞争的市场范围（scope），包括市场潜力、潜在顾客构成以及竞争对手状况等，揭示新的市场机会，确定企业的战略目标和战略角色。然后通过网站（site）的建设与管理，在网站上展示产品、销售产品、列出价格目录和销售配送网点等，并采取协同（synergy）运营的方式，实现销售配送网络、企业组织结构和互联网伙伴之间的必要的流程整合，即前方整合、后方整合和第三方整合。其中，网络营销中的系统（system），即网络营销中的技术问题和网站的服务问题，是协同运营能否顺利实施的保证。

4S营销组合理论具有两个鲜明特点。一个特点是4S营销组合可操作性极强。4S营销组合的4个S依次是实施网络营销的4个步骤，每一个S都以前面的S为前提，而且由于互联网快速易变，必须不断地进行循环反馈，这无疑增强了4S营销组合的可操作性。另一个特点是4S营销组合是在战略管理的统一下实施网络营销的。范围其实就是通过对企业内部条件和外部环境进行分析，依据企业的整体战略制定网络营销的战略目标，是战略管理层次的；网站则阐明了网络营销中企业与顾客交流界面的重要性，以及建设企业网站中应该注意的种种关键问题，是战术操作层次的；协同所述的为了实现网络营销目标而实施的必要的流程整合，既是战略管理层次的，也是战术操作层次的；系统包括的网络营销中的技术问题和网站的服务问题，则是战术操作层次的。总之，4S营销组合较好地结合了网络营销组合的战略性和可操作性，是营销组合的一种较为成熟的理论。

第二节　社会化媒体营销

一、社会化媒体营销的概念

社会化媒体营销（social media marketing，SMM）是指运用社会化媒体，如博客、微博、社交工具、社会化书签、共享论坛，来提升企业、品牌、产品、个人或组织的知名度、认可度，以达到直接或间接营销的目的。这一概念的最大亮点就是社会化媒体的应用。社会化媒体通过技术能力和流动性来加强构建用户、社区和组织之间相互联系、相互依赖的网络系统，社会化媒体是一种交流、传播、协作和培养的在线手段。与传统媒体不同，社会化媒体是在 Web 2.0 技术基础上兴起的应用程序，它允许用户进行内容创造和交换。作为"+营销"系列中的一个分支，社会化媒体营销可看作对传统营销方式的补充。它是一个具有战略性和系统性的过程，可作为企业的长期战略。自 2009 年以来，各家公司及其品牌官网的访问人数呈逐年下降趋势。究其原因，越来越多的公司和品牌在营销实践中重视社会化媒体营销。

社会化媒体营销包含社会化媒体平台、内容、注意力、互动、关系以及口碑等关键要素，它与直销、互动营销、内容营销、关系营销以及口碑营销等营销方式密切相关。诚然，社会化媒体营销基于新媒介工具、新营销平台的产生而兴起。企业借助诸如博客、微博、社交网络等社会化媒体平台来达到营销目的，从而形成一种新的营销方式。这种新的营销方式主要表现为企业积极生成特定内容以吸引或集聚潜在顾客、关注者和支持者等的注意力，并随之与其发生及时的交互行为。在频繁的互动过程中，企业与顾客不断构建和强化彼此间的"真实关系"、合作关系，而基于这种强而持久的交互关系或关系网络，企业致力于开发更大社区群体，通过利用群体的情报、智慧以及影响力以开发产品和传播营销信息，特别是释放口碑效应，最终推广企业和促进销售。首先承认"社会化媒体营销本质上是分享、互动与合作，而非简单直接的广告与推销"是十分重要的。但它既然是一种营销方式，则强调了企业一系列社会化媒体活动背后的营销目的。社会化媒体营销可看作是集直销、互动营销、内容营销、关系营销以及口碑营销等多种营销方式于一体的"合营销"。对于实施 SMM 企业来说，必然面临社会化媒体平台管理、内容管理、互动关系管理、口碑管理等方面的诸多问题。

互联网技术的日臻成熟造就了种类丰富的社会化媒体平台，使得用户之间的交流、互动更为密切，并使信息的交换和共享成为可能，从而为社会媒体营销提供了广阔的选择空间。社会化媒体营销的常见类型可归纳为博客营销、媒体共享社群营销、论坛营销、社交网站营销、虚拟世界营销和合作项目营销六类。

（一）博客营销

博客最大的特点是信息通过圈子传播，用户可以通过关注其他用户来自主选择信息源。博客的传播方式为多点对多点，每个博客用户都可以被视作话语权中心，与关注他的其他用户形成一个传播圈，呈现分散的趋势。博客利用圈子的力量传播营销信息，用户可以自主选择圈子的组成，对被选择对象的信赖使得博客营销与购物网站相比可信度更高、速度更快。微博是博客的特殊形式，通常会限定信息的长度。得益于圈子的力量，微博能迅速形成热点，可以用来宣传企业的重要活动或事件。

（二）媒体共享社群营销

媒体共享社群类似于信息网络，它可以在用户间实现媒体内容共享，形成用户生成内容（user generated content，UGC）。社群中的成员对共同关注的问题进行分享、讨论，基于共享的内容建立密切的个人关系，形成对实践社群的归属感和相互承诺，组织与个人可以由此获得各种资源与能力，拓展社会资本。这能促进组织学习，并通过激励创新来最大化知识管理的价值。组织与成员都能从这种共享中受益，乐于参与社群活动。很多企业抓住媒体共享社群的这个特点，鼓励消费者提交有关企业活动的视频，并利用媒体共享社群中的用户聚合性，吸引更多的用户观看视频。社群中的共享知识还能为企业提供创意。

（三）论坛营销

论坛是社会化媒体的始祖。与其他平台的不同之处是，论坛更注重意见领袖的力量，使信息传播自上而下呈伞形结构。在诸多社会化媒体平台中，论坛可以对信息进行极佳的整合、分类与深入分析，因此成为意见领袖常驻与发挥影响力的最佳场所。意见领袖的力量极其强大，意见领袖通常拥有较为专业的视角和较为广泛的人际关系，可以引导网络舆论的走向，形成网络讨论热点，网络的跨地域性也扩大了意见领袖的影响范围。意见领袖的存在及其在相关领域的专业性，使得论坛拥有更具相关性和完整性的信息，从而成为消费者搜寻信息的首选。企业可以借助意见领袖的力量，使营销信息传播得更为广泛。

（四）社交网站营销

社交网站将现实中的社会关系网络转移到互联网上，其独特之处是以强关系形成关系链，成员的社群意识较为薄弱，但人际关系可以弥补这一缺憾。社交网站没有明确的边界，不靠话题来维系成员之间的关系，而通过类似"朋友"这样的称呼来形成联系。成员之间以一对一的单独交往代替多对多的关系，形成一组组关系链。在社交网站中，只要与关系链上的一个对象保持稳定的联系，就可以维持关系。社交网络关系的稳定性和聚合性使其成为企业营销的新宠，一些企业已经开始利用社交网站来创建品牌社群、进行市场营销调研与获取微观层面的信息。

（五）虚拟世界营销

虚拟世界平台把现实生活复制到虚拟的环境中，用户在虚拟社会中的消费习惯都是他们现实生活的映射。在虚拟世界里，用户以虚拟的身份在虚拟环境中进行互动，其行为比在现实中更为自由。一方面，用户在虚拟世界里可以塑造理想化的自我人格，去除现实社会的伪装，通过虚拟形象还原真实的自我；另一方面，用户可以打破现实的制约，以完全不同甚至颠覆性的形象出现。虽然用户的形象是虚拟的，但用户可以在虚拟的自我和他人交互的过程中获得真实的心理感受。虚拟社会的这一特性为企业提供了包括消费者行为研究、虚拟产品销售、广告宣传在内的众多营销机会。

（六）合作项目营销

合作项目允许用户参与并创建内容，包括维基（wiki）和社会化书签（social bookmark）。Nov 研究了人们参与维基内容编辑的动机，并按照对个人影响的程度，将动机进行了排序，排在前三的依次为："贡献内容很有趣""应使信息自由流通""帮助他人可体现个人价值"。与此同时，Okoli 和 Oh 通过调查465 个合作项目的活跃参与者，发现网络关联性和结构洞对成员社会资本的形成有重要影响，进而会影响参与者对合作项目内容的贡献能力。现有研究成果均显示，成员普遍认为利他行为也能增加个人发展机会，并基于这一动机参与合作项目，但合作项目的开放性与参与自愿性使其带上了公益色彩，导致越来越多的网民认为合作项目上的消息更为可信，这既为企业带来了机会，也带来了挑战。

上述六类社会化媒体营销各有特点，通过分析它们各自的特点可以绘制出六种社会化媒体平台中营销信息的传播路径。如图 11-3 所示，其中空心点代表一般成员，实心点代表占据关键节点的成员，直线代表路径。

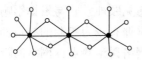  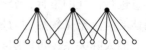

a. 在博客营销中信息依靠圈子传播　b. 媒休共享社群内的信息共享网络　c. 论坛中意见领袖主导的伞形结构

 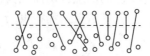 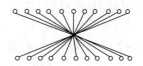

d. 社交媒体内的关系链　　　e. 虚拟世界消费行为是　　　f. 合作项目是多人对多人的互惠
　　　　　　　　　　　　　现实消费行为的映射

图 11-3　六类社会化媒体营销平台特点

资料来源：邓乔茜，王丞，周志民，社会化媒体营销研究述评 ［J］. 外国经济与管理，2015, 37（1）：32-42.

二、社会化媒体营销的优势

作为一种新兴营销方式，社会化媒体营销不同于传统营销方式，它以其突出的特点，与传统营销形成鲜明对比。下面综合学者们的观点，分别从企业、顾客和传播三个视角来概述两者间的一些显著差异，见表11-1。

表 11-1 社会化媒体营销与传统营销的主要区别

研究视角	比较项目	社会化媒体营销	传统营销
企业视角	出发点	社会关系	买卖关系
	落脚点	建立与维护关系	销售产品或服务
	关注焦点	顾客的需要与体验	产品的特色与利益
	关键任务	内容生成，吸引顾客注意	渠道构建，接近顾客
	顾客分布	相对集中	分散化
	对顾客认知	既理性又感性，富有知识或信息，智慧群体	有限理性的购买决策者，知识有限，信息不对称
	客户关系管理	SCRM	CRM
	创新方式（研发、产品评测、广告创意）	众创、协同、利用群智	企业主导、部门负责、专职人员
	市场调研方式	线上采集	面对面访谈、发放纸质问卷等
	信息发布渠道（广告、公告等）	线上社区、博客、视频、社交网络等	电视、广播、报纸、杂志等传统大众媒体
	口碑效应	显著	不显著
	时效性	即时性	速度慢
	可控性	广泛且不可控	范围有限且由企业引导
	周期	长，需要持续运营和积累	短
	成本	低	高
	营销效果	精准化、个性化、定制化营销，将消费者"拉过来"	推销促销，将产品"推出去"，大众营销
	效果评估方法	复杂	简单
顾客视角	信息渠道	社会化媒体	口碑、传统媒体
	购买决策过程	受多方交互影响，更复杂	受自身心理、同伴影响
	购后行为	乐于分享，积极提供信息	分享范围狭窄，且较少进行购后分享
	顾客角色	参与者，积极主动	消极被动
	行为模式	AISAS、ISMAS	AIDMA

研究视角	比较项目	社会化媒体营销	传统营销
传播视角	有无第三方平台	无,直接沟通	受制于第三方平台,间接沟通
	媒介选择	自媒体,自我管理	付费媒体,传播公司主导
	媒介权威性、公信力	较低	高
	传播主体	顾客	企业与意见领袖
	沟通方式	人对人	组织对人
	传播重点	分享信息、知识,建立口碑	宣传产品与服务
	信息传播方向	互动沟通,双向传播	单向传播

资料来源:朱明洋,张永强.社会化媒体营销研究:概念与实施[J].北京工商大学学报(社会科学版),2017,32(6):45-55.

社会化媒体营销具有传统网络媒体营销的大部分优势,比如传播内容的多媒体特性、传播不受时空限制、传播信息可沉淀带来的长尾效应等。

(一)社交媒体可以精准定向目标客户

社交媒体掌握了用户大量的信息,抛开侵犯用户隐私的内容不讲,仅仅是用户公开的数据中,就有大量极具价值的信息。不只是年龄、工作等一些表层的东西,通过对用户发布和分享的内容的分析,可以有效判断出用户的喜好、消费习惯及购买能力等信息。此外,随着移动互联网的发展,社交用户使用移动终端的比例越来越高,移动互联网基于地理位置应用的特性也将给营销带来极大的变革。我们在社交媒体通过对目标用户的精准人群定向投放广告及其地理位置定向投放广告,自然能收到比传统网络媒体营销更好的效果。

(二)社交媒体的互动性可以拉近企业跟用户的距离

互动性是社交媒体相较传统媒体的一个明显优势。在传统媒体投放广告根本无法看到用户的反馈,而在网络上的官方网站或者博客上的反馈也是单向或者不即时的,互动的持续性差,往往是发布了广告或者新闻,然后看到用户的评论和反馈,而继续深入互动却难度很大,企业跟用户持续沟通的渠道是不顺畅的。而社交媒体平台上有了企业的官方微博,有了企业的官方主页,企业和顾客都是用户,先天的平等性和社交网络的沟通便利特性使得企业和顾客能更好地互动,打成一片,形成良好的企业品牌形象。此外,微博等社交媒体是一个天然的客户关系管理系统,通过寻找用户对企业品牌或产品的讨论或者埋怨,可以迅速地做出反馈,解决用户的问题。如果企业官方账号能与顾客或者潜在顾客形成良好的关系,让顾客把企业账号作为一个朋友的账号来对待,那企业获得的价值是难以估量的。

（三）社交媒体的大数据特性可以让企业低成本进行舆论监控和市场调查

随着社交媒体的普及，社交媒体的大数据特性得到很好的体现，而企业如果能做好社交媒体的数据分析与处理，也能从中得到很大的好处。首先，通过社交媒体，企业可以低成本地进行舆论监控。在社交媒体出现以前，企业对用户进行舆论监控的难度是很大的，而现在，社交媒体在企业危机公关中发挥的作用已经得到了广泛认可，任何一个负面消息都是从小范围开始扩散的，只要企业能随时进行舆论监控，就可以有效降低企业品牌危机产生和扩散的可能。其次，通过对社交平台大量数据的分析，或者进行市场调查，企业能有效挖掘出用户的需求，为产品设计开发提供很好的市场依据。比如，一个蛋糕供应商发现在社交媒体上有大批的用户在寻找欧式蛋糕的信息，就可以加大这方面的蛋糕设计开发，这在社交媒体出现以前，几乎是不可能实现的，而现在只要拿出些小礼品，在社交媒体做一个活动，就会收到海量的用户反馈。

（四）社交媒体让企业获得了低成本组织的力量

通过社交媒体，企业可以很低的成本组织起一个庞大的"粉丝"宣传团队，而"粉丝"能带给企业多大的价值呢？比如，小米手机现在有着庞大的"粉丝"团队，数量庞大的"米粉"（小米的"粉丝"）成了小米手机崛起的重要因素，每当小米手机有活动或要出新品时，这些"粉丝"就会奔走相告，做足宣传，而这些几乎是不需要成本的。如果没有社交网络，小米的掌门人雷军想要把"米粉们"组织起来为小米做宣传，必然要花费极高的成本。此外，社交媒体的公开信息也可以使我们有效地寻找到意见领袖，通过意见领袖的宣传攻势，自然可以收获比大面积宣传撒网更好的效果。社交媒体在营销方面的优势显而易见，但是同时也存在很多问题，比如社会化媒体营销的可控性差、投入产出比难以精确计算等，不过随着社交网络时代的到来，社会化媒体营销的体系也必然会逐渐完善。

三、社会化媒体营销的方式

利用社交媒体进行营销是现在很多电商采取的办法，其以成本低、能够锁定目标客户、交互性强、信息反馈完整等多种传统营销办法所不具备的优势而受到大家欢迎，也有更多电商正在逐步试水社会化媒体营销，希望能够在其中获取新的营销突破。

（一）社交媒体只是一个配角而非明星

一定要明确，运用社交媒体进行营销虽然有很多的优点，但它的缺点与优点同样多，最大的缺点就是其结果不可控，有可能花费了大量心血，最后只是竹篮打水一场空。因此，社交媒体需要配合系统的营销管理体系，并且其往往只是系统的配角部分。

（二）利用社交媒体撬动和支持个人参与并投入活动中

社交媒体相对传统媒体最大的优势在于，其具有强烈的交互能力。根据调查，一个人对一个活动的参与度越高，记忆越深刻。传统媒体多为自上而下地发布广告，采取的是灌输式、教育式营销办法，其交互性和参与度可以说是完全没有。

（三）利用社交媒体与客户建立情感关系网络

社交媒体还有一大优势就是客户黏结度高，传统的营销方式不能真正掌握顾客，而社交媒体显然可以更加轻松地跟进客户。在当今服务为王的年代，运用社交媒体可以令企业有机会对客户进行服务，从而促成下一次销售。

（四）利用社交媒体了解客户

社交媒体还有这样的特点，就是其可以反馈客户信息。传统的营销办法都是输出型的，很难获得客户的感受，需要专门进行市场调研。而社交媒体可以在营销的同时，甚至在产品生产之前就获得反馈，从而可以极大地提高企业市场反应能力。

（五）利用社交媒体举办比赛等活动提高品牌效应

举办比赛等活动并非社交媒体的专属，这种营销方式在很久之前就有了，如冠名运动会、进行慈善活动、举办演出等。那么社交媒体的优势是什么呢？那就是灵活。传统方式举行的活动一般是大型活动，成本较高，需要大量专业人员的支持，而社交媒体举办的线上活动可以很简便，推广起来也很轻松。

（六）运用社交媒体推出产品

运用社交媒体推出产品这一招显然被当今的互联网公司运用得轻车熟路，在产品设计时发布微博，产品生产时发布微博，产品上市再发布微博。这反正是博人眼球的办法，而且成本又低，不用白不用。然而，这种办法有用烂了的嫌疑，未来企业用这招时需要更加聪明点儿。

（七）运用社交媒体引领人们的谈话主题

现在所谓的社会热点有很大一部分都是依靠背后的推手进行推动的。不得不说，现在人们的发言权越来越大，但是网络上引导舆论却很简单，网络上的从众效应也很严重。引导舆论的这个策略需要企业慎重采用，稍有不慎很有可能越界，严重者甚至会违背道德、违反法律。

（八）社交媒体要做到可视化

这是 B2B 或 B2C 企业未来应该发展的方向，由于这些企业存在线上信息失真等问题，消费者购买东西的时候看到的照片及文字信息事实上都是经过处理的，商家为了自己的利益会在一定程度上美化自己的产品，事实上这对消费者是不公平的。可视化就是做到真实、准确地反映企业信息，所见即所得。

（九）运用社交媒体令消费者创造产品

应该用社交媒体来了解消费者，而更高层次的话，那就是令消费者创造产品。传统的供应链形式是设计产品—生产产品—销售产品—市场反馈，事实上，当进入市场反馈的时候，一切都已经结束了。如果市场反馈放在前端，就能极大地提高产品对消费者的吸引程度。

（十）最大化社交媒体活动的有效性

运用社交媒体有一个特点就是，如果长期不举办活动，受众的热情很快就会冷却下来。因此，企业必须持之以恒地举行活动，增强与消费者的黏度。有许多社交媒体看起来"粉丝"众多，但是其长期不举行活动，因而"粉丝"也是"僵尸粉"，实际上其价值是打了很多折扣的。

第三节　社交网络专题

与社会化媒体营销非常类似的一个概念是社交网络营销，指的是通过连接在线成员来扩大企业的业务量和增加企业的社会关系。社交网络营销相对而言范围更小，只包含社会化媒体营销中利用社交媒体平台进行营销活动的部分，同时，社会化媒体营销可以作为整体传播战略与思路，而社交网络营销更重视与他人的连接性。近年来，社交网络的功能随互联网技术的变革不断更新，逐渐成为人们日常社交生活的重要组成部分。社交网络一词来源于英文 SNS（social network service），用户通过使用社交网络进行社交，扩大交际范围，获取社会资本，维持社会关系。社交网络使用户的虚拟社交与现实生活不断产生交集，这种虚拟与现实的碰撞对社交网络用户行为产生巨大影响，由此引发诸多学术问题和现实问题，所以针对社交网络用户行为的研究成为学术界和产业界的研究热点。

随着社交网站及其相关应用的快速发展，人们越来越多地将活动转移到社交网络中，如在脸书（Facebook）和新浪微博上关注朋友和名人的最新动态。社交网络也提供了一个合适的机会，可以快速进行信息扩散。例如，许多公司在新浪微博、推特、脸书等网站上投放其新产品广告、品牌广告或者发布公共信息。公司开发了新产品，希望投放到市场，因此有限地选取一些高影响力用户，通过这些用户向他们的朋友以及朋友的朋友推荐该产品。公司希望通过这种口口相传的方式最大化地影响社交网络上的用户，使得他们最终购买该产品。

一、社交网络信息扩散影响因素

在产品营销过程中，在线社交网络是企业传播产品信息最有效的平台之一。诸如飞利浦、惠普和微软等公司已经采取了播种战略，针对社交网络中有影响力的节点推出新产品。因此，社交网络中核心用户对产品信息扩散的影响尤为重要。发现、识别和分析有影响力的社交媒体用户对企业来说变得越来越重要。发现具有相对较高地位的企业用户和嵌入紧密连接社区中的核心用户对社交网络信息扩散的影响最大。社交网络中核心节点与普通节点的交互是导致产品信息扩散的重要原因。

根据穆勒（Muller）和佩雷斯（Peres）构建的框架，社会网络中个体受他人影响的路径可以概括为四种：意识、学习、规范压力和网络外部性。首先，与用户自己发布的帖子相比，营销人员与客户的社交互动在社交网络上吸引了更多的关注，特别是当其中一方熟悉产品信息，而另一方不熟悉或未被告知信息时，社交互动会大幅度地提升普通用户在交谈时的意识。其次，有影响力的用户也会对其他普通用户产生社会学习影响。例如，学者、大 V 等会对产品的价格与质量、购买产品时的额外成本、与购买相关的风险等发表评论、意见或建议，然后其他用户通过他们自己的经历和对他人行为的观察来形成和更新他们的认知，从而在本地网络中产生更多的连锁反应。再者，规范性压力是一种潜在的压力，当用户重视的同龄人接受了产品，但他自己没有时，就会产生这种压力。因此，规范性压力有助于个人降低或消除不确定性，并克服他们的风险厌恶。最后，网络外部性是指产品的功能效用随着使用者数量的增加而增强。在研究产品营销信息扩散的相关文献中，规范性压力和网络外部性使用较少，而意识和学习可以解释产品营销信息扩散中的大多数现象。

产品营销主题下社交网络信息扩散影响因素如图 11-4 所示。根据独立级联模型解释社会传染理论中的意识和社会学习。独立级联模型假设个体在每次与感染者交互时都具有恒定的转化能力，感染者数量的增加会导致感染的可能性增加。社交互动可以提升用户的互动意识，并促进他们进行社会学习，从而增加普通营销策略相对难以触及的潜在目标客户。在产品营销扩散网络中，官方和媒体节点在提升人们的互动意识方面是有效和高效的，同时也存在一些意外节点为本地网络成员提供了社会学习资源。这些意外节点是学者、游戏爱好者等等，能有效引导目标客户群体，促进企业营销，从而促进信息的大规模传播。为了提高普通用户的学习能力，应该突出具有影响力的、特别是控制局域网络信息流的意外节点。另外，营销产品购买的调查数据显示，购买产品的概率随着社会互动频率的增加而增加。因此，企业应该围绕产品激发更多的社会互动，将更多有趣新颖的话题点融入产品推广中，从而实现信息的深度扩散。

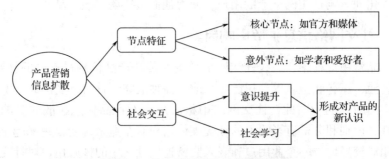

图 11-4　社交网络信息扩散影响因素

二、社交网络中意见领袖挖掘方法

移动互联网技术的应用已经取得卓越成效，催生了各种各样的社交平台，全球每天有数十亿人活跃在互联网中，消息的传播速度、传播广度、影响力与日俱增。人们既是消息的接收者，也是传播者和生产者，能在网络中进行观点输出，对商业产品、公共事件以及政府政策等事物发表自己的看法。社交网络中的每个个体都会受到其他个体观点的影响或拥有影响其他个体观点的能力。但是每个个体影响其他个体的能力大小不同，在社交网络的消息传播过程中，对普通个体的观点或行为具有极强的引导力和影响力的那些人可以被称为"意见领袖"。

社交网络中的意见领袖挖掘（opinion leader mining），又称"意见领袖识别"（opinion leader identification）或"意见领袖发现"（opinion leader discovery），其实质是在复杂的社交网络中，找出那些对其他个体的观点形成、行为趋势起着重要作用的少数个体。在社交网络的消息传播过程中，意见领袖既有积极影响也有消极影响。积极的影响力包括设置网络议事日程、掌握舆论走向、吸引众人发声。消极的影响力包括滥用话语权、误导受众群体。积极的影响力可以加以利用，而消极的影响力则应当得到管控。目前意见领袖在众多领域中都发挥着极其重要的作用。在商业营销中，意见领袖可以提高商品的知名度，开展更加吸引人的互动式营销，从而增加商品的销量；在舆情监控方面，意见领袖对社会舆论的方向有一定的引导作用，挖掘出意见领袖有助于对社会网络舆情进行有效的引导和防控；在政策宣传方面，通过意见领袖对政策的广泛传播，能够让大众了解政策的内容并引发讨论，使民众积极参与到政策的制定过程中，从而有助于政策的推行和完善。

（一）基于评分规则的方法

基于评分规则的意见领袖挖掘方法，其主要思想是为社交网络中的用户影响力建立一定的评价规则，利用这些规则来衡量一个用户是否为意见领袖（图11-5）。基本步骤如下：

步骤1，选取特定的用户信息作为特征信息；

步骤2，基于选定的特征信息构建评分公式；

步骤3，根据评分公式计算所有用户的得分并排序，将得分高的用户视为意见领袖。

图11-5　基于评分规则的方法找出意见领袖

这类方法的关键在于选取哪些用户信息作为特征信息，以及如何基于这些信息来构建评分公式。因此，基于此方法的研究成果主要集中在特征信息的选取和评分规则的构建这两方面。

某些社交网络中蕴含了许多能够反映意见领袖特征的信息，基于评分规则的方法充分利用这些信息来构建评分规则对用户进行评分，从而挖掘意见领袖。当可以获得的用户信息比较单一时，构建的评分规则并不能够很好地体现用户在社交网络中的重要性。因此，该方法仅仅适用于拥有较为丰富的用户信息的场景。在构建评分规则之前，应当结合实际的应用场景，挑选反映领袖特质的用户信息作为特征信息。多数评分规则是特征信息之间的线性组合，因此分析不同特征信息之间的关系及其重要性程度以构建合理的评分规则尤为重要。基于评分规则的最大的优点在于原理简单，复杂度低，能够在较短时间内获取较为可靠的结果，适用于大型网络。然而，此方法也存在着以下不足：①此方法会对社交网络中所有用户进行无差别的计算，但意见领袖是少数用户，大多数用户明显不可能是意见领袖，这无疑耗费了大量不必要的时间和算力；②迁移性差，不同社交网络蕴含的用户信息不同，针对某一社交网络设计的规则无法迁移到另一社交网络中进行使用；③具有片面性，仅仅考虑了一些数量信息，没有考察社交网络中的文本信息和用户间的拓扑结构关系。

（二）基于社交网络图的方法

如果将社交网络中每一个用户看成一个节点，用户之间各种交互行为，比如点赞、转发、评论等蕴含了这些节点之间的某种联系。如果把这种联系用连接节点之间的线来表示，那么社交网络就可以被表示为一个复杂的社交网络图。社交网络图中蕴含着丰富的拓扑结构信息，于是大量的研究从用户间拓扑结构的角度探索用户重要性的计算方法，进而挖掘出意见领袖，该方法的实现过程如图11-6所示。基于社交网络图的意见领袖挖掘方法的重点在于社交网络图的构建以及节点重要性的计算。

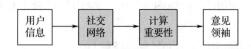

图11-6　基于社交网络图的方法处理流程

基于社交网络图的意见领袖挖掘方法着重从用户间拓扑结构关系，利用网络分析中的一系列重要性衡量指标来挖掘意见领袖，着重表现用户在网络位置上的重要性。社交网络图的构建与节点重要性的计算是此方法的两个关键步骤。构建社交网络图要参考实际网络中的用户信息和交互行为，如果无法构建社交网络图，就不能使用此方法。

（三）基于影响传播模型的方法

挖掘意见领袖的目的就是希望发挥其影响力，尽可能多地影响他人，即最大化影响范围。如果能刻画出一个人的影响力范围，那么影响范围大的则可以认为是意见领袖。因此，意见领袖的挖掘可以看成一个影响最大化问题，即尝试在网络中找出给定数目的 K 个节点，使得其在网络中的影响范围最大，然后认定这 K 个节点为意见领袖。该方法的大致流程如图 11-7 所示。该方法的研究重点并不在社交网络图的构建，而主要集中在影响传播模型和消息传播模拟这两部分。基于影响传播模型的方法同样要基于社交网络图，但与基于社交网络图的方法不同的是，该方法是一种动态的方法，通过模拟信息的传播过程，捕捉拓扑结构上承载的动态信息，量化网络中节点的影响范围以挖掘出意见领袖。影响传播模型是对现实世界消息传播过程的简单抽象，规定影响在社交网络的传播规则。基于传播规则解决影响最大化问题就是实现意见领袖挖掘的过程。这是一种客观的方法，可靠性高，只要用户间拓扑关系已知就可以采用此方法取得较为可靠的结果。

图 11-7 基于影响传播模型的方法处理流程

（四）多维融合的方法

前文所述的三种方法各有优缺点，研究者们综合考虑各个方法的优点，提出了融合拓扑结构信息的评分规则的方法。此外，在使用原始方法之前加入主题社区划分和文本情感倾向分析，分别形成了面向主题的意见领袖挖掘方法与融合文本信息的挖掘方法。本节将叙述分析上述三种方法各自的思路与特点。

1. 融合拓扑信息的评分规则。基于评分规则的意见领袖挖掘方法仅仅考察用户的一些基本的数量信息，并没有考虑到用户之间形成的拓扑结构关系。而基于社交网络图的方法中有多个重要性衡量指标。两种方法具有互补性，因此研究者们将社交网络图中的节点重要性衡量指标引入评分规则作为其中的重要组成部分，这样同时考虑了用户信息和结构信息。将两种方法结合后，挖掘效果得到进一步提高。例如，宋情情等人提出基于用户粉丝关注度、粉丝影响力、用户转发消息率等信息的用户领导力计算公式，然后结合度中心性来挖掘意见领袖，将领导力得分高且中心性明显的用户视为意见领袖。

2. 面向主题社区的意见领袖挖掘。社交网络中用户之间的交互通常以某一特定的主题而展开，不同的主题下都存在着意见领袖，张米等人通过实验也证明主题特征是意见领袖不可忽略的一个特征。因此针对网络中明显存在的社区特性，研究者们提出了面向主题的意见领袖挖掘，先对社交网络中的用户进行主题社区划分，再使用传统的挖掘方法进行挖掘。文献中提出了一系列典型的面向主题社区的挖掘方法，它们之间的最大区别在于主题社区划分方法不同，社区划分后所采用的意见领袖挖掘方法不同。而社交网络中的主题社区发现方法有多种，主要可以分为启发式算法、基于优化的算法、聚类算法。其中，启发式算法有GN（Girvanand Newman）算法、派系过滤算法等，基于优化的算法有 KL（Kernighanand Lin）算法、基于最大流或最大割的算法，聚类算法中又分为基于相似度的层次聚类和混合聚类算法。主题社区发现本身就是一个重要的研究课题，但不属于本书主要研究内容，故不再赘述。综上所述，面向主题的意见领袖挖掘将整个网络划分成多个主题社区，分别挖掘出各个主题下的意见领袖。此方法具有以下特点：①针对性。可以剔除其他不感兴趣的社区，仅针对感兴趣的社区挖掘，大幅提高挖掘效率，这对于商业中的精准营销有重要意义。②局部性。针对社区的挖掘获取到的是局部的意见领袖，其在社交网络中的全局影响力并不高，因此不适用于对全局影响力有所需求的场景。

3. 融合文本信息的挖掘方法。社交网络中的文本信息蕴含了某一用户对其他用户或是对某件事的情感态度。有研究者将这些能够反映意见领袖影响力的情感态度考虑到意见领袖的挖掘过程之中，结合一般的挖掘方法，进一步提高了意见领袖的挖掘准确率。文本的情感倾向性分析是自然语言处理领域的一个重要研究方向，大致的倾向分析可以分为正向、负向、中性三种情感。考虑社交网络上推文、评论、回复等文本内容的情感倾向性分析有助于提高意见领袖挖掘结果的可靠性。例如，陈志雄等人通过对文本进行情感分析，实现对意见领袖的情感倾向的分类，可以挖掘带有特定情感倾向的意见领袖。曹玖新等人采用用户的结构特征、行为特征和情感特征来度量用户的影响力，其中情感特征正是通过对粉丝的评论进行情感倾向分析，将其正向评论数占总评论数的比例定义为粉丝对该用户的情感支持度。

多维融合的方法并没有提出新方法，只是在已有方法的基础之上进行改进融合，考虑更多的因素，以此提高意见领袖挖掘的质量。融合拓扑结构信息的评分规则弥补了传统评分规则方法未考虑用户间拓扑结构关系的缺陷，以此使结果更加准确。面向主题社区的意见领袖挖掘方法，将社交网络划分成一个个小的社区再使用一般方法以社区为单位进行意见领袖识别，获取的局部性意见领袖对商业上的精准营销有重要意义。这种方法适用于具有明显社区特性的网络，而且结果依赖于社区划分的准确性，因此社区划分是其关键的一步。融合文本信息的挖掘方法利用自然语言处理的相关技术对社交平台中的文本信息进行文本倾向性分析，与一般办法结合进一步提升挖掘效果。其最大的优点在于能够得到用户对所挖掘出的意见领袖的倾向，这在舆情监控方面具有重要价值。

关键术语

社会化媒体营销（Social Media Marketing）；社交网络营销（Social Network

Marketing)；意见领袖挖掘（Opinion Leader Mining）；关键意见领袖（Key Opinion Leader）

 复习思考题

1. 简述网络营销传播的特点、种类、策略。
2. 社会化媒体营销具有怎样的优势？
3. 结合案例分析社交网络信息扩散的影响因素有哪些。
4. 社交网络中意见领袖挖掘方法有哪些？

 本章案例

从直销到社交：小米如何利用互联网和社交媒体实现销售奇迹

在科技飞速发展的当下，智能电子产品市场竞争激烈。小米公司，这家由雷军带领创立的企业，从诞生起就立志于创新科技、变革行业，为用户提供性能卓越、价格亲民的智能产品。一路走来，小米凭借其独特的商业模式和营销策略，成功在市场中占据一席之地。其中，互联网直销与社交媒体的运用是小米发展历程中的关键策略。互联网直销打破了传统销售的藩篱，让产品直达消费者；社交媒体营销则搭建起了企业与用户之间紧密沟通的桥梁，增强了用户粘性和品牌认知度。二者相互融合，为小米的销售增长注入了强大动力。小米高度重视社交媒体平台的运用，在多个国内外主流社交媒体平台上积极布局和开展营销活动。

在互联网直销方面，小米充分利用小米官网、小米商城 App 以及第三方电商平台实现线上线下融合的销售模式。其中，小米官网作为小米公司的官方网站，不仅是公司信息、产品资讯、品牌文化的展示窗口，更是产品销售和服务的重要平台。通过小米商城 App，消费者可以随时随地在手机上浏览和购买小米的产品。App 具有简洁明了的界面设计和流畅的操作体验，消费者可以轻松地查找自己需要的产品，并查看产品的详细信息、用户评价、购买攻略等。除了自身的官网和商城 App，小米还积极与各大第三方电商平台合作，进一步拓展了直销渠道。在国内，小米与京东、天猫、苏宁易购等知名电商平台建立了长期稳定的合作关系。这些电商平台拥有庞大的用户流量和成熟的物流配送体系，能够帮助小米快速触达更广泛的消费者群体。

在社交媒体营销方面，小米更是融合微博、微信公众号、微信小程序、微信社群等多渠道。小米官方微博拥有庞大的粉丝群体，通过发布产品信息、预告新品发布、分享用户故事、举办线上活动等方式，与粉丝保持密切互动。同时，小米还会利用微博的话题功能，创建与产品或活动相关的话题标签，如"#小米新品发布会#""#小米 XX 手机#"等，吸引更多用户参与讨论和传播，扩大活动的影响力。微信也是小米社交媒体营销策略中的重要一环。小米通过微信公众号发布产品资讯、技术科普、优惠活动等内容，为用户提供有价值的信息。同时，利用微信小程序，小米为用户提供了便捷的产品购买渠道和售后服务入口，实现了营销与销售的无缝衔接。此外，小米还通过微信社群，将粉丝聚集在一起，进行产品的内测、用户调研等活动，增强用户的参与感和忠诚度。在当今数字化商业环境中，多渠道融合已成为企业实现营销目标和提升销售业绩的关键策略。对于小米而言，将互联网直销与社交媒体营销进行有机结合，构建起一个无缝衔接、相互促进的多渠道营销体系，是其取得销售奇迹的重要举措。

小米充分利用了互联网直销平台的交易功能和社交媒体平台的传播与互动功能，实现了销售流程的优化和客户体验的提升。一方面，互联网直销平台为用户提供了便捷、高效的购买渠道和优质的售后服务，提升了用户的购买体验和满意度；另一方面，社交媒体平台为产品推广、品牌传播、用户互动提供了广阔的空间和强大的传播力，提高了品牌知名度和产品曝光度。两者相互配合、相互促进，共同推动了小米产品的销售和品牌的发展。

（资料来源：根据腾讯网《从直销到社交：小米如何利用互联网和社交媒体实现销售奇迹》，2024 年 7 月 15 日，https：//new.qq.com/rain/a/20240715A01VEL00 资料编写。）

?? 案例思考题

1. 结合案例分析网络营销具有哪些特点？
2. 请结合案例分析小米是如何运用各类社交媒体？取得了怎样的成效？

第十二章　大数据营销

【学习目标】

互联网技术日新月异的发展，逐步催生了大数据时代的到来。对于广义的市场而言，采用何种营销模式对是否能带动市场的发展具有重要意义，传统的市场销售模式在大数据时代新模式的冲击下逐渐显现出弊端，只有紧跟时代脚步，运用好大数据营销方可抢占先机。通过本章的学习，应该达到以下目标：

- 了解大数据营销的概念、特点；
- 掌握大数据营销是如何应用的；
- 了解用户画像的概念、特点及构建流程。

【思政目标】

通过本章对大数据营销的介绍，学生深刻理解数字经济时代国家大数据战略、大数据营销在经济社会发展和提升人民生活幸福感等方面创造的价值。培养学生的爱国主义情怀，树立民族自信心和自豪感。同时使学生正确理解大数据和技术可能带来的"双刃剑"效应，培养辩证思维。掌握规范、合理、合法收集和使用数据的方法，树立正确的数据观、技术伦理和道德规范。

引导案例

网易云年度歌单刷屏

近年来，流行的年度账单和年度歌曲列表可以在年底为用户生成专属的个人报表，显示一年内该用户在应用程序上的各种使用行为。而这种精细化的个人报表实际上也使用了大数据技术。这是利用大数据技术收集用户的个人行为数据，并通过分类和计算获得。自2022年以来，网易云的年度歌曲清单是使用大量数据来收集用户的收听信息和数据。每个用户听到最多的歌曲，发送的评论，收听时间，收听习惯等都将显示在这个专属的歌曲清单中。它非常清楚地列出每个用户的收听喜好并分析用户的心情、个性等，制定一个大概的标签，增加更多的个人情感内容，并让用户体验定制化。播放列表细致周到，对其印象深刻，并被进一步转发和共享以实现散布和刷新屏幕的最终效果。其中，大数据起着非常基础但是也很重要的技术作用。正是由于大数据，网易云与用户才能形成深度的创意互动，并实时生成独家歌曲列表。然后借助情感视角、走心的内容所引起的情感和共鸣，网易云可以与每个用户建立情感联系，从而增强用户对网易云音乐的信任和依赖性。从网易云年度歌曲列表刷屏来看，最受欢迎和最受公众关注的是年度歌曲列表的独特性和特殊性，在使用年度歌曲的同时给用户带来独特的优越感。歌曲列表回顾过去一年的心情也触动了许多用户的情感点。简而言之，在大数据的影响下，可以实现诸如年度个人播放列表之类的交互形式，并且可以定制每个用户来实现精细化营销的目的。

（资料来源：根据"四个经典的大数据营销案例，带你了解大数据的魅力"，2020 年 6 月 19 日，https：//cloud. tencent. com/developer/article/1648659 编写.）

第一节　大数据营销概述

一、大数据营销相关概念

随着社交网络和智能手机的普及，可穿戴设备的崛起，自我创造数据时代已经到来。在大数据时代，在数字生活空间，用户每天上网产生大量的数据信息，这些非结构化的数据通过大数据挖掘技术和应用正在显现出巨大的商业价值。

（一）大数据概述

1. 大数据的概念与内涵。诸多专家、机构从不同角度提出了对大数据的解释。当然，由于大数据本身具有较强的抽象性，目前国际上尚没有一个统一公认的定义。

维基百科认为，大数据是超过当前现有的数据库系统或数据库管理工具处理能力，处理时间超过客户能容忍时间的大规模复杂数据集。

全球排名第一的企业数据集成软件商 informatic 认为，大数据包括海量数据和复杂数据类型，其规模超过传统数据库系统进行管理和处理的能力。

亚马逊网络服务（AWS）、大数据科学家约翰·拉瑟（John Rauser）提到一个简单的定义：大数据就是超过了一台计算机处理能力的庞大数据量。

百度搜索的定义为："大数据"是一个体量特别大、数据类别特别多的数据集，并且这样的数据集无法用传统数据库工具对其内容进行抓取、管理和处理。

2015 年 9 月 15 日中国出版传媒商报中刊登的标题为"到底什么是大数据"的文章中指出，大数据（big data，mega data）或称巨量资料，指的是需要新处理模式才能具有更强的决策力、洞察力和流程优化能力的海量、高增长率和多样化的信息资产。

麦肯锡全球研究所给出的定义是：一种规模大到在获取、存储、管理、分析方面大大超出了传统数据库软件工具能力范围的数据集合，具有海量的数据规模、快速的数据流转、多样的数据类型和价值密度低四大特征。

2. 大数据的特点。一般认为，大数据主要具有以下四个方面的典型特征：规模性（volume）、多样性（varity）、高速性（velocity）和价值性（value），即所谓的"4V"。

（1）规模性。大数据的特征首先就体现为"数量大"，存储单位从过去的GB 到 TB，直至 PB、EB。随着信息技术的高速发展，数据开始爆发性增长。社交网络（微信、微博、推特、脸书）、移动网络、各种智能终端等，都成为数据的来源。淘宝网近 4 亿的会员每天产生的商品交易数据约 20TB；脸书约10 亿用户每天产生的日志数据超过 300TB。迫切需要智能的算法、强大的数据处理平台和新的数据处理技术，来统计、分析、预测和实时处理如此大规模的数据。

（2）多样性。广泛的数据来源，决定了大数据形式的多样性。大数据大体可分为三类：一是结构化数据，如财务系统数据、信息管理系统数据、医疗系统数据等，其特点是数据间因果关系强；二是非结构化的数据，如视频、图片、音频等，其特点是数据间没有因果关系；三是半结构化数据，如 HTML 文档、邮件、网页等，其特点是数据间的因果关系弱。

（3）高速性。与以往的档案、广播、报纸等传统数据载体不同，大数据的交换和传播是通过互联网、云计算等方式实现的，远比传统媒介的信息交换和传播速度快捷。与海量数据相比较，大数据的规模更大，对处理数据的响应速度有更严格的要求，进行实时分析而非批量分析，数据输入、处理与丢弃立刻见效，几乎无延迟。数据的增长速度和处理速度是大数据高速性的重要体现。

（4）价值性。价值性也是大数据的核心特征。现实世界所产生的数据中，有价值的数据所占比例很小。相比于传统的数据，大数据最大的价值在于从大量不相关的各种类型数据中，挖掘出对未来趋势与模式预测分析有价值的数据，并通过机器学习方法、人工智能方法或数据挖掘方法进行深度分析，发现新规律和新知识，并运用于农业、金融、医疗等各个领域，最终达到改善社会治理、提高生产效率、推进科学研究的效果。

（二）大数据营销概述

1. 大数据营销概念。科特勒将营销分为营销 1.0、营销 2.0、营销 3.0 以及最新的营销 4.0（见图 12-1 和表 12-1）。营销 1.0 就是工业化时代以产品为中心的营销，始于工业革命时期的生产技术开发。当时的营销就是把工厂生产的产品全部卖给有支付能力的人。这些产品通常都比较初级，其生产目的就是满足大众市场的需求。在这种情况下，企业尽可能地扩大规模、生产标准化产品，不断降低成本以低价格来吸引顾客，最典型的例子莫过于当年只有一种颜色的福特 T 型车——"无论你需要什么颜色的汽车，福特只有黑色的"。

营销 2.0 是以消费者为导向的营销，其核心技术是信息科技，企业需要从消费者的情感需要出发，唤起和满足消费者的情感需求，并塑造与众不同的企业形

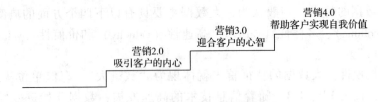

图 12-1 从营销 1.0 到营销 4.0

资料来源：菲利普·科特勒的"2015 年世界营销峰会演讲"（东京）。

表 12-1 从营销 1.0 到营销 4.0

	1.0 时代 产品中心营销	2.0 时代 消费者定位营销	3.0 时代 价值驱动营销	4.0 时代 共创导向的营销
目标	销售产品	满足并维护消费者	让世界变得更好	自我价值的实现
推动力	工业革命	信息技术	新浪潮科技	价值观、连接、大数据、社群、新一代分析技术
企业看待 市场方式	具有生理需要的大众买方	有思想和选择能力的聪明消费者	具有独立思想、心灵和精神的完整个体	消费者与客户是企业参与的主体
主要营销概念	产品开发	差异化	价值	社群、大数据
企业营销方针	产品细化	企业和产品定位	企业使命、远景和价值观	全面的数字技术+社群构建能力
价值主张	功能性	功能性和情感化	功能性、情感化和精神化	共创、自我价值实现
与消费者 互动情况	一对多交易	一对一关系	多对多合作	网络性参与和整合

象。20 世纪 70 年代，西方发达国家信息技术的逐步普及使产品和服务信息更易为消费者获得，消费者可以更方便地对相似的产品进行对比。营销 2.0 的目标是满足并维护消费者，企业获得成功的黄金法则就是"客户即上帝"。在那个时代，企业眼中的市场已经变成有思想和选择能力的聪明他们，企业需要通过满足消费者特定的需求来吸引他们，正如宝洁、联合利华等快速消费品企业开发出几千种不同档次的日化产品来满足不同人的需求。

营销 3.0 是合作性、文化性和精神性的营销，也是价值驱动的营销。和以消费者为中心的营销 2.0 时代一样，营销 3.0 也致力于满足消费者的需求。但是，营销 3.0 时代的企业必须具备更远大的服务整个世界的使命、远景和价值观，它们必须努力解决当今社会存在的各种问题。换句话说，营销 3.0 已经把营销理念提升到了一个关注人类期望、价值和精神的新高度，它认为消费者是具有独立意识和感情的完整的人，他们的任何需求和希望都不能忽视。营销 3.0 把情感营销和人类精神营销很好地结合到了一起。在全球化经济震荡发生时，营销 3.0 和消费者的生活更加密切相关，这是因为快速出现的社会、经济和环境变化与动荡对消费者的影响正在加剧。营销 3.0 时代的企业努力为应对这些问题的人寻求答案并带来希望，因此它们也就更容易和消费者形成内心共鸣。在营销 3.0 时代，企业之间靠彼此不同的价值观来区分定位。在经济形势动荡的年代，这种差异化定位方式对企业来说是非常有效的。因此，科特勒也把营销 3.0 称为"价值观驱动的营销"（values-driven marketing）。

营销 4.0 是菲利普·科特勒所提观点的进一步升级。在丰饶的社会中，马斯洛需求中的生理、安全、爱和归属感、尊重的四层需求相对容易被满足，但是客户对于较高层级的自我实现需求更为凸显，营销 4.0 正是要解决这一问题。随着移动互联网以及新的传播技术的出现，客户能够更容易地接触到所需要的产品和服务，也更容易和那些与自己有相同需求的人进行交流，于是出现了社交媒体，出现了客户社群。企业将营销的中心转移到如何与消费者积极互动、尊重消费者作为"主体"的价值观，让消费者更多地参与到营销价值的创造中来。而在客户与客户、客户与企业不断交流的过程中，由于移动互联网、物联网所造成的"连接红利"，大量的消费者行为都留有痕迹，产生了大量的行为数据，我们将其称为"消费者比特化"。这些行为数据的背后实际上代表着无数与客户接触的连接点。如何洞察与满足这些连接点所代表的需求，帮助客户实现自我价值，是营销 4.0 所需要面对和解决的问题，它是以价值观、连接、大数据、社群、新一代分析技术等为基础进行的。

在营销 4.0 时代，大数据营销可被称为数据驱动营销，就是利用大数据技术从具有低价值密度的海量数据集合中，深度挖掘、准确分析，进而获得巨大的商业价值。具体来说，就是在市场营销领域中利用大数据技术对可用的、不断增长的、不断变化的、不同来源的（传统的和数字渠道）、多种形式（结构化和非结构化数据）的海量数据，进行收集、分析和执行，以鼓励客户参与、提高营销效果和衡量内部责任的过程。大数据营销凭借其"精准"和"可定制"的特点，有效地保证了企业营销的效率和效果。

2. 大数据营销特点。大数据营销也是营销。市场营销管理从"4Ps"发展到"4Cs"，大数据营销的特点恰巧符合"4Cs"的要求。同时企业市场营销战略将向"4Ds"战略转变，即数字化沟通（digital-communication）、数字化调研（digital-research）、数字化促销（digital-promotion）、数字化贸易（digital-trade）四个方面。"4Ds"战略以信息沟通的数字化为基础，以市场信息的有效获取为主要内容，以数字化促销作为传统营销手段的重要补充和发展，以贸易的网络化为最高阶段。运用"4Ds"战略进行营销是未来营销的主要营销方式。

大数据营销具有以下特点：

（1）多样化、多平台化数据采集。多样化、多平台化的数据采集使对网民行为的刻画更加全面而准确。多平台采集可包含互联网、移动互联网、广电网、智能电视，未来还有户外智能屏等数据。

（2）时效性。在网络时代，网民的消费行为和购买方式极易在较短的时间内发生变化。因此，在网民需求点最高时及时进行营销非常重要。

（3）个性化营销。在网络时代，广告主的营销理念已从"媒体导向"向"受众导向"转变。现在广告主完全以受众为导向进行广告营销，因为大数据技术可让他们知晓目标受众身处何方，关注着什么位置的什么屏幕。大数据技术可以做到当不同用户关注同一媒体的相同界面时，广告内容不同。大数据营销实现了对网民的个性化营销。

（4）性价比高。和传统广告"一半的广告费被浪费掉"相比，大数据营销在最大程度上让广告主所投放的广告做到有的放矢，并可根据实时性的效果反馈，及时对投放策略进行调整。

（5）关联性。大数据营销的一个重要特点在于网民关注的广告与广告之间的关联性。由于大数据在采集过程中可快速得知目标受众关注的内容，以及可知晓网民身在何处，而这些有价值的信息可让广告的投放过程产生前所未有的关联性，即网民所看到的上一条广告可与下一条广告进行深度互动。

（三）数字转型下的营销环境

1. 大数据营销的机遇。在大数据时代背景下，企业为了进一步迎合时代发展的要求，应正视时代背景下的机遇。

一是在信息化时代背景下，各种个性化需求日益明显。企业利用大数据技术的优势，能较为准确地把握客户的消费心理，在此基础上开展的一系列服务工作，有助于更好地符合现代消费者的实际需求，满足利益最大化的要求。同时，也有助于消费者更好地提升消费的便利性。因此，大数据技术能促进消费模式的转变，更好地保障产品符合市场的适应性要求，体现出更加个性化的营销服务。

二是有助于构建良好的客户关系。充分展示出精准化的服务理念，有助于帮助企业快速把握目标客户群体，实现企业口碑优化，落实具体的客户群体，获得有效的心理满足感，也有助于全方位提升消费者对品牌的忠诚度，从而构建稳定的客户关系。

2. 大数据营销面临的挑战。

（1）信息无法共享。对于大型电商企业来说，大数据技术无疑是一件利器，它们拥有自己的数据库，拥有专业的数据分析团队，在大数据技术的应用上占据着主导地位。而一些中小型企业持有的资产无法达到运用大数据技术的成本要求，其资本也不足以建立属于企业的顾客数据库，各个企业之间的竞争关系也导致大企业不愿意进行信息的共享，这就造成了大数据技术普遍发展的难度。另外，由于我国大数据起步时间较晚，大数据技术在电商平台的应用并未完善，使得对于顾客信息的收集过于片面，不够完整，信息的推送存在一定弊端，如反复长期推送同一类型产品，使得用户没有机会接触不同类型的产品，造成用户的反感，因此电商企业还需对大数据技术进行不断优化。

（2）信息传递单向。电商平台的大部分营销活动都是单向传递的，用户在获得了商家的推广信息或者服务后，并不能及时把反馈信息提交给商家，从而导致商家和用户之间存在信息的不对称。一方面，商家通过各种手段和渠道进行产品的营销推广，虽然产品被精准地推广给了潜在的用户，但是用户是否喜欢这种营销方式甚至说这种营销推广是否引起了用户的不满，商家是收不到反馈信息的，一味地推广反而会对企业产生负面的影响。另一方面，若用户在购买了该产品后并不满意，但是使用感受并没有及时反馈给商家，导致在之后长时间内的推广并不能满足他的个性化需求，影响了用户的购物体验。

（3）信息容易泄露。在大数据时代下，数据的收集、整理、使用变得非常方便。大数据在为企业发展助力的同时，所带来的隐私泄露风险也在成倍增加。用户公开的信息被贴上大数据的标签之后，就可以被用来进行深度挖掘和分享，而在数据被无限传递的过程中，使用这些信息的人也变得越来越多、越来越杂。一方面使用户为无尽的营销烦恼，另一方面也可能为"精准诈骗"等犯罪行为提供可能，使信息泄露者的生活遭遇更多的风险。

二、大数据营销的作用

目前，从企业市场营销的战略发展来看，企业的市场营销决策与大数据的黏性越来越强，企业也尝到了大数据的"甜头"，可短平快地解决企业有效控制经营成本、把控市场机遇、提升销售业绩、拓展客户群体、定位产品需求等问题。

（一）借助大数据对信息的加工分析可快速精准获取客户需求

信息时代掌握数据就是掌握了生产力，获取数据就是获取了资源。企业在市场营销过程中，通过信息技术分析锁定潜在客户，满足客户的诉求，是企业在市场营销战略的制定中必须完成的目标任务。利用大数据对海量信息进行分析加工，就可以解决企业如何找到有需求的有效客户、如何精准地掌握客户需求等一系列问题，例如，通过大数据构建的信息网络可以很容易地了解到客户的类型、喜好、消费习惯等，从而实现精准定位客户。通过不同的客户特点、消费产品结构、消费周期频次等信息，又可精准地制定营销规划或及时调整营销策略，有的放矢地向客户实现精准投放。满足客户的诉求就是掌握了市场的需求，进而才能在市场竞争中掌握主动权。

（二）借助大数据的特性能为客户画像，科学预测客户需求

在高速发展的信息时代，大数据技术的加工应用能够解决在以往传统营销中企业遇到的营销难题，比如对于客户的基础信息掌握不全面甚至有差错，掌握客

户信息的手段也只是通过年龄、性别、地域、职业等进行浅层次的分析预测，无法精准掌握客户的消费习惯和消费需求。而利用大数据信息量大、速度快、信息多样化等特点，就可以精准全面地获取客户信息，了解客户的消费诉求，在根据大数据制定营销策略时，就能实现产品与客户诉求相契合，提高产品推送的精准性、高效性，从而提高客户对产品的忠诚度，打造产品影响力。

（三）大数据助力企业实现营销目标

进行市场营销规划的目的就是通过科学的方法和手段，挖掘客户的消费潜力，扩大企业的客户群体，从而为企业带来更大的收益。可以利用大数据的分析能力，根据客户需求制定不同的营销模式，增强营销效果，拓宽销售渠道。例如，依托大数据锁定、分析客户，通过网络、媒体、聊天软件等渠道精准推送销售信息，引导客户产生消费行为。甚至还可以从客户消费层次、开销预算、喜好偏爱等因素着手制定科学的定价策略，在满足客户群体的个性化需求，打造包装个性化营销产品的同时，让产品定价更加机动、灵活，契合客户的价格承受区间，促进销售目的的达成，从而实现企业利润的最大化。

（四）大数据技术增强企业与客户之间的黏性

大数据时代的到来，使信息技术飞速发展，和高科技体验融合更加深入，更使人与人之间的联系加强，一定程度上增强了企业与客户之间的黏性，从长远来看这对一个企业的发展弥足珍贵。建立与客户之间的紧密联系是形成客户对产品忠诚度的前提条件。客户从对产品的尝试发展到成为忠诚客户需要一个过程，这不仅仅是建立简单的联系，更是把不相近的关系变成紧密关系的过程，只有这样才能赢得客户的信任。大数据的特性可以帮助企业与客户快速搭建关系，客户关系建立之后利于企业进行下一步针对性的策略制定。同时，通过大数据构建的良好客户关系也能帮助企业了解自身产品的优势劣势，以及更新换代的方向，明确自身产品的不足和缺陷及与竞争对手之间的差距，从而加快产品的迭代升级，获取客户更多的信任和支持，使企业建立起可持续发展的良性循环，增强企业长期发展的韧性。

第二节　大数据营销的实施与应用

一、大数据营销的实施程序

大数据营销的程序分为采集和处理数据、建模分析数据、商业解读数据、定制化营销策略四个步骤。

（一）采集和处理数据

大数据营销的第一步，就是对数据进行采集和处理。通过对客户特征、产品特征、消费行为特征数据的采集和处理，可以进行多维度的客户消费特征分析、目标市场细分选择、营销策略等指导分析。通过准确把握客户需求，增加客户互动的方式推动营销战略战术的实施。营销策略都是建立在市场洞察基础之上的。营销调研往往是一切营销活动的前提。成功营销的关键因素，一是对用户需求做出快速反应，二是通过数据分析洞察用户行为。随着互联网的普及、大数据的出现，让原本以发问卷为主的市场调研开始慢慢转型。现在，大数据能够收集到客户方方面面的信息：年龄、性别、背景、收入、地理位置、社交媒体使用、购买习惯和喜好、常浏览哪些网站等。

一般都是采取有限的、有意识的、结构化的手段（如问卷调查）进行数据采集，能采集到的数据一定是企业能设想到的情况，而且数据的结构化较好。一般的数据库管理系统 MySQL 或 Excel 就能满足数据处理需要。而互联网时代，大数据的采集过程基本是无限的、无意识的、非结构化的数据采集，各种纷繁复杂的行为数据都会以行为日志的形式上传到服务器，且所有的生产营销过程信息都可以转化为结构化或者非结构化的数据。

大数据营销需要企业具备三大能力：

（1）数据获取能力。这需要打造一支具备分布式通用爬虫、海量数据清洗和自然语言处理技术的爬虫团队。面对国内处于成长期的数据交易市场，更需要企业具备在一些开放的数据联盟及平台上进行数据交换及购买的能力。

（2）数据处理能力。大数据基本上是大量的非结构化数据，数据量巨大，已经超过了单机 Excel 等工具的能力范围，同时非结构化数据的特性决定了对大数据处理能力的高要求。尤其是要求具备较强的语言分析能力，包括垃圾过滤、观点抽取、实体识别、内容分类、内容聚类、内容摘要、情感分析等。

（3）数据洞察能力。大数据时代，企业要想从大数据中获得价值，就需要通过海量的数据挖掘，分析出隐藏在背后的用户行为习惯以及偏好，设计更符合用户需求的产品和服务。数据挖掘是指利用人工智能、机器学习、数理统计、模式识别等技术，从大量含有噪声的数据中提取有效信息的过程，其中涉及建立模型、探究因果、整合多源数据、建立快速反馈体系、定性与定量分析等技术手段。数据洞察是指依托运营商互联网数据、位置数据等，以用户、业务、行为三个维度进行数据挖掘，建立行业用户分析模型，提供营销解决方案的过程。

（二）建模分析数据

大数据营销的第二步，便是对处理过的数据进行建模分析。在此过程中，所使用的数据分析模型主要涉及基本统计、机器学习、分类、聚类、关联、预测等算法。银行、运营商、零售商等早已运用消费者的属性和行为数据来指导客户关系的维持以及营销策略的制定。但是由于数据量的极大扩增，算法也获得了极大的优化提升空间。借助商业智能的联机分析处理技术对复杂的数据进行分析，可以快速灵活地进行大数据的复杂查询处理。

在建模分析数据的过程中，除了严格掌握数据挖掘的深度，还要注意数据的精确性、实时性等，充分地把数据的附加价值发掘出来。在营销观念不断创新发展的今天，基于数据分析的用户行为研究不仅可以为企业提供营销决策的依据，还会在挖掘后续营销机会、改进服务体验、优化现场资源配置等多方面给企业带来实实在在的利益和帮助。

比较理想的营销数据从功能上说应该至少是两层的，底层是一些独立的小功能模块，上层是定制化的将这些小功能模块组合起来形成的大功能群。底层的独立小功能模块一定要密切结合营销的各个场景。一般而言，场景涉及以下四个：

（1）整体市场。整体市场包含品牌所在行业的市场潜量、品牌的市场占有率和增长率、品牌人群的地域分布等。

（2）品牌竞争。其主要目的是通过与竞争产品的对比找准本企业产品的定位，包括竞争产品的识别、用户在比较本品和竞争产品时注重的维度等。

（3）用户画像。为了全方位地描绘用户，除了人群标签以外，相关数据还会涉及目标受众的活动区域、媒体偏好、常用的 App 等。

（4）决策路径。其包括用户购买行为类型、购买决策的参与者、影响购买决策的主要因素、购买决策过程所包括的具体步骤等相关数据。企业应将用户的决策视为一个动态的过程，而不是静态的画面或者场景。

营销场景中还会有很多复杂的问题，不是一个单独的功能就能支撑的，这就需要根据不同的问题，将底层的小功能进行组合，形成更大的功能群。借此，企业可以获悉目标受众是谁，在何处接触他们，用哪些内容能够打动他们，等等。

有了大数据而不加以整合、分析，大数据就只是体量更大的数字堆砌而已。将收集到的各种客户信息交叉组合运算，企业可以从大数据中获得更深入的洞察，某些情况下，甚至是更实时的洞察。比如，当竞争产品提高（或降低）价格时用户有什么反应，雾霾天气对用户购买行为有什么影响，用户更愿意在社交网络分享哪些关于品牌的信息，电视或网络广告给企业品牌带来了哪些形象认知的变化，等等。

（三）商业解读数据

大数据营销的第三步，就是对分析处理过的数据进行商业解读，做出能够精准应用于营销实践的阐释。如前所述，大数据营销的惯常做法是，首先定义营销问题，之后采集对应的数据，然后根据确定的分析模型进行数据分析、验证假设，在此基础上进行商业解读。在商业解读数据的过程中，既可以根据营销问题，封闭性地去挖掘对应数据，也可以开放性地将外部环境数据与内部数据结合起来进行探索、验证，得出一些可能与常识或经验判断完全相异的结论。

（四）定制化营销策略

在借助消费者洞察，精准了解客户之后，进行及时的、定制化的营销策略调整是大数据营销的最后一步。市场细分、市场选择、市场定位、产品开发与创新、品牌建设渠道选择与管理、定价策略的调整、广告促销等营销策略都可以适应市场的变化而灵活变通，依据不同的市场环境、不同的客户需求、不同的客户行为，来量身定制切合实际的营销策略。

企业通过网站、业务系统、外部商业数据等开展数字营销，在以下方面实现营销策略的精准定制：

（1）用户行为特征分析。基于大量的事实数据，企业可以从年龄、职业、学历、收入等维度分析用户的喜好和习惯，给用户设定"标签"，及时、精准地了解用户。

（2）精准消息推送。借助数据分析结果的支撑，在分析用户行为和特征之后，企业可以对客户群体进行细分，用邮件、短信、客户端推荐产品或服务。实体商店据此可以改善产品的组合陈列、搭配销售来向特定客户推荐特定产品，实现精准定位。

（3）挖掘重点客户。关系营销理论认为，80%的利润来源于20%的老用户，而且开发一个新用户的成本也很高，所以维系老用户、挖掘重点用户成了营销管理的重中之重。通过分析用户行为，企业决策者可以判断哪些用户的需求恰好与企业的产品和服务相一致，哪些用户是最有价值的用户。通过调查了解网站的访问情况，企业可以判断用户关心的产品属性。借助外部的社交媒体信息，从千丝万缕的社会联系中挖掘信息，也可以帮助企业筛选重点用户。

二、大数据营销的应用

随着新兴的信息技术大数据和互联网技术的纷纷涌现，生活、经济乃至整个社会方方面面都发生变革，各行各业都在大数据背景下积极寻找发展新机遇，寻求经济增长的契机，行业之间的竞争日益激烈，寻求大数据下企业市场营销创新策略迫在眉睫，传统营销模式终将被淘汰，企业必须适应大数据发展环境创新营销策略，积极利用崭新的开放化市场营销环境来助力企业产品品牌形象的树立，增加产品品牌影响力，在激烈的市场竞争中立于不败之地。

（一）大数据下旅游企业营销创新

未来在线旅游市场将呈现年轻化、内容化、数字化趋势。旅游用户年轻化趋势将推动行业及产品转型，用户属性年轻化和用户习惯内容化推动旅游内容产业发展，需求侧的数字化生活习惯将推动旅游产业数字化转型。

利用数据挖掘技术，对消费者网站浏览数据、消费数据、社交数据等进行处理和分析，并能够提供包括网络用户价值评价、满意度评价、服务质量评价、营销效果评价、市场需求评估等各种基于统计和关联挖掘的反馈数据，这些分析统计结果对于旅游企业分析客户的特征和营销决策起到了重要的作用。网络营销原本就属于数据驱动的领域，大数据挖掘为其提供了一个前所未有的机会，用先前不能做到的方式来分析消费者的行为，对旅游企业采用新型网络营销模式有一定的指导作用。将数据挖掘和旅游消费者行为进行分析对接，并且能够保持实时更新，网络营销的方式将会随之而变。对旅游消费者行为的洞察和对数据的挖掘分析是旅游企业进行网络营销的最重要领域，会获得前所未有的价值发掘。

（二）大数据下房地产企业营销创新

房地产企业营销是指房地产企业借助合理的营销系统，准确地进行客户化需求分析，确定房地产企业产品的市场定位，激发客户潜在的需求，找准消费人群，匹配相应的营销策略，构建适合的营销网络，投入合理的营销资源，实现企业的营销目标和经营目标。在大数据环境下，房地产企业营销要考虑大数据的特点，构建和提出创新性的营销体系，具体包括五个方面的内容：一是客户需求和偏好识别。要综合相关影响因素，合理分析客户需求和偏好变化，根据客户差异化的特征和状态，识别客户个性化需求；二是客户细分和聚类。根据不同的营销目的，借助市场营销理论，对客户进行细分，形成若干群体。三是将房地产企业既有的产品及卖点与不同类型群体的需求进行匹配。四是明确针对不同类型的客户匹配营销产品，制定营销策略。五是营销活动评估与反馈。通过对于营销活动的评估和反馈，形成房地产企业营销的实践和标杆案例，以便更好地指导今后的营销活动。

三、隐私泄露风险及保护

从大数据信息时代开始之初，个人信息的泄露可能带来的用户隐私安全问题不断困扰着用户。2011年，360客户端收集了大量与用户相关隐私的信息并大规模披露于网上；2018年，某上市公司涉嫌利用大数据非法使用数百亿条中国用户的个人信息；2018年，某新三板挂牌上市公司涉嫌盗取30亿条用户个人信息进行非法使用，违规操控社交软件账号非法"加粉"或关注。对用户个人信息的非法收集和泄露，对于社会及个人利益都造成了很大的损失，因此，如何保护用户的隐私是目前大数据营销在快速发展阶段中不可忽视的一个严重问题。

（一）发达国家对于个人隐私信息保护措施

关于信息的保护问题，普遍认为最为有效解决方式应该是通过建立一套较为完善的个人隐私法律法规体系，有效保护个人信息和个人数字隐私权。但是目前有关个人数字隐私权的相关法律和法规中并未有涉及保护个人数字隐私权的详细条款。而在一些发达国家，目前已有成熟的个人隐私保护法律和法规体系。

1. 美国对于保护个人隐私的法律和措施。1974年，美国会通过了《隐私法案》，在其主旨上首先明确承认了居住在美国的公民享有属于个人的隐私权。其次详细、明确规定了联邦政府服务机构储存和收集公民个人信息的行为方式、政府部门可以使用的储存和收集个人信息的具体内容和类别、收集得到的公民个人信息向社会公众公开的行为方式，以及规定了公民和政府作为个人信息收集主体的义务和权利。通过运用以上法规，美国联邦政府在收集和处理公民个人信息的具体行为和方式的原则上得到了有效的法律约束。但是《隐私法案》只适用于美国联邦部会以上的政府服务机构，它所规范的个人信息对象并未受到过多的法律限制，大大降低了此法的意义和功能。以其发展的历史角度来看，《隐私法案》明确承认了美国公民和政府具有对数字信息的个人隐私权，因此为其保护美国公民的个人信息和隐私权的相关法律体系的完善及其健全发展提供了坚实的基础。

1986 年美国又重新颁布了《电子通讯隐私法案》，进一步扩展了对电话有线监听的其他相关法律管制，包括有线监听通过电脑网络的连接或者电子邮件进行数据的传递，为储存在无线监听电脑上的公民个人信息电子数据提供更大的安全保护。在 1988 年美国又重新制定了《电脑匹配与隐私权法》及《网上儿童隐私权保护法》，之后还颁布了《财务隐私权利法》与《联邦电子通信隐私权法》等根据实际情况制定的法律，保护公民个人数据信息隐私的细化法律也得到不断的修订和补充。除此之外，美国各州还根据本地的实际情况制定了一些关于保护本州公民信息隐私的相关细化法律。目前美国就此已经建立了一套比较完善的信息隐私法律和法规，保护公民个人的电子通信安全和隐私权。而且随着美国的信息隐私管理技术的进步和发展，美国联邦政府以及各州也不断制定和出台了新法律，正是由于这些细化法律的不断完善，美国拥有了目前世界上最为完善的法律保护体系来保护个人信息隐私权数据。

但是，即使在这种法律的保护之下，美国仍然存在着很多公民的个人信息隐私权数据遭到泄露的事件，其主要原因不在于法律方面，而是政府和企业对于美国用户个人信息安全数据保护的技术还存在一些漏洞。

2. 英国对于保护个人隐私的法律和措施。《数据保护法》是英国议会通过的第一部关于赋予英国公民拥有并依法获得与自身个人信息相关的全部个人信息与其数据的合法权利，而且此法赋予公民可以随时修改其个人资料中的部分或者错误内容的合法权利。除了关于国家安全、商业机密或者其他个人隐私的信息可以受到此法的保护之外，此法还严格限制英国税务机关未经其授权向第三方网站泄漏纳税人与其有关的信息。此后，英国陆续出台了《调查权法》、《通信管理条例》和《通信数据保护指导原则》等在内的一系列法律，帮助英国构建了一个较为完整的关于个人隐私及其数据保护的法律体系。

但是，即使拥有较为完整的相关法律和法规，英国仍然出现了由于官方操作导致的各类公民隐私和个人信息泄露的事件。2007 年，英国的税务及海关总署因为官方操作不规范，导致从英国邮寄出去的两张个人信息数据光盘全部丢失，涉及 2 500 万个英国人、725 万个英国家庭的资料数据泄露。这个数据泄露问题之所以出现，主要是英国的官方将重点都放在了制定法律限制国家及地区的企业对于个人信息的获取与储存的相关管理权限，而缺乏较为完善的管理流程与操作规范，并且缺少对数据隐私的收集与保护相关问题的管理规范与技术革新。

3. 德国对于保护个人隐私的法律和措施。德国拥有一部较为完善的关于如何保护德国境内公民的个人信息和商业隐私权的相关法律。在 1970 年 7 月德国黑森州正式颁布了德国境内首部具有地方性的《数据保护法》，这也开启了有史以来德国对于保护公民的个人信息和商业隐私权相关数据的一套法律和法规体系的初步建设。1995 年，欧盟正式发布了《欧盟个人数据保护指令》。德国为了更好地贯彻执行这个数据保护指令，于 2002 年 1 月完善了最新版的德国联邦政府个人数据信息保护法，紧接着又出台了《州数据保护法》，至此，德国正式拥有了一套完整的，从德国联邦政府到州政府，对于公民个人信息进行数据保护的法律。

但是德国目前对于个人数据保护的问题，依旧存在很激烈的法律争议。目前这些争议的讨论焦点主要集中在德国政府是否可以为了国家的公共安全与国家安全，而通过特别的信息技术手段，全面监测德国重点事件中的关键人物在互联网上的活动，以获取有关个人电脑数据中的信息和数据。2008 年，德国联邦最高宪法法院在判决中批准了德国政府可以对个人电脑进行在线的搜查。在随后的判决书中明确称，德国政府可以通过特殊的间谍程序，对犯罪嫌疑人的有关个人电脑信息进行在线搜查，前提是必须发生以保护公民生命为目的的重大法律事件，或者是国家的生存安全遭受"具体威胁"。德国联邦最高宪法法院同时在判决中强调，保障个人信息安全技术和系统的信息保密性及其完整性是德国公民的一项基本权利，国家在监控个人信息的同时也应对个人信息安全进行保护。

（二）对于我国公民个人隐私安全建设的启示

我国个人数据隐私安全建设应充分吸收和借鉴欧盟、美国、日本的先进经验，从自身的实际情况出发，多管齐下。

建立公民个人信息隐私权保护法的一个基本前提，在于我国法律是否承认并细化公民具有对于个人信息或者数据使用所拥有的隐私权利。在《中华人民共和国宪法》中规定了公民人格尊严和不受法律侵犯的基本原则，而宪法中的公民隐私权仅作为公民人格权的一种，只隐藏在字里行间，这种模糊处理直接影响了个人隐私相关保护法律的健全。

2020 年 5 月 28 日，十三届全国人大三次会议表决通过的《中华人民共和国民法典》中，明确规定了自然人的隐私权和对个人信息的保护："自然人享有隐私权。任何组织或者个人不得以刺探、侵扰、泄露、公开等方式侵害他人的隐私权。隐私是自然人的私人生活安宁和不愿为他人知晓的私密空间、私密活动、私密信息。(《中华人民共和国民法典》第四编人格权，第六章隐私权和个人信息保护，第一千零三十二条)"民法典从根本上明确定义了我国公民依法具有的个人隐私权与对个人信息的保护权，为之后中国法律制度的健全与民事诉讼程序完善的实施提供了基本条件。

2021 年 6 月 10 日，十三届全国人大常委会第二十九次会议通过了《中华人民共和国数据安全法》。这部法律是数据领域的基础性法律，也是国家安全领域的一部重要法律，于 2021 年 9 月 1 日起施行。这部法律作为数据安全管理的基本大法，给我们指明了方向并提供了法律保障。有关单位和个人收集、存储、使用、加工、传输、提供、公开数据资源，都应当依法建立健全数据安全管理制度，采取相应的技术措施保障数据安全。

2021 年 8 月 20 日，《中华人民共和国个人信息保护法》经十三届全国人大常委会第三十次会议表决通过，于 2021 年 11 月 1 日起施行。个人信息保护法强调，处理个人信息应当遵循合法、正当、必要和诚信原则，应具有明确、合理的目的，并与处理目的直接相关，采取对个人权益影响最小的方式。该法在法律层面进一步规范了个人所有的权利，以及各方所能采取的行为，并且第一次规定了国家机关在处理个人信息时应当遵守的权限和程序，如专门规定了国家网信部门统筹协调有关部门依据本法推进人脸识别、人工智能等新技术、新应用领域个人信息保护规则、标准制定工作。《中华人民共和国个人信息保护法》进一步提供了个人信息保护的法律依据。

我国应进一步完善隐私保障法律。一部完善的个人隐私保护法应当明确规定各机构储存和收集公民个人信息的行为方式、可以储存和收集的个人信息的具体内容和类别、收集得到的公民个人信息向社会公众公开的方式，以及公民与机构作为个人信息收集主体的义务和权利，明确细化各个机构有关个人信息收集、保存和传播过程中的边界。

在个人信息的收集方面，个人信息保护法应包括对于个人信息提供方的知情权与同意权，即信息的收集方必须向提供方明确包括索取信息范围、内容、用途的管理保存规则等信息。此外，要注意特定信息的收集与利用。例如，种族、信仰、社会地位、病史、犯罪被害事实和身体残疾等信息的传播泄露，可能会造成歧视与偏见，进而损害公民权益，此类特殊信息需要制定更加严格的保护措施。

个人信息保存方面，需包括安全管理相关规定，其中重要的是保存个人信息的方式与安全等级，这取决于对应的个人信息的形式。例如，数字信息需要具有一定安全等级的数据库以加密等形式进行传播。

在个人信息的传播方面，向第三方提供个人信息时，必须在明确提供信息的第三方相关信息的前提下征得本人同意，也就是说需要保护在传播过程中的知情权与同意权。但是在一些特殊情况下，可以不经过本人同意，如警方、法院等司法机关依法查询，为保护公民生命财产而向机构提供灾情受害者信息，等等。此外，应特别制定向外国第三方提供我国个人信息的相关规定，因为这不仅有可能使个人隐私权受到损害，还有可能损害国家利益。向国外第三方提供时，除了征得本人同意，还必须向相关部门进行申请，申请项目应包括信息的形式、内容、数量等，待有关部门审批后，方可向外国第三方提供。

对于不同行业来说，个人隐私保护问题存在着较为显著的差异，在制定相关法律法规时需要对各行业的特点进行全面考量，避免"一刀切"。总之，目前我国数据隐私权保护法律建设的重中之重，首先是承认并细化公民享有的数据信息隐私权，其次是向已具有成熟的关于个人隐私权保护法律和法规的国家借鉴学习，并根据我国实际大数据发展状况，逐步推进法治建设。在这个过程中，同步推出相关的行政管理细则，加快建立可行的规范体系，以利于相关法律的建立健全及有效实施。

第三节　用户画像

一、用户画像的概念、特点及构成

（一）用户画像的概念

用户画像的概念最早由交互设计之父艾伦·库伯（Alan Cooper）提出，他认为用户画像是真实用户的虚拟代表，是根据一系列用户的真实数据而挖掘出的目标用户模型。随着时代变化，更多学者对此提出了新的想法。隋国政认为，用户画像是一个模型，用户在日常行为中会产生静态数据和动态数据，而用户画像则是从这类数据中分析挖掘出的目标用户模型。梁荣贤认为，用户画像是一个标签化的过程，是通过获取用户的社会属性、个人行为、兴趣偏好等相关信息，凝练出一个或一类特定的用户标签。郝胜宇等则认为，用户画像是一种工具，是对目标用户群体各类行为信息完整的勾勒，是一种针对目标用户和精准营销设计的有效工具。吴剑云等认为，用户画像是企业对用户的一种深层次的理解，有助于企业开展相关精准营销活动。综合而言，用户画像可以是单类用户或一群用户的虚拟代表，代表这类群体的行为偏好、真实需求，是一种通过海量数据分析挖掘出的目标用户模型。

用户画像一般是根据具体行业的需要而构建的，所以不同行业、不同类型的用户画像是有一定差异的。图12-2给出的是目前市场上比较主流的用户画像的模型举例。

图12-2　互联网用户画像

（二）用户画像的特点

梁荣贤指出，用户画像具备客观性、动态性以及应用性等特点，能够满足市场经营主体需要。宋美琦认为，用户画像不仅能够呈现出标签化，也具有时效性、动态性特点。在新经济形势下，大数据技术获得全面推广，这意味着用户画像需要展现出更多时代元素。研究表明，在数据驱动模式下，自助图书馆用户画像需满足下述几项特征：

1. 可迭代性。用户画像所涉及的内容较多，能够在数据关联、客观呈现的基础上，将用户数据信息进行标签化处理，且这些数据通常可以分为静态、动态两类。对应的用户静态信息主要包括姓名、联系方式以及用户 ID 等，能够呈现出用户基础属性内容，因此整体相对稳定；用户动态信息主要包括点击、浏览、阅读以及下载操作等，能够反映出用户的操作活动以及与平台之间的交互，且会随时间发展而不断积累，因此用户画像也会呈现出动态发展的趋向，这意味着用户画像并非固定不变。对应的用户画像需满足可迭代性要求，需结合用户实际需求以及操作行为及时更新用户画像，并以此为基础优化服务方式。

2. 时效性。受计划变更、认知加深、外部环境变化、时间约束等影响，用户的兴趣通常会发生变化。即便对于同一项内容，用户的兴趣程度也会随着时间推移而有所提升或有所下降，乃至完全消失。这意味着用户画像具备时效性特征。对于平台而言，用户画像可以视为某时间段中目标用户对应的立体刻画，因此能够在一定时间内有效果。精准动态模式下的用户画像模型需要即时对用户兴趣动态跟踪，并完成相应的兴趣漂移，从而快速获知用户兴趣变化，使得用户画像可以得到针对性更新。若用户画像更新缓慢，其价值也将受到影响。

3. 交互性。自助图书馆在运行过程中与用户群体之间进行数据交互，这也是用户画像构建的基础。在用户和自助图书馆进行交互时，能够持续形成大量数据，这些数据可以提高用户画像的客观性和有效性。用户画像可以充分挖掘用户数据中的价值，使得用户信息面貌得到充分呈现，否则可能会与用户实际面貌存在差异。由此可见，平台需要加强信息反馈能力，并支持用户对用户画像结果带来反馈，使得平台可以进一步优化用户画像结果。

4. 聚类性。通常用户之间尽管存在一定差异，但同时也具有共性。在共性作用下，能够存在聚类同质化的用户群体，因此用户画像需要反映数据背后的用户的共性，这就要求平台对用户所涉及的数据信息进行分析和整合，获知用户操作习惯、兴趣、参与倾向、影响力等，从而对目标用户群体分类，并获得用户群体画像。对用户分级管理，可以提升用户管理效果，进而为不同用户群体提供针对性服务，并提升信息推送精准度。

（三）用户画像的构成要素

早在 1996 年拉弗格（Lafouge）等便指出，检索用户特征信息一般可以分成两项内容：一是与用户个体存在关联的稳定因素，如个体基础信息、习惯信息等；二是与用户个体具有关联的可变信息，如操作环境、搜索目标等。特拉维斯（Travis）在 2002 年提出，用户画像应具备 7 个基本条件，即基本型、移情性、真实性、独特性、目标性、数量和应用性。有学者（Guimaraes et al., 2007）认为，用户画像的对应构成要素可包括基本素养、受教育程度、社会关系、职业、所处区位、时间信息等。

国内研究人员也从多个方向对用户画像构成要素进行探讨，如可结合用户所学专业、兴趣倾向、知识获取途径等打造用户画像，并将用户画像总结为以下几项属性，对应关键词分别为自然、关系、兴趣、能力、行为以及信用。随着技术进步，用户画像模型所包括的内容也不断丰富，如既包含基础信息，也包含与用户行为相关的偏好属性，如访问倾向、检索内容、社交分析、终端环境等，随后通过构建用户互相模型的方式呈现出不同用户在操作习惯、行动轨迹等的差异。

二、用户画像的生成过程

（一）构建用户画像的方法

1. 新媒体平台数据分析。虽然新媒体平台系统并不会发布后台所有用户的数据和算法，但可以对新媒体平台选择性开放的用户数据模块进行分析，从而构建用户画像，实现信息标签化。例如，通过微信公众号平台所提供的用户属性接口，可以知道用户的性别比例、语言分布、地理位置、手机型号等相关数据，通过分析相关数据，挖掘可利用的信息，便可构建基本的用户画像。此类用户信息相对稳定，比如性别就几乎不会发生变化。根据这些信息，我们可以清楚地构建出基本的用户画像。例如，通过性别比例分析，调整公众号的发布内容、广告植入以及带货的方向。对于一个微信公众号而言，如果早期的主要用户是女性，文章植入的广告和带货的方向则可以相应选择女性产品，但随着用户增加，男性用户比例开始增大，甚至超过女性用户，那就需要重新对营销策略进行规划。此外，在平台所提供的相关信息里，还可以通过 IP 地址来判断地理位置，从而判断出用户所处城市的水平，进而分析相关用户的消费能力。通常情况下，一、二线城市用户和三、四线城市以及县域用户的消费能力完全不同，相关商家的选品和营销策略也不同。通过新媒体平台后台提供的数据，可以收集到用户的数据，但仅依靠这些数据来构建完整的用户画像还远远不够。用户每天都会在新媒体平台上有很多交互行为，并产生大量的动态数据，所以还需要人工分析去构建更为精准的用户画像。

2. 人工数据分析。和新媒体平台提供的数据相比，人工数据分析虽然工作量较大，但可以按照自己想要的统计维度，对用户进行更加精准的动态分析，从而构建出更加精准的用户画像。

（1）微信公众平台消息自动回复数据。对于微信公众平台而言，除了自身提供的统计数据，营销人员还可以利用很多功能去进行人工数据统计。消息管理菜单就是一个重要的统计渠道。当发布一张海报进行拉新裂变营销时，可以根据消息管理菜单中用户回复的消息，分析出以下数据，从而对海报设计和内容进行优化。第一，分析关键词后台回复人数，通过该维度可以推断出海报文案对用户的吸引程度，从而判断出用户对活动的参与度。第二，分析关键词后台回复的新增人数，通过微信公众号后台的关注日期，可以区分已有用户和新增用户，从而判断出这次海报裂变起到了拉新作用还是留存作用，并且计算出新增人数在关键词回复用户数量中的占比。第三，分析关键词后台回复的取关人数，通过后台的"未关注"，可以计算出海报裂变的用户流失率。第四，添加企业微信的好友的人数。通过企业微信添加好友列表，计算出转化到企业微信私域流量上的人数，并且可以计算出转化率。

（2）线上问卷调查数据。除了后台数据，还可以通过发布在线调查问卷，让用户填写个人信息，并在填写完成后给予红包奖励，从而提升问卷填写率。在具体过程中应注意相关事项：第一，确定好调研的范围，从目的和需要着眼，不能偏题；第二，注意问题数据和用户填写的时间，不宜过长，一般1~3分钟即可；第三，所列问题应简单明确，不要赘述；第四，消除受访者的疑虑，一般一个问题只包含一个调查指标；第五，问题不带倾向性，不能诱导受访者回答；第六，同类问题排列在一起，问题排列以先易后难为原则，开放性问题尽量放在后面；第七，利用选择性来了解用户对问题的看法，如1代表极不同意，5代表非常同意；第八，可以利用区间来调查比较私密的问题，如"17~25岁"就比"你的年龄是？"这样的提问要好；第九，指示要清楚明了，问卷前面的问题是比较容易回答的，供选择的答案项目要应列尽列，也应包括"知道""适用""其他"项目，同一个题目的所有选项必须相互排斥；第十，投放渠道需要精准，奖励设置要得当，避免"薅羊毛"的无效用户填写，影响数据分析。

（二）用户画像的构建流程

用户画像在实际构建过程中的流程较复杂，通常需对用户个人资料、需求、偏好等相关信息进行梳理。用户画像的构建不仅需要对用户特征数据进行收集和整合，也需要分析用户信息内容，结合用户标签完成用户画像表述。过往的数据挖掘一般分为聚类、分类等，或通过对主成因、时间序列等进行分析来挖掘数据。在新时期背景下，机器学习算法得到完善和推广。K-means算法操作简单，能够完成聚类需要。而融入改进的K-means聚类的协同过滤算法被较多运用于分析用户兴趣倾向，以便完成图书推荐，且可以分别以用户、项目、模型为基础提高推荐针对性。协同过滤算法具有对推荐对象并无较多要求的优势，因此可以满足大规模用户推荐的需要，在该算法支持下，图书馆中的视频、音频等也可直接向目标用户进行推送。深度学习和神经网络算法也能够充分发挥大数据优势，其相应的设备以及处理中心具有较强的学习能力，可对用户群体各项行为信息做出梳理和整合，如贝叶斯网络、模糊神经网络等算法已获得较为广泛的推广。

具体而言，用户画像对应的构建流程可分成下述三个主要步骤：

1. 数据的收集。用户数据通常被认为是用户画像流程的基础所在。对于用户画像整体构建而言，用户数据的全面程度和用户画像的真实程度之间存在着正向关联。用户数据可以根据实际特征分成显式行为、隐式行为、个体信息、社交信息等多个方面。但现有研究对于用户群体数据是否真实、是否客观缺乏深入探讨。例如，视频网站平台的账号可能存在多人共用一个账号的情况，造成兴趣倾向、行为等出现偏差，从而使得用户画像构建缺乏足够的客观性。

2. 数据的处理。在用户画像构建流程中，数据挖掘及过滤属于关键环节。用户画像能够获知用户数据价值，从而为个性化服务、精准营销带来帮助。现有研究多侧重于用户行为、关系网络、兴趣偏好，对数据过滤、清洗的关注较少。

3. 标签的提取。标签是用户特征的抽象表示，标签的提取对用户画像最终结果的影响是十分显著的。相同的数据条件下，不同的标签或者标签权重，都有可能导致画像结果产生差异。标签的提取，是利用收集到的用户数据，分析整理用户特征，并对用户特征用简短、凝练的词语进行标识的过程。用户偏好表现得越明显，对应标签出现的频次越多。

另外，创建用户画像模型需要算法和计算机技术的支持。研究人员往往会根据研究目的和采集到的数据的特点决定使用何种算法工具和技术手段。常用的做法主要包括：使用 Python 和 R 语言编程对数据进行采集；运用关联规则对用户数据进行挖掘，以构建画像模型；利用扎根理论对个体行为进行整合；利用 CR 分类算法对银行借贷用户进行用户画像分层模型构建。

三、用户画像的商业价值转化

（一）基于用户画像识别目标用户群体

运用用户画像技术挖掘分析各类用户信息，通过相关算法将相似的用户聚集到一起，即识别目标用户群。例如，利用聚类算法不断更新用户行为特征，自动创建和识别用户，从而得到不同群体的用户画像。基于用户的个人信息和搜索历史记录进行挖掘分析，将相似的用户聚集到一起。例如，利用 K-means 算法对云闪付用户进行聚类分析，将重视便捷性用户以及不重视便捷性的用户进行细分，针对不同类用户进行深入分析。

（二）基于用户画像实现精准市场定位

利用用户画像技术识别出目标群体，然后针对不同群体的用户需求，进行精准的市场定位，确定目标市场，进而精准投放。Qiu 等针对 Twitter 平台的用户画像，瞄准高外向性目标群体进行探索和服务。李勇等通过安化黑茶的实例，将用户的评价数据作为数据基础以构建画像，通过用户特征画像进而发现有效的产品市场。刘光榕等针对移动设备，根据用户访问网络数据信息构建用户画像，通过得到的用户画像对用户进行分类，对不同用户进行业务推荐。

（三）基于用户画像实现精准信息推送

用户画像技术可以较为全面地描述用户兴趣偏好，帮助企业抓住用户的关注点，并能迅速地将匹配用户的产品信息精准地推送给用户。Abidi 等在医疗服务方面实现了精准信息推送，利用与用户谈话的信息进行用户画像的构建，通过数据挖掘分析得到用户特征不一样的群体，在此基础上为每一位患者提供精准医疗信息服务。通过探索 RBF 算法下的用户画像构建方法，得到了一种精准的移动广告精准信息推送方法。利用 spark 快速处理大量的移动行为数据，精细化用户画像，精确地了解用户时间、地点、行为，从而精准地为用户推送信息。

（四）基于用户画像实现个性化推荐

用户画像技术可以识别用户的各类特征，如用户位置信息、消费特点、行为偏好习惯等。利用这项技术，企业可以更直观地观察用户的实际需求，根据不同类型的用户群体进行有效的个性化推荐。例如，学者萨卡尔（Sarkar）等提出了一种混合的音乐个性化推荐方法，用户将基于内容获得其他用户搜索到的歌曲的推荐，以及基于上下文获得该相似集合的用户收听的歌曲的推荐。此外，国内学者冉蹬基运用 K-means 算法，实现手机游戏个性化场景推荐，以及运用协同过滤法，实现个性化游戏道具推荐。王南等以海南日月湾用户为例，构建用户画像概念模型，挖掘分析用户的基本属性、自然资源、运动偏好、旅游行为习惯、配套设施需求等，以此为基础进行个性化推荐营销。

 **关键术语**

大数据（Big Data）；大数据营销（Big Data Marketing）；用户画像（User Persona）

 复习思考题

1. 大数据营销的特点是什么？
2. 大数据营销有何作用？
3. 大数据营销有哪些应用场景？
4. 用户画像的特点是什么？
5. 如何构建用户画像？

 本章案例

唯品会背后的大数据精准营销

唯品会全称"广州唯品会信息科技有限公司"，成立于 2008 年，并在同年

12月，其旗下网站"唯品会旗舰店"上线。"名牌折扣+限时抢购+正品保障"闪购的电子商务模式让唯品会在短时间内快速成长，在购物 App 排行榜中名列前茅。这家专门做特卖的网站通常专注于二、三线城市奢侈品、品牌商品折扣销售，定位二、三线城市的白领女性为主要消费群体，充分结合大数据统计，从全球各地精选商品，实现"场景化"精准营销，为用户创造了更加流畅、高效、精准的购物环境。

用户画像即用户信息的标签化，是用户在互联网中的虚拟代表，是以一系列数据为基础建立的目标用户模型。互联网企业使用大数据技术采集有关用户的各类数据，并通过大数据分析建立"用户画像"来抽象地描述一个用户的信息全貌，从而形成用户个性化推荐，精准投放广告，实现精准营销。

唯品会与微软公司联合打造了智能化云平台，为自身精准定位消费者奠定基础。在产品方面，其根据产品的选品、分仓、预先调配形成精准用户推荐，利用大数据构建用户画像开展精准营销。

唯品会后台利用用户浏览网页的时长、访问每一网页的深入程度与次数等信息，对用户行为形成数据分析；通过收集用户收藏内容、浏览的商品品类方面的数据来归纳用户个人的偏好；通过分析用户形成订单后购买商品交易方式、交易金额和频率的交易数据，对用户消费能力进行评估。在数据平台管理下，综合分析就可以获得每一位用户的用户标签，再将用户标签分为基础标签、消费标签、行为标签和客户标签。其中，基础标签包括用户的基本信息，如用户住址、年龄、性别和工作等；消费标签包括用户在平台上消费的金额、消费频率和消费种类等；行为标签由用户对于品牌的个人偏好、访问网页的浏览方式组成等；客户标签的形成基于用户退换货频率、评价商品次数的综合分析等。唯品会在大数据系统追踪下获得这些信息，构建每位用户在网络购物中的虚拟形象，并根据大数据所分析出来的这些虚拟形象，为用户精准推送他们可能感兴趣的商品，从而实现精准营销。

大数据构建下的用户画像分析成为一种企业营销手段，通过实时跟进用户数据、商品数据和产品数据，分析用户的个人偏好、浏览习惯和拥有的消费能力水平等，紧抓用户痛点实现精准定位营销，让唯品会跻身国际品牌前列。

（资料来源：丁可怡. 大数据背景下电商精准营销模式分析及对策建议：以唯品会和贝贝网为例 [J]. 投资与创业，2021，32（7）：56-59.）

案例思考题

1. 唯品会进行大数据营销时具有哪些特点？
2. 唯品会开展的大数据营销可能面临那些问题及风险？

第十三章　内容营销

【学习目标】

营销是提升销售收入等目的的一种手段，内容则是营销的核心。只有有价值的内容才能够在众多营销活动中增加记忆点。不同类型的内容营销又会带来怎样的效果？通过本章的学习，应该达到如下目标：

- 掌握内容营销的概念；
- 掌握内容营销的理论基础；
- 理解内容营销的商业逻辑；
- 掌握内容营销的策略和类型；
- 掌握传播品牌价值；
- 掌握网络时代的客户关系管理。

【思政目标】

党的二十大强调高质量发展，高质量发展要靠创意驱动。内容营销用优质创意内容打通人、货、场的连接，回归营销本质，重现人、货、场的结合；基于用户体验去构建营销，让用户有意愿去体验、有兴趣留下来、乐意去做社交；与用户共创有分享价值的内容，形成自生链接和推动；将虚拟场景和现实场景无缝链接，实现营销转化。坚持内容营销与经营活动的结合，促进内容营销领域的高质量发展，助力国家数字经济和战略性新兴产业发展，为客户和消费者提供更好的内容体验与服务。

 引导案例

《北京东路的日子》十年再见

"90后"校园金曲《北京东路的日子》发布十周年之际，荣耀集结原班人马改编和重制歌曲，推出十年荣耀版 MV，并以此为核心物料，引导青春向话题持续发酵，联动全网平台配合逐步破圈，当初听过的人都成为这首歌的"自来水"，推动其冲上微博热搜，成为全领域破圈、多平台霸屏的营销事件。荣耀品牌以此作为从华为独立成为新荣耀后的首次重要发声，建立与粉丝间的情感链接。

对于品牌来说，首先，2020 年是荣耀从华为独立成为新荣耀的变革之年。

在此关键的品牌转折点，荣耀希望以具有仪式感的方式作为强有力的首次发声，纪念一路的成长并感恩粉丝的陪伴。其次，当时荣耀品牌的竞品都有新品上市，荣耀本身缺乏热度基础。对于营销来说，近年来，通过牵动大众情怀来引起讨论热情是极有力度的营销方式。

（资料来源：丁俊杰，赵娟，刘广飞. IAI 广告作品与数字营销年鉴［M］. 北京：中国市场出版社，2020.）

第一节 内容营销概述

一、内容营销的概念

（一）概念

"内容营销"这一名词在 1996 年才被提出，在市场营销领域还是新事物，国内外学者对于内容营销的研究方面不一样，研究理论也各不相同。表 13-1 列出了国内外学者对内容营销的定义。

表 13-1 国内外学者对内容营销的定义

学 者	定 义
Justa（2009）	内容营销的内容主体为品牌主页、微博、社区、企业杂志等蕴含企业精神与品牌故事的产品
Pulizzi（2009）	内容营销就是通过内容的本身与营销方式结合达到营销的过程
Handley（2010）	内容营销就是通过多样化的内容使顾客关注，并且留下他们
Rose and Puliz（2011）	内容是具有吸引力并且可以分的，内容营销在于提高顾客忠诚度并且关注价值体验创造
LiebR（2012）	内容营销的内容必须有价值性和娱乐性
于伯然（2011）	内容营销通过发布软性信息，使用户主动接受，消除消费者的反感情绪，再达到营销目的
周懿瑾（2013）	内容营销通过媒体内容，传递有价值、有娱乐性的品牌信息，是在顾客的参与过程中传递品牌信息的一种营销方式
张美娟、刘芳明（2017）	结合数媒特点，认为"内容营销是指通过微信、微博、论坛等不同的媒介平台，以最贴近消费者的形式、最好的创意，传递企业的品牌理念以及企业想要目标消费者知道的信息"
王岩岩、李雪（2017）	结合新媒体时代信息载体的多样性，提出内容营销是"通过特定载体，与载体定位相符合，以文化传播、沟通交流为主，对消费者具有一定价值，以此提高企业知名度，加强品牌认知的一种营销方式"

本书将内容营销界定为：企业通过各种方式创造出有价值性、有娱乐性的内容，并以各种渠道进行传播，目的是促进客户参与或者互动，保持与客户的良好沟通，并发展长期友好的客户关系，这样的营销过程就可以称为内容营销。与传统的营销模式相比，内容营销具有较强的针对性、娱乐性和经济性，不囿于通过干扰或强硬兜售来与顾客沟通的硬营销模式，既为顾客提供有价值的信息，又助力企业提高顾客黏性。

（二）内容营销的三大作用

1. 增加流量。增加流量是很多企业采用内容营销模式的重要目的。为了达到这个目的，内容生产者应该聚焦于标题制作，围绕时下人们关注的热点话题创作内容，与公众人物合作进行内容推广，利用网络渠道进行大范围的信息扩散，并使读者能够在简单操作的基础上实现内容转载。"增加流量"的含义比较笼统，对营销者来说，要增加流量，就要吸引用户的注意力。因此，在具体实践过程中，营销者不应该局限于获得潜在消费者的关注，还应当拓宽受众范围，使广大用户都能接收到自己传达的信息。有些营销者通过在社区平台推送文章来扩大用户覆盖范围，这么做就是因为社区平台拥有广泛的用户基础，能够最大限度地进行信息扩散。

尽管此类营销方式难以实现针对性营销，但不能因此断言该营销方式的价值不够高。这种营销方式能够使信息传递给尽可能多的用户。营销方的内容输出得到的关注度越高，对其产品有切实需求的用户聚焦于此的可能性就越大，运营方便可就此类用户进行价值挖掘。值得关注的一点是，流量变动会受到诸多因素的影响，其变动在很多情况下是没有固定规律可循的。举例来说，品牌方的某篇推广文章被活跃于网络平台的关键意见领袖看中并转发，或其内容输出在某个时间段引起广大用户的情感共鸣，得到人们的认可与自发传播，此时，营销者所在的网络平台会在短时间内实现流量最大规模增加。即便如此，也不代表该平台的流量规模会一直保持现有的状态。所以，在收集流量数据时，比较科学的方法是取平均值来分析。当营销人员完成数据收集及分析工作后发现，经过一段时间的运营，平台的流量平均值呈上升趋势，在一定程度上说明其运营取得了较为理想的效果。因此，当短时间内流量大规模提高时，不应过于乐观；如果短时间内流量批量下滑，也不要从此一蹶不振。只有长时间的流量变化才能有效说明问题。

2. 建立信任。从宏观发展角度来分析，仅仅通过内容输出实现销量增加是不够的，还要获得用户的信任，体现自身的存在感。具体而言，当品牌方与用户形成了良好关系并得以长期维持时，除了能够增强用户的黏度，还能对相关人员产生影响，因为受众会将自己认可的产品向亲朋好友推荐，这种推广方式更容易获得其他人的认可与信赖。

内容营销的最终效果可以通过注册或内容点击量进行数据统计，但品牌方与用户之间的关系无法精确计算。也就是说，企业通过内容营销与用户建立的关系并不是直观的，但营销者需认识到其价值所在。另外，营销者可参照以下因素来衡量两者之间的关系：社交平台的粉丝数量、网络平台的信息发布中涉及自身产品的次数、回访用户人数等，这些因素能够反映出消费者对产品的接受度。为了在品牌方与用户之间建立良好的关系，在实施内容营销的过程中，要更加注重内容质量，而不是盲目进行批量化的内容输出。这样才能为用户提供优质内容，帮助其解决问题。很多企业在开展内容营销的初期，难以创作出优质内容，便将注意力转移到内容数量上，但其输出的内容存在严重的同质化问题。作为营销者应该明白，同质化内容无法增进品牌与用户之间的联系，反而可能给品牌形象带来不利影响，导致用户流失。为此，营销人员必须保证内容的质量，若在短时间内缺乏高品质内容，也要理性处理，而不是盲目输出低质内容。

3. 提升转化率。增加流量、建立存在感和信任感、提升转化率是内容营销的三大目的。其中，最具体的当属提升转化率。这具体表现为营销者促使用户购买产品、注册应用、订阅内容等。要促使用户转化，就要不断完善产品购买或应用注册程序。从整个营销优化过程来看，提升转化率只是阶段性目标，内容营销则需要经历漫长的过程。这种营销方式旨在帮助企业沉淀高质量用户，短时间内可能没有那么明显的效果，因而，企业在选择内容营销时需谨慎考虑。若企业想通过内容营销来增加转化率，在具体实施过程中，不能忽视以下几个问题：着重表现当前客户对自身产品及品牌的认同，及时统计并分析转化数据，优化用户界面，精简交易流程。此类推广方式类似软文营销，看似是在进行内容输出，实则是在向用户推销。企业要根据自己的发展需求选择相应的内容营销方式，在实施过程中，也可以将各类营销方式结合起来。不过，营销者需确立核心营销方式，并以此为参照制定内容战略。再者，采用内容营销方式的企业，应该实时进行数据统计与分析，对营销成效进行科学评估。

二、内容营销的理论

（一）B. E. S. T. 规则

B. E. S. T. 规则由 Pulizzi 和 Barrett 于 2009 年首次提出，意在简化复杂的内容营销过程，使得营销策略具有行为性（behavioral）、必要性（essential）、战略性（strategic）和有针对性（targeted）四大特点。它可应用于大多数的媒体，如网络媒体、印刷媒体和面对面的交流等。

行为性（behavioral）是指企业与顾客交流的任何信息都应当是有目的的。在开展营销活动之前，企业需要思考自己想让客户拥有什么样的体验，希望通过客户实现怎样的目标，期待客户采取什么样的行动，如何测试客户的行为以及如何促进客户购买公司产品或服务。

必要性（essential）是指为目标受众提供工作或生活中需要或有用的信息。企业需要思考客户的真实需求是什么，如何能够向他们提供最有益、最个性、最专业的内容，采用什么样的内容表现形式才能使其产生的积极影响最大化，一场营销活动的必要元素有哪些以及需要涉及哪些媒介类型。

战略性（strategic）是指内容营销工作必须是企业整体经营战略中不可或缺的组成部分。企业需要考虑的是内容营销是否能够帮助自己实现企业的战略目标，它与企业内其他战略计划是否相协调。

有针对性（targeted）是指企业所创建的内容必须针对特定的受众。企业应当明确自己是否选择了正确的目标受众，是否了解客户对公司产品或服务的态度。

企业在回答了上述问题之后，便具备了创建有效营销传播策略的基本知识。但需要注意的是，B. E. S. T. 规则并未考虑评估一个社会化网络或一种内容传播渠道是否值得企业进行投资的问题。企业在开展内容营销活动之前还需思考当前的用户是谁；谁最有可能过度地使用网络；这些人是否为自己的潜在客户，或者说他们有能力影响企业的潜在客户吗；这些人喜欢哪类内容，他们可能对哪些内容进行分享；怎样使其他人在网络上也接触到这些内容；你能为公司创造新型内容从而形成流行的新社会化网络吗；参加社会网络需要耗费多少时间和精力；是否能获得好的投资回报率。

（二）S.A.V.E.结构

S.A.V.E.结构最早由理查德·埃滕森（Richard Ettenson）、爱德华·孔拉多（Eduardo Conrado）和乔纳森·诺里斯（Jonathan Knowles）提出。他们认为传统的4Ps营销模式对于现在的营销格局已经不再适用，需要有所改进。此后内纳德·森尼克（Nenad Senic）也讨论了S.A.V.E.结构是如何成为以客户为中心的内容营销的核心的。

1. S.A.V.E.结构重在解决方案（solution），而不是产品（product）。埃滕森等人认为应当根据客户需求提供内容，而不是公司特点、功能或技术优势。森尼克也认为内容营销战略应以客户为中心，向他们提供解决方案，而不是使他们无缘无故地购买产品。其主要目的是提高公司的产品或服务销售额，而相关性内容则能够帮助消费者了解使用这些产品或服务所带来的好处。因此，他们在购物的时候就能清楚地了解到产品是如何满足自身需求的，并形成客户忠诚度。

2. S.A.V.E.结构重在客户接触（access），而不是传播渠道（place）。埃滕森等人认为企业应当开发一个综合交叉的信息发布渠道，使信息充斥在客户的整个购买过程中。森尼克说这就是要了解企业的客户或潜在客户在哪，知道他们具体在做什么，所以设计一个内容发布计划是非常重要的。企业应弄清楚哪种通信方式与客户或潜在客户相关联，然后向那一领域发起进攻。企业应该使得客户能够通过网络接触自己的品牌，但不必浪费时间在那些与客户毫无关联的社会网络上。例如，企业在开通博客或脸书的时候，应该清楚自己此时的目的是什么。

3. S.A.V.E.结构重在价值（value），而不是价格（price）。埃滕森等人认为，企业应讲清该价格产品的优点，而不是强调自己的定价与产品成本、利润率或竞争对手的定价。销售人员最常犯的错误之一就是在产品包装上写满了技术介绍，而不是产品对消费者的益处，如果他们改变这一做法的话，消费者可能就会因此忽略价格差异而直接购买产品。优秀的内容营销可以代替销售人员来做这件事，所以提供有价值的内容堪比建立了一个销售团队。根据莎伦·坦顿（Sharon Tanton）的说法，有价值的信息是有帮助的（能回答消费者可能提出的问题）、有趣的（激起消费者的反应）、真实的（态度诚恳且为原创性内容）、相关的（为受众所设计）和适宜的（选择公众最易接受的时间）。

4. S.A.V.E.重在教育受众（education），而不是促销（promotion）。埃滕森等人认为，应在购买周期内向消费者提供满足其各类特定需求的信息，而不是依赖于广告或公关。许多内容营销体系中都明确提出了这一点。客户或潜在客户需要有帮助的、相关的、适时的信息来帮助自己做出购买决定。有价值的内容可以更有效地使得客户成为回头客，而且他们会更加地心甘情愿，公司的成本也会更低。企业的教育性内容会分享到消费者的社交网络中，可能产生更多的订单。

（三）关键内容理论（the killing content）

Nguyen Quoc Binh 认为内容营销中最有效的内容类型是任意内容、品牌内容以及消费者欲获知内容三者的交叉部分。任意内容可以是任何内容，例如爆炸性新闻或很容易被人遗忘的娱乐新闻；品牌内容是与企业或行业相关的内容；消费者欲获知内容即能够帮助消费者解决问题的内容。内容应该是有趣的、教育性的、与消费者相关的而且是能够帮助其解决问题的，三者缺一不可，否则就不能将潜在客户转变成实际购买者。

Nguyen Quoc Binh 建议按照以下步骤来创建有效的内容营销战略：第一，根据上述方法将内容分为三类（任意内容、品牌内容以及消费者欲获知内容），细分受众为小的样本，然后根据受众细分准备合适的内容。第二，在每一个细分的受众群中，列举出可能讨论的话题。第三，将这些话题合在一起。第四，根据时间表设计绩效指标和实施计划。第五，进行检测、做报告，以确保你追踪的是正确的人群。如果出错的话，回到第一步重新开始。

三、有价值的内容

内容营销确实很奏效，但是只有内容有价值时才会发挥作用。这里做一个重要的区分。通常我们所说的"内容"是指书上或屏幕上所读到的东西，如网页、博客上的文章以及公开分享的视频、图片，而这里"内容"则仅指知识与信息。有价值的内容强调的是"内容"，它有很明确的目的性，是为特定人群创建的有用信息，能够打动特定的客户。顾名思义，有价值的内容是指选中并组织、分享给客户的知识和信息：可以是有教育意义的、有帮助或激励作用的内容，且必须是客户欣赏和喜爱的内容。永远不要忘记，分享这些内容的目的是推动营销活动的开展，对客户有价值意味着企业有价值——这也是企业想通过内容营销的方法取得的效果。

在开展内容营销之前，首先要了解何种类型的内容有价值。表 13-2 是一个简易的快速标准表，帮助你创建合适的内容类型。

表 13-2　简易快速标准表

有价值的内容应该是	有价值的内容不应该是
与利基客户有一定的相关性	模糊不清——完全不了解谁是目标客户
书面内容具有真情实感	书面内容抓不住读者
真诚地回答问题——回答人们所问问题	对外界漠不关心——不能真正回答问题
与企业目标相一致	不能与企业目标相一致
设计精良	看起来寒酸、价值菲薄，读/看/听起来艰涩费力
可供查找	查无此内容
可供分享	分享困难
热情洋溢的创作精神	愤世嫉俗的创作心态
耐人寻味，过目不忘——这是最神奇的	令人精神萎靡——我一看到这个就烦死了

资料来源：杰斐逊，坦顿 . 内容营销：有价值的内容才是社会化媒体时代网络营销成功的关键 ［M］. 耿聃聃，林芳，译 . 2 版 . 北京：企业管理出版社，2019：18.

第二节　内容营销的实现

一、内容营销的商业逻辑

近几年，"内容营销"受到营销领域众多企业及个人的追捧与青睐。虽然到目前为止，还无法准确评估内容营销的市场规模，内容营销的具体形式及渠道类型也尚无确切的数据表述，但通过权威市场调查公司 Smart Insights 的民意调查能够发现，在接受调查的 600 位用户中，29.6% 的用户将内容营销视为首选营销方式。这说明，在新媒体时代，选择内容营销模式的企业数量正在持续上升。值得关注的是，调查结果表明，选择内容营销的人数比重要超过大数据、营销自动化及移动营销。不仅如此，以往人们关注度较高的付费搜索营销、搜索引擎优化及社交媒体营销如今都远远落后于内容营销。根据 Content Marketing Institute 的数据统计结果，超过 90% 的商家选择通过内容营销模式树立自身品牌并引导消费者的决策；超过 85% 的消费者表示，网络渠道的信息传播能够对其消费选择产生影响。目前，内容营销模式已经广泛应用于企业当中，几乎成为营销人员的标配，只是不同发展阶段的企业呈现出来的具体形式有所区别。所以，在认识到内容营销重要性的基础上，企业应该集中精力关注在具体实施过程中，需要采用何种方式进行信息推广，如何才能与消费者保持顺畅的沟通关系。对于品牌商或广告主而言，要想成功实施内容营销策略，首先需要正确了解内容营销背后的商业逻辑，见图13-1。

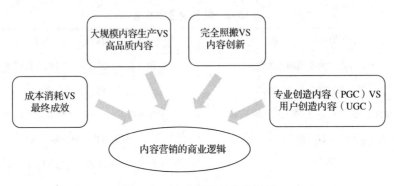

图13-1　内容营销的商业逻辑

（一）成本消耗VS最终成效

营销人员都知道，内容决定一切。不少商家将内容营销视为最有效的营销手段，但在具体执行过程中，90%以上的销售人员认为，其成效评估机制还有待完善。与我国相比，西方发达国家的内容营销经历的发展时间更长。Content Marketing Institute的调查结果表明，虽然有意在内容营销方面投入更多成本的营销者不在少数，但真正能够通过内容营销获得理想效果的人并不多。从根本层面上来分析，内容营销与其他营销方式是存在共性的，在实施过程中，都以营销者对消费者的了解为核心。除了要进行内容传播之外，营销者还需明确消费者能够从内容传播中获得哪些益处，运营方如何与消费者对接，并以此为参考来判定内容营销的成效。内容营销要在生产并输出优质内容后，能够引发潜在目标用户的关注，并将其汇聚到自己的平台上，目的是挖掘用户的商业价值，增加企业的利润所得。所以，内容营销是围绕目标用户的需求来开展的。能够与用户需求相匹配并使企业从中获利的内容营销，即为成功的营销实践。

（二）大规模内容生产VS高品质内容

身处数字时代，信息泛滥已成常态现象，作为营销人员来说，只有推出与用户需求相匹配的内容，才能使自己从众多同类竞争者中脱颖而出。为此，要建立专业的内容制作团队，在收集高品质素材的基础上，生产出能够获得用户关注及认可的高品质内容。对于广告内容与营销内容，消费者能够做出清楚的划分，因此，能够得到消费者认可的，必定是那些与品牌特质相符、具有足够吸引力的内容。另外，为了避免因内容夸大其词导致消费者排斥，要保证营销内容的客观性。以影视公司出产的电影、电视剧作品为例：从内容营销的角度来分析，作品制作、演员出演、剧情演绎、品牌植入等各个环节缺一不可，这些也是构成营销价值评估体系的重要板块。为了保证作品质量及营销效果，所有环节都不能偷工减料，而是要认真对待，保证品质，并实现各个环节之间的有效连接。在注重内容质量的基础上，如果能够围绕当前的热点话题进行内容生产，能够从心理层面打动消费者，就能进一步提高内容营销的价值。

（三）完全照搬 VS 内容创新

比如《超级女声》从 2005 年开始引发人们的关注，自此，选秀节目在国内市场上流行起来，然而，高度的同质化现象使这类节目的吸引力逐渐下降；《中国好声音》自 2012 年从荷兰引进后，使盲选这种形式受到节目制作方及广大观众的追捧，之后，《最强音》《真声音》等类似的节目也纷纷出现，并逐渐泛滥开来。

近年来，国内综艺节目制作方开始聚焦于引进海外国家的运营方式，部分节目无疑在国内市场大获成功，但大部分仍然未取得理想效果，还有一些节目在初期受到高度追捧，但后期发展呈现衰落趋势。除了激烈的市场竞争外，内容固守传统也是其陷入发展困境的重要原因。

由于我国媒体平台的运营方式与观众的内容消费习惯不同于其他国家，引进外来的节目，需要在把握国内观众的兴趣点、制作方及媒体的内容输出方向、表达形式的基础上对节目进行相应调整。新颖的表达形式无法在长时间内聚集用户的目光，想要得到用户的长期追捧，必须在内容方面进行超越。

（四）专业创造内容（PGC）VS 用户创造内容（UGC）

对于采用内容营销模式的企业而言，内容生产必不可少。为了凸显自身的竞争优势，企业需保证生产出来的内容能够得到用户关注，并与用户的需求相对接，这样才有可能从同类竞争者中脱颖而出，成为人们关注的焦点。那么，内容生产的工作应该由谁来承担呢？是企业、代理公司、媒体平台、用户本身，还是专业写手？从产品及品牌掌握度上来说，企业具有明显优势；而对消费特征及习惯最熟悉的，莫过于消费者自身；代理公司则在企业与消费者之间搭建起沟通的桥梁，能够协调双方的不同需求；在内容生产及传播过程中，意见领袖能够为内容制作及演变提供灵感，并对其舆论方向产生引导作用。由此可见，在很多情况下，内容生产是在不同主体的共同参与下完成的。

无论是哪种形式的营销，从根本上来说，都是围绕消费者需求来进行的，内容营销也不例外。因此，营销者应该明确消费者的关注点，并据此进行内容制作与传播。在这个过程中，可以尝试让消费者参与到内容生产环节中，为其提供发展机会，为其交流沟通及信息推广提供支持。未来，越来越多的企业会将用户创造内容（UGC）作为推动自身发展的关键助力。例如，B 站除了提供内部用户创作的视频，尽量购买大部分用户所感兴趣的 ACG（即 Animation、Comics、Games 的缩写，是动画、漫画、游戏的总称）、纪录片、部分热播综艺、部分热播电视剧等内容的版权。基于投资回报率（ROI）的考虑，对免费用户提供普通质量、部分购买版权的视频。在这个过程中，企业和用户交换的显然不是 bilibili 这个 App，也不是视频内容，而是背后有限的、被企业选择过的"用户价值"。

二、制定内容营销策略

现阶段，基础性内容营销手段包括两类：一类是把品牌（企业）植入到优质内容里；另一类是通过媒体平台传播品牌（企业）独立生产的内容。但这两类营销方式需要结合发展。具体而言，存在于媒体平台的优质内容仅以硬广告插入、冠名赞助等方式难以实现与品牌的结合，为了解决这个问题，需要与媒体平台合作，联系热点话题开展活动。另外，品牌独立生产的内容在传播过程中也要联系社会热点，通过媒体平台进行推广。杜蕾斯为这方面的典型代表。

如今，媒体发展水平不断提高，媒体数量也持续增加。在这种大趋势下，众多媒体开始聚焦于垂直领域，如此一来，媒体平台就必须与其他平台合作，否则很难体现出较高的价值。相比之下，内容及其呈现方式则受到企业的重视。受到媒体细分的影响，企业为了实现品牌信息、价值理念的精准推广，更倾向于同那些能跟目标消费者有效交流的媒体平台达成合作关系，输出能够打动用户的内容，将品牌故事推广给目标消费者。为了保证内容营销的顺利开展，营销公司要承担起资源整合的职责。

（一）通过评估体系实现针对性营销

实现品牌信息与热点话题的融合之前，要找到相匹配的热点内容，为此，应该立足于不同层面对内容价值及其匹配度进行评估。具体而言，内容营销的评估体系主要围绕以下几个方面：

1. 品牌认知度。在考核品牌知名度时，营销人员需要统计以下几个指标：

- 搜索结果页面排名。一般来说，搜索结果页面排名主要是根据品牌网站和关键词的匹配度。网民在社交媒体中对网站的评论、分享，网站的用户停留时间等数据都会影响排名结果。
- 首次访问游客。
- 粉丝规模、用户参与等社会化指标。

2. 目标群体需求。评估目标群体需求时，较为有效的考核指标包括以下几种：

- 网站浏览量。
- 页面跳出率。
- 评论尤其是正面评论量。
- 用户平均停留时间。

3. 客户转化率。企业界对客户转化率数据十分重视，尤其当营销目标是提高产品销量或增加付费用户数这种价值变现类的商业目的时，客户转化率直接决定了内容营销能够给企业创造的利润。对客户转化率进行评估时，可以考核以下几种数据：

- 销售转化率。
- 目标群体购买力。
- 目标群体在社交媒体中的评论、分享。
- 分析付费用户和普通用户的行为差异。

（二）关注时事热点，做出及时反应

营销人员应该关注时事热点，并就热点话题与目标受众进行沟通交流，为此，品牌方应该提高追寻热点并做出及时反应。在内容营销中，扩大（amplification）指促进内容传递给受众的策略，如原生广告（native advertising）。相比于传统广告而言，原生广告是一种不太令人反感的广告形式，广告主通过提供有价值的信息来获取观众注意。它包含两部分：一是内容的质量，重在向受众讲一个故事，突出趣味性、娱乐性、特殊性或者是新闻价值；二是呈现内容的方式，原生广告定位于对某些特定内容感兴趣的消费者，例如，许多网页上的广告是基于人们的搜索词汇出现的，基本上只有人们在浏览历史或搜索历史中表现出了自己的兴趣时，原生广告才会出现。

在社会化媒体时代，新闻是可定制的，我们不再是坐等到9点拿起报纸看看今天都发生了哪些事，而是通过智能手机查看社交网站上分享的文章，通过我们信任的信息源获得时事新闻消息。企业需要确保自己的内容到达目标受众，所以企业需要采取内容扩大策略。

（三）批量化生产个性化内容

通常情况下，企业无法掌控热点内容何时会产生，但对于独立的内容生产，企业能够根据自己的需求进行制作与推广，因而受到诸多用户的青睐。举例来说，"足迹" App 在 2015 年受到人们的追捧，因为人们利用这款应用能够使自己的照片呈现出震撼的场景化效果，使自己仿佛置身于一部量身定制的精彩电影中，满足了用户的心理需求。另外，某些体育场馆安装了智能摄像头，能够自动捕捉运动员的身影，并以视频形式记录下来，用户可将精彩的比赛视频通过社交平台呈现给好友。可见，对于个性化的优质内容，用户乐于进行传播与分享，品牌方也可借此实现信息推广。

（四）促进内容的用户转化

企业采用自制内容及媒体平台的内容进行营销时都要注意：要采取有效措施，使受众在关注内容本身的基础上，将目光移至产品及品牌，并促成双方之间的交易。为了提高用户转化率，营销者应该对整个营销过程经历的各个环节都有所了解，找到能够促进用户转化的相关因素，并灵活运用到营销过程中。

对内容营销工作进行效果检测是非常重要的，在检测时，企业通常会参考绩效指标（KPIs）和投资回报率（ROI）。曼德罗伊斯（Mandloys）总结了下列常见的绩效指标：管道价值（pipeline value）、合适的潜在客户（qualified leads）、表单提交率（form submission rates）、点击率（click-through rates）、打开（邮件或时事通讯）的次数、转化漏斗（funnel conversion）、已完成的交易（closed deals）以及销售机会得以实现的会议次数。

根据公司业务的不同，还有一些其他的绩效指标（KPIs），例如，内容为网站带来的网页浏览次数或流量，访客在该网站花费的平均时间或他们浏览的网页数，以及他们点击了哪些内容，等等。从搜索引擎的网页排名可以看出内容为网站带来的效益。如果内容可供下载的话，那么下载次数也是一项重要的绩效指标。如果是在社会化媒体网站上提供的内容，那么还有其他很多的绩效指标，例如，喜欢/最喜欢的内容，对内容的评论/分享/转发，还有粉丝/追随者/用户数量的增加，以及被@的次数等。定性的绩效指标（KPIs）有流行情绪分析、净推荐值（net promoter score）等。企业应依据自己的营销目标选择相应的绩效指标，而不是一味地追求流行方法。

山姆·斯劳特（Sam Slaughter）建议通过追踪内容使用者来量化投资回报率（ROI）。如果信息消费者可以从消费内容转变到购买产品，或者采取其他可以促使内容提供商赚钱的行动，那么内容就能产生实际的金钱价值。巴克（Barker）等人认为，提升品牌知名度、受众意识和受众忠诚度以及改善客户关系能够吸引和维护客户，并促进销售，从而增加投资回报率（ROI）。

（五）制定完善的内容营销规划

在多数品牌方看来，制订媒体计划的过程中考虑内容营销规划即可，部分曾通过传统媒体取得良好效果的企业更坚信这一点。但事实上，由于高效的内容营销离不开整合营销，在制定全局性的市场营销策略或者出台沟通策略时，就应该与内容营销部门进行互动。如果是面向消费者个体的产品，在营销过程中需注意，销售线索及与用户达成交易的机会可能存在于内容传播过程的各个环节当中。

综上所述，无论是营销者还是媒体平台，在运营过程中，都不能将自己简单视为中间执行者，而是应该在分析客户信息的基础上，把握其实际需求，推出能够满足其需求、与当下热点话题相结合的营销方案。方案实施可以围绕人们喜欢的影视作品、体育运动或者是明星偶像等，并以此为前提形成完整的营销事件，在获得核心目标用户认可之后，继续扩大其辐射范围，并将影视、体育等元素融入整个营销过程。立足宏观层面来分析，内容营销体现在企业及广告代理公司的各类运营活动中。不同于以往，现在的社会发展情况、推广途径、目标受众的消费行为及特征都呈现出全新的特点，随之而来的是内容营销形式、营销工具及营销策略等都已经脱离了传统模式。不过，从根本上来说，处于核心地位的始终是消费者。为了获得消费者的青睐，使其与品牌产生深度互动，最终完成双方的交易，必须明确消费者的需求及其关注点。

无论是企业还是代理公司，要实现内容营销的最大化，就要下决心改革传统的部门分工情况。很多企业的市场部仍然保留之前的结构组成，以传统媒体、新媒体、活动策划及执行部门为主导，但这样的分工模式已经跟不上时代发展的需求了。从整合营销的角度出发，应该打破不同部门间的分隔状态。因此，企业需持续关注组织结构的改革问题，并加快自身运转，以应对外界变化，跟上时代发展的步伐。

三、内容营销的类型

虽然讲故事是某些形式的内容营销的重要构成部分，但这并不意味着每次内容营销的推行模式都是相同的。内容营销的类型有三种。一般而言，只有一种是典型的"讲故事"。另外两种内容营销的模式同样重要，它们常遵循故事线的规则，但并不遵循其他叙事规则。本书介绍了三种内容营销类型。

（一）娱乐型内容

在三种内容营销中，这类内容最容易"讲故事"，以网络爆红短片、连环漫画或网剧为主。全食超市（WholeFoods）的《做点疯狂的事》（*Do Something Reel*）的系列短片就是一个绝佳的例子；还有 2016 年来自马桶垫脚椅（Squatty Potty）的火爆视频——《这个独角兽改变了我方便的方式》；墨西哥连锁餐厅 Chipotle 的短片《稻草人》（*The Scarecrow*）在体裁上十分出彩，每个有快餐服务的饭店都因此收到了"给我做一个跟短片里一样的食品"的订餐电话；《乐高大电影》（*The Lego Movie*）（2014）是真正的娱乐内容营销的进阶版，其票房高达 5.5 亿美元。讲故事的内容不一定总是视频，当然还有其他形式，但是讲故事越来越多地使用视觉或视听形式，因为此类形式最容易在小屏幕上消费，也更常在社交渠道上分享。

（二）告知内容、教育型内容

这类营销能够对潜在客户起告知作用，帮助他们评估选项、产品或服务，并做出决定。由于对信息、教育具有高需求，或者由于考察和销售周期较长，它也是 B2B 公司、B2C 产品和服务的绝对选择。告知内容、教育型内容还可以在售后期间改善客户体验，并促进交叉销售或追加销售。

例如，营销软件制作商 Hubspot 为数字营销人员和广告商发布了极其有用的内容，这已超出了行业出版商在这一领域的发布量。多年来，美国运通（American Express）的开放论坛（OPEN Forum）一直是内容营销的典型代表，但它并不是叙述故事的网站，而是对小型企业主和创业者发布有用信息的网站。

（三）实用型内容

实用型内容营销帮助用户完成任务，比如银行按揭计算工具，或为保健、健身、服务提供的卡路里计量器，或帮助购房者找房产并评估周边环境的房地产中介机构的工具。毫无例外，实用型内容营销通常体现在应用软件中，它是移动内容的理想工具。实用型内容的目的是促使买方做决定。

在以上三种内容中，应该投资于哪一种呢？恐怕答案只能是"看情况"吧。这也是内容策略十分重要的原因。你可以通过讲故事完成目标，你也可以要求应用其他种类的内容补充或代替讲故事。但是，没有策略，就无法做出选择。规划、制定基准并将内容营销与内容策略相连，是确保内容营销高效运行的必要步骤。

第三节　内容营销的发展

一、内容营销方式

（一）体验营销

体验营销（experience marketing）是指通过看（see）、听（hear）、用（use）、参与（participate）等手段，调动受众的感官（sense）、情感（feel）、思考（think）、行动（act）、联想（relate）等心理因素而进行的营销方式。"先使用后付款，先体验再决定购买"是体验营销的核心竞争力，它消除了消费者购买的后顾之忧，提供给消费者更好的购物体验，增强了消费者的购买信心。

体验营销是建立在体验经济基础上的。体验经济（experience economy）是现代服务业发展的一种经济现象。在生产行为上以服务为首，以商品为道具；在消费行为上则追求感性与情境的诉求，开展值得消费者回忆的活动，注重消费者与商品的互动。

在传统商业销售模式中也有实体体验店，但是，真正的体验营销只有在互联网时代才能够在全行业持续实施与推行，这是因为有大数据为体验营销提供技术支持与保障。在互联网时代，消费者的数据是资源，云计算、大数据保障了消费者与厂商的直接沟通。厂商可以根据消费者的数据，了解消费者的消费偏好、年龄、地址、历史消费、消费信用等各种信息，从而经过大数据分析调整产品结构与产量，及时提供适应消费趋势的最新产品与服务，精准针对分众个体进行体验营销。

由于消费者通过网络购物，留下的消费信息可帮助厂商进行生产决策，消费者与生产者在互联网时代实现了互利双赢。因此，体验营销可以采用以下三种方式：第一，设立专卖店与旗舰店；第二，通过视频提供直观的体验；第三，运用VR技术助力体验营销的发展。VR（virtual reality）是指虚拟现实，具体是指借助计算机及最新传感器技术创造的一种崭新的人机交互手段。VR技术可以运用在网上购物、网上看房、网上旅游等多种形式的体验营销上。

（二）社区营销

社区营销（community marketing）是指借用了地理学中地球是由不同圈层构成的这一解释，形象地把人群划分为不同的社区并进行有针对性营销的方式。社区营销又被称为"圈层营销"，是互联网时代独特的营销方式之一，是基于网络社交圈、六度空间概念而产生的营销方式。

按照收入标准，社区可划分为高、中、低三个不同层次；按照受教育程度、兴趣爱好、消费偏好、居住环境、年龄、性别，又可划分为不同的社区，如"爱车族"、集邮爱好者、"发烧友"等。

社区营销可以采用的方法是：

第一，社区营销的核心是分层营销。按照不同社区的特性，进行有针对性的营销。

第二，社区营销分为社区内营销与社区外营销。社区内营销是指针对目标客户进行的营销，社区外营销是指针对潜在客户进行的营销。

第三，社区营销趋向于整合营销。社区营销不是简单的、单一的聚会活动，也不是一次性的短时间的造势活动。只有包装、打造好社区，才能在此基础上进行社区营销。从这个角度看，社区营销不仅周期长，各种要素之间的配置复杂，还需要自我升级与扩容。有价值的社区营销一定是建立在有生命力的社区基础上的。

第四，社区营销群中要有核心人物。每一个社交群都有一个这样的核心人物，围绕在他周围形成一个核心团队，在网络中经常为他人提供信息。这样的核心人物或被称为"群主"，或被称为"网红""意见领袖"。所谓大 V，就是指具有广泛影响力的专家或者权威人士。

（三）网游营销

网游营销（online game marketing）是指通过网络游戏进行的营销方式。网游营销是基于互联网和无线通信技术而发展起来的一种新的营销方式。

2005 年，可口可乐公司与网络游戏商城第九城开始合作，开启了网游与广告的跨界合作。随后，王老吉携手《剑侠世界》，三星联手腾讯独家代理《地下城与勇士》网游。

网游营销是在网游（online game）基础上发展起来的营销方式。"网游"是网络游戏的简称，主要包括电脑网游与手机网游。随着虚拟现实和增强现实技术的普及，网游营销势必得到革命性的发展。网游营销特别适合年轻消费群的产品与服务，包括时尚产品、快食产品、电器产品、中低价产品、新上架产品、新品牌产品。

网游营销可以采用如下方式：①内置广告（in-game advertising）方式，主要分为内置动态广告、内置静态广告；②植入方式（表 13-3），主要包括场景植入、游戏商场、情节植入。

表13-3　网游营销植入方式

植入方式	举　例
场景植入	旅游经典，城市街景等户外广告植入。比如《大唐风云》与浙江丽水飞石岭景区合作，在其游戏背景中植入旅游景点
游戏商场	把营销的品牌植入游戏商场内。玩家可以在《街头篮球》游戏的商场中购买NIKE鞋
情节植入	在情节任务中植入品牌。《大唐风云》游戏执行任务过程中提供"绿盛QQ能量枣"

（四）App营销

App营销（App marketing）指的是应用程序营销，这里的App是应用程序application的简写。App最初只是作为一种第三方应用。随着互联网技术的发展，通过在手机、社区、SNS等平台上的运行而开展的App营销取得了良好的效果。App营销可以分为三种类型，即产品型营销、品牌型营销和综合型营销。

App营销具有的优势是：①成本低（相对于电视、报纸等），App营销只需要开发一个适合于本品牌的应用就可以了，营销效果是电视、报纸等所不能代替的。②全面展示信息。App移动应用能够全面地展示产品的信息，有助于品牌建设及提升品牌知名度，让用户在没有购买产品之前就能感受到产品的魅力，降低对产品的抵抗情绪，刺激用户的购买欲望。③时空随时服务。App能够使企业全天候提供全球性营销服务，实现精准化营销。④用户黏性强。App本身具有很强的黏性，用户将App应用下载到手机，应用中的各类任务和趣味性的竞猜就会吸引用户，形成用户黏性。

App营销可以采用如下方式：

第一，用户模式：App应用的使用者可以通过App很直观地了解企业的信息。这种营销模式具有很强的实用价值，让用户了解产品的信息，可以增强用户对产品的信心，提升品牌美誉度。

第二，广告模式：主要通过植入动态广告栏链接进行广告植入，当用户点击广告栏链接的时候就会进入指定的界面。

第三，购物模式：通过提供App购物服务，构建企业的购物网站客户端模式。

二、数字时代内容营销的价值创造路径

传统广告的价值创造路径是基于艾尔莫·李维斯（Elmo Lewis）提出的AIDA模式，即为了帮助广告主获取经济利益，利用广告信息引起消费者注意（attention）并诱发其对商品的兴趣（interest），刺激消费者的购买欲望

（desire），最终促成商品购买行为（action）。进入数字营销传播时代，在以消费者为价值核心的观念下，内容营销形成了其独特的价值创造路径。内容营销并不会直接促成商品的销售，而是以内容为载体建构起品牌与消费者之间的品牌价值关系。这种消费者与品牌之间的价值关系，是现阶段品牌营销传播的核心价值所在。品牌与消费者形成价值关系的过程，是整合品牌价值并实现品牌价值最大化的重要路径。在内容营销建立品牌价值关系的过程中，消费者是关系的主导者和价值的核心，品牌首先需要获取消费者对于品牌价值的认同，进而通过内容引发消费者与品牌的价值共鸣来加深关系，继而聚集关系紧密的消费者社群参与品牌价值共创，最终和消费者共同实现价值的最大化。

（一）满足多元需求，获取价值认同

价值认同是内容营销建构品牌价值关系的基础层级。在信息爆炸的互联网时代，当近似无穷的信息争夺有限的注意力资源时，消费者的时间与精力只会赋予那些对其有高价值作用的内容。因而只有先获取消费者对于内容和品牌价值上的认同，消费者才会产生与品牌开展更深入交流互动的意愿，进而建立更深层次的价值关系。

与传统广告不同，内容营销专注于发掘并满足消费者多元需求，并通过内容满足需求来获取消费者的价值认同，这种价值认同才是内容营销的核心吸引力，能够使消费者对于内容保持长期且不断增长的兴趣与关注度，为长期关系的建立和维持夯实基础。内容营销通过提供包含各类信息的丰富内容，能够满足消费者在生活与工作、短期与长期、生理与心理上的多种需求，主要可划分为功能性需求、情感性需求和社会性需求。

1. 功能性需求。满足消费者功能性需求的内容重视信息的实用价值，其所包含的信息应能够被消费者所使用或为消费者提供实际性帮助。内容满足消费者功能性需求的作用方式包括：①信息传递作用，使消费者便捷且及时地了解其所关注事物的现状与发展；②教育科普作用，消费者通过阅读内容能够掌握有助其生活和工作的知识或技能；③参考指导作用，在内容中总结归纳重要信息，为消费者提供决策建议。内容营销通过满足消费者生活和工作中的各类功能性需求，能够成为消费者生活中不可或缺的重要工具，长期为消费者提供价值。

2. 情感性需求。作为社会性动物，情感是人之为人的基本特性。在经济蓬勃发展、产品供给愈加丰富、消费不断升级的当下，如果说功能是消费者的"刚需"的话，那么情感则已经成为一种"强需"。人类的情感既包括个体化的亲情、爱情、友情，也包含公共性的民族自豪情感、国家认同情感乃至对人类命运共同体的整体情感。内容营销通过在内容主题中融入特定的情感元素，能够对消费者进行情感上的关怀，帮助消费者进行情感的抒发或表达，从而满足消费者的情感性需求。

3. 社会性需求。消费者的社会性需求是指获得社会认同、建立社交关系、提高社会地位的需求。满足消费者社会性需求的内容本质上是一种社交货币，社交货币这一概念来源于美国营销学教授乔纳·伯杰（Jonah Berger），他指出："就像人们使用货币能够买到商品或服务一样，使用社交货币能够获得家人、朋友和同事的更多好评和更积极的印象，获取良好的社交体验。如果产品和思想能使人们看起来更优秀、更潇洒、更爽朗，那这些产品和思想自然会变成社交货币，被人们大肆谈论，以达到广泛传播的效果。"品牌方创作并发布有品位的、有趣的、有内涵的内容，消费者通过分享这些内容能够帮助自身建立良好的社交形象与稳固的社会关系，这类内容即可称为社交货币，用于满足消费者的社会性需求。

在内容营销满足消费者需求的过程中，消费者对于内容所提供的价值性做出肯定，并且为了继续获取有价值的内容而对品牌保持长期的关注与兴趣，进而将消费者对于内容价值的认同转化为消费者对于品牌价值的认同，从而初步建立起品牌价值关系。

（二）展开对话沟通，寻求价值共鸣

在初步获取价值认同的基础之上，通过内容引发价值共鸣是品牌与消费者加深价值关系的重要途径。由于信息不对称，消费者对品牌方本身即存在着天然的不信任，不愿意与品牌建立亲密关系，缺乏参与品牌价值创造的积极性。要想和消费者建立紧密且长久的价值关系，就必须把消费者视为有思想、有精神的完整个体，重视品牌与消费者在认知和精神上的联系。因此品牌方需要与消费者进行沟通交流，寻求具有同样价值观、同种思想的共鸣，在共鸣中逐渐加深彼此之间的了解与情感羁绊。在高度的价值共鸣状态下，消费者便能够开始向品牌方敞开心扉，与品牌方产生真诚的情感与稳固的信任，这种真诚与信任的情感也是双方在价值共创中能够有效合作的必要前提。

菲利普·科特勒（Philip Kotler）在论述内容营销的特点时认为，与"广播"式的传统广告相比，数字时代的内容是一种"对话"。在传统广告的传播模式下，品牌方与消费者之间的交流是单向的，品牌主拥有大众媒介资源，因而能通过大众媒介向消费者广泛传播信息。而消费者在传统大众媒介中缺乏话语权，因此只能被动接收品牌方传递过来的消息，而无法做出回应。进入数字时代，社交媒体平台的开放性使每一个消费者都拥有了发声的渠道，也让品牌方有了与消费者沟通的机会。品牌主与消费者之间信息传播的通道由过去的单向打通为双向，能够进行对话交流。内容营销所开展的"对话沟通"，并不是指营销人员和消费者面对面直接联络，而是依托社交媒体平台，由品牌方发布能够激发消费者交流意愿的内容，引发消费者对内容做出回应，向品牌方传达自己的思想；消费者同样通过创作内容来对品牌方表达自己的想法，消费者将自创内容传递给品牌方的方式包括在自己的社交媒体主页发布内容或者在品牌方主页进行评论、评价、留

言等。双方就以这种创作和发布内容的方式来与对方进行思想与观念的交流。

内容营销所建立起的双向沟通交流模式，使品牌方更易引发与消费者之间的价值共鸣。在消费升级的市场环境中，相对于产品的功能性，消费者更加重视品牌所蕴含的内在价值，希望品牌的理念、精神与自身的价值观产生共鸣。传统广告对品牌内涵的展示空间十分有限，而现如今品牌能够在社会化媒体上进行充分的自我表达，向消费者"娓娓道来"品牌的文化、品牌的故事，传达品牌的理念和精神，寻求价值共鸣的发生。

数字时代的内容营销需要依托社会化媒体平台，与消费者展开平等的内容沟通，通过内容引发对话交流，共享彼此的思想和观点，达成相互理解，同时需要以尊重消费者的个性化差异为前提，在表面信息交换之下进行更为深层的思想和情感层面上的交流。内容营销必须挖掘出消费者与品牌之间的价值共鸣点，包括品牌与消费者之间一致的价值观、相似的情感体验或是共同的理想追求等，进而赋予内容以相应的价值内涵并传播给消费者，与消费者在相关内容的交流中形成共鸣，从而加强与消费者之间的价值关系。

（三）聚集用户社群，协力价值共创

与消费者进行价值共创是建设品牌价值关系的高层级阶段。数字时代的消费者是品牌价值创造中不可忽视的核心力量，品牌方需要将这些原本分散的消费者聚合起来，从而整合品牌与消费者的价值创造能力，协力参与价值共创。品牌通过发布具有相应主题的内容能够吸引一批与品牌具有共同爱好、共同价值观的用户，通过长期发布相关内容、积极引导用户互动以及组织线下活动等方式，不断增强这些用户的黏性，强化用户关系，建立起品牌社群。品牌社群中的成员不仅在认知上对品牌形成喜爱和认可，在关系上成为品牌忠实的粉丝与朋友，并且在行动上也积极主动参与品牌的内容营销活动，在为品牌贡献价值的同时也为自身获取价值，与品牌形成共创、共享、共赢的价值关系。品牌社群成员参与价值共创的具体途径主要包括以下三点。

1. 创作品牌相关优质 UGC（用户生产内容）。在数字时代的内容营销中，内容的创作者并不局限于品牌方及其雇用的专业机构，普通用户同样能够通过社交媒体平台创作并发布原创性内容。大众文化研究学者约翰·费斯克（John Fiske）认为，粉丝是具有创造性生产力的群体，通过符号、文本创造来生产文化资本。作为品牌的粉丝，品牌社群成员所创作发布的与品牌有关的优质内容同样属于品牌资产。消费者发布内容通常被称为 UGC（用户生产内容）。对于品牌而言，用户生产内容提供了更广阔的创意空间，消费者群体大批量的内容产出能够满足个性化、多样化的需求；对于消费者而言，从新闻传播学和心理学的视角来看，消费者通过用户生产内容的生产和发布满足了自我表达、社交、情感、娱乐及自我实现等需求，从使用与满足理论的角度出发，消费者同时也获得了自我满足。

品牌方在实施内容营销时，必须将消费者视为其内容产出的核心来源，重视并引导优质用户生产内容的生产。品牌主应当充分了解与品牌相关的用户生产内容及其生产者的类型和特征，激励品牌社群成员参与内容创作，促使更多有价值的内容产出。

2. 作为赢得媒介对内容进行分享和转发。社交媒体上建立的品牌社群能够成为品牌传播的赢得媒介（Earned Media）。赢得媒介是指将消费者转化为信息传播媒介，借助消费者的主动分享与推荐行为来传播品牌内容。在传统广告时期，品牌很难获取赢得媒介，一则精心制作的传统广告或许能够在一定时间内撷取消费者的注意力，却无法引发大范围群体的分享与讨论；而在如今的社交媒体上，品牌发布的一则内容，在品牌社群成员的积极分享和转发下，常常能引发指数级的互联网用户转发扩散现象。相对于传统广告的线性传播模式，赢得媒介是基于消费者社会关系的网状传播，品牌社群中的每一位消费者都是具有一定影响力的媒介。借由品牌社群的传播力，品牌能够将品牌内容传播扩散至更多受众，从而提升品牌知名度，建立更强的品牌影响力，同时也使内容能够为更多消费者提供价值。

3. 通过内容向品牌方提供体验反馈。数字时代，不仅品牌方能够依托大数据技术采集消费者在社交媒体上留下的行为数据并从中分析消费者的偏好与需求，消费者同时也能够主动通过在社交媒体上发布点评、评论等相关内容来向品牌方提供对于产品或服务的反馈。品牌方能够从这类反馈型用户生产内容中了解消费者的真实想法，洞察消费者的真实需求，进而从消费者的真实所需出发来塑造符合消费者价值取向的品牌。当未来消费者的需求和偏好发生变化时，品牌方也能及时地从消费者新发布内容的变化中捕捉到这一信息，迅速对品牌经营进行调整和完善，从而长期保持与提升品牌价值。

消费者通过线下体验产品或服务形成反馈信息，在线上发布有关体验的内容，这种形式既缩短了品牌获取消费者信息及挖掘潜在市场的时间，又能够满足消费者的表达欲以提高消费者感知价值。社交网络平台上的包含消费者体验的用户生产内容已成为品牌营销传播中不可或缺的关键部分，代替了传统的问卷调研、线下访谈等获取消费者反馈的形式，逐渐成为品牌建设的重要依据。例如，小米手机开发团队通过在品牌论坛上"发帖""回帖"来与其品牌社群成员交流，分析用户在论坛上发布的内容，从中挖掘用户需求点，并主动邀请品牌用户撰写新产品的"体验报告"，根据用户内容中的重要反馈信息来调整产品开发，与品牌社群共同构建品牌。

三、内容营销的问题及对策

（一）内容转化率不高

在品牌选定平台进行投放之后，常常面临这样的问题：阅读量看起来不错，转化率却比较低，没有达到自己的预期。这往往是因为品牌对目标用户不够聚焦，且消费者对内容的获取成本大于获得利益。所以，品牌在进行内容营销时，需要一开始就对发布的内容做好"定性"。同时，结合场景的安排，对产品进行描述，在搭建好的场景里面告诉用户，这个产品能够满足用户的什么需求。有了完备的流程，才会提高内容营销的内容转化率，内容转化率对品牌销售与传播的贡献远远大于阅读量所带来的贡献。

越了解目标用户，发布的内容就会越受欢迎，越容易得到用户的响应。站在用户的角度，接收内容营销的信息时，普遍只会关注自己的需求能否被满足。所以，在进行内容营销时，企业需要站在用户的角度，为他们提供帮助，不能急着去推销品牌产品，而是要做好用户需求分析，降低用户获得知识的成本，获得用户的好感。除此之外，还需要结合用户习惯和产品使用场景的推送时间切入用户，并固定时间推送传播内容，培养用户的阅读习惯。

（二）难以与用户建立深度连接

用户是内容营销活动的出发点和落脚点。对千篇一律的营销内容，用户往往不会有很大感受。此时，创新便是内容营销需要关注的问题。互联网品牌除了技术和功能的内容营销之外，需要思考品牌该如何增进与用户的关系，从而提高用户的留存率和产品的可持续性，实现进一步增长。

现如今市场接近饱和，一系列凭借补贴用户而快速崛起的平台，依然还在依赖补贴维持着留存率。有时尽管品牌已经采取了一系列拉近用户的举措，但品牌与用户关系还仅仅处在陌生人到熟人的初期阶段。品牌真正需要思考的是如何与用户建立更深层次的"情感连接"，让其成为友人甚至是家人。例如，摩托车品牌"哈雷"和手机品牌"苹果"，除了产品本身之外，都是通过用户对自己品牌理念的认同感，以及一系列营销之外的活动与用户达成紧密的"情感连接"，让用户对其产生较高忠诚度的。社区电商平台小红书，通过"美好生活分享社区"这个定位，得到了用户高度认同，与用户形成了深度"情感连接"，铸就了新的产品"壁垒"，如今在众多数字产品中的地位难以撼动。

（三）难以精准捕捉用户喜好

虽然热门话题如今变成用户最关注的信息，但信息的爆炸性增长意味着趋势的快速变化，热点也会很快变得过时。由于不同的人有不同的观点，所以很难找到一个万能的玩法来满足所有用户的需求。一个出色的产品需要同时满足消费者的需求与喜好，于是，产品研发第一步就是要了解客户的喜好。可以在将产品推向市场之前首先了解消费者的需求，然后开始开发和生产这种产品来赢得市场。如果只是闭门造车，消费者不购买，所做的任何工作都将付诸东流。除了推出符合用户需求的产品之外，数据分析也极为重要。要想从广大用户中收集足够的信息来进行分析和解释，就需要大数据。原因很简单：一个产品要想获得巨大的成功，需要得到广泛的用户支持。只有将这些信息转化为客观数据，企业才能在消费者的海洋中找到最大的共同消费群体，并将其产品带给这些受众。

例如，世界领先的体育用品制造商耐克公司一直在不断扩大其女性运动服系列。然而，最初的销售情况不甚理想。通过分析包括各种调查在内的大量数据，耐克公司发现了一个残酷的现实：首先，女性的运动意识普遍不如男性，她们中的一些人天生就不爱运动。其次，女性比男性更重视衣服的外观，对时尚和审美的要求更高。这两点是传统运动服的天然缺陷。经过一番研究，耐克公司决定，既然不能把产品本身卖给女性，可以通过产品的营销来实现。于是另辟蹊径，通过人文关怀的广告赢得了女性消费者的心。

在今天这个数据爆炸的时代，其背后的数据代表了众多的消费者和用户。因此，谁拥有最庞大、最充分的数据，谁知道如何整理和分析核心数据，获得最有价值的信息，谁知道如何指导产品的生产和营销，把用户引向正确的方向，谁就会赢得客户的喜爱，最终成为市场竞争的大赢家。

 关键术语

内容营销（Content Marketing）；原生广告（Native Advertising）；用户生产内容（User Generated Content，UGC）；赢得媒介（Earned Media）

 复习思考题

1. 简述内容营销的作用。
2. 分析内容营销的理论。
3. 什么是有价值的内容？
4. 数字时代内容营销的价值创造路径是怎样的？
5. 企业内容营销过程中面临怎样的问题？

 本章案例

天猫"有点东西"打爆趋势品类，内容种草进入深水区

进入 2022 年，随着新消费品牌的全面爆发带来的市场冲击和格局重塑，在颠覆传统的消费观兴起的同时，如何升级营销模式，每个营销人都面临着行业、品牌以及用户方面的问题。

作为中国用户生活方式聚合地和商业营销的前沿阵地，天猫洞悉消费新趋势，打造了全新的种草频道——"有点东西"，定位于服务中国消费市场的新趋势、新赛道的孵化，用新的营销思路搭建连接消费者和商家的桥梁，致力于破解

内容营销内卷，用数据+内容融合改变营销未来。

天猫"有点东西"利用多年沉淀的大数据优势，打通全域内容种草到电商拔草的转化链路，通过多元优质的内容重点，呈现新潮流风向、新生活场景、新热点体验、新科技风口……利用强大的搜索推荐算法能力、智选供给端，孵化并联合内容创作者，为中国的新趋势品类与品牌创造不可估量的增长空间。

依附于天猫的大数据，"有点东西"发现年轻人越来越为自己明确的细分兴趣或生活方式买单，因此，频道捕捉全球前沿趋势，内容种草思路以明确的细分品类喜好作为"趋势词"，每周一、周三权威发布，在手机淘宝搜索"有点东西"即可抵达入口。

"有点东西"以市场最热的"元宇宙"概念推出了首个趋势词"数字藏品"后，一个月内发布了一系列引领未来消费风向标的趋势词："山系生活""当潮国色""高质量养宠""白开水妆""健身自律症"……——戳中公众情绪嗨点，并命中其消费痛点。

趋势词：数字藏品。"数字藏品"作为天猫"有点东西"发布的首个趋势词，紧扣"元宇宙"潮流最热话题。其以复制星人"解锁元宇宙"为思路，创作了一部"元宇宙"主题的硬核科幻短片。

趋势词：山系生活。山系生活，是 2022 年十大生活趋势之一，也是天猫"有点东西"发布的另一趋势词。其基于山系达人生活情景和内心的向往，为都市打工人设计了"无限循环"的剧情结构，号召人们打破日复一日的循环，换个路线，去户外发现生活的另一面。

趋势词：高质量养宠。宠物，已成为人们的精神寄托，"撸猫""吸狗"成为人们生活的一种风潮。毛孩子也是孩子，它们已经成为人类的家人，为了提升它们的生活品质，人们越来越舍得为它们花钱。基于趋势词"高质量养宠"，其为"有点东西"打造了首档属于喵汪的恋爱综艺短片。

趋势词：当潮国色。随着时下国潮复兴，民族传统美学大热。汉服、汉饰、古画仿妆等生活方式，让年轻人趋之若鹜。而千百年来，中国传统的经典色系是古今时尚的风向标。趋势词"当潮国色"以时尚片风，聚焦千年潮流风向标，发布属于我们的年度流行色号。

天猫"有点东西"正在探索一条链接品类与品牌的新道路，构筑一条品牌、消费者、内容创作者三位一体的消费趋势新赛道。不论是最前卫的生活态度，还是最玩酷的创意内容；不论是最新潮的好物体验，还是一切关于未来的潮流消费趋势，都在这里集结。

此次营销依靠天猫"有点东西"多元且优质的内容，发布后微博话题阅读量达到 4 亿次，项目也陆续成为各设计及营销类网站首页。

（资料来源：根据《天猫"有点东西"打爆趋势品类，内容种草进入深水区》，数英 DIGITALING，2022 年 1 月，https：//www.digitaling.com/projects/202481.html 资料改编。）

案例思考题

1. 内容营销成功的关键因素有什么？
2. 试分析个人如何进行内容营销。

第十四章　跨界营销

【学习目标】

随着"互联网+"时代的到来，跨界营销给关联度较低的产业融合带来了契机。市场需要真正的跨界，只有以市场需求为出发点的跨界，才能实现企业自身的精准定位。通过本章的学习，应该达到如下目标：

● 了解跨界营销的概念、特点；
● 掌握跨界营销的类型；
● 掌握跨界营销的实施原则与策略。

【思政目标】

跨界的核心在于"创新"，在于勇于突破认知牢笼，以多角度、多视野看待问题并提出解决方案。党的二十大报告指出，实践没有止境，理论创新也没有止境，只有创新才能把握时代、引领时代。要不断拓展认识的广度和深度，敢说前人没说过的新话，敢干前人没有干过的事情，以新的理论推动新的实践。本章介绍跨界营销，旨在帮助学生拓展创新思维，勇于尝试。

 引导案例

喜茶与多芬跨界营销

喜茶通过对传统茶饮进行特色化创新打出了时尚、个性的品牌特色，借助网红经济成为新式茶饮行业巨头之一。喜茶致力于茶饮的年轻化，除进行自身产品创新外，更是与来自食品、服饰、文创等不同行业的知名品牌进行了高达 55 次的联名营销，创造了独特的喜茶潮流文化。

多芬是联合利华公司旗下最具价值的品牌之一，在生活日用品及美容行业中已享誉逾 50 多年，其主要产品为护肤品、沐浴露等日常洗浴护理产品。

喜茶与多芬在 2020 年 5 月推出了跨界合作产品"芝芝桃桃沐浴露"，以喜茶代表商品之一的"芝芝桃桃"作为营销重点。分属食品业与日用品业的喜茶与多芬抓住了二者产品在"形"与"味"上的共性进行产品创新，喜茶以其产品的配色和味道与多芬沐浴露的香味作为共性。此外，喜茶的主要消费者为年轻人，他们更追求生活的品质感，在关注产品基础功能之外更倾向于购买带有能满足其潜在需求的附加价值的产品。

在这次跨界营销中，喜茶与多芬正是抓住了消费者对于沐浴露香型的兴趣与需求点，让消费者不仅会因为产品联合创意的新奇进行尝试，更会在使用后产生正面评价，提升双方品牌在消费者心中的形象，在刺激本次产品销售之外提高了品牌热度和认知度，真正达到了扩大品牌消费者群体以及品牌声誉的目的。

据线上销量显示，在价格相同的情况下，跨界营销开始当月，多芬普通款沐浴露月销量仅 15 000+，而联名款沐浴露月销量则达到 45 000+，实现了销量超200%的增长，并获得了极高的赞誉。

（资料来源：徐雯婧. 品牌拓展新方向：以喜茶与多芬跨界营销为例［J］. 营销界，2021（15）：125-126.）

第一节　跨界营销概述

随着互联网时代的到来，各行各业都受到互联网思维范式的冲击，跨界的浪潮亦汹涌而至。跨界营销在企业生产经营活动中其中发挥着至关重要的作用，它的发展和延伸将去除所有的壁垒和边界，为企业带来新的竞争力。跨界已经成为企业在竞争中脱颖而出的通行道。

一、跨界营销的起源

早在 1999 年，德国运动品牌彪马便提出"跨界合作"的营销理念，并与德国高端奢侈品牌 Jil Sander 开展跨界合作，共同研发推出高端休闲鞋，打破了人们对彪马品牌的刻板定位，彪马品牌被赋予时尚的新内涵。2003 年，彪马与汽车品牌宝马、凯迪拉克合作，彪马专门设计出了一款以宝马 MINI 为原型的"mini-motion"系列运动鞋，宝马 MINI 则在 MINI 的外部印上了彪马著名的美洲豹 LOGO，以此实现跨界融合。随后跨界营销如雨后春笋般层出不穷。2005 年可口可乐与天联世纪跨界合作，为《街头蓝秀》游戏开展全国联合广告与促销活动。2007 年，VICTOR & ROLF 为 H&M 开展跨界设计。2014 年，海飞丝与美柚、滴滴打车等品牌共同推出新品"实力派"。2020 年，喜茶携手茶颜悦色组成喜悦CP。2021 年，六神花露水联合乐乐茶推出奶茶"椰蓉冰椰椰"。2022 年，"国酒"茅台开卖茅台冰激凌，4 万杯上线 1 小时即售罄。

随着 21 世纪的到来，物质极大丰富，产品选择更加多样化，人们的购物标准也变得更加多元化，市场竞争日益激烈，新颖的营销手段和方式不断被人们发现和运用。跨界营销作为一种新的营销手段，一方面打破了旧有营销手段的局限，颠覆了人们对传统营销手段单一、枯燥的看法，其新颖性和趣味性能够吸引人们的注意力；另一方面融合了不同品牌元素的特点，能够从多角度满足用户的需求，使用户对品牌产生黏性，不仅为跨界企业带来经济效益，更重要的是能够丰富其品牌内涵，让其品牌具有立体感和纵深感。跨界营销的产生受到市场环境、消费变化、企业发展等多种因素的作用。

（1）市场环境。由于我国市场经济起步较晚，中国的企业多数情况下是行业的后进入者，同时他们实力弱小，缺少资源与经验，这些企业的首要战略定位是追赶上领先者，缩小资源与能力上的差距。在全球化、互联网深度发展的今天，企业与个人都面临一个变化多端的竞争格局。互联网带给了企业更广泛的客户群，同时将企业放置在一个更大的平台上进行竞争。

（2）消费变化。随着社会的发展，消费者的生活方式发生着快速的变化，如果企业无法快速跟上消费者生活方式、消费模式的变化，就会被消费者抛之脑后。消费者在"现代人"到"网络人"的日常生活转型中构建出"线上线下"双线环形运动的消费模式。较低的转换成本使消费者难以集中于某一特定商品，需求频繁转换。这些不仅要求产品迭代速度快，还要求企业能够从多角度满足个性化需求。现有产品逐渐碎片化，产品依据功能被分割成不同的类别与模块，多种产品进行组合合作才能够满足人们对于某一项服务的需求。随着人们需求和体验上的要求不断提升，相比单一产品，人们更关心多个产品加在一起所能带来的服务。

（3）企业发展。市场经济时代，企业最主要的竞争目标是吸引目标客户。传统的商业模式开始发生转变，流量成为企业的另一抓手。现有学术研究通过大量的研究证实，企业开展跨界营销将积极影响企业绩效。

二、跨界营销相关概念

（一）跨界营销的概念

跨界（crossover）一词最初是篮球术语，指运动员胯下交叉运球。此后，跨界引申指音乐上的混搭，意思是不同的音乐风格混合交融在一起。随着时代和消费者需求的改变，跨界指不同领域之间的合作。跨界营销的概念起源于"共生营销"（symbiotic marketing）。共生营销系统中的主体可能来自同一产业链，也可能来自不同产业链，他们之间可能既有竞争又有合作关系。在共生营销的基础上，学者们提出了联合营销（co-marketing）、品牌联盟（brand alliance）、协同营销（collaborative marketing）、营销联盟（marketing alliance）等概念。这些内容均强调了多主体性、资源共享，是企业采取的营销方式。

有学者（Venkatesh et al.，2000）认为跨界营销是指价值链中的异业企业以平等、独立的地位进行的水平跨界合作。另有学者（Gassmann and Zeschky，2008）认为，跨界就是企业根据现有的需求突破原有的惯例来实现企业的价值增值。

（二）跨界营销的核心

跨界的核心在于创新与突破。当今，创新是一切理论与实践生生不息的力量源泉，既是企业管理的关键问题，也是市场营销的头等大事。彼得·德鲁克早在30多年前就已经说得很清楚："一家企业只有两个基本职能：创新和营销。"对于企业经营来讲，这两者的重要性不言而喻！创新和营销作为企业生存、发展的核心战略，是必须学习和研究的重要课题，如何理解、开展、落实创新和营销，是业内人士共同关心的焦点问题，而"跨界"作为一种营销，自然也离不开创新！跨界的目的在于通过创新解决新的营销环境中存在的问题，实现合作双方的共赢，让企业在实际运用过程中把握实施的原则，避免步入"不识庐山真面目，只缘身在此山中"的境地。只有跳出"庐山"，即"跳出品牌看品牌，跳出行业看行业"，颠覆传统思维，实施"无边际"的运作，大胆借鉴、嫁接其他产品及行业的思想、模式、资源和方法，为己所用，超越过去，获得突破，才能实现多赢！

三、"互联网+"下的跨界营销

（一）发展背景

互联网的飞速发展逐渐呈现出"互联网+"的新形态，"互联网+"强调"跨界融合，连接一切"，这一时代的到来打破了原有的闭合式的商业模式，并深刻地改变着人们的生活方式和消费方式。"跨界"成为"互联网+"时代的新常态与新主题。而跨界营销则是顺应时代潮流、把握跨界趋势的最佳营销方式，这样一来，"互联网+"与跨界营销之间形成了紧密的联系。

中国互联网信息中心发布的第44次《中国互联网发展状况统计报告》显示：截至2019年6月，我国网民规模达8.54亿，互联网普及率为61.2%，其中手机网民高达8.47亿，占比达99.1%。报告中的数据充分地显示出互联网已经成为人们日常生活中不可分割的重要组成部分，互联网对人们的影响不仅仅停留在工具层面，它甚至影响人们的消费方式和消费习惯。"80后""90后"是新一代消费群体的主力军，他们的购买行为更多的是基于场景和体验的感性消费行为。商品的使用价值仅仅是购买的基本条件，他们更多地注重具有个性化的特点并能体现自身价值定位的商品与品牌。

面对互联网席卷全球的世界趋势，早在2015年3月的政府工作报告中，就首次正式提出了"互联网+"的概念，并且制定了推动"互联网+"的行动计划。"互联网+"作为互联网发展的新形态，重构了原有的商业生态秩序，强调企业在发展中融入互联网思维，实现二者的融合与重塑。在这一深度融合过程中，行业之间的壁垒被打破，企业单枪匹马闯荡的日子一去不复返，线上线下的销售渠道被打通，资源进行有效的整合和优化配置，市场竞争日益激烈。面对激烈的市场竞争环境，一些企业为了降低生产成本，以模仿代替创新，生产同质化的商品，导致自身陷入同质化的瓶颈；有的甚至大打价格战，扰乱市场竞争秩序，这种恶意行为无疑会被时代的潮流所淘汰。在应对"互联网+"时代融合与转型的新趋势以及市场环境的新特点的过程中，跨界营销脱颖而出。首先，跨界营销强调企业之间要相互合作，整合资源，打破闭合的营销状态，这一点与"互联网+"强调互联网与传统行业进行跨界与融合的跨界理念不谋而合。其次，跨界营销坚持以消费者为中心，通过跨界来实现消费者体验上的互补，为其提供个性化和定制化的产品和服务，能够满足新消费群体的需求。最后，跨界营销具有降低营销成本，整合资源，突出品牌差异化等特点。

（二）核心理念

1. 价值落地。"互联网+"时代主张在传统行业中融入互联网因子，但并不是购买粉丝或者将线下产品内容直接搬运到线上那么简单，而是要通过接入互联网，能够更好地满足用户的需求，因此"互联网+"时代跨界营销的核心就是要切实地为用户实现价值落地。

网易新闻、毒舌电影和KFC在2016年平安夜前夕在北京、上海两地开展了一次"24小时影院"的跨界营销活动。该活动没有常规的购票渠道和排片要求，观众可以24小时免费入场，由电影行业的头部自媒体"毒舌电影"提供高品质的片单，KFC提供小食拼盘开启任性电影院模式，该活动以"躲进电影院，与全世界失联"作为活动主题，为渴望一丝平静的人提供一处隐蔽之所。在这次活动中，毒舌电影以自己的粉丝为基础开展这次营销活动，并不是直接消费粉丝，而是从粉丝的角度出发，以更紧密和温暖的方式进行情感的沟通与传递，为粉丝带来切实的放松与享受，真正地实现粉丝对品牌价值观的嫁接与认同。相比带动产品销售，KFC的小食拼盘在粉丝聚集的场景中更多了一重情感沟通的功能。而网易新闻通过这次活动涉足年轻人聚集的自媒体领域，可谓一种全新的品牌战略。

在"互联网+"时代跨界营销是一种价值营销，不是单纯的跨界合作吸引眼球，而是真正地帮助用户实现价值落地，从而达到用户对品牌产生认同和共鸣的效果。

2. 数据打通。大数据、云计算、物联网和虚拟现实等互联网新兴技术的创新与发展不断地改变着人们的生活状态。其中，数据化可以说是互联网平台的重要特征之一。美剧《纸牌屋》运用数据分析用户的收视习惯和喜好，并在此基础上进行创作和拍摄，智能化地把握用户所需，成为风靡全球的影视作品。

事实上，数据打通也促进和推动了跨界营销的成熟与普及。通过数据的收集与挖掘，能够深入地了解消费者的偏好和体验，把握用户画像，寻求匹配的跨界合作伙伴，在此基础上打通数据，智能地实现资源的优化配置，实现利益的最大化。比如腾讯和滴滴进行跨界合作：一方面，腾讯在"补贴大战"中为滴滴提供强有力的资金支持；另一方面，滴滴本身作为"互联网+"时代交通领域的跨界企业，主要依托大数据技术对乘客出行需求和空车资源进行匹配，从而提高出行效率，优化资源配置，而"腾讯云"在数据处理方面具有技术上的优势，在长足的合作中，滴滴将数据系统搬到"腾讯云"上，提高了滴滴出行的稳定性和安全性，既能够满足用户的出行"刚需"，又能够优化用户体验，真正实现了"让出行更美好"。不仅是滴滴打车，阿里巴巴的"菜鸟物流"系统、"饿了么"

等外卖平台的配送系统以及高德地图等导航系统都是依赖大数据和云计算等互联网技术才能够实现精准定位和高效配送的。

3. 深度融合。"互联网+"主要是指"互联网+传统行业"，但事实上互联网本身强调"连接一切"，数据和技术将人与人，人与设备，人与服务都进行连接和打通，跨界营销已经成为营销领域的一种常态，"互联网+"时代的跨界营销不是单纯地促销合作，更不是简单地将线下产品搬运到线上的模式。跨界营销要从思维跨界开始，将产品、品牌、渠道、媒体资源、售后服务等全方位地跨界融合起来。

小米与QQ空间在跨界合作的过程中就实现了多方面的融合与合作。首先，从产品和品牌定位的角度上，小米品牌选择QQ空间作为新产品的首发平台。一方面，小米品牌的受众多为年轻的互联网用户，这与国内第一大网络平台QQ空间具有很大的重合度，容易使用户产生认同感并减少用户沟通成本；另一方面，QQ空间的用户之间具有强关系和强连接的特点，有利于形成活跃的口碑传播。其次，小米通过QQ空间获得了大量的用户数据与分析，并在此基础上对目标用户进行了精准的信息流广告投放和首发信息推送。最后，在媒介传播方面，小米通过分享、签到、点赞等社会化媒体的互动方式，不断地积累粉丝，提升热度。此外，小米设计了"有限供给"，实行用户必须获得"F"码才能购机的新式营销方式，其神秘性激发了用户的购买欲望，同时也引发了社交媒体上的"病毒式传播"。

"互联网+"时代的跨界营销不是简单的拼凑，而是在数据和技术的依托下，寻求目标用户相似、产品与品牌的定位能够互补的合作对象，然后通过创造性的合作方式，打通渠道，为目标用户提供更加多元化和定制化的体验和服务，实现多方共赢。

第二节　跨界营销的作用与类型

一、跨界营销的作用

(一) 延伸产品的功效和应用范围

当前的市场环境中，同类品牌如同"牌"山倒海。各行各业之间的界限随着跨界活动的开展逐渐被打破，在一个大的概念范围内，行业之间早已相互融合，你中有我，我中有你。我们难以分辨一件产品应该属于哪个行业，比如康王洗发产品，也许你认为它属于日化用品，但其实它属于药品行业。

(二) 满足新型消费群体的需求

互联网、大数据时代的快速发展，促使消费者需求逐渐呈现多元化，开始从满足根本需求转向对品牌、享乐的需求。对任何一款产品，他们不仅要求满足功能上的需求，还要体现出一种生活方式或个人价值。

（三）提升品牌的竞争力

任何一个优秀的品牌，由于特征的单一，受外部性的影响较大，尤其是出现具有替代性的竞争品牌时，企业品牌的影响力就会受到挑战。跨界营销"1+1>2"的溢出效应吸引着企业。一是跨界营销伙伴间的非竞争性属性，可以有效减少联盟参与者通过牺牲合作伙伴的利益来获得市场地位的行为，降低营销过程中可能发生的资源使用冲突、运行风险等，从而增强跨界营销系统的结构稳定性。二是在持续的行业融合背景下，不同行业之间技术替代方案不断增加，极大降低了企业进行跨界技术信息搜索、跨界市场信息搜索、跨界学习以及跨界整合的成本。基于这些原因，跨界营销通过行业之间的相互渗透和相互融合，品牌与品牌之间的相互映衬和相互诠释，使得企业整体品牌形象得以加强。

二、跨界营销的类型

跨界营销在类型的划分上有两种划分方式。

（一）从行业发展观角度进行划分

1. 水平跨界营销。水平跨界营销主要指两个及两个以上的企业为了共同的发展进行跨界合作和资源共享，这种跨界方式相对普遍，比如星巴克入驻天猫国际，以官方身份售卖其马克杯和会员卡等商品，同时天猫推出星巴克彩蛋等定制化商品，并将其 LOGO 广泛展示在星巴克门店中，二者达到了互为对方品牌背书的高度。

2. 纵向跨界营销。纵向跨界主要是指企业在发展过程中整合各部分的资源，并延伸到其他领域形成全新的发展体系。例如，随着三、四线城市生活水平的提高和购物需求的增长，阿里巴巴和京东等企业积极采取下乡刷墙、大篷车等具有乡土气息的方式展开宣传，并提供"送货到家"的物流服务，进行渠道下沉与拓展，释放乡镇地区的消费潜力。当然，纵向跨界不仅表现在渠道方面，一些企业进行的多元化经营布局也是典型的纵向跨界营销。

3. 交叉跨界营销。交叉跨界主要是在融合水平跨界和纵向跨界特点的基础上，进一步加入了消费者互动的环节。例如，电影《小时代3》在热映过程中，同新辣道鱼火锅开展跨界营销，推出"小时代"套餐。一方面，新辣道能够借助《小时代3》电影宣传以及其明星阵容所带来的粉丝效应，获取更多的用户认可和利润；另一方面，《小时代3》的制作方也能够在合作过程中获取比较可观的利润分成。可以说，这次跨界营销是与粉丝开展合作的一次大胆尝试，是典型的交叉跨界营销。

（二）更为普遍的分类

上述跨界分类方式较为宏观，更为普遍的跨界营销可以分为产品跨界营销、渠道跨界营销、文化跨界营销、战术跨界营销四类。

1. 产品跨界营销。互联网已经渗透到人们生活的方方面面，不断地更新着人们的生活方式和需求，传统行业不断地被新产品所冲击：余额宝颠覆理财、自媒体颠覆纸媒、58同城颠覆家政服务、滴滴打车颠覆出租车行业等。互联网打破了原本呈线性发展的产业格局。在"互联网+"的时代背景下，不同产业的基因都需要重新组合，企业推出的产品需要不断地迭代更新，在这一过程中产品跨界变得更加普遍和多元化。

(1) 改变产品的价值属性。第一种常见的产品跨界方式是：改变产品的价值属性。基于这种理念研发的产品主要是在原有产品的基础上附加或者强化的产品的其他属性，使得产品焕发新生，树立全新的产品形象，在不同的领域拓展市场。其中比较典型的案例就是云南白药跨界牙膏领域。云南白药作为传统药企，受到外部竞争环境的影响，遇到了发展的瓶颈，在寻求转机的过程中，云南白药以已深入人心的"止血、修复和化瘀"产品功能为核心资本跨界牙膏领域，研发出具有牙龈止血功效的全新产品，将目标消费者定位为乐于接受新生事物，具有预防意识以及对药品具有一定敏感性的人群，这样一来云南白药不仅能够保留其技术和品牌上的优势，而且能够跨入全新的营销领域，占据药效牙膏的空白市场，获得比较高端的价值定位。云南白药在产品跨界研发的过程中，主要运用其核心的药效技术，只不过以往产品的药物定位变成了新产品的牙膏定位，其价值属性发生了根本性的改变。其核心优势已经植入目标消费者的心中，因而有利于新产品的推广以及云南白药品牌形象的提升。当然，产品跨界并不是一定要完全跨入全新的行业和领域，适当地增加产品的附加属性也能够帮助产品跨界。招商银行信用卡和亚马逊合作推出"网红快递袋"，其文案为"我的心愿是买到世界充满爱""一日之计在于刷"等。虽然这只是一次看似简单的产品跨界，但是合作企业针对海外购物的目标消费群体，选择可以百分之百触达用户的快递袋作为传播媒介，附上迎合现代人购物心理的文案，无疑为快递袋原本单调的包装属性增添了娱乐和趣味的效果。这种产品跨界同样可以为用户带来贴心的体验。

(2) 不同品牌共同合作研发新产品。第二种常见的产品跨界方式是：不同品牌共同合作研发新产品。在"互联网+"时代，人们的需求具有复合性，功能单一的产品难以取得竞争优势，企业可以和同行业或者其他行业的企业进行合作，优势互补，借鉴不同的产品理念，为受众带来全新的体验和感受。在产品跨界的过程中往往也伴随着技术跨界。红牛功能饮料曾和 Hallym 大学进行合作，推出一款适用于智能手机的红牛饮料罐形状的便携充电器，这款充电器不仅外形独特，而且在充电过程中和充电断开状态下都会显示出红牛的移动网页。当下智能手机越来越普及，人们对于便携充电的需求很大，这款产品准确地把握住了这一市场趋势，因此研发便携充电器具有很强的实用价值；其次，红牛饮料的目标受众和广泛使用智能手机的年轻人具有很大的重合性，能够精准定位目标消费群体；最后，红牛一直以"功能饮料和补充能量"进行产品定位，而便携充电器也是补充能量的典型产品，二者有异曲同工之处。在这款便携充电器的使用过程中，红牛饮料不可看见之能量跃然于屏幕之上，化无形为有形，巧妙地将产品理念传递给用户，让人们对红牛补充能量的功效更加直观和印象深刻。类似的案例还有很多，比如苹果和耐克共同推出的"Nike+iPod"系列产品，用户在穿着耐克鞋运动的过程中可以实时查看和存储运动热量消耗等锻炼数据。又如，强生公司的创可贴和迪士尼开展合作，推出针对儿童的印有迪士尼卡通形象的实用创可贴等。不同品牌在结合自身产品特性的基础上，共同合作开发产品，让用户从不同的视角和场景去感受产品，体验全新的生活方式。

2. 渠道跨界营销。跨界营销，就是整合利用不同领域资源，包括不同品牌的渠道资源，实现融合共进，提高品牌曝光度。渠道不仅是企业扩大产品销量、占领市场份额的重要途径，还是企业推广品牌理念、文化和精神的重要方式。随着"互联网+"时代的到来，线下渠道不断与线上渠道跨界融合，原有的常规渠道向新的移动互联网渠道进行拓展，逐步形成全方位、立体化的渠道体系。

（1）渠道共享。渠道共享，即具有相似目标消费群体的不同品牌相互交换和共享渠道，让目标用户能够广泛地接收品牌信息。例如，万宁在发布扫微信二维码填写信息成为微会员的活动中，与微信的天然载体魅族手机开展渠道跨界合作：用户在成功注册微会员的过程中有机会抽取魅族手机一部，而魅族用户在转发活动信息的过程中有机会获得万宁充电电动牙刷。在活动过程中，魅族手机借助万宁遍布全国的线下门店的优势，进行多渠道覆盖，通过在门店放置海报、门口设堆头、派发宣传单页、在《优家》杂志上投放广告和召开新闻发布会等多种方式进行捆绑宣传，并且万宁还在微博、微信等线上平台积极发布活动信息，形成线上线下渠道打通、即时互动的宣传体系。渠道共享的跨界方式相对比较普遍，例如，惠普商务电脑在宝马的全国门店进行展示，理肤泉等美妆产品开拓OTC药店渠道，等等。在这一过程中合作双方对不同的销售渠道进行整合共享，拓展销路，加强宣传，实现了扩大影响力和互利共赢的合作效果。

（2）渠道融合。渠道跨界的第二种主要方式为：线下渠道与线上渠道的融会贯通。线下渠道的价值在于能够为用户提供切实的体验和服务；而线上渠道则能够提供足不出户的便捷方式，节约用户的时间和空间距离，二者相得益彰，共同打造全新的渠道生态圈。这类渠道跨界的典型代表就是中国邮政贺卡。众所周知邮政贺卡一直以来都在邮政营业厅进行发行售卖，邮政营业厅是垄断性的特殊渠道。但是随着贺卡替代品的不断出现以及移动互联网的普及，人们选择祝福的方式更加多样化和网络化，邮政贺卡业务受到了前所未有的冲击，于是邮政贺卡开通了网上发行的模式，用户可以在线上完成贺卡的选购、支付和投递过程，同时邮政贺卡结合线下传统渠道和新开通的商超专柜渠道形成了整合性的渠道系统，为用户提供了更多的购买方式。

在"互联网+"的新经济环境背景下，一方面行业之间的界限变得更加模糊，企业跨界发展使得市场竞争日益激烈，产品同质化现象日趋严重，企业通过渠道跨界能够加深彼此之间的融合渗透，增强企业之间的支持与合作，在打造全渠道格局的过程下，企业的市场布局会更加立体化和系统化。另一方面，新消费群体的需求更加多样化和碎片化，通过对新消费群体年龄、职业、爱好、身份等数据的剖析，可以优化跨界渠道，让不同特点的消费群体能够在恰当的场景和方式中接触产品信息，提升渠道质量，优化用户体验。

3. 文化跨界营销。文化是企业和品牌发展的内核，"互联网+"时代加速推动着文化的多元化发展与融合，无论是要实现企业本土化营销，还是老品牌进行活化，都需要进行文化跨界，不断地丰富企业文化、品牌文化和产品文化等，增加品牌的价值和内涵。品牌要想不被市场淘汰，就必须紧跟潮流，及时吸收新文化元素，获得年轻群体的认可。

我们每个人都是文化的主体，具有本土化和个性化的文化特征。通过调查与分析能够发现，品牌的目标消费群体具备一定的文化相似性。比如"初音未来"的目标受众多为热爱二次元的年轻人，而kindle的目标受众则是追求便捷的阅读爱好者，企业在精准定位目标用户的基础上，要把握用户的文化特征，才能更好地增加品牌附加价值和产品溢价。比如，星巴克不仅将自身定位为一家咖啡店，更是刻意将自身打造为人们休闲的"第三空间"。又如，肯德基在20世纪70年代进驻中国香港地区的时候，因为没有正确把握东西方的饮食差异而经营不善，最终不得不全线撤退。后来在吸取香港经验的基础上，肯德基进驻中国内地，对中国的饮食文化等深入把握，对产品进行"中国特色式"改良，推出了符合国人口味的老北京鸡肉卷、豆浆油条等本地化食物。同时，肯德基为就餐环境创造出一种宾至如归的氛围，为儿童设定专门的游乐区域，其"宅急送"也符合现代人快节奏的生活方式。肯德基作为跨国企业，在本土化的过程中通过文化跨界满足用户的文化诉求，可以在价值观等精神层面与用户达到共鸣，增加品牌无形资产，使品牌具有持久的生命力。

4. 战术跨界营销。市场竞争日益激烈，消费者对于以往单调的营销手段变得麻木和反感，企业之间开展营销战术跨界合作成为一种比较常见的跨界方式，即企业共同开发市场机会，增加市场份额和利润。

例如，国民传统饮料健力宝和京东钱包开展"钱包新力量，想拿就拿"的促销活动，在这次活动中，用户通过扫描健力宝瓶身的二维码，可以领取京东钱包的专属红包并进行下载提现，复购还有机会获得话费和流量优惠券等。虽然目前市场的促销活动让人们眼花缭乱，但是百分之百中现金的活动力度还是比较能够吸引人们眼球的。这次促销活动对于老品牌健力宝来说，是一次浸入式跨界营销的体验，通过促销手段，使健力宝在线上线下回归人们的视野，有利于盘活其粉丝经济并刺激消费者的购买意愿；对于在金融市场仍有较大发展空间的京东钱包来说，这次活动吸引了大批消费者的关注，用户在提取专属现金的过程中也给京东钱包带来了大量的装机量和银行卡的绑定量，成功地开发了大量新用户。虽然这次跨界合作的企业来自两个风马牛不相及的行业，但是二者通过有效的营销手段进行品牌的碰撞与活化，同用户形成了良性互动。

互联网的出现和普及赋予营销手段更多的可能性，在跨界合作的过程中从定价、传播和创意等多方面都要更多地融入互联网思维，不是为了促销而促销，而是在数据分析的基础上精准定位目标用户，站在用户的角度开展有趣且有价值的营销活动。不单纯地将利润作为活动的唯一考量标准，与用户形成良好的互动以及品牌文化和形象的有效传递同样是活动的重要目标。

第三节　跨界营销的实施原则与策略

一、跨界营销实施原则

目前，企业在跨界营销的具体实践已经进行了很多尝试。但在实施过程中，很多企业采取跨界营销并没有达到预期的结果，其原因有二：一是将跨界营销简单地理解为联合促销；二是忽视了对双方各自品牌、产品、消费群体、资源等方面的研究，使跨界营销在实施过程中无法实现预期的效果。因此，对于企业来讲，实施跨界营销需要在对跨界营销正确认识的前提下遵循以下原则。

（一）用户为中心原则

在"互联网+"时代，传统行业与互联网跨界融合、并驾齐驱，物质种类和购买渠道都得到极大丰富，市场竞争日益激烈，用户每天接触大量的商品信息，时间和注意力呈碎片化趋势，企业在经营过程中必须以用户为主导，想用户之所想，及用户所未及，方能取得竞争优势。跨界营销作为满足用户体验的营销方式之一，本就主张具有相似用户群体的品牌优势互补，为用户提供更加贴心而富有创意的体验，因此跨界营销的基点就是要坚持以用户体验为中心的原则。

"互联网+"的时代背景赋予用户为中心原则全新的内涵和形式，具有时代的特点和价值。首先，在传统的营销过程中，我们往往按照年龄、地域、职业等信息对用户进行划分和定位，这些数据虽然对于我们走近客户具有重要的价值和意义，但是在"互联网+"的时代背景下，大数据和云计算等科学算法能够帮助我们更有效地发挥这些数据的作用，甚至描绘出用户画像。比如针对45岁的人群，以往我们可能会按照"中年人"的方式进行定位，但是通过数据分析我们发现，时代的变化使人们的心态趋于年轻化，45岁的人却喜欢25岁的穿衣风格和生活方式，以"年轻态"进行市场细分才更为准确。因此"互联网+"时代的跨界营销的品牌要善于运用大数据和云计算等互联网技术对用户进行精准定位，善于发现和引领用户的新诉求，做"有温度"的品牌。其次，互联网催生"新消费群体"的出现，新消费群体具有追求变化、寻求差异化的消费特点，在跨界营销的过程中要实时把握用户需求，可以为用户提供个性化或定制化的产品和服务，但产品功能同质化现象严重，具有优势的技术和设计很快就会被批量生产。面对这种境况，企业一方面要运用互联网的迭代思维，对产品进行更新换代，不断完善；另一方面可以通过文化跨界的方式，增加产品的情感属性，许多产品在功能上大同小异，但是有情怀的产品和品牌能够同用户沟通、交流、产生共鸣，在用户心智中占据一定的重要位置，可以有效地保持用户的忠诚度。最后，跨界营销要围绕消费者的场景需求，把握用户"痛点"："淘宝"打造足不出户的购物平台，减少了人们费时费力逛街的痛点；"滴滴打车"降低了人们出行成本的痛点；"小红书"的海淘平台解决了人们出国购物的痛点；等等。跨界营销通过强强联合，对外在价值进行整合，为消费者创造新的价值，从不同的角度诠释和满足用户的体验，增强品牌的立体感和纵深感，增加用户对品牌的好感及忠诚度。

开展跨界营销的关键一步就是要做好匹配工作，匹配优质的合作对象和合作方式能够帮助跨界营销取得事半功倍的效果，若匹配不合理很可能会导致跨界营销的效果大打折扣甚至对品牌产生负面影响。在选择匹配的合作对象过程中主要有三个维度可以作为衡量"门当户对"的合作伙伴的标准，这里的"门当户对"并不是说企业实力和规模要不相上下，而是指企业之间合作能够优势互补，同时又不失品牌本身的特色和优势。

（二）品牌非竞争性原则

跨界营销的目的是通过合作丰富各自产品或品牌的内涵，实现双方在品牌或产品销售上的提升，达到双赢，即参与跨界营销的企业或品牌应保持互惠互利、互相借势增长的共生关系，而不是此消彼长的竞争关系。因此，需要进行合作的企业在品牌上不具备竞争性，只有这样，不同企业才有合作的可能。

（三）品牌理念一致性原则

品牌作为一种文化载体，体现着消费群体的文化等诸多方面的特征。品牌理念的一致性是指双方品牌在内涵上有着一致或相似的诉求点，只有品牌理念保持一致，才能在跨界营销的实施过程中产生由 A 品牌联想到 B 品牌的作用，实现两个品牌相关联。

（四）资源相匹配原则

所谓资源相匹配，是指两个不同品牌的企业进行跨界营销时，在品牌、实力、营销思路、能力、企业战略、消费群体和市场地位等方面应有共性和对等性，才能发挥协同效应。

（五）消费群体一致性原则

由于所处行业不同、产品不同，每个品牌都拥有自己的消费群体，要实施跨界营销，必须双方企业都拥有一致或重复的消费群体。

（六）非产品功能性互补原则

非产品功能性互补原则指进行跨界合作的企业，在产品属性上要具备相对独立性，合作不是简单地对各自产品在功能上进行相互补充，而是产品本身能够相互独立存在，合作双方能各取所需。

（七）品牌效应叠加原则

品牌效应叠加就是说两个品牌在优劣势上进行互补，将各自确立的市场人气和品牌内涵互相转移到对方品牌身上或者传播效应互相累加，从而丰富品牌的内涵和提升品牌的整体影响力。LG 曾与 Prada 跨界研发一款新手机，但是 LG 为了迎合合作品牌的特点，一改以往电子产品简约的风格，将界面设计得十分繁琐，失去了自身的特色，稀释了品牌价值，得不偿失。

二、跨界营销实施策略

（一）品牌合作，创意为先

"互联网+"时代的到来让许多传统行业都进入了发展的高原期，新事物层出不穷，同质化趋势日益加重，信息过载使人们对营销信息产生疲态。面临严峻的市场环境。品牌要想破除发展的"天花板"，不仅要拥有核心的竞争力，同时也要以开放、共享的心态拥抱更广阔的市场格局。

两个来自不同领域的品牌展开跨界合作，抑或是成熟品牌跨界发展的全新领域，其营销行为本就吸引眼球，充满创意，但跨界营销的创意远不止于此，而是从思维方式、价值观念和营销模式等全方位进行创新和变革。

首先，跨界营销可以从解决用户痛点的角度提升创意。例如：支付宝、微信等推出"扫码支付"的便捷功能，跨界金融领域，就是抓住了日常生活中吃饭、打车和购物等生活场景需要准备零钱和银行卡等不够便利的用户痛点；"Wi-fi 钥匙"等 App 也是意识到随着人们对网络需求的日益增加，但是却经常出现流量不够用的用户痛点，从而打造一款满足用户需求的 App，既不缺乏创意，又有很强的实用性。

其次，跨界营销可以跳出常规思维进行微创新来完善用户体验。例如，招商银行信用卡和"故宫淘宝"跨界推出一款中国风"奉招出行"定制行李牌，这款产品虽然没有包含过多的技术含量，但是招商信用卡在境外市场占据主要份额，而行李牌则是出入境用户的必备品，通过与"故宫淘宝"的合作，为用户定制独一无二的行李牌，既贴心又实用。"故宫淘宝"通过这款产品不仅向世界传递了中国传统文化，而且与用户搭建了情感上的交流和沟通。

最后，跨界营销可以在营销活动中发挥创意优势。例如，Uber 作为一个叫车软件开展了一系列惊喜而有趣的营销活动：一键呼叫海陆空，一键呼叫明星，一键呼叫 CEO，等等。这一系列效果惊艳的创意活动赚足了人们的眼球，而且非常人性化。在"妈妈专车"活动中 Uber 与"妈妈网"开展合作，在 9 月 1 日宝宝与妈妈分开进入校园的特殊日子里，Uber 在上下学时间接送宝宝并全程摄影跟拍，记录下这具有纪念性的珍贵回忆，获得了妈妈们的一致好评和广泛宣传。

(二) 契合用户兴趣点，引发互动

许多企业虽然能够意识到"互联网+"时代开展跨界营销的优势与长处，同时也乐于参与跨界营销，但是由于没有在营销活动中真正运用互联网的用户思维，其营销活动往往缺乏话题性和娱乐性，忽视了目标用户的真正需求和潜在需求，只是生搬硬套跨界营销的合作模式，效果往往不尽如人意。比如，平安医药与"1号店"进行渠道跨界，但多数消费者潜意识里认为药品作为专业产品不应该出现在"1号店"这种网络超市，既缺乏专业性，也显得有些不伦不类，这次跨界最终以售卖股份而告终。归其原因，正是因为没有真正地站在用户的角度去考虑问题，不仅难以抓住用户的兴趣点，反而可能被用户所诟病。在"互联网+"时代，用户需求是品牌发展的原动力，只有善于开发用户的潜在需求，多角度地满足用户的现实需求，才能够让品牌具有持久的生命力。不仅要重视用户，更要增加与用户的沟通与互动，才能更准确地把握用户的需求取向。例比，阿里巴巴推出了"娱乐宝"，粉丝通过集结资金参与电影投资，不仅能够获得一定比例的年收益，而且通过少量的资金就能关注影片拍摄进度，与明星进行互动。这无疑充分调动了粉丝的积极性和热情。通过这种互动形式，电影制作方能够真实地把握粉丝们对剧本、演员、导演等要素的意见与看法，为电影制作提供科学的依据和指导。这种模式既充分地利用了粉丝经济，同时也满足了粉丝们对电影幕后的好奇心，可谓一举两得。

(三) 跨界追求极致

许多传统行业在"互联网+"的浪潮下纷纷转向跨界营销，认为跨界营销是进行转型的捷径，实则不然。成功的跨界营销并非投机取巧的表面功夫，而是要从跨界受众是否高度重合、品牌内在价值观是否保持一致以及如何选取恰当的传播模式等多方面进行深层次的战略规划，并且多数具备跨度大、跨度高和跨度深的重要特征。

1. 跨界营销要追求跨度大。来自完全不同领域的品牌或企业展开合作并共同打造一种全新的价值体验，对于用户来说本身就是意外之喜，容易激发用户的好奇心去体验和尝试。但是，跨界不等于越界，跨度大更不是指不顾自身资源和发展而进行盲目跨界。比如，2006 年星巴克将店内音乐制成 CD 获得了广泛好评，之后大肆在书籍、影视、唱片等文化领域布局，盲目地进行跨界营销，不仅没有为星巴克带来预期的效果，反而造成核心资源的分散和浪费，稀释了品牌的核心价值，影响了用户忠诚度。大跨度的跨界营销要在跨界品牌调性一致的逻辑前提下开展，并且不能只顾表面上的标新立异，而是要深耕品牌价值，不断地进行完善和改进。例如，日本著名品牌"男前豆腐"通过一系列的跨界营销将一家默默经营几十年的豆腐老店打造成潮流品牌，靠的正是大跨度的营销。首先是

定位跨界。从命名方面，"男前"意味着"男子气概"，将软嫩的豆腐与强壮的男子汉这两种差距鲜明的事物联系到一起，让人们感到奇妙。从产品方面，将原本方方正正的豆腐打造成水滴等各种特殊形状，并从用料、口感、包装等多方面进行改良，使其从众多同类产品中脱颖而出。其次是营销跨界。同日本著名的玩具公司"BANDAI"开展合作，将豆腐打造成 8 种玩具形状；与网站联合推出专属歌曲和电话铃声；同高人气动漫"海贼王"共同推出"乔巴"脸豆腐，受到了广泛欢迎。最后是品牌价值跨界。在"男前豆腐"官网引进服装、饰品、电子产品和娱乐产品等多种类型的商品，打造时尚娱乐产业链。普通的豆腐正是因为其大胆而有创意的想法，改变了它只具饱腹功能的食物定位，因为其前卫、时尚的营销方式使产品成为人们一度追捧的热销品，因为其创意化的品牌延伸让整个品牌有了更广阔的发展空间。

2. 跨界营销要追求跨度高。跨度高主要是指选择跨界合作的对象时，选择在市场上具有重要地位和影响力的强势品牌能够借助资源优势，获得更多的关注度。H&M 本是一个来自瑞典的普通平民品牌，但是通过一系列与高端品牌的跨界合作，在公众心中确立了广泛的认知和全新的"平民时尚"定位。一方面，H&M 借助奢侈品牌范思哲的粉丝效应，与范思哲共同打造"Versace for H&M"系列，吸引了大量范思哲粉丝的关注和购买；另一方面，H&M 邀请 Karl Largerfeld 等多名世界级服装设计师为其倾力打造服装款式，同时还邀请贝克汉姆等明星为其代言宣传。H&M 虽为平民品牌，但是通过与高端品牌和各界名人的跨界合作，在平民与高端、品质与价格之间确立了良好的平衡点，其经营模式开辟了全新的市场蓝海，借势合作形成不同的事件营销，不仅获得了较高的关注度，同时也收获了大量的粉丝和经济效益。而对那些一直高高在上的大品牌而言，与平民品牌合作，不但不会降低自身的高端定位，而且通过这样的合作契机接近公众，能够注入更多的亲民元素，获得更多大众化的市场份额。

3. 跨界营销要追求跨度深。跨度深主要是指跨界营销不能只做表面功夫，而要从细节开始实现不同要素的渗透融合，真正为消费者创造全新的价值体验。表面充满噱头的跨界营销只能博得人们一时的关注，难以建立持久而忠诚的用户关系，要想让用户获得难忘的价值体验，首先要从细节方面做到专注和极致。小米在创立之初专注做智能手机，这种专注不仅体现在产品功能的研发上，更体现在产品的细节方面：小米手机的盒子用纸浆做成，充电器的包装袋是磨砂材质的，绑线用专门的套子。雷军说："我们要先把自己逼疯，才能把别人逼死。"正是这种追求极致的专注精神，才能让小米这样一个初创型公司在竞争激烈的智能手机领域拥有了自己的立足之地。其次，跨界营销要为消费者真正地创造全新的价值体验。《王者荣耀》是一款具有上亿玩家的全民手机游戏，它曾与年轻人喜爱的必胜客开展跨界合作。游戏的 LBS 具有定位功能，当玩家走到必胜客附近时，会受到来自必胜客的游戏邀请，必胜客瞬间化身为游戏的集结地，专属的游戏套餐和丰富的游戏周边礼品为玩家提供了有趣的体验。《王者荣耀》通过这次美食与游戏的碰撞，实现了品牌文化落地的尝试，将虚拟的游戏带进人们的现实生活，增加了人们对于游戏的多元体验，意外和惊喜之余，人们会对游戏的品牌理念产生更多的理解和共鸣。

 关键术语

跨界营销（Cross-Over Marketing）；联合营销（Co-Marketing）；品牌联盟（Brand Alliance）；协同营销（Collaborative Marketing）；营销联盟（Marketing Alliance）；云计算（Cloud Computing）

 复习思考题

1. 跨界营销的内涵是什么？
2. 跨界营销的主要类型有哪些？
3. 跨界营销的作用是什么？
4. 实施跨界营销时的原则是什么？
5. 有哪些跨界营销实施策略？

 本章案例

安踏的跨界营销活动

安踏（中国）成立于1991年，是由安踏（福建）鞋业有限公司、北京安踏东方体育用品有限公司和安踏（香港）国际投资有限公司等组成的综合体育用品企业，在2002年荣获我国体育用品界运动鞋民营企业的第一个"中国驰名商标"，在2013年进入"中国品牌价值排行榜"，之后连续四年入选我国最具价值的体育用品品牌。

安踏与可口可乐跨界营销

安踏与可口可乐在2019年的营销是安踏跨界营销的一次成功体验。国产鞋的舒适、低价位固然很好，但与当今年轻消费者的消费观念不匹配。在生产力不够发达的年代，人们的服装、鞋帽使用年限久，耐用、舒适成为第一选择。但随着经济的发展和社会的进步，消费者开始关注产品的其他方面，例如服饰品牌是否具有影响力、品牌历史是否久远、外观是否足够个性化等等。安踏与可口可乐联合，将可口可乐的颜色与安踏鞋子造型相结合，设计出红白相间的潮流鞋，赢得一众年轻消费者的青睐。

安踏与《花木兰》跨界营销

2020 年 3 月 1 日安踏正式推出与花木兰联盟的产品"老爹鞋"。从目标客户来看，安踏这次联名主要将目光放在年轻女性消费者身上，将个性化、目标集中化等营销策略运用得淋漓尽致。这也是安踏近年来跨界营销的成功案例之一。

分析安踏与花木兰的跨界营销，发现其成功主要有两个方面的亮点：第一，紧抓热点。安踏与花木兰的联盟在迪士尼开拍《花木兰》这部动画电影之后。花木兰是我国英雄女性代表之一，也是迪士尼 14 位公主中唯一的一位中国女性。安踏选择在这一时期开发安踏-花木兰联名版，抓住了消费者的心理。第二，目标集中化。与女性消费者相比，男性消费者更愿意在鞋子方面下功夫，目前市面上的潮流鞋也大多针对男性。安踏-花木兰的跨界营销反其道而行，将女性消费者作为目标客户，这是安踏占领女性运动鞋领域的一次成功营销。

安踏与故宫的跨界营销

安踏与故宫联合冬奥会推出安踏×冬奥特许商品故宫特别版，作为安踏 2020 年的开头鞋。这个跨界营销选择三个元素：运动、潮流和传统文化。其中，冬奥会代表运动，安踏代表潮流，故宫代表传统文化。安踏×冬奥故宫特别版鞋子造型霸气，安踏也为它取了一个霸气的名字——"霸道"，并将其绣在鞋舌上。这款鞋子在 1 月 5 日安踏天猫旗舰店发布之后 20 分钟全部售罄，足见消费者的喜爱。安踏与故宫的跨界营销被称为 2020 年我国十例最成功的跨界营销之一，其原因在于：第一，近几年安踏凭借可靠的质量吸引一大批消费者关注，消费者将目光从耐克、阿迪达斯等外国品牌转移到国内品牌，这是安踏跨界营销开展的基础。第二，随着国力增强，我国消费者对国货的认可度逐渐提高，故宫和安踏的跨界营销让消费者感受到我国对品牌的重视；第三，安踏紧跟时尚角度，针对年轻消费者设计出霸气、个性、特色的鞋子外观，满足消费者的心理需求。

2018 年安踏与 NASA 的跨界营销，2019 年与可口可乐的跨界营销，以及 2020 年与《花木兰》、故宫的跨界营销，安踏的这四次跨界营销都是品牌发展史的进步。安踏自 1991 年成立之后一直不温不火，中规中矩的营销方式并没有让安踏在激烈的市场竞争中占到优势。在 2012 年冬奥会上安踏突破以往形象，作为冬奥会的赞助商受到关注，自此走上跨界营销的道路。从目标的时间段来看，将跨界营销的目标分为短期目标和长期目光，短期目标即提高销售量、更新用户，长期目标即实现品牌年轻化、创造新可能。

（资料来源：方青云，孟雪晖．国潮跨界营销策略探析：以安踏为例［J］．商讯，2020（30）：3-4. 有删改。）

？？ 案例思考题

1. 安踏开展的几次跨界营销分别属于哪类跨界营销？满足了什么原则？
2. 假设需要为安踏进行一次跨界营销策划，你将如何进行？

第十五章 营销道德、伦理与社会责任营销

【学习目标】

市场营销观念的内涵不断丰富和变化。20 世纪 70 年代由杰拉尔德·查特曼和菲利普·科特勒提出的"社会营销"观念认为，企业应以市场需求和社会效益为中心，发挥企业优势，以满足消费者和全社会的长远利益。越来越多的企业意识到，营销活动不仅能保持或提高顾客利益，也能保持或提高社会福利。许多力量正驱使企业肩负更高的社会责任。企业不仅要承担经济责任和法律责任，还要承担伦理责任和慈善责任。通过本章的学习，应该达到以下目标：

- 理解营销道德和伦理的基本内涵；
- 掌握社会责任营销的概念、特征、形式和作用；
- 理解中外企业实施社会责任营销的现状和经验；
- 掌握数字隐私保护的内涵和策略；
- 掌握绿色营销的内涵、特点和策略；
- 了解中外企业社会责任营销、隐私保护和绿色营销的现状和经验。

【思政目标】

党的二十大报告指出，加快构建中国话语和中国叙事体系，讲好中国故事、传播好中国声音，展现可信、可爱、可敬的中国形象；同时要推动绿色发展并倡导绿色消费。本章对营销道德和伦理、社会责任营销以及绿色营销等内容和现实案例进行介绍，有利于增强学生对国情、国策以及可持续发展理念的认知，旨在提高学生的社会责任感和伦理道德感，促进社会主义核心价值观的践行，以培养民族自豪感与爱国主义情怀，坚定文化自信。

 **引导案例**

鸿星尔克的洪灾捐助

在这个大众创业和万众创新的新时代，我国的市场主体越来越多，营商环境、认知管理水平、运营技术、消费需求等也都发生了很大变化，这些都对企业运营提出了更高的要求与期待，民众对企业履行社会责任的呼声也越来越高。

2021 年 7 月 20 日，河南遭特大暴雨袭击，导致人员伤亡和数以亿计的财产损失。全国人民自发捐款捐物，帮助河南重建家园。7 月 22 日，鸿星尔克捐赠 5 000 万元物资驰援河南。中纪委网站评论指出，鸿星尔克"自己家底不厚，却向灾区捐赠大笔物资，并且很低调，在宣传上舍不得花钱，官方微博连会员都没有买。这种强烈的'反差'，感动了无数网友，最终造就了鸿星尔克的意外出圈和爆红"。

鸿星尔克在这次灾情中所表现的责任与担当被社会广泛给予好评，并引来市场巨大回报。据不完全统计，在此期间，鸿星尔克销量狂增 52 倍，直播间销售额突破亿元。在家国情怀、公益事业和爆梗不断的加持下，鸿星尔克迅速成为新的"国货之光"。在中国 500 强最具价值品牌排行榜中，鸿星尔克的品牌价值跃居运动品牌第二位，品牌价值达到 400. 65 亿元。

（资料来源：甲鲁平，倪文豪. 从鸿星尔克事件看新时代企业社会责任的履行 ［J］. 现代商业，2021 （35）：27-30.）

第一节　市场营销道德与伦理

一、市场营销道德

市场营销道德是市场经济的伴生物。随着商品经济及企业营销活动的不断发展，企业为社会及广大消费者提供日益丰富的产品，为国家做出日益巨大的贡献。但是，也有一些企业从褊狭利益出发，做出了一些违反法律及营销道德标准的事情，如毒胶囊事件，假酒假药事件，伪劣化妆品事件，使农民颗粒无收的种子事件，几十元成本的服装按千元以上价格出售的虚假暴利销售事件，等等。西方国家对市场营销道德的研究始于 20 世纪 60 年代，至 80 年代此类研究成为学术界研究的热点之一。1987 年，美国证券交易委员会前主任约翰·夏德（John Shad）捐资 2 300 万美元在哈佛大学商学院建立了目前全球最大的企业伦理问题研究中心，其研究的重点是企业营销道德。其他国家如英国、法国、意大利、德国、日本等也先后开展了对市场营销道德的研究，提出企业经营管理者应当遵循的道德标准。有人认为市场营销决策人应具备社会与道德责任；认为经营管理道德已发生了危机，呼吁管理者重视树立营销道德观等。企业的营销行为是否合乎道德标准，历来是饱受争议的研究课题。

（一）营销道德的内涵

道德是评价某决定和行为正确与否的价值判断，评价某决定和行为是否被大众所接受。

市场营销道德是指消费者对企业营销决策的价值判断，即判断企业营销活动是否符合广大消费者及社会的利益，能否给广大消费者及社会带来最大的幸福。这势必涉及企业经营活动的价值取向，要求企业以道德标准来规范其经营行为，履行社会责任，维护和增进社会长远利益。凡有悖于此的行为，皆属于非道德行为。

（二）营销道德的标准

西方国家伦理界对营销道德的判断标准涉及两大理论：

一是功利论，主要以行为后果来判断行为的道德合理性。未造成不良后果，则该行为就是道德的，否则就是有问题的或不道德的。

二是道义论，主要从处理事物的动机来审查是否道德，并从直觉和经验中归纳出人们应当共同遵守的责任和义务，以这些义务的履行与否来判断行为正确与否。

现实中，通常将功利论与道义论相结合来判断营销行为的道德性。遵循营销道德的营销行为，使营销人员个人、企业和顾客的利益保持一致，有利于企业实现经济效益和社会效益。违背营销道德的营销行为使企业的利益与顾客的利益相悖，虽使企业一时受益，但不利于企业的长远发展，更有损企业在社会公众心目中的形象。因此，使营销行为沿着营销道德的轨道进行，对企业和社会双方都是大有裨益的。

（三）企业营销活动中的道德问题

企业营销活动始于市场营销调研，通过市场营销调研了解现实和潜在顾客的需求，发现市场营销机会，然后选择目标市场，针对目标市场需求的特点，制定市场营销组合策略。市场营销道德贯穿于企业营销活动全过程。

1. 产品策略中的道德问题。为广大消费者提供货真价实、优质产品及优质服务是企业最基本的社会责任，如果违背这一原则，就会违背营销道德。产品策略中存在的道德问题主要体现在以下几个方面：

（1）产品缺乏应有的质量，产品实际上提供的利益较少。

（2）企业有时出于自身利益考虑，不愿披露与产品有关的危险。例如，对儿童玩具中所含有的有害化学元素可能因儿童的吮吸而致病，对家用电器可能由于使用不当而发生爆炸等危险未加以披露。

（3）产品包装不能提供真实的商品信息或包装过多造成社会资源的浪费及环境的污染等。

相应地，可以从功利论与道义论二者相结合的观点来看产品策略中的道德问题。从动机看，企业为牟取暴利而欺骗顾客，如变相涨价、哄抬物价以掠夺消费者的利益；为了压垮竞争对手而实行差异性歧视价格或实行垄断价格；与动机相联系，在手段上采取欺骗、诱惑及强制方法迫使顾客购买产品。从后果看，顾客购买产品后造成严重的经济损失。从企业应承担的社会责任看：企业未按照价值规律进行公平交易，损害了企业及消费者的合法权益；企业未能为用户提供真实价格信息，不利于消费者的购买抉择。

2. 分销策略中的道德问题。分销是指产品从生产者向消费者转移所经过的路线。产品由生产者直接销售给消费者，称为直接销售，主要涉及生产者与消费者的购销关系；产品由生产者通过中间商销售给消费者，称为间接销售，主要涉及生产者、中间商、消费者间的购销关系。各渠道成员根据各自的利益和条件相互选择，并以合约形式规定双方的权利和义务。违背合约有关规定，损害任一方的利益，都会产生道德问题。例如，合约规定零售商只能销售某一企业的产品，而不准销售其他企业的产品，但零售商为了自身利益，不顾合约规定，销售其他企业的畅销品，这显然是违背道德的。同样，生产者凭借自身的经营优势，为了自身利益，控制供货，用威逼手段对中间商减少或停止供货，或者生产者依凭自己的垄断地位，迫使中间商屈从自己的指挥，限制中间商只能从事某种特别的经营活动等，均会引发道德问题。

3. 促销策略中的道德问题。促销是指通过人员推销或非人员推销（包括广告、宣传报道、销售促进等）的方式，将商品（或服务）及企业本身的信息传递给广大顾客，引起他们的兴趣及购买行为。企业的责任在于将产品及企业自身的真实信息传递给广大用户，但在信息沟通过程中经常产生道德问题，诸如发布虚假和误导性广告，欺骗性销售促进，等等。这里主要阐述在广告及人员推销中的道德问题。

4. 市场营销调研中的道德问题。市场营销调研往往涉及调研人员同委托者、调研人员同受访者、委托者同调研人员三个方面的关系。各方只有履行彼此的道德责任，方能保证营销调研任务的顺利完成及调研资料的真实和可靠。市场营销调研过程中的道德问题主要反映在以下几个方面：

首先，从调研人员对委托者的道德责任看，委托者有权要求调研人员保守业务秘密，未经委托者许可，不能泄密；调研人员必须根据委托者的要求，保证调研工作质量，如问卷设计要认真，访问次数不偷工减料，调研人员要严格培训；调研人员要向委托者真实反映其调研所采用的方法、调研时间、调研对象、调研地点、访问方式及问卷反馈率等，使委托者据此推断所调研的资料是否可靠。若调研人员违背以上任何一点，必然会引起道德问题。

其次，从调研人员对受访者的道德责任看，调研人员要尊重受访者的权利，例如，受访者可拒绝接受调研人员的访问；调研人员要尊重受访者的尊严和隐私权；访问者不要在受访者繁忙或不便时去访问，并对受访者身份进行保密；未经受访者许可，不能随意公布受访者提供的资料。

最后，从委托者对调研人员的道德责任看，委托者必须依约支付调研费；委托者要公正、全面地发表调研成果，不能断章取义而对读者产生误导。

二、市场营销伦理

（一）营销伦理的内涵

营销伦理（Marketing Ethics）是20世纪80年代兴起，并在21世纪初得到迅速发展的一门新的交叉学科。它是商业伦理学的分支，根据伦理学的道德原理对企业经营活动中的营销新策略、营销行为进行道德评价和伦理批评，是判断企业营销活动是否符合消费者和社会的利益，能否给广大消费者带来最大幸福的一个有效的价值标准。

营销伦理，简单来说，就是处理营销过程中利益各方相互关系的准则。在企业、消费者和社会三者的关系中，最主要的是经济关系，直接表现为某种利益关系。这种关系的正确处理，除依靠法律外，还需要正确的伦理观念指导。

营销伦理涉及企业组织伦理和个人伦理两个层次。一方面，从企业总体来看，现代企业处于复杂的社会大系统中，企业的经营行为相当程度上通过产品销售或服务提供表现出来；另一方面，从营销人员的行为来看，他们在营销活动中更是直接代表了企业的行为，即营销伦理由营销活动中的个体表现出来。反过来，顾客及社会公众则通过企业销售产品或服务时的行为来判断其是否符合法律规定和社会道德要求。

利益冲突使营销伦理成为一个无法回避的问题，直接的、巨大的竞争压力使营销者常常比其他企业人员面临更多的道德与利润的两难选择，信息不对称为不道德营销行为提供了机会，而营销活动的性质又决定了它更容易受到社会各方的关注，所有这些都使营销伦理问题变得非常突出、非常重要。

（二）营销伦理的意义

营销伦理的意义体现在以下几个方面：

第一，营销秩序诉求。人类行为需要秩序，营销行为同样需要秩序。而秩序的建立不仅需要法律规范，也需要伦理道德的规范。

第二，资源配置诉求。顾客至上不仅是营销管理原则，也是营销伦理原则，体现了以人为本的思想。以消费者为中心进行营销，社会资源也能有效地进行配置，避免资源浪费或无效率。

第三，社会责任诉求。企业是社会生态中的主要成员，要对社会负责，依靠社会，回馈社会，贡献社会。

（三）营销伦理失范的表现

营销伦理影响到企业各个方面的活动，包括营销策略的制定，目标市场的选择，产品策略、价格策略、分销策略以及促销策略中的人员推销、广告、营业推广等策略的制定和运用。

市场竞争的结果就是优胜劣汰。这就要求企业提高整体素质，包括提高营销伦理水平，运用现代营销思想来开展营销工作。目前有相当数量的企业为了追求眼前利益，不增加科技投入、提高生产率、降低成本，不加强全面管理、提高产品质量、增强竞争力，而是在营销中采取各种卑劣的手段，投机钻营，造成营销伦理的严重缺失。究其本质，这些企业缺少法律、道德意识，是严重的利己主义思想在支配着它们的营销活动。具体来说，我国企业营销伦理失范主要表现在以下几个方面：

1. 市场调研的伦理失范。个人隐私保护问题是市场营销伦理中的一个重要方面。通过市场调研，营销商可以获得大量的顾客个人数据。由于相当数量的企业缺乏必要的用户隐私保护政策和措施，用户提供的个人身份、联系方式、健康状况、信用和财产状况等信息很容易被窃取和侵犯。此外，企业进行市场营销调研时，为充分调动公众参与的积极性，通常会有一定的馈赠承诺，但有些承诺并没有得到兑现。

2. 产品策略的伦理失范。产品质量低劣、计划性的产品淘汰、品牌冒充、包装信息不真实、产品认证虚假等问题一直是产品策略方面的首要伦理问题。消费者购买商品时追求货真价实，而一些企业对产品的真实信息存在故意夸大或隐藏；在追求市场份额和销售量时，部分企业盲目地计划性淘汰产品，即故意把产品在实际需要升级换代前就淘汰，而未考虑消费者是否真正需要这种产品或能否承担由此而造成的购买费用增加；在产品包装方面，某些企业故意用非正常尺寸的包装来吸引消费者的眼球，造成价格比较的困难；在品牌冒充方面，相当数量的企业故意在品牌上造成细微差别，引起混淆。

3. 分销策略的伦理失范。分销策略中的伦理失范主要涉及两个方面：一是生产商与中间商之间的问题。生产商与中间商未能完全履行相关经营合同，或生产商供货不及时或供货不足，或对渠道成员进行过分压榨，或中间商返款不及时。二是经销商与消费者之间的问题。例如，过多的空口承诺、误导信息、"价格同盟"以及产销双方相互推诿责任等，坑害消费者。

4. 促销策略的伦理失范。由于信息不对称，企业在促销时往往夸大产品的特色或性能，引诱或操纵消费者购买已滞销的廉价货或进行事先内定的抽奖；采用贿赂、送礼、回扣、宴请、娱乐等不正当行为进行促销，采用有偿新闻等不正当的公共宣传手段。

5. 定价策略的伦理失范。消费者要求企业公平、合理地定价，但部分企业采用价格歧视、掠夺性定价、垄断价格等定价策略，攫取不正当的高额利润。价格歧视是指企业对同一种产品制定两种或两种以上的价格，但是，这种价格的差异并非由产品和服务成本的差别造成的，而是由信息不对称决定的。部分企业甚至故意向消费者宣传虚高的"出厂价"或"批发价"，同经销商建立"价格共谋"，共同欺骗消费者。

（四）营销伦理的影响因素

影响企业营销伦理水平的因素有多种，概括起来主要有以下两类：

1. 外部因素。外部因素主要有市场因素、文化因素及政府因素。市场因素方面，如一些企业在市场供不应求、产品不愁销路时，就会凭借其对某些产品的垄断地位，采用某些非经济手段参与市场竞争，而很少考虑社会及消费者的利益。文化因素方面，我国除了以社会主义文化作为主流文化外，还存在西方资产阶级文化及历史遗留下来的封建主义文化，这些文化交融在一起，对企业经营哲学及企业文化产生了复杂的影响，从而影响企业营销伦理。政府因素主要包括政府立法调控体系是否健全，政府对企业违法及违德行为采取何种态度，等等。如果政府立法完善，执法有力，就会对企业形成一种外在的压力，使之不敢违规；反之，政府立法不全，执法不严，则必然给某些企业违法与违德行为以可乘之机，加剧及扩大企业的非道德行为。

2. 内部因素。内部因素如领导者的经营哲学、企业文化及企业职工素质等。企业领导者是企业的人格化，是企业的头脑和心灵，其个人哲学必然融入企业经营决策的规定与实施中。只有领导者具有正确的经营哲学，在制定营销决策时，才能既考虑企业的利润目标，又考虑消费者及社会的利益，而体现企业营销决策的道德性。企业文化是直接影响企业营销伦理的重要内部因素。企业文化制约着营销决策的动机，规范着营销决策的内容，对营销决策的实施也起着不可忽视的作用。另外，企业职工素质的高低对企业营销伦理水准有极大影响。许多企业发展的事实表明，企业职工的文化、业务及素质高低同企业营销道德水准呈正相关的关系。

上述分析表明，制约企业营销伦理水准的因素很多，这些因素对营销伦理的作用不是孤立地发生的，它们是相互联系、彼此渗透、交融在一起而共同作用的。要提高我国企业营销伦理水平，必须不断完善外部因素与内部因素。一是借助企业外部的社会压力，如法律、社会道德、社会舆论等，主要起促进作用；二是借助企业内部的自我压力，即自我约束力，主要起规范作用。只有在二者的共同作用下，企业才能建立和维持一定的营销伦理水平。

经典与前沿研究15-1

谷歌及其商业伦理

谷歌（Google Inc.）是一家美国上市公司，于1998年9月7日以私有股份公司的形式创立，主要业务内容是互联网搜索引擎。谷歌多次入围《财富》100家最佳雇主榜单，并荣获2013年"最佳雇主"。

谷歌要求其工程师每周都花一天时间在个人感兴趣的项目上，这样的政策导致谷歌具有非凡的创造力，围绕搜索引擎推出了无数让人耳目一新、拍手叫绝的产品，如 Google Earth、Android、Gmail、Google 拼音输入法、Google 翻译、自动驾驶汽车等。

从商业角度来衡量，谷歌绝对是 21 世纪初最成功的 IT 公司之一。同样，在道德领域，谷歌多年来也保持着非常好的口碑。不作恶（Don't be evil）是谷歌一项非正式的公司口号，也是谷歌做事的行为准则或商业伦理。不作恶（Don't be evil）就是拒绝邪恶的事物。不作恶就是用户第一。但是每个搜索引擎都会说自己是用户第一，那么，衡量的标准就要看在和商业利益冲突的时候能否坚持这一点。谷歌"不作恶"的商业伦理，其本质是要维护用户的利益，哪怕是放弃商业利益。实际上，谷歌以其创新精神和"不作恶"的商业伦理，在世界范围内获得了广泛赞誉。谷歌确实不仅仅把商业伦理印刷到纸面上或是在口头上，而是为了维护这一行为准则有过激烈且声势浩大的斗争。

资料来源：王海涛．由"棱镜"事件看 Google 的商业伦理，2013 年 7 月 9 日，http：//www. beeui. com/p/907. html，有改动。

第二节　社会责任营销

一、社会责任营销的内涵、特征与形式

（一）社会责任营销的内涵与特征

1. 企业社会责任。企业社会责任的理念始于 20 世纪中叶。1953 年，霍华德·博文（Howard Bowen）在《商人的社会责任》（*Social Responsibilities of the Businessman*）一书中提出了"商人必须承担社会责任"的观点，掀起了企业社会责任研究的热潮。1963 年，约瑟夫·麦奎尔（Joseph McGuire）在其《商业与社会》（*Business and Society*）一书中写道，"社会责任的观点认为企业不仅要遵循经济和法律的规则，也要承担在这些规则之外的特定的社会责任"。

基思·戴维斯（Keith Davis）（1973）认为，企业社会责任是超过对企业狭隘的经济、技术、法律要求，需要企业考虑和应对的其他事务；阿奇·B. 卡罗尔（Archie B. Carroll）于 1979 年对企业社会责任的概念做了总结，提出了企业社会责任的金字塔模型，指出企业社会责任包含四个层面，即经济责任、伦理责任、法律责任和慈善责任。图 15-1 是卡罗尔的金字塔模型。

实际上，西方关于企业社会责任的含义有各种不同的表述和不同的理解与定义，但基本内涵和外延是一致的。经济学家任玉玲根据我国具体国情提出了企业社会责任的八大方面：明礼诚信、科学发展、可持续发展、保护环境、文化建设、发展慈善事业、保护职工健康、发展科技。这八大责任被视为我国企业的

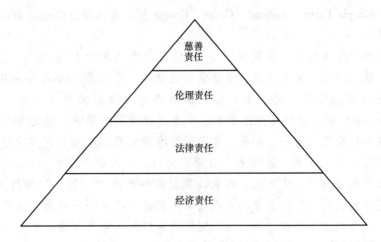

图 15-1 企业社会责任金字塔模型

资料来源：CARROLL A B. A three-dimensional conceptual model of corporate performance ［J］. Academy of management review, 1979, 4 (4)：497-505.

"社会责任标准"（如图 15-2 所示）。

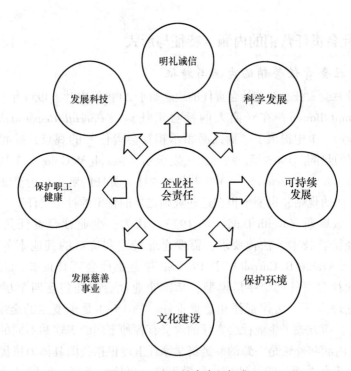

图 15-2 企业社会责任标准

2. 社会责任营销。社会责任营销这一概念是由美国运通公司（American Express）首先提出的。美国运通公司是利用与公益事业相结合的市场营销而将信用卡的使用与公司捐赠相对应的全球第一家公司。1981 年，运通公司与旧金山的"精美艺术团体"联合开展宣传活动，该公司的旅游服务部把"社会责任营销"作为一项服务标识，向美国国家专利局申请注册。运通公司专门成立了一项自由女神维修基金，用户每次刷运通卡或者申请新卡，企业都会捐赠一定比例的资金到该基金。此次活动共筹集了170 万美元的维修基金，运通卡使用率提升了 27%，新卡申请率猛增了 10 个百分点。可以说，运通公司在实践社会责任的同时，也快速提升了品牌的知名度和美誉度。

社会的不断发展必然要求企业将社会利益纳入其关注范围，企业的社会责任营销也将势在必行。菲利普·科特勒在 2005 年出版的新书中，将营销的疆界从商界扩大到一个新的责任领域，此时的营销超越了非营利市场和社会营销，他把这种营销称为"社会责任营销"。

所谓社会责任营销，是指企业通过承担一定的社会责任（如为慈善机构捐款、保护环境、建立希望小学、扶贫），借助新闻舆论影响和广告宣传来改善企业的名声，提高企业形象的层次，提升其品牌知名度，增强客户忠诚度，最终增加销售额的营销形式。因此，社会责任营销的核心就是信任营销。社会责任营销的目的，实质上就是与客户建立信任的纽带，取得客户的信赖，最终得到"基业长青"的回报，实现企业和社会"双赢"的目的。

从企业的角度来看，社会责任营销具备以下几个特征：

（1）主动性：企业积极主动履行社会责任。

（2）合作性：企业与非营利组织合作，实现"双赢"。

（3）宣传性：以社会责任为诉求点，以公益活动为载体，与消费者及社会大众沟通。

（4）双重目的性：产生公益效益，实现经济利益。

社会责任营销是社会营销观念的具体体现，但又与"社会营销"的概念有所区别。社会营销专注于个体的行为改善，而且在通常情况下由非营利组织自身完成。社会责任营销的覆盖范围更广，社会营销可以认为是社会责任营销的一个子集。社会责任营销通过对消费者、对社会的关心来提升企业知名度，以企业形象的提升来带动产品形象的提升，不同于单纯提高产品市场占有率、树立产品形象的一般性促销活动。社会责任营销以关心消费者、关心社会的实际行动来引起消费者的共鸣，自然而然地对企业产生良好的印象。社会责任营销侧重于整体性，以塑造企业形象、勇于承担社会责任为诉求点。

（二）社会责任营销的分类

根据不同的分类标准，企业的社会责任营销活动可以分成不同的类型。

1. 基于活动时间类型的分类。巴恩斯（Barnes）和菲士哲布斯（Fitzgibbons）（1991）将企业的社会责任营销活动分为两类：持续进行的（ongoing）和一次性完成的（one-shot）。一次性完成的社会责任营销活动可以是一天完成的（如"Halloween coupons"对汉堡王和美国畸形儿基金会的推广活动），也可以是季节性的、阶段性的，或是取决于活动完成的时间（如美国运通与自由女神及爱丽斯基金会的合作）。这种一次性完成的项目的最大优势在于活动成本的可控制性，但是弊端在于曝光时间较短，所带来的收益较少，且短期的公益行为易带来消费者对企业动机的怀疑。

相比之下，持续性的社会责任营销活动容易得到公众的广泛认可，随着时间的流逝，消费者通过社会责任营销活动与企业发生联系，对他们而言，消费该公司的产品和服务被看作参与公益事业、实现自我"社会人"的价值观的机会。

2. 基于利益相关者理论的分类。根据卡罗尔（Carroll）提出的企业社会绩效模型四分类法，马丁利（Mattingly）和伯曼（Berman）在2006年正式提出技术性企业社会责任（TCSR）与制度性企业社会责任（ICSR）[①]。其中：TCSR是企业针对主要利益相关者（primary stakeholders）的社会责任活动，即针对当地社区、顾客、股东、雇员以及供应商等的社会责任活动；而ICSR是企业针对企业次级利益相关者（secondary stakeholders）的社会责任活动，即包括政府、消费者维权团体、特殊利益团体等的企业社会责任活动，具体如履行政府的各项法律法规、慈善捐助、赞助社会公益事业等。

3. 基于公益事业类型和范围的分类。顾慧中（1996）按照公益事业类型的不同，将社会责任营销分为以下四种：

（1）人性化社会责任营销。现代社会生活节奏加快，人们工作压力渐增，人与人的交往、沟通越来越少，人情越来越冷漠。人性化社会责任营销针对这种现象，显示企业人性化的一面。这种社会责任营销活动最常见，如义卖产品，将其所得捐助敬老院、孤儿院等。

（2）新闻性社会责任营销。新闻性社会责任营销通过揭示消费者普遍关心的具有新闻性的事件，把握契机，对新闻事件中的人物或事件予以支持和帮助，进而展开营销活动。例如，一些企业的待岗下岗职工生活困难，经新闻媒介披露后，许多企业为下岗人员再就业创造条件，如东方航空公司招聘"空嫂"等，便是新闻性社会责任营销。

（3）参与性社会责任营销。吸引消费者大众共同参与的参与性社会责任营销，从民心的角度，对某种社会现象提出善意的建议或尖锐的批评，唤起消费者大众的共同参与，以达到关心社会、回馈消费者的目的。例如，针对假冒伪劣产品充斥市场的现象，一些名牌产品生产厂家及商场采取悬赏等系列营销活动，"邀请"消费者积极参与并使其受益。

---

① MATTINGLY J E, BERMAN S. Measurement of corporate social action: discovering taxonomy in the kinder lydenburg domini ratings data [J]. Business and society, 2006, 45 (1): 20-46.

（4）趋势化社会责任营销。社会在不断地前进，同时也存在某些负面效应，企业预料未来的发展及揭示需面对的问题，引起消费者的注意，及顺应时代发展而开展的营销，即趋势化社会责任营销。例如，某净水器企业针对水资源日渐减少、水质污染而进行的节水征文研讨、街头宣传等营销活动。

4. 基于企业投资公益事业的形式的分类。企业履行其社会责任，做良好企业公民，投资公益事业的形式多种多样。按照其捐赠投资形式的不同，可以将社会责任营销分为以下五种类型：

（1）慈善捐赠性社会责任营销。企业对其关注的公益事业直接给予资助，这种资助可以是企业提供的产品或服务。例如，2014 年，60 岁的王健林捐赠 4.4 亿元，主要捐赠在文体方面和捐赠给各地慈善总会。2013 年，加多宝向雅安灾区捐款 1 亿元用于灾后重建，并投资 3 亿元在地震灾区建立生产线，以提供就业岗位等造血方式长期支持灾后重建工作。这是最传统的企业公益活动形式，而且数十年都以一种被动、临时的方式操作。

（2）销量决定型社会责任营销。企业承诺给予产品销售额来捐助某项特殊的公益事业或者向其捐赠一定比例的营业收入。通常情况下，这种活动会有一个预先声明的时间段，针对某种特定的产品，并且面向某一个特定的公益机构。捐赠可以是实际数额的现金，也可以是一定比例的销售数额。相关研究（Pracejus, Olsen and Brown，2003）提到了至少三种类型的企业比例捐赠方式：抽象的（如收益的一部分被捐出）、可估计的（如利润的一部分被捐出）和可计算的（如营业额的一部分被捐出）。在我国，这种形式的营销活动被称为"义卖"。

（3）公益事业冠名型社会责任营销。将公益事业冠以公司或产品的名称是许多热衷公益事业的企业常用的做法。例如，宝洁公司和中国青少年发展基金会合作，共同为农村贫困地区的基础教育事业添砖加瓦。

（4）主题活动型社会责任营销。企业组织自己的员工、消费者或其他利益相关者，以主题活动的形式为某项公益事业做宣传，或者筹款。

（5）基金或奖项型社会责任营销。随着相关法规逐步完善和民间机构登记注册放开，中国基金会数量在近年呈现迅猛增长态势。截至 2019 年 5 月底，全国近 7 400 家基金会拥有资产总规模超过 1 500 亿元，全国基金会 2017 年度捐赠总收入 581 亿元，公益总支出 501 亿元。

经典与前沿研究15—2

企业社会责任对品牌销售的影响：基于责任视角

消费者在做出购买和消费决策时，越来越重视企业社会责任（CSR）。本文提出一个全新的基于品牌责任的消费者对企业社会责任行动的反应框架，该框架将企业社会责任分为"纠正"、"补偿"及"培养商誉"。利用一个领先的消费品品牌的企业社会责任新闻稿数据库,作者研究了不同类型的企业社会责任公告对品牌销售的影响。研究结果表明,真正旨在减少品牌负外部性("纠正"和"补偿")的企业社会责任行动可以增加销量,而企业专注于慈善事业("培养商誉")的社会责任行动可能会减少销量。作者提出了两个调节因素——企业社会责任之声誉和企业社会责任之关注环境或社会问题——以及这些效应的机制,并利用实验进行检验。实验结果表明,在不同的企业社会责任声誉的条件下,消费者在不同企业社会责任类型中感知到不同程度的真诚。总体上,结果表明,消费者更倾向于青睐那些直接减少自身商业行为负面影响的企业,而不是被企业的公共慈善形象所打动。

资料来源:NICKERSON D, LOWE M, PATTABHIRAMAIAH A, et al. The impact of corporate social responsibility on brand sales: an accountability perspective [J]. Journal of marketing, 2022, 86 (2), 5-28.

(三) 中国企业社会责任营销现状

经济的崛起将中国推至全球商业舞台的中心。与此同时,随着社会和环境问题的突出以及公众参与程度的加深,公众对企业社会责任营销的期望不断提高。在中国,企业社会责任营销是一个较新但迅速普及的概念。社会责任营销理念鼓励企业在产品安全、环境保护、劳动者权益和社会发展等方面遵守最低要求,同时也要求企业尊重包括雇员、消费者、供应商及当地社区在内的所有利益相关方,将利益相关方的期待融入企业的商业模式中。

1. 相关法律规章制度出台。我国有关企业社会责任的法律法规在内容和标准上逐渐与国际标准同步。《中国企业社会责任评价准则》于2014年由中国企业评价协会在北京发布,是目前在国内企业社会责任评价领域的重要标准。为适应新形势,进一步推动准则的适用性、评价的客观性,推动社会责任评价在引导企业参与可持续发展过程中发挥更大程度的价值,2020年7月30日,由中国企业评价协会发起研究提出的《中国企业社会责任评价准则(CEEA-CSR2.0)》在北京发布,未来五年中国企业评价协会将以准则2.0作为评价依据,开展"中国企业社会责任500优"评价及优秀案例分析等工作。

2. 中国企业日趋成熟。政府倡议、媒体和公众披露让中国公众认识到了企业社会责任的价值,许多企业也承诺将会遵循相关国际准则来履行社会责任。2017年5月20日,包括国际机构官员、高校学者、公益机构负责人等在内的13位国内企业社会责任界权威联名发出倡议书,建议将每年5月20日设为中国"社会责任日"。到了2018年,"520倡议"已成为两会提案,并在社会责任日当天,全国多地、多个组织和机构开展系列倡议活动,倡导"我们">"我"。提升公民社会责任意识已成为一项公益默认常态行动。企业营商环境研究中心主任郭毅认为,这样的节日还能发挥公众的监督作用,让中国企业的社会责任行为更加言行合一。郭毅认为，企业社会责任应发源于企业文化，根植于企业管理，融入企业常态运营实践。

3. 企业社会责任报告评级规范化。在我国政府、资本市场、行业协会等多方力量的推动下，中国企业社会责任报告数量持续增长，发展速度保持良好态势。为持续提升报告评级专业性、科学性与权威性，2020 年 3 月，中国企业社会责任报告评级专家委员会秘书处发布了《中国企业社会责任报告评级标准（2020）》，更新评级依据、评分标准等内容，以期规范报告编制过程，提升报告质量，强化报告沟通与传播功能，推动中国企业社会责任信息披露实现更高质量发展。截至 2021 年 12 月 31 日，共 122 家企业向"中国企业社会责任报告评级专家委员会"申请报告评级，参评企业数量创历史新高。

4. 中国社会责任营销发展趋势。《中国企业社会责任报告研究（2021）》对 2021 年的 122 份参评报告年度特征进行分析，指出我国企业社会责任参评报告质量持续提升，其中 22 份报告获得五星级最高评价，五星级报告数量持续增长。且参评报告过程性、实质性、完整性、平衡性、可比性、可读性、创新性均有较强程度的提升，表明我国社会责任营销发展趋势向好。

综观中国一些企业，在担负社会责任方面最突出的问题主要表现在六个方面：一是无视自己在社会保障方面应起的作用，逃避税收以及社保缴费；二是较少考虑就业问题，将包袱甩给社会；三是一些企业唯利是图，自私自利，提供不合格的服务产品或虚假信息，与消费者争利或欺骗消费者；四是依靠压榨企业职工的收入和福利为所有者谋利润，企业主堕落为资本的奴隶；五是缺乏提供公共产品的意识，有的企业靠国家的优惠政策积累了大量财富，但回报社会的意识淡薄；六是缺乏公平竞争意识，一些在计划经济时期延续下来的垄断企业大量侵吞垄断利润，排斥市场竞争。

二、中国企业社会责任营销缺失的原因分析

（一）企业经营者社会责任意识参差不齐，缺乏全面正确的认识

企业经营者社会责任意识淡薄，缺乏对企业社会责任全面、正确的认识，是导致企业社会责任缺失的最主要原因之一。例如，一些经营者认为，在我国经济社会发展的当前阶段，企业应承担的社会责任就是要把企业经济效益搞上去，并保证劳动者持续就业，而其他责任主要由政府或其他组织承担，企业承担的社会责任越多，则企业经济效益必然受到损害；一些经营者把企业社会责任与捐赠、救助等社会公益责任直接画等号，忽视了企业应承担的基本社会责任和中级社会责任。如果企业经营者社会责任意识淡薄，那么，他（她）不可能带领企业积极承担社会责任；如果经营者不能全面、正确地认识企业社会责任，那么，企业很难有效承担社会责任。从一定意义上讲，企业社会责任就是企业经营者社会责任。

（二）地方政府部门执法不严、监管不力，企业违规违法的受惩罚成本小

依法开展生产经营活动是企业应承担的基本责任。但是，由于我国市场经济的法律法规体系不完善，加上地方政府的执法不严、监管不力，极大地助长了企业不守法、不讲诚信、不负责任的行为。近年来，频频发生的毒奶粉、黑煤窑、黑砖窑、苏丹红、假药等事件都在一定程度上折射出了地方政府执法不严、监管不力的问题。该问题一方面与地方政府某些官员的法律意识淡薄、社会责任感缺失有关，另一方面与地方政府过分追求政绩及地方保护主义有关。过分追求政绩的思想使地方政府对当地企业污染环境、弄虚作假、恶意拖欠等行为视而不见。此外，在一些地方，以权谋私等问题也增加了执法的难度。

（三）消费者维权意识淡薄和维权能力弱

如果消费者普遍拥有较强的博弈能力和维权能力，就可以让消费者的权利成为真实的权利。但目前的实际情况是，我国消费者维权意识普遍不强（维权意识在很大程度上体现为法律意识），并且法律法规不健全、执法不严等因素抑制了消费者整体的维权能力。消费者维权意识和维权能力薄弱，极大地助长了企业不负责任的行为。消费者维权意识和维权能力薄弱还与消费者不负责任的消费行为有关。购买假货、水货是许多消费者习惯的购买行为。从这个角度讲，促进理性消费理念的形成，可以让消费者的潜在力量成为真实的决定力量，让那些缺少社会责任感的企业在消费者用脚投票中感受到市场的力量。当然，消费者维权能力的培养离不开制度保障，如对消费者知情权与监督权的保障，对消费者维权行为的保障。

（四）社会诚信环境不完善

缺乏诚信的社会大环境也是助长企业不负社会责任风气的重要原因。如果政府官员社会责任意识淡薄且不愿意承担社会责任，如果周围的企业都不重视、不履行企业社会责任，如果消费者普遍采取不负责任的消费行为（如购买冒牌商品），那么，在这样的环境中，企业很难产生履行社会责任的积极性。从目前的情况来看，我国能够积极且有效履行社会责任的企业属于少数，加上一些政府官员不负责任地行政、一些消费者不负责任地消费，使企业失去了承担社会责任的压力，更失去了履行社会责任的积极性。

（五）公司治理结构不完善

公司治理和企业社会责任之间是一种相互依存、相互促进的关系，完善的公司治理机制是企业认真、有效地履行社会责任的制度保证，而企业积极承担社会责任的主要表现之一是推动公司治理结构的完善和良性发展。目前，我国许多企业特别是大型国有企业或国有控股公司都存在内部治理结构不完善的问题，如董事长或总经理"一言堂"、经营者激励约束机制不健全、董事会中专业委员会的作用得不到有效发挥、监事会监督乏力等。公司治理结构不完善，导致企业行为短期化和重大决策失误、信息披露不规范、资产流失等问题。

企业履行社会责任的相关法律不完善。我国现在虽然已经制定了产品质量法、反不正当竞争法、消费者权益保护法、劳动法、广告法等一些法律法规，对企业营销活动的社会责任进行了规范，但法律体系还不够完善，与法律法规配套的行业道德规范、社会舆论监控还不是很成熟，执法力度不够，很多企业有违法的市场营销行为，一定程度上漠视法律的履行和社会责任的承担。

三、中国企业如何实施社会责任营销

（一）树立社会责任意识，将企业履行社会责任纳入社会管理范畴

国家有关方面应建立企业社会责任中国标准认证体系。一方面，我国已成为世界第二大经济体，经济发展的质和量得到了提高，建立企业社会责任中国标准可以推动企业履行社会责任逐步走向规范，提高中国企业在国际上的竞争力。同时，建立企业社会责任中国标准也是同国际接轨的体现。从国家层面来看，要让每个公民都履行社会责任；从企业层面来看，在经理人与全体员工中导入企业社会责任意识 CSR，树立企业在为股东创造价值的过程中必须确保利益相关者即员工、客户等的权益，承担相应的环境责任、社会责任的理念。

（二）科学分析企业与社会责任的关系

承担社会责任，不能仅停留在观念层次，关键在于将社会责任纳入企业日常经营管理中。要明晰企业社会责任工作的关联点和重点，擅长运用科学方法和工具以确定重要社会责任营销议题。例如，甄别企业社会责任议题重要性的一个有效方法就是 GRI 实质性原则，即利用内部因素与外部因素来确定某一问题是否重要和为什么重要，这些因素涉及企业使命、竞争策略、利益相关方直接表达的顾虑、社会期望和责任、企业对供应链和消费者的影响以及国际标准与协议的遵循。

（三）选择企业要缓解的社会问题

企业通过"行善"之路来推动自身发展已成为一种必然趋势。对通过企业社会活动支持的公益事业来说，可从以下几个方面来为公益事业和支持这些事业的慈善机构提供各种收益：

第一，通过支持推广性宣传活动，提升公众对公益事业的关注（如星巴克咖啡提升大众对食品来源问题的关注）。

第二，通过鼓励顾客和社区中的其他人向公益事业捐赠的方式支持募捐活动（如英国航空公司 15 年来坚持鼓励乘客把零钱捐给儿童慈善机构）。

第三，通过提供推广和授权使用销售渠道，提升对公益相关活动的社区参与。

第四，支持影响个人行为变革，以及可促进公众健康（如可口可乐非洲基金会的"艾滋病预防"活动）、安全（如联邦快递的"儿童步行安全"活动）和环境保护（如百思买的支持旧电脑回收活动）的行业性实践行为。

第五，提供资金和其他资源帮助慈善机构和公益事业，保障收支或扩展活动范围。

第六，通过在社区推广志愿活动和支持员工志愿服务，增加志愿服务者数量，为公益事业贡献专业技能、创意和体力劳动。

（四）争取责任标准认证

目前，国际上制定了一些企业社会评价标准。例如，联合国前秘书长安南于1999年1月提出了对企业应承担的经济、教育、环境和尊重基本人权的社会责任进行规范的"全球协议"。一些非政府组织也制定了企业社会责任标准，如ISO 14000标准、SA 8000标准等。企业社会责任标准已经成为企业进入公司供应链或产业链，以及产品出口的重要"敲门砖"。此外，必须建立基于企业价值评价标准的社会责任评价体系，以形成全社会多层次、多渠道的监督体系。

第三节　数字隐私及其保护

一、数字隐私的内涵与特点

（一）数字隐私的内涵

数字隐私已经逐渐成为隐私的主要形式，且其数量庞杂，关乎人们生产、生活的方方面面。数字技术的运用会产生大量以固定化的信息方式表现出的数字信息，也就与隐私中的私密信息产生了交集，大量数字信息可能落入隐私的范畴，以数字技术为基础所产生的符合隐私概念的隐私就属于数字隐私。社会变革和技术发展对于隐私内涵的时代更新，数字信息中所占隐私比例的不断提升，赋予了数字隐私更多的内涵。

与传统隐私类似，数字技术下的数字隐私也可分为私密空间、私密活动、私密信息三类。关于私密空间，数字技术下的网络空间虽具有虚拟性，但用户在虚拟的网络世界下也应拥有自己的私密空间，他人不可随意侵入用户存放于个人空间、主页、网盘等的数据资料。关于私密活动，个人在网络上从事的资料搜集、网络社交、购物消费等活动，若与公共利益无关，就属于个人隐私，他人不得随意干涉与侵害。在数字技术背景下，私密信息将是数字隐私最主要的组成部分，其主要又分为个人身份符号、个人财产符号和个人网络账户符号，例如，个人身份符号被互联网传播、大数据应用赋予新的含义后，就成了数字隐私。由此可见，数字隐私相较于传统隐私，范围更加广泛，其保护的范围也呈现出不断扩大的状态。

（二）数字隐私的特点

信息化、数字化、智能化为核心的数字社会化过程，使得个人隐私遭受侵犯的问题凸显，大数据、云计算等各类新技术一直在人们普遍的隐私焦虑、微弱的隐私保护和无奈的隐私交换中快速推进。数字社会的隐私呈现出两个新特征：一是隐私信息化，信息时代隐私的典型形态是数字的；二是信息隐私化，在信息的收集、储存、加工和使用中，一些原本不属于隐私的个人信息成为隐私。

1. 隐私信息化。随着社会的变迁，人们对于隐私的理解也发生了变化，信息性质的变化也使得信息时代的隐私观念发生变化。许多学者认为"隐私是不受他人干扰的权利"，但这样的隐私观念在数字社会已显得过于狭隘，无法有效保护个人隐私。例如，当被隐藏的高性能摄录设备拍摄和监视的时候，个体是很难察觉到的，但这并不表示此时他的隐私没有被侵犯。另外，还有一种隐私观点强调个体在与他人交流时在时间、方式和程度上对自己信息控制的自主性，这种控制是隐私得以实现的关键。也正是由于信息时代个人信息的公开可能产生个人无法控制的后果，才使得信息隐私化得以发生。

2. 信息隐私化。信息时代下人们日常行为越来越趋于数字化，每个人每天都会产生大量的信息，其中的许多信息是不便于向社会公开的，属于隐私信息，人们的这些隐私信息时时刻刻都在累积之中。隐私信息化的过程包含很多类型，有的是新的科学和技术手段带来的，有的是因个体的隐私风险意识不强而无意间产生的，有的是在各种利益和动机下主动交换的，也有的是信息监管不力所产生的。隐私信息化的途径很多，最常见的在于各类手机 App 采取的"征询–同意"模式。这种"征询"往往是强制的，使得原本不该产生的大量隐私信息被获取。但是，当一个人大量的公开信息被追踪和整合后，其性质已经发生了质的变化。特别是在大数据、人工智能背景下，信息加工处理能力强、速度快，这种信息隐私化过程就成为个人隐私的最大威胁。

二、数字隐私泄露风险

数字营销在消费者无意识和无察觉的情况下搜集、获取和使用消费者信息，这些行为可能会给消费者带来隐私风险：

（1）信息搜集行为消费者无法感知。数字营销利用 Cookies 来跟踪消费者行为，用日志程序记录消费者的交易情况，利用嵌入式软件标记用户特征和环境、利用开放式或半开放式的社交应用抓取用户关系信息等，这些获取消费者隐私的行为大多是在消费者无法感知的情况下发生的。

（2）信息获取行为消费者无法控制。尽管一些浏览器也具有删除浏览记录和管理 Cookies 的机制，移动应用也可以关闭位置信息，然而随着追踪技术的不断更新换代，比如继 Cookies 之后的 Flash Cookies 与追踪 Cookies，用户无法将其从浏览器上删除。很多移动应用关闭位置服务会影响正常使用。相对于专业的数字营销工作者来说，消费者在很大程度上无法控制也疲于应付其信息搜集行为。

（3）信息使用情况消费者无法知晓。在获得了消费者隐私之后，这些消费者信息的开发使用情况消费者无从知晓。更可怕的是，这些消费者的信息成为商品，未经消费者知晓和授权而进行随意流转、买卖。消费者数据的流转、买卖主要分为两种形式，一是商家之间的交换与共享，另一种是销售个人数据。比如，能够识别消费者财务状况的数据比较吸引信贷机构的购买兴趣。消费者数据的流转、买卖扩大了对消费者信息的使用，增加了消费者的隐私风险。

（4）信息泄露的后果消费者无法预知。对商家越权获取、使用、交换、买卖消费者数据给消费者带来的后果，消费者无法预知，往往在后果显现出来时消费者已经遭受了危害。

从信息搜集、获取、使用、泄露的情况来看，消费者对数字营销获取隐私的种种行为既无法感知也无能为力。这些都有可能引发消费者的隐私风险。随着隐私泄露形式的多元化，我国现有的隐私保护体系面临严峻挑战。

三、数字隐私保护原则与策略

数字隐私保护是在数字营销中发展出的概念。简单来说，数字隐私保护是对个人不愿被了解的敏感数据信息进行保护的措施。随着互联网技术，尤其是大数据技术发展而来的数字营销使广告主梦想成真，数字营销可以通过 Cookies、Web bugs 等方式自动搜集消费者数据信息，通过社交软件跟踪消费者的人际关系网络，通过定位服务了解消费者的位置信息，通过微博等平台了解人的情绪信息。据此，广告主能够将广告信息传送给最希望到达的消费者，最大程度地实现精准化，消费者可以获得自己需要的商品或服务信息。然而，从另一方面来看，广告主这一目的的实现是建立在对消费者信息、行为和生活空间的跟踪和了解的基础上的。这些信息如何被搜集、使用，多数消费者对此一无所知，宛若赤裸裸地站在广告主面前，被广告主监看。在消费者毫无察觉的情况下，肆意获取消费者信息、监看消费者行为、潜入消费者私人空间，这些行为可能会侵犯消费者的隐私并给消费者带来隐私风险。这种违背消费者意志的行为实质上是对消费者自由的侵犯，在此基础上数字隐私保护成为数字营销和精准化营销过程中被空前关注的重要话题。

（一）数字隐私保护原则

数字社会下的个人信息保护是一个难题，全世界都在试图解决这一问题。2018 年欧盟的《通用数据保护法案》（GDPR）开始实施，2020 年 1 月 1 日《加利福尼亚州消费者隐私法案》（CCPA）也开始生效了。但可以预料，即使是出台全面的数据保护法律，也不一定能够应对所有的现实问题，信息社会和智能社会下新的问题还会不断涌现，数据治理与隐私保护的矛盾将会长期存在，但不管面对的问题如何改变，都应该遵循一些基本原则：

1. 最低限度原则。任何组织和个人在面对个人信息时都要遵守这一原则，能不收集的信息就不收集，能少收集就少收集。

2. 高门槛准入原则。对涉及个人信息收集业务的开展必须有严格的准入制度，对于个人信息的储存、数据安全和业务必要性进行严格审核。

3. 相关利益者知情原则。当事者要把收集个人信息的目的、信息收集的方法、信息储存、信息加工、信息使用的权限和边界、信息使用的时间、信息销毁等做明确的公示，确保利益相关者的知情权。

4. 社会许可原则。涉及公共服务的项目要在社会成员广泛参与和讨论下，在民众充分知情和多数成员同意下才能实行。

5. 事后补救原则。在信息收集、储存、处理和应用过程中对于可能的风险是否有补救措施，无补救措施则不可实行。

6. 目的和结果一致性原则。个人信息的收集、使用的目的和结果必须一致，不能随意改变。

7. 明确的责任承担原则。信息收集方要明确收集信息的储存、保护和使用的风险，明确这一过程要承担的全部责任，无法承担责任则不可以实施。

8. 时限原则。对于所收集的信息严格设定使用和保存时限，在收集信息之前就要有信息销毁的约定。

当然，仅有这些原则是不够的，应该根据数据治理和隐私保护实践做必要的调整，应该通过法治化途径使一些原则程序化，形成可操作的严格的规程。只有在重新认识数字社会隐私概念的基础上，通过建立产权清晰的制度框架，企业才能合法收集、利用数据，个人的信息保护诉求才具备治理基础。

（二）数字隐私保护策略

数字营销过程中隐私问题的复杂性预示着数字隐私保护将是一场艰难的信息控制之战，保护个人隐私是促进数字经济高质量发展的基本前提和重要保障，企业、个人和政府都需要做出努力，以在信息共享与隐私保护之间寻求平衡。

1. 继续完善隐私保护的相关法律、规章和制度。目前，我国已经出台系统性、专门性的个人信息保护法律，还需要司法和执法的保障和支撑，才能使其成为维护个人权益的数字时代基本法。通过颁布法律，明确信息使用各方的权利、责任和行为边界，对数据的跨境传输加以规范，以维护国家信息安全、保护公民隐私。考虑到法律的滞后性以及行业之间的差异，隐私保护需要更为具体的行业规章制度的配合。要根据行业特点，制定针对性的行业规章，规范行业内信息收集和使用的秩序。不仅如此，企业内部的信息管理和隐私保护的制度同样是必不可少的，应引导企业制定和完善信息安全管理制度，降低隐私泄露风险。监管者需平衡原则性和灵活性关系，可以优先制定原则性规定，并根据实践及时调整细化规定；同时需平衡创新行为和用户福祉的关系，既要保障数据共享与流通，也要满足个人对隐私安全的需求。

2. 企业需自律并承担数字隐私保护责任。其一，企业需要从风险评估、数据流通、规范监管和应急响应等多维度建构严密信息安全防护体系。认真评估信息泄露所可能造成的潜在风险并对信息保护进行优先级划分；在数据流通方面，采取访问控制、数据加密、数据脱敏、去识别化等技术措施，加强隐私保护；同时制定数据保护策略，规范数据管理流程，降低技术人员工作失误以保障数据传输、存储、分享的安全；对于不可避免的隐私泄露事件，及时进行溯源定位，以减少隐私泄露损失。其二，提前设置规则，明确隐私保护的底线。针对不同行业、不同用途、不同信用等级的第三方规定数据使用权限和限制范围。其三，认真履行隐私保护承诺。

3. 个体需增强隐私保护法律意识以保障权利。隐私保护需要多方主体共同管理协调边界，个体可以在力所能及范围内做出自我判断和行动决策，和企业平台方共同协商建立新的隐私规则。其一，个体可以就隐私争议问题进行意见表达，舆论压力会使企业不得不重视问题，迫使其采取措施保护用户数字隐私。其二，个体可采取自我保护措施减轻隐私泄露风险。每个人都可在力所能及范围内提高媒介素养，并根据自身保护隐私的意愿程度，主动地利用隐私设置来限制个体信息传播范围。对于广大公众来说，树立隐私保护意识，积极行使知情权、监督权等合法权利，能够有效降低隐私泄露风险。因此，有必要对公众，尤其是自我保护意识较弱的未成年人和中老年人加大宣传教育力度，提高隐私保护意识和维权意识。

数字经济时代，数据成为经济增长和价值创造的基本要素。数字经济的蓬勃发展需要在保护个人隐私的同时更好地发挥个人信息的价值。实现隐私保护与个人信息利用之间的平衡，是数字经济健康持续发展的唯一路径。为此，需要不断完善法律规章制度，建立多元化的监管体系，通过个人、企业、行业和政府多方的共同努力，营造安全开放的数字经济市场环境，推动数字经济持续健康发展。

经典与前沿研究15-3

数据隐私悖论与用户数字需求：支付宝的数据

2020年7月，研究者与支付宝合作，对支付宝用户进行了一次调查，涉及用户向支付宝小程序共享数据的偏好和隐私考虑。该调查通过支付宝首页中央的信息框向250万活跃支付宝用户随机发放，收到了14 250名支付宝用户的回复。本文研究了用户的数据隐私偏好如何影响他们在支付宝第三方小程序上的数据分享行为。研究发现，受访者自称的隐私问题与他们的数据分享授权数量无关，即隐私考虑与数据共享授权之间没有关系，证实了"数据隐私悖论"的存在。

研究将这一现象归因于用户在向小程序共享个人数据时对数据隐私成本和数字服务经济利益的权衡，对隐私有较强考虑的用户往往从使用小程序中获益更多。隐私考虑和数字需求间的正相关关系进一步表明，数据隐私考虑可能不是与生俱来的，而是在使用数字应用程序的过程中产生的。在研究样本中，如果经济利益超过了用户的数据分享担忧，则数据分享对用户是有益的。

资料来源：CHEN L, HUANG Y, OUYANG S, et al. The data privacy paradox and digital demand [J].
NBER working papers, 2021.

第四节　绿色营销

保护生态环境、促进经济与生态的协调发展，既是企业自身生存和发展的需要，又是企业不可推卸的社会责任。20 世纪 90 年代以后，由于人类消费观念的转变，能源紧缺问题、环保运动的兴起进一步推动了"绿色文化"的传播。人们开始青睐绿色商品、绿色消费，绿色营销作为一种新型的营销战略也越来越受到企业的重视。绿色观念的传播既给企业发展带来了机遇，又带来了挑战。因此，如何适应这种营销环境、接受绿色营销观念已经成为企业满足人们的绿色需求、实现可持续发展战略的必然要求。

一、绿色营销的内涵与特点

（一）绿色营销的内涵

关于绿色营销，广义的解释是指企业营销活动中体现的社会价值观、伦理道德观，充分考虑社会效益，既自觉维护自然生态平衡，更自觉抵制各种有害营销。狭义的绿色营销主要指企业在经营过程中，注意保护地球环境、节约资源与实行可持续发展战略，促进经济与生态的协调发展，为实现企业自身利益、消费者利益及生态环境利益的统一，而对产品、定价、分销、促销进行策划与实施的过程。

绿色营销是 20 世纪 80 年代正式提出并予以实践的。它是一种全新的营销观念，并成为 21 世纪营销的主流。关于绿色营销的定义尚未有统一的规范，理论界对它的确切定义尚未有统一的表述。

有的学者认为，"绿色营销"是照顾社会层面的营销观念，但与传统社会层面的营销观念略有不同。绿色营销与社会营销相比，其营销战略具有更长远、更开放和更有弹性的特点。绿色营销关注企业运作对生态保护产生的影响（正面或负面）。绿色营销的价值不只在于企业利益，更着眼于对社会的宏观贡献，着眼于环保运动所造成的全球性"绿色"力量的影响。

有的学者着眼于"绿色"来界定绿色营销，绿色营销中绿色的含义是多重的，它既指一种产品，也指一种行业，还可指一种经营哲学和行为规范。"绿色"的中心意思是指保护地球生态环境，促进人和自然、社会经济和生态环境的和谐关系，确保人类社会经济的持续发展。在此意义上，绿色营销是指个体或企业在消费者利益、环保利益和自身利益有机统一的基础上，制造和发现市场机会，采取相应的市场营销方式，以满足顾客需求并从中获利和发展的过程。"绿色营销"在此含义基础上，有三条宗旨：节约材料耗费，保护地球资源；确保产品的安全使用、卫生和方便，以利于人们的身心健康和生活品质提升；引导绿色消费，培养人们的绿色意识，优化人们的生存环境。"绿色营销"旨在达到人们从环境中获得绿色消费，并还环境以绿色。

有的学者从持续经营着手来定义绿色营销。他们认为，所谓绿色营销，是指企业在营销中重视和保护生态环境，防治污染以保护生态，充分利用并回收再生资源以造福后代，使企业实现"持续经营"。绿色营销是一种能辨识和预期消费者的绿色需求并符合这种需求以获得利润、谋求持续经营的过程，是为了求得企业、环境与社会的和谐均衡共生。

有的学者从绿色消费着眼来描述绿色营销。绿色营销是在绿色消费的驱动下产生的。所谓绿色消费，是指消费者已意识到环境恶化对其生活方式和生活质量的影响，从而要求企业生产和销售对环境冲击最小的绿色产品，以减少对环境伤害的消费。绿色营销则指企业以绿色观念作为其经营哲学，以绿色文化为其企业价值观，以消费者的绿色消费为中心和出发点，通过制定和实施相应的营销策略，满足消费者的绿色需求来实现企业的经营目标。

还有一些学者则从利益相统一的角度来看绿色营销，他们认为绿色营销指企业在市场营销过程中注重地球生态环境的保护，促进经济与生态的发展，为实现企业的自身利益、消费者利益及社会利益三者的统一，对营销活动的 4P 进行策划和实施的过程。

绿色营销作为一种新的营销趋势，具有一些新的特点，例如强调"绿色"观念在整个营销过程中的需要，强调全局和长远的利益，强调全方位对环境的关注，以体现营销全过程中企业的绿色形象。

（二）绿色营销的特点

绿色营销是在企业和社会生存环境发生变化的情况下提出的，与知识经济和可持续发展密切相关的一种新的市场营销观念。绿色营销与传统的营销观念和方式相比，具有以下几方面的特点：

1. 绿色营销具有鲜明的时代性。知识经济时代是社会经济发展的新时代，可持续发展是当代社会一种全新的发展观。绿色营销的理论和实践必然要以知识经济和可持续发展作为其指导思想，同时以知识和科学技术发展为支持的知识经济，又为绿色技术的开发、绿色能源的采用、绿色产品的生产、绿色营销的实施创造了有利条件。

2. 绿色营销更加突出以顾客为中心的营销观念。随着经济的不断发展，人们的生活条件有了很大改善，生活水平有了很大提高，消费层次由低层次向高层次递进，由简单的解决温饱型消费向小康富裕型转变。生活方式的改变和生活水平的提高，又使人们的健康意识、环保意识大大加强，形成了维护生态平衡、重视环境保护、提高生活环境质量的"绿色观念"和"绿色意识"。绿色营销正是迎合和满足这一消费需求变化的新的营销方式。

3. 绿色营销是可持续性营销。绿色营销的目的是实现社会资源、自然资源、生态资源的永续利用，保护和改善生态环境。要实现绿色营销，从技术开发、产品设计、物品采购、生产工艺、质量标准、包装材料、广告策划及促销方案等方面，都必须贯彻"绿色思想"，从而带动绿色产业、绿色产品、绿色消费、绿色意识的发展，形成可持续发展的良性循环。

4. 绿色营销具有综合性。绿色营销对诸如市场营销观念、生态营销观念、社会营销观念进行综合，吸收了各个观念的合理性部分，更加突出了其资源永续利用、经济可持续发展、保护生态环境的核心思想，促使企业进一步适应消费者的共同愿望，代表了企业生存发展未来的方向。

5. 绿色营销具有示范性。随着绿色营销的实施，绿色产业和绿色消费必将大力发展，反过来将进一步促进人们绿色意识和环保意识的提高，使消费者实现由"不自觉"到"自觉"消费绿色产品的转变，这对社会进步和经济的可持续发展也有一定促进作用。绿色营销体现了社会发展和消费需求转变的方向，必将成为未来营销观念和方式的主流。

二、绿色营销策略

绿色营销与其他营销方式相比，显著差别在于对营销各环节的"绿色"要求，因此，现代企业在制定营销策略时也必须注意环保及可持续性战略的要求。

(一) 产品策略

现代企业绿色营销对产品的要求是低耗能、低污染或零污染，包含以下两个方面：

第一，准确搜集绿色信息。现代企业要在认真分析自身经营特点和状况的基础上，搜集绿色信息，绿色信息不同于一般的市场信息，包括绿色消费消息、绿色科技信息、绿色资源信息、绿色竞争信息等。收集绿色信息是企业开展绿色营销活动的条件。

第二，开发和生产绿色产品。绿色产品是指从产品设计开始，其资源使用、生产、市场推出、消费者使用甚至报废的全过程都能满足终生安全、社会接收和自然持续要求的产品。绿色产品标准已得到社会公认。绿色产品是现代企业绿色营销的基础和关键，在绿色产品的研发和生产过程中，必须将"绿色"系统地融入其中。首先，不论是核心产品还是外延产品，有形产品还是无形产品，绿色产品策略追求的都是以消费者为中心并满足绿色产品标准要求。特别是产品的包装，除采用节约资源、无毒无害、易被分解吸收、对生态环境不造成危害的包装材料外，还要考虑尽量不包装或包装物再循环等措施。其次，要高度重视绿色产品的认证工作，尽早通过认证获得绿色身份，有效提高产品的市场竞争能力。最后，在绿色消费盛极一时的经济环境下，独具特色的绿色品牌将是现代企业制胜的法宝，因此企业不仅要重视创建绿色品牌，还要重视绿色品牌的维护。

（二）价格策略

伴随着社会经济的快速发展，人们的生活水平将不断提高，人们的健康意识、环境意识、可持续发展意识将不断强化，人们将更加偏好绿色产品的消费。在消费绿色产品的群体中，人们在意更多的是产品本身的预期价值高低，而非当前价格的高低。绿色产品比同类普通产品投入大，研发困难，对生产和销售过程要求严格，因此绿色产品比同类普通产品价格可高出 20%～60%，有的还可更高。企业在对绿色产品进行定价时，必须充分考虑目标市场的发育程度和消费者对价格的敏感度等因素，一定要做好价格解释和产品预期价值的宣传工作，特别是绿色消费观念的引导工作，以求得到消费者的了解、理解和支持。

现在已经开始流行买健康、买环保，人们越来越注意生活饮食、房屋装修、家具配置、办公环境、办公设施等方面的安全、环保等绿色问题，在这些事关健康、安全、环保等方面宁可花费更多，也越来越能理解并接受绿色产品的高价位。此外，企业可努力通过扩大生产、销售规模来降低产品成本，调低产品价格，以扩大绿色产品的消费群体。一般可采用心理定价策略、新产品定价策略、目标价格策略等。

（三）渠道策略

绿色营销要求企业所构建的渠道体系在满足消费者方便购物需求的同时，还要高度重视其绿色问题。现代企业的绿色营销策略在实施过程中，一是要确保分销过程中绿色品质不受损害，二是要选择合适的分销地点。为提高企业渠道体系的绿色程度，应努力做到以下几点：

第一，销售渠道扁平化。减少传统金字塔式渠道的通路层次，要尽量缩短分销渠道长度或采取直销形式，缩短绿色产品流通的路径和时间，降低长渠道可能带来的运输、存储的能源消耗及运输过程中运输工具大气排放物的污染。

第二，运输过程绿色化。选用绿色的运输工具和存储仓库，减少运输过程中包装物的使用，使用不对环境造成污染的包装物。对销售渠道的绿色质量进行监督、更新和维护，以便绿色产品在流通时始终处于绿色环境中。设立绿色专柜或绿色商品销售公司，建立绿色产品流通网，同时，要特别注意网点与网站的绿色包装。

第三，增加渠道的回收、循环使用、翻新等清洁功能。

第四，强化渠道工作人员的绿色意识，制定绿色工作标准，规范其工作行为，严把流通过程中的绿色关。强调绿色观念，面向高层次、高收入消费者群体是绿色产品进入市场的关键。

积极采用现代化的网络销售手段实施电子化分销。互联网技术和电子商务的飞速发展，为企业渠道电子化提供了广阔的空间。电子化渠道以跨时空、交互式、拟人化、高效率、低污染为特征，能够适应新经济与绿色营销的要求。

（四）促销策略

现代企业在促销方法的选择和实施过程中也要尽力维护产品的绿色属性：

第一，绿色促销的核心是利用有效的沟通手段，选择具有绿色特征的媒体开展传播活动，通过充分的信息传播，塑造企业及其产品的绿色品牌形象，以赢得公众的信任和支持，为企业谋求更多的便利和竞争优势。在实施广告策略时，不仅要求能顺利将产品的绿色信息传递给消费者，而且必须在广告形式上与过程中贯彻绿色理念。

第二，在进行广泛绿色宣传不断提高企业绿色知名度的同时，还要支持社会公益活动，提高企业的美誉度，争取在本行业中率先实施绿色营销战略或尽快达到行业领先水平，创立绿色品牌，从而占领有利的市场地位。同时要善于借助第三方力量，如政府、新闻媒体、环保研究机构等，树立企业绿色形象。要尽快使产品通过绿色认证，以获取"进入绿色市场的身份证"和"挤入国际市场的通行证"。

第三，选择绿色促销方式，如网络销售。随着高科技的迅猛发展，企业促销手段的数字化趋势越来越明显，企业与企业、企业与公众之间可以通过网络进行便捷、快速、低成本的双向交互式沟通，网络广告、站点宣传、网上新闻发布、栏目赞助、参与或主持网上会议、发送电子推销信息、在网络论坛和新闻组发送信息传单等，均可作为绿色产品及企业的促销手段。绿色的促销方式往往具有实时性、交互性、广泛性、非强迫性等特点。

三、绿色营销的影响因素以及实施阻力与对策

（一）绿色营销的影响因素

绿色营销的影响因素是指影响绿色营销的内外部因素以及影响绿色营销成功的因素。

1. 影响绿色营销的内部因素。影响绿色营销的内部因素亦称 8P 因素：①产品（product）。产品在生产、使用及丢弃时应具有安全性，企业使用的原材料和包装要有利于环境保护。②价格（price）。产品价格要反映绿色成本，并确定能使消费者接受的绿色价格。③渠道（place）。选择具有绿色信誉的分销渠道来分销产品。④促销（promotion）。采用绿色媒体宣传绿色信息，并对绿色信息的传播进行监测。⑤提供信息（providing information）。提供同环保有关并能激发营销者重视可持续发展的全新观念的国内外绿色信息。⑥过程（process）。控制原材料、能源消耗过程以及废弃物的产生和处理过程，以有利于优化环境。⑦政策（policies）。制定及实施鼓励、监测、评估和保护环境的政策。⑧人员（people）。

企业应培养了解有关环境政策、了解企业在环保中的表现及在绿色营销中善于宣传的营销人员。

2. 影响绿色营销的外部因素。影响绿色营销的外部因素由 6P 构成：①付费客户（paying customers）。企业要了解消费者对绿色议题的关心程度及对绿色产品的需求程度。②供应商（providers）。企业的供应商对绿色主张的关心程度如何及其对绿色产品的需求状况，直接关系到企业绿色营销的发展。③政府官员（politicians）。政府官员可通过行政方式对企业经营活动施加压力，可通过立法形式支持企业的绿色营销。④问题（problems）。经常了解和掌握企业绿色营销中存在的问题，诸如判断企业或竞争对手的营销活动是否同环境及社会问题有联系。⑤预测（predictions）。预测环境保护的发展趋势及其对企业绿色营销的影响。⑥伙伴（partners）。加强企业与对环境具有重大影响的组织的联系，改善同这些组织的关系，如环保志愿团体、大众传媒、专家及其他有关公众。

3. 影响绿色营销成功的因素。企业绿色营销能否取得成功，关键在于能否将影响绿色营销的内部因素与外部因素有机地结合、协调，从而使企业真正做到：①满足客户对绿色营销的需求；②产品生产及使用过程安全、对环境有利；③企业绿色营销策略为社会所接受；④企业从可持续发展战略的高度来组织营销。

（二）绿色营销实施阻力

虽然绿色营销在我国理论上已具备了实施可能性，但目前我国市场经济的发展还处于转型期，公众的消费意识还比较落后，企业过于重视眼前短期利益，加之法律制度不健全，使得我国绿色营销的开展与发达国家相比仍有较大差距，实施过程中依然存在着不小的阻力。

1. 传统的低价享用资源的价值观是阻碍绿色营销推行的思想根源。欧美等发达国家已经构建了较为完善、严谨的绿色营销体系，其绿色关税制度、市场准入制度、绿色技术标准以及绿色环境标准等都十分健全。与发达国家相比，我国的绿色营销观念形成比较晚。过去人们认为自然资源是取之不尽、用之不竭的，自然资源是大自然赐予人类的财富，可以肆无忌惮地使用自然资源。这种观念的存在使人们随意地对自然资源进行开发，同时向自然界排放了大量的废弃物，直接造成资源的短缺和环境的严重破坏。建设节约型的社会，发展绿色营销，需要改变这种传统的价值观。很多企业将绿色营销单纯地定义为产品的原材料中不含有残留农药、有害物质，产品的生产加工过程不造成环境污染。缺少标准体系、制度体系，无法形成卓有成效的机制，将会导致我国的绿色营销受到局限，发展速度较慢。从政策方面来讲，自然资源的价格合理化将是十分重要的举措，而对自然资源的产业化管理、明确责任是促进自然资源合理利用的关键。只有这样，节约能源、发展绿色经济、实施绿色营销才能够成为人类的自觉规范。

2. 公众和企业的环保意识淡薄是绿色产业发展的外在阻力。目前，公众的环保意识还不够强烈，绿色消费需求动力不足，很多人对环保不关心，也缺少相应的环保知识。生产和消费是市场循环的两个基本要素。国内和国外经济发展都只有以消费为引领，扩大消费需求，促进消费升级，才能激发市场潜能、畅通市场渠道。绿色消费比传统消费的成本更高，虽然大部分成本用于环境保护、低碳发展等，对全人类意义重大，但是在经济严重受损的情况下，企业与居民的消费被冻结，绿色消费需求动力严重不足。要促进绿色消费提质扩容，就必须做到产品创新、渠道创新。

3. 绿色技术发展缓慢是限制绿色产业发展的内在原因。现阶段我国绿色营销发展的一个关键问题是如何做到"既经济又环保"，化解这个"两难选择"的现实途径是大力开发"绿色技术"，实行技术创新。目前我国企业普遍尚未形成绿色技术创新的主体，且主体地位经常倒置，企业绿色技术创新及扩散严重不足，生态工艺应用较少，技术选择环境较差，特别是对一般中小型企业而言，低技术能力是绿色营销的主要障碍。因此，企业必须制定和实施绿色技术创新战略，建立复合机制体系，推动绿色技术创新；要加强政府的支持力度，由国家制定环境法规，以行政控制标准的形式规定企业产生外部不经济性的允许数量和方式，达到控制资源消耗和污染排放的目的，对于超标单位及其责任人予以严惩；由于绿色技术创新成果是一种容易"免费搭车"的公共产品，政府应尽快建立相应的专利保护制度，保护行为主体创新成果，激发创新动力，并对环保效果突出、环保技术领先的企业及个人予以适当奖励，优先给予资金和技术上的资助，适当放宽企业用于绿色技术创新资金的融资渠道和审核标准，由政府出面给创新以支持；另外，还要培养一批高素质的技术创新人才队伍。

4. 绿色法律不完善是不利于绿色产业发展的重要因素。目前，我国在可持续发展和环境保护方面，已经逐步地建立了一定的法律体系，但是这些法律的制定，从整体上来看还不够全面，在很多时候滞后于市场经济，特别是绿色经济的快速发展。规范行为、健全法制首先要完善环境的审批制度，不允许高污染的企业从事生产，对生产绿色产品的企业开通审批的绿色通道。其次要规范市场竞争行为，减少可能存在的地方保护主义，鼓励绿色产品进入千家万户，让消费绿色产品成为人们的自觉消费习惯。例如，新能源汽车的推广就受到了一些地方保护主义的负面影响，一些地方政府为了支持本地汽车企业的发展，变相设置一些障碍阻碍其他地区所生产的新能源汽车进入本地市场，这不利于我国新能源汽车行业的健康发展，使得很多客户都无法使用和享受到新能源汽车所带来的便利，这也会使得本来就落后的中国汽车工业错失弯道超车的重大机遇，不利于整个行业的健康发展。最后，要执法必严，对于假冒伪劣的绿色产品进行打击，对高耗能的企业进行调整，为绿色营销的开展创造良好的外部环境，促进企业的健康发展。

5. 绿色营销专业人才缺乏是阻碍绿色产业发展的重要因素。目前，我国经济发展即将进入新阶段，全球治理体系也将进入重塑期，经济格局要从以国内为主转向国内国际双轨并重。经济发展格局的转变需要人才的创新与推动。绿色营销绝非打造一个绿色口号、设计一个绿色标志就可以实现，而是需要能够促使市场经济领域的人流、物流、商流、资金流等都畅通流动的高端专业人才。他们不仅要深刻把握绿色营销的内涵，而且具有国内国际双市场营销的经验，要具有前瞻性、大局性、发展性，从产品的生产到销售各个环节都具备国际化的营销要素。然而，我国的绿色营销高端人才极少，无法为构建绿色新发展格局提供可靠的人才保障。

（三）绿色营销实施对策

我国经济社会发展已进入新的发展阶段，要求我国现代化建设必须贯彻新的发展理念，构建新的发展格局。绿色发展、绿色营销是构建新发展格局的着力点之一。企业必须寻求绿色发展方向，确定绿色营销目标，不遗余力地使"绿色发展取得新成效"。

1. 树立绿色营销观念。树立绿色营销观念，开发绿色产品，开拓绿色市场，已成为 21 世纪企业营销发展的新趋势，也给企业创造了新的机遇。绿色价值观不能只表现在绿色产品所能带来的利润上，还要深入生产经营者的经营理念中去。

（1）企业家要确立全局和长远的发展意识，建立绿色运行的有效机制。企业家应从绿色营销观出发，建立企业绿色运行的有效机制，覆盖企业发展规划和生产、营销和管理的各方面。从"末端治理"这种被动的、高代价的应对环境问题的途径，转向积极的、主动的、精细的环境管理，以保证长远的永续经营作为企业发展的宗旨，以实现一种环境可以持久支持的利润最大化目标。

（2）需要正确认识资源的价值，建立"绿色"企业文化。资源的价值不仅表现为资源本身的价值，还包括资源的使用所造成的环境代价。企业要形成保护生态环境、杜绝资源浪费的牢固意识和企业文化，在企业内营造一种"绿色"文化氛围，将绿色意识渗透每个员工的内心，使其成为一种自觉意识和行为。

（3）建立专门组织，推行绿色管理体系。树立绿色营销观念，必须最终落实在执行机制上。企业要建立专门组织来推进绿色管理，使绿色管理系统化、标准化；在产品的设计生产、原料采购、营销行为等经营管理的全过程建立标准规范的绿色管理体系，以实现企业经济效益和环境效益的最优化。

2. 制定绿色营销战略。为了适应全球可持续发展战略的要求，实现绿色营销战略目标，求得自身可持续发展，企业必须向着绿色企业方向努力。为此，企业必须制定绿色营销战略，塑造绿色企业形象。

（1）绿色营销战略。在生产经营活动之前，要制定一个绿色营销战略，包括清洁生产计划、绿色食品开发计划、环保投资计划、绿色教育计划、绿色营销计划等。

（2）绿色企业形象塑造战略。导入企业形象识别系统（CIS），制定绿色企业形象战略，统一绿色产品标志形象识别，加强绿色产品标志管理，对于提高经营绿色产品企业自身保护能力，增强企业竞争意识，拓展市场，促进销售十分重要。企业识别系统包括绿色产品企业的产品理念识别、行为识别和视觉识别三个方面。

3. 制定营销策略组合。

（1）开发绿色资源和绿色产品。全球可持续发展战略要求实现资源的永续利用，企业要适应该战略要求，在进行绿色营销时，开发绿色资源显得十分重要。企业应在现有基础上，利用新科技，开发新能源，节能节源，综合利用。绿色资源开发的着眼点可放在：无公害新型能源、资源的开发，如风能、水能和太阳能以及各种新型替代资源等；节省能源和资源的途径及工艺，采用新科技、新设备，提高能源和资源的利用率；废弃物的回收和综合利用。绿色产品的开发是企业实施绿色营销的支撑点。开发绿色产品要从设计开始，包括材料的选择，产品结构、功能、制造过程的确定，包装及运输方式，产品的使用以及产品废弃物的处理等，都要考虑对生态环境的影响。

（2）制定绿色价格。在制定绿色产品的价格时，首先要摆脱以前认为投资环保是白花钱的思想，树立"污染者付费""环境有偿使用"的新观念，把企业用于环保方面的支出计入成本，从而成为价格构成的一部分。其次，注意绿色产品在消费者心目中的形象，利用人们求新、求异、崇尚自然的心理，用消费者心目中的"觉察价值"来定价，从而提高效益。

（3）选择绿色渠道。选择恰当的绿色销售渠道是拓展销售市场、提高绿色产品市场份额、扩大绿色产品销售量、成功实施绿色营销的关键，企业可以通过创建绿色产品销售中心，建立绿色产品连锁商店，设立一批绿色产品专柜、专营店或开展直销。具体举措包括：①在大中城市建立绿色产品销售中心；②建立绿色产品连锁商店；③借助社会渠道，建立一批绿色产品专柜或专营店；④开展直销，对于一些易腐烂变质或丧失鲜活性的绿色食品，如蔬菜、水果等，要尽量缩短流通渠道，采用直销，以免遭受污染和损失。

（4）开展绿色促销。运用绿色产品的广告战略，宣传绿色消费，强化和提高人们的环境意识，迎合现代消费者的绿色消费心理，引起消费者的共鸣，从而达到促销的目的。进行绿色促销，有效实施绿色营销策略。营销人员必须了解消费者绿色消费的兴趣，回答消费者所关心的环保问题，掌握企业产品的绿色表现及企业在经营过程中的绿色表现。通过免费试用样品、竞赛、赠送礼品、产品保证等形式，鼓励消费者试用新的绿色产品，提高企业知名度。

4. 实施绿色管理。绿色管理是指将环境保护观念融于企业的经营管理之中的一种管理方式，要求在企业管理中时时考虑环保、体现绿色。主要从以下方面来实施绿色管理：

（1）建立企业环境管理新体系。

（2）进行全员环境教育，提高企业的环境能动性。

（3）进一步健全环境保护法，实行强制性管理。

（4）对消费者的购前、购中和购后全流程从营销者和消费者两方面施加影响，确保环境保护、绿色消费、绿色营销落到实处，如图 15-3 所示。

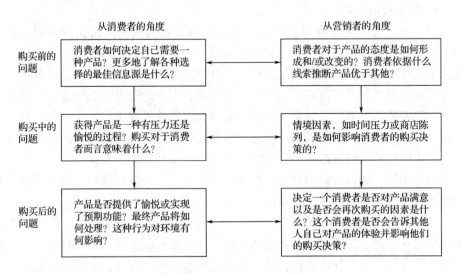

图 15-3　营销者要关注消费过程各阶段的问题

5. 数字化赋能加快绿色生活方式的全面培育。数字化不仅仅是一场技术变革，更是一场管理变革、社会变革和思维变革。数字化能够驱动经济发展的绿色升级，推动生态环境公共服务便捷化、智能化、精准化、普惠化，提升人民群众生态环境服务体验，真正赋能城市治理和人民生活。然而，生态文明全面转型亟待提升公民生态文明意识、培育绿色生活方式，因为数字化激活生态经济、创造生态产品价值、丰富绿色消费产品和提升生态公共服务等赋能价值，需要公民的理性认知与行动呼应。满足人民美好生态环境需求与全面培育绿色生产生活方式协同并进，方能共创美丽中国。须全面提升全民数字素养和技能，同步加快生态文明教育传播和数字化创新，提升公民生态治理的参与意识、责任意识和数字化能力；配合和监督地方政府"互联网+垃圾回收"等实践探索，助力城市环境治理协作共享模式创新；通过各类生态文明示范区经验的数字推广和云体验，扩大数字化赋能生态文明转型的标杆示范引领效应和社会认同。

经典与前沿研究15-4

消费者为何会落入绿色消费陷阱：绿色消费对过度消费的影响研究

已有研究多数关注的是绿色消费的激励机制，但对绿色消费的后续影响研究不充分。绿色消费具有利他性社会象征意义，绿色消费虽然能够保护环境，却可能导致消费者在无意识中产生过度消费行为并将其合理化，使激励绿色消费适得其反，导致过度消费这样的不环保行为产生，形成"绿色消费陷阱"。"陷阱"一词指代在绿色消费中可能伴随的潜在危机，消费者对此很难意识到并容易落入其中。近年来，"绿色消费陷阱"现象开始引起研究者的关注。

施卓敏、张彩云在2021年所做的研究，基于道德许可效应中的道德凭证模型，通过三项实验证明：与传统消费相比，绿色消费会增强个体随后的过度消费倾向，并在无意识中合理化过度消费行为，使消费者落入"绿色消费陷阱"。道德许可效应（moral licensing effect）指出，先前的善行会增加个体后续产生不良行为的可能性，并可能使个体合理化后续的不良行为。其作用机理是绿色消费会提高消费者的道德形象感知，并为其随后的过度消费提供道德凭证。为了规避"绿色消费陷阱"，对绿色产品进行利己型诉求而非利他型诉求能够有效削弱消费者的过度消费倾向。

资料来源：施卓敏，张彩云. 消费者为何会落入绿色消费陷阱？：绿色消费对过度消费的影响研究［EB/OL］. ［2023-10-15］. http：//kns. cnki. net/kcms/detail/12. 1288. F. 20210422. 0927. 002. html.

关键术语

社会责任（Social Responsibility）；社会营销（Social Marketing）；企业社会责任（Corporate Social Responsibility）；数字隐私（Data Privacy）；绿色营销（Green Marketing）

复习思考题

1. 什么是企业社会责任？试述社会责任营销的定义及其特征。

2. 请结合案例说明当前企业应如何有效实施社会责任营销。

3. 什么是数字隐私保护？试述数字隐私的泄露风险与保护策略。

4. 试述绿色营销的内涵及其特点，说说企业实施绿色营销可能遇到的阻力及应对策略。

本章案例

白象食品入选中国企业社会责任年会"年度责任案例"

2022 年 7 月，以"可持续商业与零碳未来"为主题的 2022 中国企业社会责任年会如期而至。300 多位专家学者、行业领袖、媒体记者和企业代表齐聚广州，共同探讨社会和谐构建进程中有责任担当的组织或个人应遵循的原则。白象食品集团凭借可持续食品安全管理体系和对食品安全始终如一的坚守，得到主办方的高度认可，成功入选 2022 中国企业社会责任年会"年度责任案例"，携手各行业领军企业一道，共同倡扬社会责任理念，树立年度责任标杆。

"可持续食品安全管理体系"兼顾心意与新意

作为一家深耕食品行业 25 年的民族企业，白象食品始终坚持"食品安全大于天，企业责任重于山，做食品，就是做良心"的价值观，也逐步构建出一套具有白象特色的食品安全文化体系。

白象食品先后通过 ISO 9000、ISO 22000、HACCP、BRC 认证，并与国际管理巨头 SGS 合作推进体系融合与升级，实现三体合一的深度融合，形成白象特色的食品安全评价体系。在此基础上，白象食品还建立了食品安全全程可追溯体系，为每一批次产品建立"户口档案"：对各供应商及生产环节的数据进行记录保存，让产品均可追溯到具体工序、班组和责任人，真正做到"来源可追溯、去向可查证、责任可追究"。

与此同时，为了让基层员工能更好地理解白象对品质的追求，与品牌理念实现同频共振。白象食品还通过组织食品安全演讲、签订食品安全承诺、评选食品安全标兵等活动，全面推进食品安全和质量管理的理念教育，不断提升员工的食品安全与质量意识。白象食品集团每年还会组织全体员工学习食品安全知识、幸福家庭建设等课程；基层及中层 2 000 多名员工还可以参加营销训练营、职业素养提升、中高层领导力等培训，由内而外激发全员对于食品安全的关注和坚守，将员工的食品安全意识与集团的食品安全理念拉齐到同一个水平线上。

在持续不懈地"修内功"与"借外力"的共同作用下：白象产品 67 次被抽检均合格；其投资公司及分公司涉及的近 300 次抽检，也显示合格。而 100% 的抽检合格率，也造就了白象食品的核心竞争力。

以一灯传诸灯，终至万灯皆明

白象食品集团方便面事业群营销中心副总裁姚进曾表示："做实业难，做食品实业更难；但这份'苦差事'总要有人来干。"而白象的破局之道便是始终筑牢品质底线、不断提升研发创新实力、以科技助推开源节流降本增效、积极承担民族伟大复兴过程中的企业责任，通过创造出更广泛的社会价值来取得消费者对产品、品类、品牌的多重信任，进而将白象逐步打造成新实业的标杆。

（资料来源：根据环球网《白象食品入选中国企业社会责任年会"年度责任案例"》，2022 年 8 月 1 日，https://quality.huanqiu.com/article/494Bv4aQJjc 资料编写。）

案例思考题

1. 白象食品是如何践行社会责任营销？
2. 根据白象食品的案例，谈谈企业在社会责任营销中应该注意哪些问题。

参考文献

［1］阿克. 管理品牌资产［M］. 吴进操，常小虹，译. 北京：机械工业出版社，2018.

［2］布拉德利. 战略营销［M］. 文瑜，译. 北京：华夏出版社，2005.

［3］曹虎. 数字时代的营销战略［M］. 北京：机械工业出版社，2017.

［4］常启云，论互联网群体传播的情感偏向［J］. 现代传播：中国传媒大学学报，2019（12）：146-151.

［5］常青，李广，吴自强. 营销管理［M］. 成都：电子科技大学出版社，2019.

［6］陈炳祥. 跨界营销［M］. 北京：人民邮电出版社，2017.

［7］陈佳贵，黄群慧，彭华岗，等. 中国企业社会责任研究报告（2021）［M］. 北京：社会科学文献出版社，2021.

［8］陈钦兰，兰朝晖，胡劲. 市场营销学［M］. 2版. 北京：清华大学出版社，2017.

［9］陈瑞娟，刘晨宇. 跨界营销："互联网+"时代老品牌的新生之道［J］. 艺术科技，2019，32（12）：187-188.

［10］陈雨. 网络营销［M］. 重庆：重庆大学出版社，2018.

［11］陈志轩，马琦. 大数据营销［M］. 北京：电子工业出版社，2019

［12］程虹. 网络营销［M］. 北京：北京大学出版社，2013.

［13］程明，龚兵，王灏. 论数字时代内容营销的价值观念与价值创造路径［J］. 出版科学，2022，30（3）：66-73.

［14］崔译文，邹剑锋，马琦，等. 市场营销学［M］. 3版. 广州：暨南大学出版社，2017.

［15］戴国良. 顾客关系管理：精华理论与实务案例［M］. 台湾：五国图书出版股份有限公司，2013.

［16］邓乔茜，王丞，周志民，社会化媒体营销研究述评［J］. 外国经济与管理，2015，37（1）：32-42.

［17］丁可怡. 大数据背景下电商精准营销模式分析及对策建议：以唯品会和贝贝网为例［J］. 投资与创业，2021，32（7）：56-59.

［18］段淳林. 整合品牌传播：从IMC到IBC理论构建［M］. 北京：世界图书出版广东有限公司，2014.

［19］冯英健. 网络营销基础与实践［M］. 5版. 北京：清华大学出版

社，2016.

[20] 葛锦浩. 我国企业绿色营销管理战略的必要性及其实现路径研究 [J]. 现代营销（下旬刊），2020（1）：64-65.

[21] 郭国庆，陈凯. 市场营销学：数字教材版 [M]. 7 版. 北京：中国人民大学出版社，2022.

[22] 郭国庆，李建州. 全面提高市场营销人才自主培养质量：使命、路径与着力点 [J]. 河北经贸大学学报（综合版），2023，23（1）：47-52.

[23] 郭国庆，钱明辉. 市场营销学通论 [M]. 4 版. 北京：中国人民大学出版社，2011.

[24] 郭国庆. 市场营销：数字教材版 [M]. 4 版. 北京：中国人民大学出版社，2021.

[25] 郭国庆. 市场营销通论 [M]. 8 版. 北京：中国人民大学出版社，2020.

[26] 郭国庆. 市场营销学通论 [M]. 6 版. 北京：中国人民大学出版社，2014.

[27] 郭国庆. 市场营销学通论 [M]. 北京：中国人民大学出版社，2014.

[28] 郭国庆，汪晓凡. 市场营销学通论 [M]. 4 版. 北京：中国人民大学出版社，2010.

[29] 郭奕，徐亮，熊雪军. 社交网络中意见领袖挖掘方法综述 [J]. 计算机科学与探索，2021，15（11）：2077-2092.

[30] 郭元. 现代市场营销学 [M]. 北京：北京理工大学出版社，2021.

[31] 郝渊晓，王张明，张鸿. 市场营销学 [M]. 广州：中山大学出版社，2021.

[32] 郝正腾，李艳春，高远. 市场营销 [M]. 北京：经济日报出版社，2020.

[33] 郝正腾. 市场营销 [M]. 北京：经济日报出版社，2020.

[34] 侯滢，王印成. 网络营销 [M]. 北京：经济日报出版社，2018.

[35] 胡介埙. 市场营销调研 [M]. 4 版. 大连：东北财经大学出版社，2018.

[36] 胡利，皮尔西，尼库洛. 营销战略与竞争定位 [M]. 楼尊，译. 5 版. 北京：中国人民大学出版社，2014.

[37] 胡利，皮尔西，尼库洛. 营销战略与竞争定位 [M]. 楼尊，译. 6 版. 北京：中国人民大学出版社，2019.

[38] 华树春，李玲，郑锴. 跨境电商概论 [M]. 北京：中国海关出版社，2018.

[39] 黄春萍，王芷若，马苓，等. 跨界营销：源起、理论前沿与研究展望 [J]. 商业经济研究，2021（4）：80-82.

[40] 黄海，车皓阳，王悦. 驾驭大数据 [M]. 北京：人民邮电出版社，2013.

［41］黄敏学. 网络营销［M］. 4 版. 武汉：武汉大学出版社，2020.

［42］纪宝成，等. 市场营销学教程［M］. 北京：中国人民大学出版社，2002.

［43］江林. 顾客关系管理［M］. 北京：首都经济贸易大学出版社，2013.

［44］江林. 消费者心理与行为［M］. 4 版. 北京：中国人民大学出版社，2011.

［45］江林. 消费者心理与行为［M］. 6 版. 北京：中国人民大学出版社，2018.

［46］江林. 消费者行为学［M］. 2 版. 上海：上海财经大学出版社，2022.

［47］江林. 消费者行为学［M］. 上海：上海交通大学出版社，2010.

［48］杰斐逊，坦顿. 内容营销：有价值的内容才是社会化媒体时代网络营销成功的关键［M］. 耿聃聃，林芳，译. 2 版. 北京：企业管理出版社，2019.

［49］瞿国忠. 营销管理［M］. 北京：经济管理出版社，2008.

［50］康培培，UGC 用户对内容生产的机遇和挑战［J］. 中国编辑，2020（10）：52-57.

［51］科特勒，阿姆斯特朗，洪瑞云，等. 市场营销原理：亚洲版［M］. 李季，赵占波，译. 3 版. 北京：机械工业出版社，2013.

［52］科特勒，阿姆斯特朗，洪瑞云，等. 市场营销原理：亚洲版［M］. 李季，赵占波，译. 4 版. 北京：机械工业出版社，2020.

［53］科特勒，阿姆斯特朗. 市场营销学［M］. 吕一林，等译. 9 版. 北京：中国人民大学出版社，2010.

［54］科特勒，阿姆斯特朗. 市场营销：原理与实践［M］. 楼尊，译. 17 版. 北京：中国人民大学出版社，2020.

［55］科特勒，赫斯基尔. 正营销：获取竞争优势的新方法［M］. 北京：机械工业出版社，2013.

［56］科特勒，卡塔加雅，塞蒂亚万. 营销革命 4.0：从传统到数字［M］. 王赛，译. 北京：机械工业出版社，2017.

［57］科特勒，凯勒，洪瑞云. 营销管理：亚洲版［M］. 王永贵，金夏芳，王帅，等译. 6 版. 北京：中国人民大学出版社，2020.

［58］科特勒，凯勒，切尔内夫. 营销管理［M］. 陆雄文，蒋青云，赵伟韬，等译. 16 版. 北京：中信出版集团，2022.

［59］科特勒，凯特. 营销管理［M］. 王永贵，于洪彦，等译. 13 版. 上海：格致出版社，2010.

［60］科特勒. 市场营销原理［M］. 北京：机械工业出版社，2006.

［61］科特勒. 市场营销原理［M］. 郭国庆，译. 14 版. 北京：清华大学出版社，2013.

［62］科特勒. 营销管理：全球版［M］. 梅汝和，等译. 8 版. 上海：上海人民出版社，1994.

［63］科特勒. 营销管理：全球版［M］. 王永贵，等译. 14 版. 北京：中国人民大学出版社，2012.

［64］肯尼斯·库克耶. 大数据时代［M］. 杭州：浙江人民出版社，2013.

［65］孔锐，高宏伟，韩丽红，等. 市场营销决策与管理［M］. 北京：清华大学出版社，2013.

［66］孔锐. 市场营销决策与管理［M］. 北京：清华大学出版社，2013.

［67］库尔茨，布恩. 市场营销学［M］. 罗立彬，马跃，译. 12 版. 北京：北京大学出版社，2009.

［68］赖明明. 内容营销［M］. 北京：中国传媒大学出版社，2017.

［69］黎万强. 参与感小米口碑营销内部手册：珍藏版［M］. 北京：中信出版社，2018.

［70］李东进，秦勇. 市场营销：理论、工具与方法［M］. 北京：人民邮电出版社，2021.

［71］李飞. 营销定位［M］. 北京：经济科学出版社，2013.

［72］李飞. 钻石图定位法［M］. 北京：经济科学出版社，2006.

［73］李桂华，卢宏亮. 组织间营销［M］. 北京：清华大学出版社，2013.

［74］李蕾，内容营销理论评述与模式分析［J］. 东南传播，2014（7）：136-139.

［75］李左峰. 品牌管理［M］. 北京：中国经济出版社，2014.

［76］利布，西曼斯基. 内容是营销之本：内容营销策略的实用指南［M］. 王晔，译. 北京：中信出版社，2018.

［77］廉晶晶. 市场营销管理理论与实践新发展［M］. 北京：中国商务出版社，2018.

［78］梁文玲. 市场营销学：数字教材版［M］. 4 版. 北京：中国人民大学出版社，2022.

［79］梁文玲，许先，宣锋. 市场营销学［M］. 2 版. 北京：中国人民大学出版社，2014.

［80］梁雨晴. 大数据时代市场营销模式的发展研究［J］. 老字号品牌营销，2022（12）：15-17.

［81］林汶奎. 跨界时代：从颠覆到融合［M］. 北京：人民邮电出版社，2016.

［82］凌洁. 基于大数据的电商企业精准营销策略研究［J］. 产业与科技论坛，2022，21（13）：231-232.

［83］刘生敏，廖建桥. 疯传：让你的产品、思想、行为像病毒一样入侵［M］. 北京：电子工业出版社，2014.

[84] 刘伟. 引爆内容营销 [M]. 北京：中国工人出版社，2022.

[85] 刘向晖. 网络营销导论 [M]. 3 版. 北京：清华大学出版社，2016.

[86] 卢泰宏. 营销管理演进综述 [J]. 上海：外国经济与管理，2008（1）：39-45.

[87] 吕姝慧. 新发展格局背景下绿色营销创新策略研究 [J]. 科技创新与生产力，2022，（1）：4-6.

[88] 骆品亮. 定价策略 [M]. 4 版. 上海：上海财经大学出版社，2018.

[89] 马智萍. 大数据时代移动营销创新研究 [M]. 北京：中国轻工业出版社，2016.

[90] 麦克丹尼尔，兰姆，海尔. 市场营销学 [M]. 时启亮，朱洪兴，王啸吟，译. 8 版. 上海：上海人民出版社，2009.

[91] 毛任平. 基于精准营销视角探讨用户画像应用研究 [J]. 商业观察，2022（9）：26-28.

[92] 梅嘉文，数字化背景下品牌内容营销模式探究 [J]. 市场周刊，2022. 35（5）：90-93.

[93] 苗月新. 市场营销学 [M]. 4 版. 北京：清华大学出版社，2019.

[94] 莫军，周鹏，彭芸，等. 市场营销 [M]. 北京：北京理工大学出版社，2019.

[95] 聂元昆，贺爱忠. 营销前沿理论 [M]. 北京：清华大学出版社，2014.

[96] 宁秀君. 市场调查与预测 [M]. 3 版. 北京：化学工业出版社，2019.

[97] 牛静，赵一菲. 数字媒体时代的信息共享与隐私保护 [J]. 中国出版，2020（12）：9-13.

[98] 佩罗，坎农，麦卡锡. 市场营销学基础 [M]. 18 版. 孙瑾，译. 北京：中国人民大学出版社，2012.

[99] 彭江根. 跨界营销：传统企业借跨界营销突出重围 [M]. 北京：经济管理出版社，2016.

[100] 彭雷清. 内容营销：新媒体时代如何提升用户转化率 [M]. 北京：中国经济出版社，2018.

[101] 普罗克特. 营销调研精要 [M]. 吴冠之，译. 北京：机械工业出版社，2004.

[102] 秦雪冰. 自主的技术与自由的消费者：关于数字营销中消费者隐私丧失的思考 [J]. 广告大观（理论版），2016（2）：53-58.

[103] 邱碧珍，张娜，陶晨晨. 网络营销与推广理论策略和实践 [M]. 武汉：华中科技大学出版社，2021.

[104] 舍恩伯格，库克耶. 大数据时代：生活、工作与思维的大变革 [M]. 杭州：浙江人民出版社，2013.

［105］施密特. 体验营销［M］. 刘银娜，等译. 北京：清华大学出版社，2004.

［106］苏森. 大数据背景下日化企业市场营销创新策略研究［J］. 日用化学工业，2022，52（7）：805-806.

［107］孙福东. 市场营销［M］. 北京：电子工业出版社，2021.

［108］孙静. 大数据：引爆新的价值点［M］. 北京：清华大学出版社，2018.

［109］所罗门，马歇尔，斯图尔特. 所罗门营销学［M］. 李东贤，杨露，刘青，等译. 北京：中国人民大学出版社，2009.

［110］塔腾，所罗门. 社会化媒体营销［M］. 戴鑫，严晨峰，译. 3 版. 北京：机械工业出版社，2020.

［111］陶业奎. 跨界的洞见：引流全网营销实战一本通［M］. 北京：中国财富出版社，2017.

［112］田雨. 市场营销学［M］. 杭州：浙江大学出版社，2017.

［113］万后芬. 市场营销学［M］. 武汉：华中科技大学出版社，2011.

［114］王方华，顾锋. 市场营销学［M］. 上海：上海人民出版社，2003.

［115］王方华，周祖城. 营销伦理［M］. 上海：上海交通大学出版社，2005.

［116］王宏伟. 网络营销［M］. 2 版. 北京：北京大学出版社，2014.

［117］王俊秀. 数字社会中的隐私重塑：以"人脸识别"为例［J］. 探索与争鸣，2020（2）：86-90，159.

［118］王敏. 大数据时代个人隐私的分级保护研究［M］. 北京：社会科学文献出版社，2018.

［119］王淑翠，宣峥楠，孙兰，等. 基于用户生成内容的社交电商品牌权益价值共创机制研究［J］. 科学学与科学技术管理，2021，42（7）：35-52.

［120］王维，孟韬. 品牌社区的顾客创新行为：中心性与结构洞的影响［J］. 管理科学，2021，34（3）：135-147.

［121］王新刚. 品牌管理［M］. 北京：机械工业出版社，2020.

［122］王旭，吴建安. 市场调研［M］. 北京：高等教育出版社，2021.

［123］王艳，王慧梅，李琼，等. 市场营销管理［M］. 武汉：华中科技大学出版社，2020.

［124］王永贵. 服务营销［M］. 北京：北京师范大学出版社，2007.

［125］王永贵. 服务营销［M］. 北京：清华大学出版社，2019.

［126］王永贵. 市场营销［M］. 2 版. 北京：中国人民大学出版社，2022.

［127］王永贵. 组织市场营销［M］. 北京：北京大学出版社，2005.

［128］卫英军. 整合营销传播理论与实务［M］. 5 版. 北京：首都经济贸易大学出版社，2021.

［129］邬晓燕. 数字化赋能生态文明转型的难题与路径［J］. 人民论坛，2022（6）：60-62.

［130］吴健安. 市场营销学［M］. 6版. 北京：高等教育出版社，2017.

［131］吴健安. 市场营销学［M］. 北京：清华大学出版社，2013.

［132］吴作民，张珣. 营销管理［M］. 北京：清华大学出版社，2012.

［133］项彬. 对节约型社会中绿色营销若干问题的探讨［J］. 中国商贸，2013（27）：38-39.

［134］许绍李，张庚淼，邓胜梁. 市场营销学［M］. 西安：陕西人民出版社，2004.

［135］亚瑟. 大数据营销如何让营销更具吸引力［M］. 北京：中信出版社，2014.

［136］阎洪军. 经济新常态下中国绿色发展道路的思考探索［J］. 中国集体经济，2021（8）：21-22.

［137］杨坚争. 电子商务基础与应用［M］. 8版. 西安：西安电子科技大学出版社，2014.

［138］杨旭，汤海京，丁刚毅. 数据科学导论［M］. 北京：北京理工大学出版社，2014.

［139］杨扬，刘圣，李宜威，等. 大数据营销：综述与展望［J］. 系统工程理论与实践，2020，40（8）：2150-2158.

［140］杨勇. 市场营销策划［M］. 北京：北京大学出版社，2014.

［141］姚望. 基于用户画像的新媒体精准营销研究［J］. 商场现代化，2022（8）：54-56.

［142］余明阳，杨姗姗. 品牌营销管理［M］. 武汉：武汉大学出版社，2008.

［143］岳俊芳. 市场营销学［M］. 3版. 北京：中国人民大学出版社，2010.

［144］岳俊芳. 市场营销学［M］. 3版. 中国人民大学出版社，2013.

［145］翟国忠. 营销管理［M］. 北京：经济管理出版社，2014.

［146］张洁梅. 市场营销学［M］. 北京：经济管理出版社，2019.

［147］张金萍，袁嘉奕. 全国统一大市场与高水平对外开放协同联动研究［J］. 新疆社会科学，2023：1-13.

［148］张黎明. 市场营销［M］. 6版. 成都：四川大学出版社，2018.

［149］张巍. 市场营销［M］. 西安：西安交通大学出版社，2020.

［150］张艳芳. 体验营销［M］. 成都：西南财经大学出版社，2007.

［151］章金萍. 市场营销学实务［M］. 北京：中国人民大学出版社，2013.

［152］赵红. 网络营销［M］. 成都：电子科技大学出版社，2019.

［153］赵颖青，吴洋晖，庞立伟. 论大数据背景下的市场营销机遇及对策

[J]. 老字号品牌营销, 2022 (14): 27-29.

[154] 郑秀梅, 赵霞. 市场营销 [M]. 武汉: 武汉理工大学出版社, 2018.

[155] 郑玉香, 范秀成. 市场营销管理理论与实践新发展 [M]. 北京: 中国经济出版社, 2014.

[156] 郑玉香, 范秀成. 市场营销管理理论与实践新发展 [M]. 北京: 中国经济出版社, 2014.

[157] 郑志锋. 绿色营销在我国实施过程中的障碍及对策 [J]. 北方经贸, 2015 (5): 74, 76.

[158] 郑志宇. 发达国家大数据营销个人隐私保护措施研究: 我国国民隐私安全保护措施启示 [J]. 现代营销 (下旬刊), 2022 (6): 164-166.

[159] 周洁如. 客户关系管理经典案例及精解 [M]. 上海: 上海交通大学出版社, 2011.

[160] 周庭锐. 市场调查: 应用 R 软件 [M]. 北京: 中国人民大学出版, 2012.

[161] 周文根. 市场营销学 [M]. 3 版. 北京: 中国人民大学出版社, 2020.

[162] 周欣悦. 消费者行为学 [M]. 北京: 机械工业出版社, 2019.

[163] 朱明洋, 张永强, 社会化媒体营销研究: 概念与实施 [J]. 北京工商大学学报 (社会科学版), 2017, 32 (6): 45-55.

[164] 庄贵军. 营销管理 [M]. 北京: 中国人民大学出版社, 2011.

[165] 庄贵军. 营销管理: 营销机会的识别、界定与利用 [M]. 3 版. 北京: 中国人民大学出版社, 2021.

[166] 庄贵军. 营销渠道管理 [M]. 3 版. 北京: 北京大学出版社, 2018.

[167] ANDREAS M, KAPLAN, HAENLEIN M. Users of the world, unite! The challenges and opportunities of social media [J]. Business Horizons, 2010 (53): 59-68.

[168] BURKITT L. Neromarketing examples are adapted neuroscience for consumer insights [EB/OL]. (2009-11-16) [2023-09-09]. http://www.forbes. com/forbes/2009/1116/marketing-hyundai-neurofocus-brainwaves-battle-for-the-brain. html.

[169] ETTENSON, RICHARD, CONRADO, et al. Rethinking the 4 P's. [J]. Harvard Business Review, 2013.

[170] KAPLAN A M, HAENLEIN M. The fairyland of second life: virtual social worlds and how to use them [J]. Business Horizons, 2009, 52 (6): 563-572.

[171] LOVELOCK C, WIRTZ J. Sevice marketing [M]. 5th ed. New Jersey: Pearson Education, 2004.

[172] MAKADOK R, COFF R. Both market and hierarchy: an incentive-system

theory of hybrid governance forms [J]. Academy of management review, 2009, 34 (2): 297-319.

[173] MATTINGLY J E, BERMAN S. Measurement of corporate social action: discovering taxonomy in the kinder lydenburg domini ratings data [J]. Business and society, 2006, 45 (1): 20-46.

[174] OKOLI C, OH W. Investigating recognition-based performance in an open content community: A social capital perspective [J]. Information & Management, 2007, 44 (3): 240-252.

[175] PRAHALAD, C K, Ramaswamy V. The future of competition: Co - creating unique value with customers [M]. Boston: Harvard Business Press, 2004.

[176] PULIZZI J, BARRETT N. Get content get customers: turn prospects into buyers with content marketing [M]. New York: McGraw-Hill, 2009.

[177] ZHANG L, LUO M, BONCELLA R J. Product information diffusion in a social network [J]. Electronic commerce research, 2020, 20 (1): 3-19.